Egon Kunhardt

Wanderjahre eines jungen Hamburger Kaufmannes

Eine Reise um die Erde in 777 Tagen

Egon Kunhardt

Wanderjahre eines jungen Hamburger Kaufmannes
Eine Reise um die Erde in 777 Tagen

ISBN/EAN: 9783743366190

Hergestellt in Europa, USA, Kanada, Australien, Japan

Cover: Foto ©Andreas Hilbeck / pixelio.de

Manufactured and distributed by brebook publishing software (www.brebook.com)

Egon Kunhardt

Wanderjahre eines jungen Hamburger Kaufmannes

Wanderjahre

EINES

Jungen Hamburger Kaufmannes

EINE REISE UM DIE ERDE IN 777 TAGEN

VON

EGON KUNHARDT.

(MIT ABBILDUNGEN UND UEBERSICHTSKARTEN.)

BERLIN 1898.
VERLAG VON DIETRICH REIMER
(ERNST VOHSEN).

Zur Einführung.

Als ich vor mehr als 2 Jahren mit dem Aufzeichnen einzelner Erlebnisse aus meinen Wanderjahren begann, konnte ich kaum annehmen, dass ich bis zu meiner Rückkehr in die Heimat Korea, Batavia, Alexandria berühren würde. Noch weniger dachte ich indessen daran, dass ich die »Einführung« zu meinem fertigen Buche kaum 200 km entfernt von Tegucigalpa schreiben sollte, also von der Stadt, in welcher ich mit dem »Anfange anfing«. —

Während meiner Wanderjahre, über welche die folgenden Blätter berichten, wurden mir weder Treibjagden auf wilde Tiere, noch Feste an den Höfen asiatischer Fürsten geboten. Mein Buch enthält nur die Aufzeichnungen der alltäglichen Ereignisse, wie sie ungefähr jedem jungen Kaufmanne, der die betreffenden Teile der Erde aufsucht, begegnen mögen.

Alle Länder und Städte, die ich auf meinen Reisen berührte, die Völkerschaften, die ich Gelegenheit hatte zu beobachten, sind in bedeutsamen Werken hervorragender deutscher Forscher schon viel eingehender beschrieben. — Wenn ich dennoch eine anspruchslose Schilderung der Einzelheiten meiner Reise für Alters- und Berufsgefährten versucht habe, so hat mich zu dieser Veröffentlichung vornehmlich der Wunsch bestimmt, die »Wanderjahre« meines Bruders fortzusetzen und zu ergänzen.

Durch meine Aufzeichnungen möchte ich noch unentschlossene Altersgenossen anregen, ebenfalls in jungen Jahren zu reisen, von aussereuropäischen Ländern zu sehen, so viel wie die Umstände es gestatten, damit sie bei der Heimkehr ihre Erfahrungen zum Nutzen des Vaterlandes verwerten können. Das gesamte Deutschland, der deutsche Handel, die deutsche Gewerbthätigkeit und die deutsche Landwirtschaft werden immer Männer brauchen, denen fremde Erdteile nicht nur durch Tagesblätter und Bücher bekannt sind.

Freude an den unendlichen Schönheiten der Natur, reger Anteil an den Sitten und Gebräuchen fremder Völkerschaften, Duldsamkeit und Verleugnen jeden Hochmutes gegen Andersdenkende, das sind die ersten Voraussetzungen, die weite Reisen zu einer Quelle innerer Befriedigung für das Leben zu gestalten vermögen. Ein leidlich richtiger Blick für alles, was unseren Beruf betrifft, bildet sich, glaube ich, unter solchen Umständen bei ehrlichem Willen von selbst.

Finca San Pedrito,
    Patubúl.
       Guatemala. A. C.
Mitte September 1897.

Egon Kunhardt.

Inhaltsverzeichnis.

I. Kapitel. Auf der »Lahn« von Bremerhaven nach Newyork. Erste Eindrücke und Erlebnisse. Die Niagarafälle . . . . 1—12

    Fröhliche Reisestimmung bis Southampton. — Tante Nelly und Frau Rosa Sucher. — Das Ankunftsfieber an Bord des Schiffes. — Ueberwältigender Eindruck von Newyork. — Ein Wort zur Beherzigung an junge Berufsgefährten. — Die vortreffliche Mrs. Snowdrop betet für mich. — Ein Abend im Metropolitan Opera-House. —
    Ausflug nach dem Niagara.
    Die amerikanischen Schnellzüge. — Begeisterung beim Anblick der Fälle. — Gedanken über Natur und Menschenleben.

II. Kapitel. Ueber Colon und Panamá nach Tegucigalpa. 13—29

    Deutsche Landsleute als Reisegesellschaft auf der »Columbia«. — Wie mein neuer Revolver Unheil anrichtet. — Fahrt in den Urwald bei Colon. — Besuch des Friedhofes zu Panamá. — Ein frommer »Padre« als Montespieler und Seelenhirt. — Empfang durch Herrn Enrique Streber in Amapala. — Im Ruderboot nach San Lorenzo. — Seltsames Nachtquartier bei Katzen und anderem Getier. — Auf der Mula ins Land der Indianer. — Allerlei Fährnisse. — Ankunft in Tegucigalpa bei Herrn Ricardo Streber. — Ich heisse Don Guillermo Conham.

III. Kapitel. Land und Leute in Honduras . . . . 30—44

    Die traurige Vergangenheit des Freistaates — Aufschwung unter der Präsidentschaft Soto's 1877—1885. — Misswirtschaft unter seinen Nachfolgern Bogran und Leiva. — Allgemeine Unkenntnis und Unehrlichkeit der Beamten. — Trostlose Lage der Landwirtschaft. — Mangel an Anregendem in Tegucigalpa. — Mein Tagewerk. — Wie wir die stille Woche feierten. — Ich beschliesse, meine Erlebnisse niederzuschreiben. — Ein grosser Ball. — Ein Priester

— VII —

tanzt den Fandango. — Ein Begräbnis. — Weihnachten und der 31. Dezember in der Fremde. — Ein Deutscher im Ausland, wie er eigentlich nicht sein soll. — Abschied.

IV. Kapitel. Von Tegucigalpa über Neworleans und Denver in das Land der Mormonen . . . . 45—66

Ritt zum Golf. — Ein musikalischer Mestize. — Ankunft an der Bahn. — Wie ich mich durchflüge. — Auf der »Stillwater« nach Neworleans. — Auf dem Mississippi. — Erinnerungen an Neworleans des vorigen Jahrhunderts. — Auf der Bahn. — Erlebnisse im Speisewagen. — Ein U. St. Gewerbetreibender. — Denver. — Das Deutschtum in der Stadt. — Die Sprache unserer Landsleute in den V. St. — Amerikanische Pressfreiheit. — In den Minenstädten. — Der Badeort Manitou. — Gefahrvoller Ritt auf den Pikes Peak. — Der Garden of the Gods. — Die Cañons des Arkansas River. — Ankunft in der Salzseestadt.

V. Kapitel. Saltlake City. Von Utah nach Kalifornien. San Francisco . . . . 67—82

Ein redlicher Kutscher. — In der Sonntagsschule der Mormonen. — Gottesdienst im Tabernakel. — Ein Bad im Salzsee. Ein Handlungsreisender aus Limerick — Verdienste der Mormonen. — Ankunft in San Francisco. — Das schwarze Zimmermädchen. — Ich lese im Klub aus den »Wanderjahren« meines Bruders vor; Meinungsaustausch darüber. — Monterey, ein irdisches Paradies. — »4th of July«.

VI. Kapitel. Ueber Honolulu nach Jokohama. Erste Eindrücke und Erlebnisse in Japan . . . . 83—98

An Bord der »Gaelic«. — Eine Fidshi-Insulanerin als Reisegenossin. — Ueberraschender Eindruck von Honolulu. — Eintönige Fahrt nach Jokohama. — Ich schliesse Freundschaft mit Mr. Searle. — Einfahrt in die Bai von Jokohama. — Puppenart und Frohsinn der Japaner. — In der Ricksha durch den japanischen Stadtteil. — Bei Gesang und Tanz in einem Theehaus. — Das japanische Haus. Sauberkeit der Japaner in Aussehen und Kleidung. — Die Spiele der Kinder. — Die Chinesen in Japan; ihr Lebenszweck das Geld. — Japanische Gärten und Reisfelder. — Ein Bad im Meer. — Japan-Curiosa.

VII. Kapitel. Tokio und Nikko . . . . 99—126

Genussreiche Eisenbahnfahrt nach Tokio. — Das Theetrinken in Japan. — Wie aus dem alten Jedo ein modernes Tokio wurde. — Die Burg. — Die alte Stadt. — Mannigfaltigkeit des Strassenlebens. — Die Tempel von Shiba. — Ein japanisches Speisehaus. — Die blühenden Lotospflanzen von Shinobazu-no-ike. — Wir sehen den Mikado und seine Gemahlin. — Die Geschichte Japans und die Herrchergaben des jetzigen Kaisers. — Eine chinesische Gärtnerei. Das Viertel des Kleinverkaufs am Abend. — Die Missionen und ihre Thätigkeit. — Eine Abendgesellschaft bei einem japanischen Kaufmann. — Ausflüge in die Umgegend. — Ich fahre nach Nikko und wohne dort in japanischer Art. — Unvergleichliche Schönheit der Gegend.

— Die Tempel, ihre Formen- und Farbenpracht. — Das Grab des Yeyasu. — Die Tempel des Yemitsu. — Feines Kunstempfinden der Japaner. — Nachwirkungen des letzten Krieges auf den Handel.

VIII. Kapitel. Eine Wanderfahrt durch das Land des Thees und der Seide . . . . 127—144

Der Daibutsu bei Kamakura. — Erster Anblick des Fudjijama. — Miyanoshita und Hakone, zwei japanische Badeorte. — Nachtfischerei in Dshonken. — Eine Rickshareise bei tropischer Hitze. — Einblicke in das Leben der Landleute. — Die Zucht der Seidenraupe. — Die Theeernte. — Bergauf bei + 35 ° R. — Ein Bad in der Küche. — Das Fischen mit Kormoranen auf dem Biwasee. — Ankunft in Otsu. — Ein Wassertunnel.

IX. Kapitel. Kioto, Osaka, Kobe, Arima . . . . 145—159

Fahrt durch Reisfelder. — Allerlei Abenteuer bei einer Flussfahrt. — Vornehmes Aussehen von Kioto. — Der Tempel mit 1000 goldenen Buddhas. — Eine Mädchenschule der amerikanischen Missionare. — Der Anblick des festlich beleuchteten Osaka: ein Feenmärchen. — Nächtliches Fest auf dem Flusse. — Wie man mich in Kobe für Robinson Krusoe hält. — Entzückende Wasserfälle bei Kobe. — Badende Mädchen. — Die heissen Quellen von Arima.

X. Kapitel. Ueber die Inland Sea und Nagasaki nach Wladiwostok . . . . 160—185

Die Inland Sea; die Perle aller Naturschönheiten der Erde. — Der Roman einer deutschen Reisegefährtin. — Japanischeuropäische Mischheiraten, ihre Vor- und Nachteile. — Nagasaki. — Japanische Sprichwörter und Erzählungen: Das Fuchsmärchen. — Ein Beispiel aus den Predigten des Kiu-ô. — Der Buddhismus und seine Entartung. — Geringe Aussichten für Verbreitung des Christentums in Japan. — Drachenfest in Nagasaki. — Schlusswort über Japan. — Wladiwostok. — Unser Vertreter, Herr Otto Spengler, und seine Vorgänger. — Eine Schuldnerin unseres Hauses. — Russisches Gepräge der Stadt. — Die Ainos. — Frömmigkeit der Russen. — Ball im Marineklub. — Der Handel in Wladiwostok. — Das Schicksal deutscher Berufsgenossen in Sibirien.

XI. Kapitel. Gensan, Fusan, Shanghai. Koreanische und chinesische Eindrücke . . . . 186—218

Die Bai von Gensan. — Aussehen und Kleidung der Koreaner. — Das Dorf Gensan. — Feindseligkeit der Eingeborenen. — Fusan und die dortige japanische Niederlassung. — Besuch in einem Theehaus. — Eine japanische Schule. — Rückkehr nach Nagasaki. — Ein heiterer Abend mit den Offizieren der Kreuzerkorvette »Prinzess Wilhelm«. — An der Yang-tse-kiang Mündung. — Shanghai. — Grossstädtischer Eindruck der europäischen Niederlassung. — Die reizvolle Chinesenstadt. — Ein Theegarten. — Theater im Buddhatempel. — Chinesische Eigentümlichkeiten. — Indische Polizisten. — Beamtenwillkür. — Die Leistungen der Kulis. — Das Opiumrauchen; falsche Urteile darüber in Europa. — Ungünstiger Eindruck der Missionare. — Das Kanton-Englisch. — Die Sucht nach Geld, eine chinesische Volkseigenschaft. — Habgier der Mandarinen. — Häusliches Leben der Chinesen. — Der »Bund« in Shanghai. — Ein Hahnenkampf. — Warum junge deutsche Kaufleute im Ausland gesucht sind. — Die Lebensweise der Europäer. — Besuch bei einem Mandarinen; sein Gegenbesuch. — Abfahrt nach Hongkong.

XII. Kapitel. Hongkong, Kanton, Makao, Amoy, China und die Chinesen . . . . 219—244

Die Klosterglocken an Bord der »Shannon«. — Musikalische Fertigkeit im Ausland. — Mr. Crocker and Mr. Rogers do not agree. — Der Hafen Victoria; die Sampans. — Leben und Treiben in der Stadt. — Meine Bemühungen, Stellung zu finden, bleiben erfolglos. — Unser kaufmännisches Verhältnis zu England. — Ausflug nach Kanton. — Die kaufmännische Begabung der Kantonesen. — Der Tempel der Schrecken. — Die Blumenschiffe; Berichtigung falscher Urteile über diese Unterhaltung. — Eindruck von Makao. — Die Spielhöllen. — Die Camões-Grotte. — Ansprechende Lage von Amoy. — Die reizende Insel Kulong-sen. — Mädchenverkauf. — Der schwebende Fels.
China und die Chinesen.
Ihre alte Kultur; unsere mangelhaften Kenntnisse betr. Chinas; die Frauenfrage und das Familienleben; frühe Verheiratung; Elternverehrung; einige Strophen und Sprichwörter.

XIII. Kapitel. Manila . . . . 245—262

Mr. und Mrs. Weston. — Die Bai von Manila. — Der Kriegshafen Cavite. — Zollschwierigkeiten. — Der Pasig. — Spanisches Aussehen von Manila. — Europäisches Gepräge der Schwesterstadt Binondo. — Unbeschränkte Macht der Geistlichkeit. — General Weylers Thätigkeit. — Die Zustände im Hotel Lala Ary. — Wie sich Mrs. Weston benimmt. — Mein Besuch bei den Apothekern. — Tagalinnen und Mestizinnen. — Die Calzada. — Die Gewinnung des Ylang-Ylang-Oels. — Der Vorort Santa Ana. — Ausflüge auf dem Pasig. — Die Kerabaus (Büffel). — Der Bambus. — Ein Mestizenball. — Das Leben der Tagalen.

XIV. Kapitel. Saigon und Bangkok . . . . 263—290

Fahrt auf dem Saigonfluss. — Die Betel kauenden Annamiten. — Die botanischen Gärten. — Französischer Zuschnitt des Strassenlebens. — Eisenbahnfahrt nach Mytho, einer annamitischen Stadt. — Zur Geschichte der Besitzergreifung von Cochinchina. — Ankunft auf dem Menam — Entfernte Anklänge an Venedig. — Asiatische Färbung des Stadtbildes durch die Türme der Buddhatempel. — Die Siamesen, ihr Aussehen und ihre Kleidung. — Schmutz und Verwahrlosung in der Stadt. — Die Wats (Tempel). — Das Wat Tshang. — Wie man zu einem vergoldeten Buddha kommt. — Die Hinrichtung dreier Mörder. — Der Verbrennungsplatz für die Toten. — Zwanzig Verbrecher in Ketten. — Ein anmutiger Prinz. — Der Palast des Königs und die weissen Elefanten.

XV. Kapitel. Ueber Singapur nach Batavia. Ausflug in das Innere Javas . . . . 291—321

    Noch einmal Mrs. Weston. — Völker- und Sprachengewirr in Singapur. — Die Bungalows. — Lebensweise der Europäer. — Die botanischen Gärten. — Die Mangostane, die Königin der Früchte. — Ausflug nach Java. — Bunte Reisegesellschaft an Bord. — Vornehmheit von Batavia. — Gewählte Kleidung der Europäer. — Sarong und Kabaja, der Hausanzug der Damen. — Holländische Staatskunst; ihr Nutzen für das Land. — Reis und Curry. — Allerlei Speisen und Getränke. — Die malaiische Mundart. — Die botanischen Gärten von Buitenzorg. — Anregende Fahrt in das innere Java. — Im Urwald. — Einblicke in das Leben der Javaner. — Noch einmal im botanischen Garten. — Ein kaltes Bad im Teich von Kota Batoe. — Mangelhaftes Gasthofwesen in Batavia. — Eine Kaimanjagd. — Tigergeschichten. — Ein javanisches Märchen.

XVI. Kapitel. Ein Abstecher nach Sumatra. Penang. Reise nach Kalkutta. Rangun . . . . 322—354

    Die Zwecke meines Umherreisens. — Ausflug nach Sumatra. — Lustige Gesellschaft an Bord. — Malakka, eine recht langweilige Stadt. — In Sampans auf dem Deliflus. — Ein verständiger Postbeamter. — Pflanzerleben. — Auf der Estate des Herrn Eckels. — Die Battacker (Bergbewohner). — Herrliche Fahrt auf dem Delifluss. — Penang. — Wie man die Kokospalme schätzen lernt. — Fröhliche Fahrt nach Kalkutta. — Unter dem Misteltoe am 25. Dezember. — Rangun, ein aufblühender Hafenort. — Die Shwai-Dagon-Pagode. — Die birmanischen Mädchen. — Eine Sägemühle mit arbeitenden Elefanten. — Birmanisches Pferderennen.

XVII. Kapitel. Kalkutta, Dardshiling. Indische Reiseeindrücke . . . . 355—374

    Great - Eastern Hotel. — Der botanische Garten. — Die Edengardens. — Der Pankha. — Der Meidan. — Der zoologische Garten. — Die Festung Fort William. — Die »Schwarze Stadt«. — Reise nach Dardshiling. — Aufregende Fahrt an Abgründen entlang. — Grossartige Landschaftsbilder. — Die Bahn erreicht bei 2600 m ihren höchsten Punkt. — Ueberwältigender Eindruck der Kantshindshanga-Kette. — Die Aussicht vom Tiger Hill auf den Gaurisanka. — Bekanntschaft mit den Eingeborenen verschiedener Bergstämme. — Ein Bhutiadorf. — Nach Kalkutta zurück. — Ich finde wieder keine Stellung.

XVIII. Kapitel. Benares, Lakhnau . . . . 375—393

    Das Rom der Hindu. — Ergreifender Eindruck der heiligen Stadt. — Die geweihten Kühe. — Die badenden Hindus. — 50000 Brahmagläubige baden im Ganges. — Die Leichenverbrennung. — Der Totenmann. — Die Fakire. — Der goldene Tempel »Bisheshware«. — Der Affentempel. — Das Leben der Hinduwitwen. — Ich besuche eine indische Tänzerin. — Ein Schlangenzauberer. — Wie ich mich verheiraten sollte. — Lakhnau. — Der Imambarah. — Ein Elefantenritt.

XIX. Kapitel. Agra und der Tadsh. Fatipur Sikri . . 394—410

Die Dshami Masdshid, eine von Dshahanara erbaute Moschee. — Geschichtliche Erinnerungen. — Das Grabdenkmal des Kaisers Akbar. — Das Kawadshagias. — Die Stadtfeste (das Fort). — Die Bäder. — Der Palast der Grossmogule. — Die Perlmoschee. — Der Tadsh. — Beschreibung dieses Wunderwerks durch Comte de Gabriac. — Das Innere des Grabmals. — Der Erbauer. — Umfang und Kosten des Baus. — Die Trümmerstadt Fatipur Sikri. — Der Palast Akbars.

XX. Kapitel. Dehli. Dshaipur . . . . 411—431

Mittelasiatisches Gepräge von Dehli. — Das Fort mit dem Palast der Grossmogule. — Die Umgebung von Dehli, ein Trümmerfeld. — Der Turm Kutub-Minar. — Alt-Dehli. — Die Dshama Masdshid, die schönste Moschee Indiens. — Strassenleben in Dehli. — The Türkish Bath. — Dshaipur. — Eine Hochschule für einheimische Kunst. — Der Palast des Maharadsha. — Die Trümmerstadt Ambir.

XXI. Kapitel. Bombay. Madras. Ceylon . . . . . 432—458

Bombay. — Das Fort. — Die Bungalows auf Malabar Hill. — Die Türme des Schweigens. — Die Felsentempel auf der Insel Elephanta. — Madras. — Ein Hindu-Festplatz. — Brahmanenweisheit. — Colombo. — Kandy. — Der botanische Garten von Peradeniya. — Der Riesenbambus. — Die Cinnamon Gardens in Colombo. — Heimfahrt über Aden und Suës. — Kairo. — Die Pyramiden. — Die Citadelle. — Der Nilmesser auf der Insel Roda. — Alexandria. — Ueber London und Paris nach Hamburg. — — Schlussbemerkung.

I. KAPITEL.

Auf der „Lahn" von Bremerhaven nach Newyork. Erste Eindrücke und Erlebnisse. Die Niagarafälle.

Am Dienstag, den 12. Februar 1895, verliess der Schnelldampfer »Lahn« die Wesermündung. Bei herrlichem Wetter legten wir die Reise bis Southampton planmässig in 24 Stunden zurück.

Ich glaube, man braucht nicht soeben die Lehrjahre hinter sich gelassen zu haben und somit lebensfroh und voller Erwartung zu sein auf alle Herrlichkeiten, die ein fremder Weltteil bieten soll, um auf einer solchen kurzen Vorreise unausgesetzt zu geniessen. Die herrliche Luft der Nordsee, der warme Sonnenschein, die fürstliche Pracht auf dem geräumigen Dampfer, die gute Musik der Kapelle, die vorzügliche Tafel, liebenswürdige Reisegesellschaft, gute Bedienung, der freundliche Schiffsführer Herr Hellmers und seine Offiziere — das alles machte den ersten Tag, bis wir vor dem englischen Hafen zu Anker gingen, in jeder Beziehung fröhlich und anregend.

Auf der Reede von Southampton angekommen, hatten wir während einiger Stunden den Blick auf die Insel Wight mit der Hauptstadt Cowes und auf etwa hundert vor ihr zerstreut liegende englische Lustjachten. Hinter Cowes ragte das gewaltige Schloss der Königin, Osborne, weit über die Häuser des Ortes empor; auf der anderen Seite der Lahn zeigte sich die Küste von Hampshire. Als wir mit dem Uebernehmen der Postsäcke beschäftigt waren, kam die »Ems« des Norddeutschen Lloyd von Newyork herein. Mit Hurrah und Musik fuhr der stolze Dampfer langsam an uns vorüber.

Nachmittags 5 Uhr wurde die Reise fortgesetzt. Gegen Dunkelwerden hatten wir die Needles hinter uns, und dann war es mit dem Frohsinn einstweilen am Ende. Der Nordatlantische Ocean ist, wenn ich mich auf die Berichte meiner Mitreisenden verlassen darf, die zum Teil die Reise von Nordamerika nach Europa und zurück mehrfach gemacht hatten, von mürrischer, rücksichtsloser Art. Unter zehn Reisen verdienen acht die Bezeichnung »schlecht«, und selten ruht dies Weltmeer aus von seiner fast unausgesetzt wilden Thätigkeit. Ausserdem hat man den Wind fast immer gegen sich; wenn man nach Amerika reist, stürmt es aus dem Westen und wenn man nach Europa zurückkehrt, ganz gewiss aus der entgegengesetzten Richtung; nimmt der Dampfer einen südlichen Lauf, um die Eisberge zu vermeiden, so kann man mit Sicherheit darauf rechnen, dass der Wind ebenfalls nach Süden umschlägt.

Unsere Reisegesellschaft war ziemlich gross: ausser 50—60 Amerikanern mit ihren Damen, befanden sich ungefähr ebenso viele Deutsche in der Kajüte, unter ihnen der Schriftführer unserer Gesandtschaft in Washington, Freiherr v. Kettler, ein ehemaliger Kürassieroffizier: Baron v. Biedenfeld, Frau Rosa Sucher und die Schwester meines Vaters: »Tante Nelly«. Die beiden Herren waren von ausgesuchter Freundlichkeit, ebenso Frau Rosa Sucher, nur hatte die grosse Künstlerin eine beklagenswerte Gewohnheit: sie nannte mich fortgesetzt »mein guter Junge«. Tante Nelly kennt jeder und jeden, sie weiss alles, sie versteht alles. Sie ist immer bei bester Laune und voll der urwüchsigsten Einfälle. So trat sie eine Reise nach Sicilien und dem südlichen Italien nicht wie Alltagsleute über Genua an, sondern über Newyork, Marokko, Gibraltar, Algier und Tunis. Wenn ich gelegentlich mit Tante Nelly nach Timbuktu reisen sollte, würde ich mich nicht wundern, wenn jeder dritte Neger auf der Strasse stehen bliebe, um verwundert auszurufen: »Tiens, tiens, voilà Tante Nelly!« Sie ist gutherzig und gerecht. Als in Hamburg eine komische Alte, welche die ganze Bevölkerung der Stadt Jahrzehnte lang erheitert hatte, schliesslich nach langem Siechtum vom städtischen Allgemeinen Krankenhause ab zur letzten Ruhe gefahren wurde, war Tante Nelly die einzige, die ihr das Ehrengeleite gab. Sie besucht niemals die Kirche, in deren Bezirk ihre Wohnung liegt, dagegen kann man sie regelmässig in eine entlegene Dorfkirche gehen sehen. Tante Nelly mag nach ungefährer Schätzung 1,45 m Höhe und 10 oder 15 cm weniger Breite messen. Ganz besonders treten die Gegensätze von Zweckmässigkeit und Zweckwidrigkeit bei ihr hervor, wenn sie trotz ihrer 45 Jahre mit der Lebhaftigkeit einer Dreissigjährigen in ihrer Unterhaltung sich das Ansehen giebt, als ob sie zur Zeit der Pariser Julirevolution bereits im Alter einer würdigen Matrone gestanden habe.

Recht häufig fand ich Gelegenheit, die Geduld des Schiffsführers zu bewundern. Der amerikanische Teil unserer Gesellschaft bestürmte ihn fast ohne Unterlass mit Fragen, hin und wieder unglaublicher Art. Wenn eine der Damen wissen wollte, wann die See wieder ruhiger werden würde, antwortete er mit der grössten Liebenswürdigkeit: »Das Wetterglas steigt und die See fällt,« und wenn ein Yankee*), bald nachdem wir uns im offenen Meere befanden, meinte: »I guess I shall catch on wednesday the 7 o'clock express-train for Boston?« antwortete Herr Hellmers mit unerschütterlicher Ruhe: »We are running $18^1/_2$ miles.« Hundert ähnliche Fälle wären anzuführen.

Bei rauhem Wetter ging es Frau Rosa Sucher nicht zum besten; Tante Nelly hielt sich vorzüglich. Während die gefeierte Künstlerin den lieben Gott unausgesetzt fragte, was sie ihm gethan habe, dass er sie so schwer strafe, trändelte Tante Nelly tröstend und helfend von einer zur andern. Aber alles ging gut, und am 21. Februar langten wir in der Bai von Newyork an; in 1 oder 2 Stunden sollte ich auf amerikanischem Boden stehen.

Da lag es vor uns, das Gesamtbild von zwei Millionenstädten! Zu Anfang unterschied man nur die berühmte East River Brücke; aus der Ferne glich sie in der unklaren Luft über und zwischen beiden Städten einem langen, von Rauch geschwärzten Spinnengewebe. — Alle Fahrgäste wurden mehr oder weniger reizbar. Die Herren hatten schneeweisse Kragen an die Hemden von gestern geknöpft und früher nicht getragene Halsbinden kunstvoll geschürzt, die gestrickten schottischen Mützen waren gegen hohe Hüte vertauscht, und die nunmehr allerseits angelegten tadellosen Winterüberröcke wurden von den Aufwärtern sorgsam abgebürstet. Während die Herren schon einige Stunden vor der Landung, in der rechten Hand mit einer Reisetasche, in der linken mit einer Rolle aufgewickelter Mäntel und Tücher, aufgeregt einherschritten, trugen die Damen Gegenstände, die sie voraussichtlich innerhalb der nächsten beiden Monate nicht in Gebrauch nehmen konnten. So erinnere ich mich einer Amerikanerin, die unter dem einen Arm eine Giesskanne, unter dem anderen ein leeres Vogelbauer schleppte. Herren und Damen waren ohne Ausnahme unliebenswürdig, niemand kümmerte sich um seine Mitmenschen, jeder hatte mit sich selbst und seinen eigenen Gedanken genug zu schaffen.

Im Zwischendeck standen die Männer, die Hände tief in die Taschen der bis zu den Stiefeln reichenden Röcke geschoben, auf gespreizten Beinen und sahen mit offenem Munde vorwärts in die Ferne. Die Frauen und Mädchen hatten augenscheinlich die Bürste vor dem Gebrauch tief in die gefüllte Waschkanne gesteckt und sich reinliche bunte Tücher über das noch feuchte, wohlgeordnete Haar gebunden. Wenn ihre Ungeduld einen Höhepunkt erreicht hatte, schnäuzten sie sich in das Futter ihrer Röcke, während aus jedem Kajütenzugang ein Aufwärter seinen Kopf hervorstreckte, um sich mit langem Hals zu überzeugen, ob er auch keinen der Ueberröcke abzubürsten vergessen habe.

---

*) Unter Yankees ist ausschliesslich die Bevölkerung der Neu England Staaten zu verstehen. Wenn man Männer aus Oregon oder Louisiana Yankees nennen wollte, könnte man mit demselben Recht die Bewohner von Lüdenscheid oder Freising als Hanseaten bezeichnen.

Mittlerweile hatten wir uns Newyork genähert. Wir liessen das Freiheitsstandbild zur Linken, und ich war nicht wenig enttäuscht, dass es, trotz seiner ungeheueren Verhältnisse, in seiner Umgebung doch noch viel zu niedrig erscheint, um auf den Vorüberfahrenden einzuwirken. Unwillkürlich dachte ich an die Victoria auf der Siegessäule in Berlin; in demselben Verhältnis wie sie mir immer unförmig gross vorgekommen war, musste nach meinem Dafürhalten das Standbild der Freiheit zu klein ausgefallen sein.

Wir liessen Newyork zur Rechten und dampften ganz langsam den North River hinauf. Die zahllosen Fährboote, die ihn kreuzen, setzen den Neuangekommenen in Erstaunen. Man vergegenwärtige sich, dass durch sie auf der Newyorker Bai und auf den Flüssen zu beiden Seiten der Halbinsel, die von der Stadt eingenommen wird, im Jahre 1894 fast $1^3/_4$ Milliarden Menschen befördert worden sind!

An der Landungsbrücke wurden Tante Nelly und ich auf das herzlichste empfangen von Mr. J. W. Brunn, dem Bruder von meines Vaters und also auch von Tante Nelly's Mutter. Der 62 Jahre alte Herr mit der jugendlichen Frische und Spannkraft, um die ihn mancher Vierzigjährige beneiden dürfte, zählt zu den verhältnismässig sehr wenigen Deutschen, die in früher Jugend in Newyork ohne nennenswerte Mittel landeten, um es ganz ausschliesslich durch Redlichkeit, Ausdauer und Thatkraft dahin zu bringen, zu den Geachtetsten und Beliebtesten unseres Volkes in der Riesenstadt zu zählen. Tante Nelly sollte in seinem Hause in Brooklyn absteigen, während ich auf Anraten eines der Ingenieure der Lahn in einem bescheidenen Boardinghouse in Hoboken Wohnung nahm. —

Newyork hat auf mich einen gegen alles Erwarten vorteilhaften Eindruck gemacht. Ich fühlte vom ersten Augenblick an, dass ich in diesem Getriebe von Menschen glücklich sein könne, und empfand, dass alle Eigentümlichkeiten, alles Ungeheuerliche, ans Wunderbare Grenzende, masslos Grossartige mir nur ein fortgesetzter Antrieb zu unaufhaltsamer Thätigkeit sein würde. Ich bedauerte, in dieser mächtigen Kaufmannsstadt nicht bleiben und versuchen zu dürfen, eine, wenn auch noch so bescheidene, Stellung auszufüllen. Je mehr ich die Ueberzeugung gewann, dass das Leben in meiner Vaterstadt Hamburg sich zu demjenigen in Newyork ungefähr verhalte wie das von Lübeck zu dem in Berlin, um so mehr wuchs der Wunsch, Newyork zu meinem zukünftigen Heim zu machen. Vielleicht hätte ich anders empfunden, wenn ich nicht des Schutzes lieber Verwandter an Ort und Stelle sicher gewesen wäre, wenn ich nicht einem mir voraussichtlich zusagenden Wirkungskreis in Mittelamerika entgegengegangen wäre. Wenn man freilich einsam und ohne Anhalt, mit noch wenigen Cents, an einer Ecke vom Broadway der City Hall gegenübersteht, dann mag ein Gefühl der Verzweiflung vielleicht gerechtfertigt erscheinen. Jedenfalls möchte ich jungen Berufsgenossen nicht empfehlen, Newyork ohne leidliches Beherrschen der Landessprache, ohne Aussicht auf feste Anstellung zum Feld ihrer Thätigkeit zu erwählen. Die stellenlosen Handlungsbeflissenen zählen seit Jahren nach vielen Tausenden. Von den 5000 deutschen Kellnern in Newyork werden dort kaum 100 als Hausknechte oder dergleichen angelangt und somit vorwärts gekommen sein. Die meisten unter ihnen mussten nach vielen Enttäuschungen die gute heimatliche Schulbildung fahren lassen und zu diesem Beruf greifen, weil kein anderer zu erreichen war. Der Fehler mancher unserer deutschen Landsleute, die nach den Vereinigten Staaten übersiedeln, ist der, dass sie auf

Newyork. Haltestelle und Kreuzungspunkt einer Hochbahn.

ihre für die Heimat zugeschnittenen Kenntnisse bauen, aber ausser Acht lassen, dass es in Amerika weniger auf Wissen als auf Können und in unserem Beruf zumal auf die Kenntnis lebender Sprachen ankommt. —
Meine Wohnung bei Mrs. Snowdrop liess nichts zu wünschen übrig. Das Zimmer war einfach, aber in jeder Beziehung sauber und wohnlich ausgestattet. Ueber einem recht bequemen Sopha hing ein Kupferstich — Graf Strafford hält seine Verteidigungsrede vor dem Parlament, 5. Mai 1641 — während ich über meinem Bett die Abbildung eines Mannes fand, den ich für einen westfälischen Kohlenbrenner hielt, bis ich die Unterschrift — Abraham Lincoln — gelesen hatte. Aus diesen beiden Bildern glaubte ich schliessen zu können, dass meine Wirtin, mit den ernsten fragenden

Zügen, in Amerika geboren und der selige Mr. Snowdrop Engländer gewesen sei. —

Den Abend des ersten Tages benutzte ich, Verwandte, Mr. und Mrs. Mosle auf Staten Island, aufzusuchen. Bei diesem liebenswürdigen jungen Paar erfuhr ich zuerst, wie angenehm die Unterhaltung mit jungen Nordamerikanerinnen berührt, deren Erziehung im allgemeinen nicht viel von derjenigen der jungen Männer abweicht. Die Unabhängigkeit und Gleichberechtigung verleiht den Nordamerikanerinnen im Gespräch eine Sicherheit, die mir das Gefühl gab, als ob ich mich mit guten Freunden unterhielte. Bald nach 10 Uhr wurde ich darauf aufmerksam gemacht, dass ich den Rückweg antreten müsse, wenn ich überhaupt noch vor Mitternacht wieder in Hoboken sein wolle. Obgleich ich ohne viel Aufenthalt mit Eisenbahnen und Dampfschiffen nach Hause fuhr, langte ich doch erst eben nach 12 Uhr in meinem neuen Heim an.

Zu meinem nicht geringen Befremden fand ich das Leinen aus meinem Bette entfernt, so dass mir nichts anderes übrig blieb, als die Nacht in meinen Kleidern auf dem Sopha zuzubringen. Da es, wie bemerkt, schon spät war, hielt ich es nicht für angebracht, meine Wirtin zu wecken und um Aufklärung zu bitten. Solche sollte mir ohnedies am frühen Morgen werden. Mrs. Snowdrop erschien mit noch ernsterem und noch fragenderem Gesicht als Tags zuvor. Nach kurzem Gruss meinte sie, ob ich nicht wisse, dass im Weingeist der Teufel stecke. Als ich diese Frage etwas verwundert verneinte, weil ich weder Weingeist noch den Teufel einzeln oder beisammen gesehen hatte, erklärte die eigenartige Frau, sie sei ein Soldat der Heilsarmee und habe, um mich ein für allemal vom nächtlichen Umherschwärmen zu heilen, mich damit gestraft, dass sie die Betttücher an sich nahm. Sodann fragte Mrs. Snowdrop, ob ich ihr gestatte, an meinem Sopha zu knieen und für mich zu beten. Ich versicherte, dass ich nichts dagegen habe, wenn ich ihr damit eine Freude machen könne, und nachdem sie das Gesicht in beide Hände vergraben hatte, musste ich ungefähr das Folgende hören:

»Lord, this young man whom Thou seest near me, is not a sinful man; he is suffering from the evil of drinking; Lord, he is a tippler, he has not been touched by Thy grace; he is a stranger, come from Germany — which Thou knowest is situated in Europe — a country where our army is turned into ridicule. Grant that his travels through our godly lands may bring him into the narrow way that leads to everlasting life!«

Ich erinnerte mich, bei Mrs. Mosle allerdings vier Tassen Thee getrunken zu haben; eine oder zwei würden vielleicht genügend gewesen sein, aber wie konnte Mrs. Snowdrop das wissen? Jedenfalls überraschten mich die guten Absichten der Frau und die Thatsache, nach dem Genuss von vier Tassen Thee im freien Amerika für einen Säufer gehalten zu werden, in dem Masse, dass ich noch heute überzeugt bin, recht einfaltig neben der andächtigen Mrs. Snowdrop gestanden zu haben. Ohne Frage würden wenige Worte genügt haben, sie über ihre irrige Ansicht, ich hätte mich am Abend vorher in der Stadt unter dem Einflusse geistiger Getränke umhergetrieben, aufzuklären, indessen hielt ich es für verständiger, nichts derartiges vorzubringen, mir mein Frühstück geben zu lassen und mich nach Zahlung einer allerdings recht bescheidenen Rechnung zu verabschieden. Ich siedelte über nach Newyork in denselben Gasthof: Hotel Majestic, in welchem Herr v. Biedenfeld abgestiegen war. Der Eingang für Herren war von dem für Frauen getrennt. Während letzterer sich durch 3 Triumphbögen auszeichnete, fand ich in der »Entrance for Gentlemen« ungefähr 35 Spucknäpfe.

Im 10. Stockwerk erhielt ich ein recht gutes Zimmer, das die Nummer 1917 führte. Meine ersten Erlebnisse in der neuen Welt belustigten meinen freundlichen Reisegefährten von der Lahn in hohem Grade. — Die nächsten Tage verbrachte ich zum grössten Teil in seiner und in der Gesellschaft meiner Verwandten, vornehmlich Mr. J. W. Brunns und Mr. H. R. Kunhardts. In beiden Familien wurde ich gleich zuvorkommend aufgenommen und ich fühlte mich in ihnen bald ebenso heimisch wie Mr. und Mrs. Mosle. M. Brunn führte mich im Lincoln Club in Brooklyn ein, dessen Verkehrsleben mir natürlich eine Fülle des Neuen bot.

Mr. H. R. Kunhardt, einen Vetter meines Vaters, der mich ebenso wie Mr. J. W. Brunn unermüdlich über kaufmännische Einrichtungen und Gebräuche in den Staaten aufklärte, musste ich aufrichtig bewundern. Kaum 33 Jahre alt, war er der vornehmlichste Leiter einer der bedeutendsten deutschen Ausfuhrhandlungen, Kunhardt & Co., die sein verstorbener Vater begründet hat. Ich fand mehrfach Gelegenheit, mich zu überzeugen, welche riesenhafte Arbeitskraft und kaufmännische Veranlagung eine solche Stellung in Newyork erheischt. —

Bald planten Tante Nelly und ich einen Ausflug nach dem Niagara, und wir brachten unsere Absicht 24 Stunden später zur Ausführung.

Am Abend vor der Reise gingen wir beide ins Metropolitan Opera House, um Frau Rosa Sucher und den inzwischen von Genua angekommenen Herrn Alvary im Lohengrin zu hören. Der unseren Landsleuten gespendete Beifall entsprach unseren überhoch gestellten Erwartungen nicht, obgleich das Haus bis auf den letzten Platz ausverkauft war. Aber welch einen Anblick boten diese gefüllten Ränge mit ihren fast ausnahmslos schönen, anmutigen Frauen und Mädchen in den geschmackvollsten und so reichen Kleidern, wie ich sie weder in Berlin, noch in Hamburg gesehen hatte. Alle strahlten in Brillanten. Welch ein Ueberfluss, welche Vermögen waren hier zusammengekommen!

Der Wert des in Newyork thatsächlich vorhandenen Reichtums könnte nur durch eine ungeheure Ziffer bezeichnet werden. Ich las in einer der Tageszeitungen, dass in derselben Woche Land in der Fifth Avenue zum Preise von 120 Dollars für den Geviertfuss verkauft worden war. Das ergiebt auf ein deutsches Ar nicht weniger als 800000 Mark.

Mit den nordamerikanischen Schnellzügen lassen sich selbst unsere D-Züge nicht vergleichen. Während man in diesen keinen Augenblick das Fahren im Wagen vergessen kann, sind die Nordamerikaner bestrebt, in der Einbildung des Reisenden die Vorstellung wachzurufen, er befinde sich in einem mit allen erdenklichen Annehmlichkeiten und vornehmem Ueberfluss ausgestatteten Gasthause. Jeder Wagen bildet ein neues, für

Wagen für Raucher auf einer Eisenbahn der V. St.

andere Zwecke hergerichtetes Zimmer; darunter finden sich Lesesäle mit geschmackvollen Schreibtischen, auf denen kostbares Briefpapier zu beliebigem Gebrauch ausgelegt ist. Auch eine gewählte Büchersammlung steht in diesen »Reading Cars« dem Reisenden zur Verfügung. Wir fuhren anfänglich am linken Ufer des Hudson River hinauf und wurden nicht müde, trotz der ungünstigen Jahreszeit, die vielen unvergleichlich schönen Punkte dieses Stromes zu bewundern. —

Am Ziele unserer Reise bemächtigte sich aller Fahrgäste eine gewisse Aufregung. Man drängte sich an die linksseitigen Fenster der Wagen, sodass uns kein Zweifel blieb, es gebe dort etwas Aussergewöhnliches zu sehen. In der Entfernung von ungefähr 3 km gewahrte ich aus scheinbar geringer Höhe herabstürzende Wassermassen, und als ich den Reden der

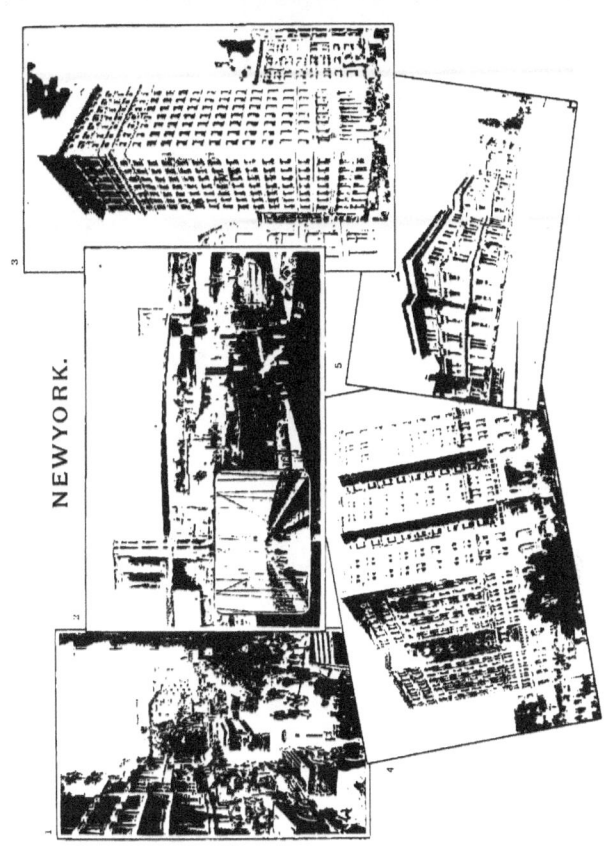

Die Niagara-Fälle.
Links und in der Mitte V. St., rechts Canada.

Umstehenden entnahm, dass dies die Niagarafälle seien, war ich enttäuscht. Ich war auf etwas Ungeheures vorbereitet, ohne eigentlich zu wissen, was ich mir vorstellte; aber ich glaube, dass eine Fallhöhe von 500 m ungefähr das gewesen sein mag, was ich gemeint hatte, erwarten zu dürfen. In einem hübschen Schlitten fuhren wir nach dem Niagara Hotel, um uns sehr bald darauf in die Nähe des Falles zu begeben. Und die ursprüngliche Enttäuschung verwandelte sich in eine Bewunderung, eine Begeisterung und ein Entzücken, wie ich es niemals früher empfunden hatte. Man hat versucht, die Fälle ihrer würdig zu malen, zu beschreiben — — vergeblich; auch mir soll nichts ferner liegen, als der Versuch, das in Worten wiederzugeben, was wir beim Anblick des Niagara in seiner eisigen Winterkleidung empfanden.

Wer den Niagara, die grossartigsten Stromfälle der Welt, und somit ein Schauspiel, mit dem kein anderes zu vergleichen ist, eine Stunde betrachtet, hat eine Menge von 33 Milliarden Kilogramm klaren Wassers aus einer Höhe von 48 m herabstürzen sehen. Das entspricht in der Sekunde der ganzen Menge, welche das »Binnen-Alster« genannte Becken in meiner Vaterstadt Hamburg durchschnittlich fasst. Das Wasser der Fälle ist rein und wechselt die Farbe von dunkelblau bis meeresgrün, je nachdem Schatten und Licht darauf fallen oder es durchdringen. Läge der Niagara in der Mitte von Holstein, etwa in der Gegend von Neumünster, so würde man sein donnerartiges Tosen unter entsprechenden Umständen bald hier bald dort in der ganzen Landschaft, Lauenburg eingeschlossen, hören können! Aus der Tiefe der, von 70 m bis 85 m hohen Felswänden eingefassten Kluft, in welche das Wasser stürzt, steigen, vom Fusse der Fälle ausgehend, weisse Wasserstaub- und Wolkenmassen empor, die meilenweit gesehen werden. 3 km unterhalb der Fälle hängt in einer Höhe von 79 m die berühmte 1245 m lange Kettenbrücke, die unser J. A. Röbling aus Mühlhausen in Thüringen zu Anfang der fünfziger Jahre erbaute. Sie verbindet die Vereinigten Staaten mit Canada, im unteren Stock für

Fussgänger und Wagen, im oberen für Eisenbahnzüge. Es ist mit grossem Scharfsinn berechnet worden, wie unterhalb der Niagarafalle die vorerwähnte Kluft, die sich bis zum Ontario See erstreckt, durch das mähliche Zurückweichen der Fälle geschaffen ist. Der ganze Verlauf kann nicht weniger als 150 000, nicht mehr als 400 000 Jahre in Anspruch genommen haben. Das vor uns liegende Gesamtbild und diese Zahlen machten mich zum ersten Male nachdenken über das Rätsel der Zwecke des Menschenlebens. Ich gestehe, der Glaube, der mir während der Kinderzeit in Haus und Schule eingeflösst war, trat in ein ganz anderes Licht, wenn ich mir die Frage stellte, ob dieser gewaltige Vorgang in den hunderten von Jahrtausenden den Menschen genützt habe, den Menschen, die sich in ihrem Dünkel die Herrschaft der Welt anmassen. Hunderte von Jahrtausenden sind die Niagarafälle dagewesen, ohne auch nur von einem Menschen beachtet zu werden! Ist es möglich, dass unser Stolz und unsere Eigenliebe sich gegenüber diesem Naturwunder in dem Wahn gefalle, die Welt sei nur für uns geschaffen? Wenn irgendwo, muss sich am Niagarastrom denkenden Menschen das Bewusstsein ihrer ganzen Nichtigkeit aufdrängen!

Ob Tante Nelly, der ich stets zur Seite war, solange wir an den Niagarafällen blieben, ähnliche Gedanken haben mochte, kann ich nicht beurteilen. Jedenfalls waren weder sie noch ich während der ersten Stunde unserer Rückreise viel zum Sprechen aufgelegt. Wir beide hingen unseren Gedanken nach. Erst nach und nach tauten wir auf und nach einer abermaligen Fahrt von 14 Stunden waren wir in Newyork zurück.

Teil der Niagara-Fälle im Winter, vom canadischen Ufer gesehen.

II. KAPITEL.

Ueber Colon und Panamá nach Tegucigalpa.

Am 28. Februar mittags ging ich auf der »Columbia« nach Colon in See. Mr. Lincoln Brunn, der Sohn von Mr. J. W. Brunn, gab mir das Geleite an Bord und verehrte mir zum Abschied einen besonders gut gearbeiteten Revolver mit dem dazu erforderlichen Schiessbedarf. Mein Vater hatte mich allerdings vor meiner Abreise gewarnt: »Kaufe dir keinen Revolver. Ich habe niemals gesehen, dass ein solcher dem Inhaber von Nutzen gewesen ist, während ich viele Beispiele anführen könnte, nach denen grosses Unheil durch diese elende Waffe angerichtet wurde.« Ich beruhigte mich damit, dass meine neue Schusswaffe nicht gekauft, sondern geschenkt sei, dass ich somit, trotzdem ich der Besitzer eines Revolvers war, den Wünschen meines Vaters nicht zuwider gehandelt hatte.

Die Riesenstadt wurde kleiner und kleiner, und nur noch die East River Brücke erschien wie ein Seidenfaden. Dann kam die offene See, und ich wusste mich allein, vereinsamt in einer weiten Welt.

Die Reisegesellschaft war klein: Eine Familie, die zu ihrem Vergnügen von Newyork über Colon, Panamá, San Francisco, durch die Staaten wieder nach Hause zurückreisen wollte, drei junge Herren aus Philadelphia, unter denen leider zwei stark bezecht an Bord kamen und zwei junge Landsleute aus Mittel- und Süddeutschland. Der jüngere mochte 22 Jahre alt sein und zeichnete sich durch nichts anderes aus als durch ein paar ganz ungeheure Henkelohren, während der ältere, vielleicht 30 Jahre zählende sichtlich verbummelte Herr, viel Anregendes aus der Hochschulzeit zu berichten wusste. Ueber seine Vergangenheit teilte der lange und hagere Gelehrte, dem die üblichen Zeichen bestandener Mensuren im Gesicht bemerkenswerter Weise fehlten, mir ungefähr das Folgende mit:

»Mein junger Freund, Sie ahnen in Ihrem kaufmännischen Unverstand nicht, welche Menge von Wissen zu der hohen Würde eines Referendars erforderlich ist. Achtzehn Semester war ich fleissig bemüht gewesen, um mir diese Kenntnisse anzueignen, als ich hin und wieder einen flüchtigen Gedanken aufs Examen zu werfen begann. Endlich meldete ich mich. Zu meinem Unglück wurde ich im Civilrecht vernommen. Ich sagte, dass ich gewiss »cum laude« im Strafrecht erhalten haben würde, dass ich im Civilrecht hingegen nicht ganz auf der Höhe sei und damit war ich durchgefallen. Ein zweites Mal wollte ein schweres Geschick, dass ich im Staatsrecht antworten sollte, während mir nur dieses nicht geläufig war, ich dagegen vom Kirchenrecht bis zum Seerecht auf keine Frage die Antwort schuldig geblieben sein würde, und das dritte Mal legte man mir die Frage vor, wie weit ein Gelbgiesser und ein Möbellackierer, die jeder mit einer der rothaarigen Töchter eines blatternarbigen Pfandleihers verheiratet sind, nach assyrischem Gesetz als Zeugen gegeneinander zulässig sind. Was würden Sie geantwortet haben?«

»— — — — —.«

»Na, ungefähr dasselbe sagte ich und damit war mein Schicksal besiegelt. Jetzt gehe ich, um ein berühmter Rechtsanwalt zu werden, zu meinem Bruder, der auf einer Kaffeepflanzung in Costa Rica beschäftigt ist, und seien Sie versichert, in nicht allzulanger Zeit werden Sie durch die Zeitungen, wo immer Sie sich befinden mögen, von mir hören.«

»— —! — —.«

Der junge Mann mit den Henkelohren wollte Handelsgehilfe in Columbien werden, aber weder der Rechtsgelehrte noch der Ladendiener verstanden ein Wort der englischen oder der spanischen Sprache.

Die Pflege auf der Columbia schien mir mangelhaft. Während der ersten Tage in Honduras, über die ich später berichte, würde ich indessen zehn Dollars gegeben haben für eine dieser Mahlzeiten. — In Ermangelung besserer Beschäftigung versuchte ich in früher Morgenstunde des dritten Tages unserer Reise meine neue Schusswaffe. Ich legte vorsichtshalber nur eine Patrone hinein, stellte mich in gleich weiter Entfernung von beiden Seiten des Schiffes, um bei dem Knall nicht über Bord zu fallen und zielte links neben dem Kompasshäuschen vorbei ins Meer. Dann schloss ich die Augen und drückte los. Gleichzeitig mit dem Knall hörte ich die Kugel auf einen Gegenstand aufschlagen. Zu meiner Verwunderung ergab eine Untersuchung, dass ich 4 oder 5 m weiter nach links als beabsichtigt geschossen und eines der Rettungsboote getroffen hatte. Niemand war auf dem Verdeck sichtbar. Ich ging somit in die Kajüte des Führers und berichtete diesem.

»Captain, I hit something.«

»I hope you did not strike one of your countrymans elephant-ears,« entgegnete Mr. Wood, und dabei sah er auf meinen Revolver.

»No, worse!« erwiderte ich und führte ihn nach oben, um ihm mit der gehörigen Erklärung das Loch in dem Rettungsboot zu zeigen. Anstatt mich in Strafe zu nehmen, erschien dem Herrn die Sache recht spasshaft, und sie hatte für mich keine anderen üblen Folgen, als dass ich während der nächsten 24 Stunden Gegenstand der allgemeinen Verspottung war. —

Am vierten März fuhren wir an einer der Bahamas »Watlings Island« vorüber, einer jener 20 oder 30 Inseln zwischen Cuba und Trinidad, auf denen Columbus am 12. Oktober 1492 ganz gewiss zu allererst landete. Am folgenden Tage sahen wir Haïti an der Backbordseite, und nunmehr wurde es Zeit, die Winterkleider gegen leichte Anzüge zu vertauschen. —

Um die Mittagsstunde des 7. März landeten wir an der Schiffsbrücke von Colon.

Die Stadt liegt malerisch hübsch auf einer Landzunge, und in einer Entfernung von nicht mehr als 3 km konnte ich mit dem Glase die Ausläufer eines Urwalds erkennen. Die Stadt mit einer Einwohnerschaft, die zur Hälfte aus Negern, im übrigen aus Mulatten[*]), Chinesen und wenigen Weissen besteht, machte im Innern einen ebenso abstossenden Eindruck, wie sie, von der Schiffsbrücke gesehen, anziehend gewirkt hatte. Nackte schwarze Knaben spielten in dem zolltiefen Schmutz der Strasse mit Schweinen, Hunden, Ziegen und Hühnern. Welchen Grad mag dieser Schmutz erst in der Regenzeit erreichen!

In Begleitung der oben erwähnten drei Nordamerikaner schlenderte ich durch die Stadt, und wir fanden unter anderem Bemerkenswerten eine Roulette, an der Neger erfolgreich bemüht waren, ihr Vermögen zu verspielen. Nach Verlauf einer Stunde hatten meine drei Begleiter zu meinem Bedauern sich wieder einen derartigen Zopf zusammengetrunken, dass ich es vorzog, mich von ihnen zu verabschieden und allein auf Entdeckungsreisen zu gehen. Zu dem Zweck mietete ich mir eine zweirädrige Carreta mit einem Negerkutscher und fuhr auf schlechter Strasse in der Richtung nach dem Urwalde. Ich war glücklich genug einen Weg gewählt zu haben, der schliesslich mitten durch ihn führte.

Einen Begriff von einem Urwald kann man sich kaum machen, ohne seinen Pflanzenwuchs in seiner ganzen ursprünglichen, unangetasteten Pracht und Herrlichkeit gesehen zu haben. Ich unterschied Riesenweiden mit niederschleppenden Zweigen, ungeheuren Bambus und eine Art Schilfgras, daneben ausserordentlich grosse Baumstämme, an denen sich schlanke und feine Reben emporrankten. Zu den schönsten Bäumen zählte eine Palme, die mein Negerkutscher »Jahuacte« nannte und deren Frucht — von säuerlichem Geschmack — einer Eichel glich. Ich konnte freilich Brüllaffen weder sehen noch hören, auch habe ich keine giftigen Schlangen oder wilden Katzen bemerkt; alle diese Bestien

---

[*]) Farbige, von einem weissen Vater und einer Neger-Mutter.

sind in der Nähe der menschlichen Niederlassungen nicht mehr vorhanden. Ich musste mich damit begnügen, Kolibris, Papageien und andere bunte Vögel zu sehen und einzelne Käfer zu fangen. An einem schattigen Ort sah ich einen ausserordentlich grossen Tagfalter plötzlich auffliegen und wahrhaftig, ich griff unwillkürlich nach meinem Revolver, um das Ungeheuer zu erlegen. Als ich all seine buntscheckigen Genossen von der merkwürdigsten Form und der herrlichsten Farbenpracht vorbeifliegen sah, lief ich ihnen nach, wie ich es in der Heimat sechs Jahre früher gern gethan hatte.

Am nächsten Morgen fuhr ich um $7^1/_4$ Uhr mit dem regelmässigen Zuge nach Panamá ab. In der Umgebung der Eisenbahn zeigte sich wiederum viel des Neuen und Anregenden. Während der ersten Stunde führte das Gleis durch denselben Urwald, von dem ich tags zuvor einen geringen Teil am Meere kennen gelernt hatte. Wilde Bananen und Kokospalmen sah ich auf dieser Reise zuerst. Die Bevölkerung der an den Haltestellen gelegenen winzigen Dörfer, in denen alle Hütten auffallend mit Wellblech gedeckt sind, besteht aus Negern und Chinesen. Hin und wieder bemerkte ich Trümmer aus der Zeit des Kanalbaus; ich sah zahlreiche vollständig unbrauchbar gewordene und dem ferneren Verderben preisgegebene Dampfkessel, Lokomotiven, Schleusenanlagen und Baggermaschinen. Je weiter wir uns Panamá näherten, desto weniger reich war der Pflanzenwuchs. Selbstverständlich ist auch in der Umgegend dieser Stadt die Baumwelt des heissen Erdgürtels vertreten, aber nicht in dem überreichen Masse wie auf der nördlichen Seite der Landenge.

Ungern erfuhr ich, dass der Dampfer »Costa Rica«, der mich an der Westküste weiter nördlich führen sollte, erst am 11. Panamá verlassen werde, sodass ich gezwungen war, drei lange Tage bei drückender Hitze in der der Gesundheit nichts weniger als zuträglichen Stadt zu bleiben. — Grössere Fahrzeuge sind gezwungen 4—5 km von ihr entfernt auf der Reede zu ankern. Zur Zeit der Ebbe zeigt sich zwischen der Stadt und dem Meere ein kilometerbreites Watt, das teils aus felsigem Grunde, meist aber aus übelriechendem Schlamm besteht. Diesem entsteigen die Erreger des gelben Fiebers, die in den verschiedenen Jahreszeiten mehr oder weniger giftig zu sein scheinen. Es ziehen sich die Watten von Panamá in nordwestlicher Richtung bis über die mexikanische Grenze hin, und es ist unter diesen Umständen begreiflich, dass die Anzahl der auf dem Friedhofe von Panamá beerdigten Ausländer sehr gross ist. Ich besuchte den Kirchhof und fand dort weder geordnete Wege noch gepflegte Gräber. Schweine und Hühner hausten überall in grosser Zahl. Nur ganz vereinzelte Ruhestätten, darunter diejenige des Bruders meiner Mutter, erfreuten sich einer augenscheinlich sehr sorgsamen Behandlung. Es scheint mir, dass Verwandte und Angehörige im allgemeinen ein etwas sichtlicheres Andenken an die hier gebliebenen Ihrigen dadurch bezeigen könnten, dass sie zum wenigsten für eine leidliche Instandhaltung ihrer Ruhestätten Sorge trügen. Als ich einen Kranz gegen den Stein legte, der die Namensinschrift meines Oheims trägt, hatte ich Grund anzunehmen, dass mein älterer Bruder, der aller Wahrscheinlichkeit nach einige Wochen später — auf der Reise von Valparaiso nach Mexiko — Panamá berühren musste, meine Blumen noch finden würde.

Das Krankenhaus liegt 1 km ausserhalb Panamás und ist durchaus reinlich und ordentlich gehalten. Eine der die Kranken pflegenden Nonnen, aus der Bretagne, erklärte mir alles und versicherte mich, dass Stadt und Umgebung, seitdem die Kanalarbeiten niedergelegt worden, viel gesünder seien als früher.

Im Uebrigen vertrieb ich mir die Zeit in Gesellschaft meiner drei Nordamerikaner, auf die meine ernsten Vorstellungen, wenigstens in dieser ungesunden Stadt möglichst nüchtern zu bleiben, einigen Erfolg gehabt zu haben schienen. — Am 11. verliess die Costa Rica zu meiner Freude Panamá, um 3 Tage später in Punta Arenas zu landen. Schlechte Pflege, kleine unsaubere Schiffszimmer mit 8 cm langen Kakerlaken, mit Ameisen, Mäusen und anderem Ungeziefer, zählten zu den mannigfachen Misshelligkeiten an Bord des in der Stunde $8^{1}/_{2}$ Knoten laufenden Dampfers. Unter solchen Umständen konnte ich nur die kühlen Abendstunden auf Deck bei Porter und Ale mit dem Kapitän Dow unter recht angenehmem Plaudern geniessen. Während der ersten Nacht beobachtete ich ein Meerleuchten, wie ich es früher und später niemals gesehen habe. Das Schiff fuhr scheinbar in fliessendem Feuer, und abgerissene Stücke aus dieser Masse glichen tiefblauen bis hellgrünen, riesenhaften elektrischen Funken und Körpern.

Unter der im Uebrigen langweiligen Reisegesellschaft befand sich ein »padre«, der in Punta Arenas zu landen gedachte. Bald nach unserer Abfahrt aus Panamá zog der wenig sauber gekleidete, unrasierte, wohlgenährte kleine Herr ein Spiel sehr schmutziger Karten aus der Tasche und lud mich zu einem Spiel Monte ein. Eigentlich verdross mich diese Aufforderung, weil ich aus ihr schliessen konnte, dass der doch gewiss recht schlaue geistliche Herr mich unter allen Mitreisenden für den Dümmsten halten musste. Ich lehnte daher das Anerbieten, vielleicht nicht einmal sehr höflich, ab, und damit bekümmerte sich der fromme Mann nicht weiter um mich. Bei unserer Landung in Punta Arenas harrte eine Menge von Leuten sehnlichst ihres Padre. Glücklich war der, der seinen Rock berühren oder seine Hand demütig küssen durfte. Vom Deck sah ich, wie der Mann noch mit einem Fuss in dem kleinen Kahn, der ihn an Land gefahren hatte, stand, als die Gläubigen auf ihn los stürmten, sodass er bei dem Gedränge sein Gleichgewicht verlor und ins Wasser stürzte. Rasch aber fasste er sich und ohne nur ein Wort zu verlieren, sprang er wie ein Gummiball in die Höhe und ans Ufer, um Schläge, Püffe und Fusstritte nach allen Seiten hin auszuteilen, wahrscheinlich um die Lehre zu geben, dass frommer Eifer auch überlästig sein könne.

Wir liefen die sehr wenig beachtenswerten Plätze San Juan del Sur und Corinto in Nicaragua an und landeten am 17. März morgens 8 Uhr am Ziel meiner Seereise, Amapala auf der Insel Tigre. Am Lande erwartete mich Herr Enrique Streber, der Mitinhaber des Handelshauses R. Streber e Hijo, und gab mir einen Brief meines Freundes Bennaton, mit dem ich in Hamburg

Die Hauptkirche in Punta Arenas.

bei den Herren Schlubach & Co. die ersten beiden Jahre meiner Lehrzeit zusammen thätig gewesen war. Zwölf Monate vor mir war er von unseren Lehrherren nach Tegucigalpa gesandt.

Nachdem Herr Streber mein Gepäck zollfrei eingeführt hatte, gingen wir in sein Haus, und er setzte mir zunächst auseinander, ich hätte meine sämtlichen Koffer und Kisten derartig umzupacken, dass sie nicht mehr als je 60 kg wögen. Mit einigen Seufzern ging ich an die Arbeit, die in einer Zeit von $1^{1}/_{2}$ Stunde beendet war. Dann wurde gefrühstückt. Zum ersten Male ass ich »frijoles«, eine Art schwarzer Bohnen, die mir vortrefflich schmeckten und die ich während der nächsten fünfzehn Monate selten bei einer Mahlzeit entbehren sollte. Nachmittags 2 Uhr konnte ich meine 200 km lange Reise nach Tegucigalpa antreten. Die ersten 40 km waren in einem kleinen Fahrzeuge zurückzulegen. Als glücklich alle meine Gepäckstücke, mit verschiedenen Gütern, die ich von Amapala aus mitnehmen sollte, gestaut waren, reiste ich ab in der Gesellschaft von 4 Ruderern und eines »patron« oder Steuermannes, der die Ordnung aufrecht erhielt und überhaupt die Leitung hatte. Herr Enrique Streber war aufmerksam genug, mir noch eine ganze Anzahl von Konserven mitzugeben, in der Annahme, dass ich auf der Reise hin und wieder ohne sie dem Verhungern nahe kommen würde. Endlich um 3 Uhr nahm ich von Don Enrique Abschied, und unter brennenden Sonnenstrahlen senkten die vier Leute ihre Ruder ins Wasser. Ich fühlte mich allein, noch viel mehr vereinsamt als nach dem Abschiede von Newyork, und recht unglücklich.

Als wir eine Stunde teils gerudert, teils gesegelt hatten, bemerkte der Patron, dass das Boot leck war, sodass uns nichts anderes übrig blieb, als schleunigst umzukehren. Ich überlasse es den Lesern sich auszumalen, wie mir bei dieser Rückfahrt zu mute war, indessen hatte ich mich in das Unvermeidliche zu fügen. Nach Amapala zurückgekehrt, begab ich mich sofort wieder zu Don Enrique, um ihm mein Missgeschick auseinanderzusetzen. Er tröstete mich damit, dass ich um 2 Uhr nachts bei Mondschein abfahren könne, aber da mich das Ungemach nun einmal verfolgte, war in der folgenden Nacht von Mondschein keine Rede, und ich musste am nächsten Nachmittage um 3 Uhr in glühender Hitze zum zweiten Male die Reise nach Tegucigalpa antreten. Die ganze Wasserfahrt bis San Lorenzo, der Anlegestelle auf dem Festlande, war entsetzlich; eingeengt zwischen Koffern und Kisten sass ich da und erst gegen 12 Uhr in der Nacht, allerdings bei Mondschein, landeten wir an Ort und Stelle. Nie in meinem früheren Leben hatte ich ein trostloseres Mittagsmahl eingenommen als an diesem Tage. Zwischen meinen Kisten öffnete ich eine Dose Corned Beef. Dazu hatte ich ein Stück aus Amapala mitgenommenes Brot, das indessen erst mühselig von grossen Ameisen gereinigt werden musste, und ohne eine Flasche Wein von Herrn Streber wäre die Mahlzeit noch viel dürftiger ausgefallen.

Meine Leute sahen nichts weniger als vertrauenerweckend aus, sodass ich den Entschluss fasste, nicht einzuschlafen; aber schliesslich übermannte mich die Müdigkeit bei dem Gedanken, dass fünf Leute mich trotz meines für sechs Personen bestimmten Revolvers doch sehr leicht überwältigen könnten; erst bei unserer Ankunft in San Lorenzo erwachte ich. Als ich die wenigen elenden Hütten sah, welche diesen Namen führen, machte ich dem Patron begreiflich, dass ich lieber unter freiem Himmel im Boote übernachten, als in einem dieser Ranchos absteigen wolle. Der Mann liess sich jedoch auf nichts ein und erklärte, den günstigen Wind und das Mondlicht für eine sofortige Umkehr nach Amapala benutzen zu müssen. Herr Streber hatte mir einen Empfehlungsbrief an eine in San Lorenzo wohnende Witwe mitgegeben und so führte mich der Patron zu ihr. Während er an die Thür klopfte, um die Frau zu wecken, hatte ich Zeit, die Wohnung zu betrachten. Man vergegenwärtige sich eine viereckige, armselige Hütte, welche in einem deutschen grossen Speisezimmer Platz finden würde. Die Seitenwände waren aus Baumstämmen und alten Kistenbrettern sowie aus Blätter- und Buschwerk zusammengefügt. Den ganzen dürftigen Bau bedeckte ein Blätterdach. In den Wänden fand ich statt der Fenster Löcher, gross genug, um einer Eule das Ein- und Ausfliegen zu ermöglichen.

Endlich war meine Beschützerin erwacht und trat im Nachthemde, mit einem brennenden Wachskerzenstumpf in der Hand, heraus. Ich gab ihr meinen Brief und nach Durchsicht bat sie mich, einzutreten. Als ich mich überzeugt hatte, dass mein Gepäck, mit Ausnahme des Mundvorrats — der leider den Ruderern gefallen zu haben schien — richtig ausgeladen war, nahm ich von dem Patron Abschied und folgte der Aufforderung der Doña Purificacion. Sie bat mich, in einer der vier Ecken ihrer Wohnung zu schlafen, blies ihr Licht aus und sagte: »¡buenas noches!«*). Das »in einer der vier Ecken Schlafen« war leichter gesagt als gethan, denn im Stockfinstern in einem fremden Raum eine Ecke zu suchen ist nicht einfach. Leider befand ich mich nicht im Besitz eines Lichtes, und bis ich mich im Dunkeln wenigstens einigermassen zurecht gefunden hatte, war ich gezwungen, ein Streichholz nach dem andern anzubrennen. Auf dem Fussboden stand eine alte grosse Kiste und in dieser sollte ich vermutlich schlafen. Als ich mich hineinlegen wollte, bemerkte ich, dass bereits zwei Katzen ihr Nachtlager darin aufgeschlagen hatten, während auf dem Rande einer der Längsseiten ein grüner Papagei den Kopf unter den Flügel steckte. Ohne Erbarmen jagte ich jedoch den Vogel und die Kater fort. Ich legte meinen Revolver für etwaige Notfälle auf die Erde neben die Kiste, wickelte mich in meinen in Panamá erstandenen Poncho und versuchte zu schlafen. Leider ohne Erfolg, denn in der dritten Ecke des Ranchos waren Schweine untergebracht, die unaufhörlich grunzten; dazu scharrten draussen die grasenden Mulas und bellten die Hunde, während von 2 Uhr an drei oder vier Hähne mit förmlichen Eselsstimmen ununterbrochen abwechselnd krähten.

Am wenigsten willkommen waren indessen die Mosquitos. Es mag sein, dass es Weltweise giebt, die die Zwecke zu erraten wissen, welche die Natur mit dem Dasein des Mosquito verbindet. Wie sehr ich mich aber

---

*) Gute Nacht.

Honduras. Flussübergang zwischen San Lorenzo und Pespire.

auch die ganze Nacht abmühte, über diesen Gegenstand nachzudenken, so muss ich bekennen, dass ich nicht die Lösung des Rätsels finden konnte.

Um 4 Uhr stand ich auf und ging ins Freie. Zu meinem Erstaunen redete ein Herr mich an, ob ich die Absicht habe, zu Herrn Ricardo Streber in Tegucigalpa zu reisen. Ich stellte mich vor und lernte in dem Fremden Herrn Molina aus Pespire kennen, der als dortiger Vertreter meines zukünftigen Vorgesetzten beauftragt war, mir von San Lorenzo aus das Geleite weiter zu geben. Um 5 Uhr frühstückten Molina und ich und dann ritten wir ab. Meine Ausrüstung hatte auf zwei Mulas Platz gefunden; ich musste diese Tiere bewundern, die in der grossen Hitze mit einer Last von 125 kg 50 km fast ohne Aufenthalt zu gehen vermochten. Der Führer der Mulas war ein Vollblutindianer, der indessen, wie alle Einwohner des Landes von dieser Rasse, der spanischen Sprache mächtig war. Vermutlich gehörte er zu den Nachkommen jener Eingeborenen, die zu Cortez Zeiten den Spaniern Achtung und Bewunderung abnötigten. Heute wird der Indianer in Honduras gewissermassen als Unmündiger angesehen, der nicht imstande ist für sich zu sorgen.

Recht vorteilhaft war für mich, dass ich mir einen Sattel von Europa mitgebracht hatte. Im ganzen Lande ist ein solcher kaum zu kaufen oder zu leihen, und wer keinen besitzt, muss auf alles Reisen verzichten.

Molina und ich mochten 1½ Stunden meinen »carga mulas«*) vorausgeritten sein, als ich einen ½ bis ¾ m grossen Leguan unter einem Baum liegen sah. Ich zog meinen Revolver, zielte und schoss, leider ohne anderen Erfolg als den, dass meine Mula gegen alles Erwarten die Sache ernsthaft nahm und durchging. Mit dem noch 5 Patronen enthaltenden Revolver in der rechten Hand gelang es mir erst, nachdem ich 700 bis 800 m unfreiwillig im Maulesel-Galopp zurückgelegt hatte, das Tier zu halten. Molina ersuchte mich, für die Folge mich derartiger Abschweifungen zu enthalten, denn einmal sei ihm sein eigenes Leben lieb, aber abgesehen davon habe er keine Lust, seinen Schutzbefohlenen zum zweiten Male in der eben geschilderten Verfassung auf einer durchgehenden Mula zu sehen.

Nach ferneren 1½ Stunden gelangten wir an einen kleinen Fluss, dessen klares Wasser ich sofort zur gründlichen Reinigung meiner Person benutzte. Als Uebergang dienten 10 oder 12 grosse Steine, die aus dem Wasser hervorragten und über welche die Maultiere geschickt zu klettern verstanden. Eine mit Stroh gedeckte recht hübsche Laufbrücke verband beide Ufer; ähnliche Flussübergänge habe ich 18 Monate später auf Java und Sumatra gesehen. Gegen 10 Uhr mochten wir bei unerträglicher Hitze in Pespire, dem Endziel unseres Rittes, angekommen sein. Der Ort ist heisser als die Inselstadt

---

*) Gepäck-Maultiere.

Amapala, auf der sich zu bestimmten Tageszeiten kühle Seewinde regelmässig einstellen. Bei Molina wurde ich gütig aufgenommen und nach dem Frühstück benutzte ich die Gelegenheit, mir die Indianer des Ortes, sowie deren Frauen und Mädchen, näher zu betrachten. Sie alle sind kaum mit etwas anderem als mit einem Hemd aus grobem Sackleinen bekleidet. Die Frauen bedienen sich ausserdem an Stelle des Mieders eines Tauendes, das sie vorn zusammenschürzen.

Molina wusste recht unterhaltend von den Indianern Mittelamerikas zu erzählen. In Honduras fällen sie den ersten besten Baum, und jeder zimmert sich sein Bauholz selbst, aus dem er seine Hütte zusammenfügen will, die meistens mit einem Strohdach bedeckt wird. Der Indianer denkt nicht daran, mehr Grund und Boden zu bebauen, als seine eigenen Bedürfnisse es erfordern, und das, was sein Feld ihm nicht bietet, liest er im Walde zusammen. Das Innere seiner Hütte entspricht dem dürftigen Aeusseren, denn der Hausrat ist ebenfalls das Werk seiner Hände. Wird der Indianer krank, so braucht er die wenigen Pflanzensäfte, deren Eigenschaften er durch seinen Vater kennen gelernt hat. Die Zeit hat für ihn keinen Wert, und die Sorge um die Zukunft quält ihn nicht, denn das vollkommenste Glück scheint ihm, den Augenblick in Ruhe zu geniessen. Hätte er nicht für Nahrung und Kleidung zu sorgen, so würde er seine Hand nicht rühren, ganz abgesehen davon, dass ein gewisser unerschütterlicher Glaube an die Vorsehung ihn beherrscht und ihm den Vorwand zu seiner Trägheit bietet. Man könnte meinen, einen Klausner vor sich zu haben, wenn man sieht, mit welchem Gleichmut der Indianer körperliche Leiden erträgt. Naht ihm die Todesstunde, so findet sie ihn immer gefasst. »Meine Stunde ist gekommen«, pflegt er zu sagen, oder etwa: »Ich gehe zur Ruhe, mein Werk ist gethan«. Da alle Indianer das Vorrecht besitzen, nichts zu thun, besteht bei ihnen die vollkommenste Gleichheit in der Gesellschaft, und Ansprüche, die sich auf Geburt, Kenntnisse oder Reichtum stützen, sind unter ihnen nicht zu finden.

Es mag hier am Platze sein, darauf hinzuweisen, dass die seit Jahrhunderten zum Christentum bekehrten Indianer heute, wie in dem Anfang der spanischen Herrschaft, mehr scheinbar als wirklich Christen sind. Sie lassen sich taufen und versäumen ungern die äusseren feierlichen Gebräuche, wenn die Kirche nicht allzuweit abliegt, allein alle diese Förmlichkeiten mögen den Priestern genügen, haben aber im Grunde garkeine Bedeutung für den Indianer, der keine Ahnung von Menschenpflicht oder Sittlichkeit besitzt. —

Einige Stunden Ruhe in einer Hängematte waren mir recht willkommen. In der heissen Zone scheint die Nacht sich kaum in dem Masse für die Ruhe zu eignen, wie die Nachmittagsstunden; während die Sonne im Höhepunkt steht, ruhen alle Winde, das Laub neigt sich und die

Vögel ziehen sich in die Winkel der Wälder zurück, während die Menschen wenig zur Thätigkeit aufgelegt sind. — Kurz nach 3 Uhr kamen meine Carga-Mulas an; sie waren also ungefähr 5 Stunden länger unterwegs gewesen als Molina und ich. Das Mittagsmahl schmeckte mir, zumal nach den traurigen Erfahrungen des vorherigen Tages, ausgezeichnet, obgleich das Bier nicht viel kühler als die Luft sein mochte. Für die Nacht liess Molina mir die Wahl, in einem Bett oder in einer Hängematte zu schlafen. Ich wählte jenes, das ich während der beiden vorhergehenden Nächte schmerzlich entbehrt hatte. Bei dieser Gelegenheit sei gleich bemerkt, dass man sich für die Betten in Honduras keiner Matratzen, sondern einer gegerbten Ochsenhaut bedient. Ohne Mosquitoplage schlief ich herrlich, wurde indessen schon gegen 4 Uhr von Molina geweckt. Nachdem wir gefrühstückt, sattelte man die Mulas, und die Reise wurde fortgesetzt. Molina gab mir noch eine halbe Stunde das Geleite auf dem Wege nach meinem nächsten Bestimmungsort La Venta, dann dankte ich ihm für die mir vielfach erwiesenen Freundlichkeiten in der mittelamerikanischen Wildnis und setzte den Weg mit meinem Indianer allein fort. Auf den brieflichen Rat Bennatons blieb ich bei meinem Gepäck, um etwaigem Diebstahl vorzubeugen, war dadurch aber verurteilt, ausschliesslich im Schritt zu reiten. Auf dem Wege holte mich ein Herr Midence aus Tegucigalpa ein; er war so zuvorkommend mich zum Essen einzuladen. Zu den Sardinen und Corned Beef liessen wir uns von Indianerweibern Spiegeleier bereiten, und mit einigen Tortillas*) war ein ganz leidliches Mahl hergestellt. Herr Midence hatte sich wohlweislich Teller, Messer und Gabel mitgebracht. In meiner Unkenntnis der Landessitte hatte ich nicht soweit vorgesorgt, musste also alles mit meinen zehn Fingern zum Munde führen.

Nach einstündiger Rast ritten wir weiter. Ich konnte es Midence nicht verdenken, dass er keine Lust hatte, die Reise im Schritt neben mir sowie meinen Gepäck-Mulas fortzusetzen, und verlor ihn bald aus den Augen. Indessen hatte ich keinen Grund, mein langsames Vorwärtskommen zu beklagen. Der dürftige Pflanzenwuchs an der Westküste wich mit jedem Kilometer mehr und mehr einem üppigen Waldbestande. Der Weg führte bergauf, hin und wieder recht steil, ich hatte von den Höhen manchen überaus schönen Blick in die Thäler mit Wäldern von wilden Bananen. Dazu sang mein Indianer nicht unmelodisch das wirklich passende Lied:

Que mundo hermoso	O schöne Welt,
Que me agrada,	Die mir gefällt!
Lastima es	Welch herbes Leiden,
Que yo me muera!	Von dir zu scheiden!

das ich mir gestattet habe, beistehend recht frei zu übersetzen.

---

*) Sehr einfache Kuchen aus zerriebenem Mais.

Als ich die Berge hinaufritt, dachte ich unwillkürlich an deutsche Forste, mit denen die Wälder dieser Gegenden in keiner Beziehung übereinstimmen; dabei hatte ich vornehmlich den Sachsenwald im Auge. Während dieser gleichförmige Massen mit Wellenumrissen zu bilden pflegt, haben hier die Wälder die seltsamsten Formen. Man begegnet in die Lüfte hinaufragenden Wipfeln, mit dem dürftigsten oder garkeinem Blätterschmuck, die man wohl als Skelette der Waldwelt bezeichnen kann, während in der nächsten Nähe eine Reihe riesengrosser, sonnenschirmartiger Laubdächer sich entfaltet; diese Bäume ruhen auf so dünnen Stämmen, dass man fast meinen sollte, sie schwebten in der Luft. Der wahre König dieser Wälder ist aber der Cantemon, der ebenso sehr durch seine Grösse, wie durch sein üppiges Laubwerk fesselt. Ich ritt unter einem solchen Waldriesen hin, an dessen Zweigen ich eine Menge hängender Vogelnester bemerkte, so hoch in der Luft, dass ich nicht mehr die Fäden erkennen konnte, durch welche sie befestigt waren. In diesem luftigen Zufluchtsort scheint der glänzende kleine Vogel, der dort nistet, vor manchem Verfolger sicher, denn nur Raubvögel werden ihn hier stören können.

Ohne besonderen Zwischenfall erreichte ich nachmittags 2 Uhr La Venta. Molina hatte mir einen Empfehlungsbrief mitgegeben, den mein Indianer an seine Adresse abgab. Der betreffende Herr, dessen Name mir nicht mehr erinnerlich ist, trat mir freundlich sein Zimmer für die Nacht ab, während er in einem anderen Rancho Unterkommen suchen wollte. Leider war mein Gastfreund nach seiner Aussage Junggesell und mit dieser Erklärung verschwand er auf Nimmerwiedersehen. Somit war guter Rat teuer, denn in den elenden, lehmigen Buden der Ortschaft schien kaum etwas Essbares aufzutreiben. Ich schickte also meinen Führer fort mit der Weisung, alles für meine Rechnung aufzukaufen, was an Geniessbarem zu haben sei. Nach einer Viertelstunde kehrte der Indianer freudestrahlend mit der Botschaft zurück, dass er etwas Gutes gefunden habe, aber vor 6 Uhr könne ich nichts erhalten. Bis dahin wurde wieder in der Hängematte geruht. Zu meinem Erstaunen brachte mir der Indianer reichliche Speisen: Fleisch, Frijoles, Spiegeleier und Tortillas. Leider war es aber dunkel geworden, sodass ich alle die guten Dinge im Finstern unter der einzigen Hilfe von Streichhölzern und wieder mit den Fingern essen musste. Da das mir freundlicherweise überlassene Zimmer keine Möbel enthielt, war ich gezwungen auf der Erde, von Ameisen umringt, zu sitzen. Ich bin nicht imstande, anzugeben, auf welcher Seehöhe La Venta liegt, indessen musste ich schon ziemlich hoch gelangt sein, weil mich während der Nacht in der Hängematte ohne meinen Poncho zweifellos gefroren haben würde.

Bald hinter La Venta führte am folgenden Tage die Strasse steil bergan. Auf dem harten und steinigen Boden wuchsen meist nur hohe

Kiefern und Fichten. Sobald ich aber in eines der vielen, vor kalten Winden geschützten Thäler blicken konnte, fand ich Palmen und bis 4 m hohe Kakteen: strauchartige Gewächse mit dicken, blattlosen Stämmen von bald kugelförmig zusammengezogener, bald verlängerter, säulenförmig runder oder eckiger Gestalt. Die Tierwelt ist recht mannigfaltig und teilweise wunderbar schön durch die Vögel vertreten, doch kannte ich von all dem gefiederten Volk nur den Seidenschwanz und eine kleine Art von Papageien. Kleine graue Eidechsen sah ich in grossen Mengen, dagegen von Schlangen und anderem Gewürm nichts.

Planmässig erreichten wir noch vor Mittag die kleine Stadt Sabanagrande, wo ich Ruhe hielt. Zu meinem Erstaunen und nicht geringen Behagen konnte ich hier nicht allein kühles Trinkwasser erhalten, sondern sogar einen Tisch; auch Gabel und Messer wurden mir zur beliebigen Benutzung angeboten. — Erst $1^{1}/_{2}$ Stunden nach Sonnenuntergang kam ich auf dem Gipfel des Berges, den ich mir zum Ziel der heutigen Tagesreise gesetzt hatte, an. Die letzte Stunde war schaurig gewesen. Es wehte ein eisiger Wind, sodass mich in meiner leichten Kleidung jämmerlich fror. Vom Wege und den Abgründen zur Rechten konnte ich nichts erkennen; ich musste mich auf die allerdings sehr sicheren Mulas verlassen. Die unheimliche Stille wurde nur ab und zu unterbrochen von dem Rufe des »arrieros«*), der wie ich glaube, vornehmlich seine Stimme hören liess, um die eigene Furcht in der Dunkelheit zu zerstreuen. Der Jaguar ist in Honduras zwar selten, wird aber doch noch angetroffen. In der Hütte, auf dem Berggipfel, in welcher ich Unterkommen fand, wurde mir nicht mehr geboten als während der letzten Nächte. Wieder musste ich, auf der Erde sitzend, beim schwachen Licht der Streichhölzer essen. Als das dürftige Mahl beendet war, zündete der Indianer ein Feuer an; er und ich legten uns daneben, um uns zu wärmen. Dann suchte ich mir meinen Winterrock aus einem der Koffer hervor, wickelte mich überdies noch in meinen Poncho, legte mich in Ermangelung einer Hängematte auf meine Koffer und schlief bald ein.

Den nächsten Morgen vor Sonnenaufgang weckte mich der Führer und als wir ins Freie traten, bemerkten wir zu unserem Schrecken, dass eine der Mulas sich losgerissen und das Weite gesucht hatte. Natürlich begab der Indianer sich sogleich auf die Suche. Als er jedoch um 7 Uhr noch nicht zurückgekehrt war, beschloss ich, meinen Weg allein fortzusetzen. Man versicherte mich, dass ich längstens in 6 Stunden den Weg bis Tegucigalpa zurücklegen könne, und überdies sei die Möglichkeit des Verirrens ausgeschlossen, da es nur einen Weg gäbe. Somit drahtete ich Herrn Streber, dass ich um 1 Uhr eintreffen würde, sattelte meine Mula und ritt ab. Bald stellte sich heraus,

---

*) Führer.

dass der Weg immer schlechter und unkenntlicher wurde, und nach einer Stunde Reitens stand ich inmitten eines Riesenwaldes ohne zu wissen wohin. Da sass ich fern von aller Welt, und wusste nicht, was ich beginnen sollte; ein Rancho war nirgends zu sehen. Ich versuchte wenigstens umzukehren und vorerst den Saum des Waldes zu erreichen. Kaum war ich draussen, als ich 2 km zur Rechten an den in der Sonne glänzenden Blechkoffern meine beiden Mulas und den Indianer erkannte. Zu dem Meinigen zu gelangen war nicht leicht; der Weg führte durch dick und dünn, über Stock und Stein. Endlich erreichte ich die beiden Tiere und den Führer, der sichtlich erfreut schien, mich wieder zu haben. Nach zwei ferneren Stunden trafen wir Bennaton, der mir entgegengeritten war; er hatte mir durch diesen Beweis der Freundschaft eine angenehme Ueberraschung bereitet. Wenigstens habe ich mich selten in dem Masse über ein Wiedersehen gefreut, wie dort beim Zusammentreffen mit dem Gefährten aus meinen Lehrjahren. — Bald sahen wir meine neue Heimat Tegucigalpa, zu unseren Füssen.

Die Stadt machte auf mich einen recht guten Eindruck. Bennaton erklärte mir, dass die wenigen Häuser diesseits des Flusses Choluteca den Vorort Comayaguela bildeten. Die eigentliche Stadt mit diesem schätzte ich auf 25000 Seelen. Der ganze Ort glich aus der Höhe einem aus sauberem Kinderspielzeug zusammengesetzten Städtchen. Je weiter wir uns aber diesem und dem Flusse näherten, desto mehr schwanden alle vorgefassten Einbildungen. Die Stadt erscheint in der Nähe viel kleiner als von der Höhe, weil man erst in ihr angekommen bemerkt, dass fast keines der Gebäude, mit Ausnahme der Kirchen, ein anderes als das Erdgeschoss aufzuweisen hat. Sämtliche Häuser sind mit Kalk weiss gestrichen; bei der leichten Vergänglichkeit dieser Malerei sehen sie recht dürftig aus. Ueberhaupt passt auch auf Tegucigalpa, wie auf alles in Honduras durch Menschenhand Gefertigte, das: »N'y regardons pas de trop près!« —

Ich mochte kaum 24 Stunden in meinem neuen Heim zugebracht haben, als ich wusste, dass mein gutes Glück mich zu einem der besten Vorgesetzten im ganzen Mittelamerika geleitet hatte, dass ich in einer liebenswürdigen Familie aufgenommen war, und dass ich mit Lust und Liebe unter freundlicher Behandlung der ferneren Fortbildung meiner kaufmännischen Kenntnisse entgegensehen durfte. Diese meine ersten Eindrücke sind bis zum letzten Augenblick meines Aufenthalts im Lande dieselben geblieben.

Herr Streber schien in dem geräumigen Hof des weitläufigen, mit Oelfarbe gestrichenen Hauses auf uns gewartet zu haben. Nachdem Bennaton mich vorgestellt hatte, wurde ich auf mein Zimmer geführt, das nach mittelamerikanischen Begriffen nichts an Wohnlichkeit zu wünschen übrig liess. Zu meiner Freude sprach mein zukünftiger Vorgesetzter ein fliessendes Deutsch, dagegen verstand Frau Streber nur die spanische Sprache, und wenn ich mich in dieser auch leidlich mit Maultiertreibern und Indianern zu verständigen wusste, erkannte ich doch binnen kurzem, dass ich für die Unterhaltung mit der gegen ihre Untergebenen besonders freundlichen Frau Streber noch manches zu lernen hatte. Ich sah bald, dass ich mit den übrigen Hausgenossen: Frl. Wellauer, der Erzieherin der Kinder Luisa, Cristina und Fernando, Herrn Cornelsen aus Hamburg — Don Nicolas — und meinem alten Freund Bennaton — Don Alfonso — in bestem Einvernehmen leben würde. Mein eigener Name wurde als unchristlich und unaussprechbar verworfen und ich nahm dafür die Benennung: »Don Guillermo« an. Teilweise aus denselben Gründen musste ich meinen Familiennamen in »Conham« abändern. —

III. KAPITEL.

Land und Leute in Honduras.

Ehe ich versuche, das Wenige, was sich über meinen Aufenthalt in der Haupstadt des Landes aufzeichnen lässt, zu schildern, möchte ich noch einmal darauf hinweisen, dass ich meinen Lehrherren in Hamburg, den Herren Schlubach & Co., Zeit meines Lebens nicht nur für die bei ihnen erhaltene kaufmännische Ausbildung dankbar bin, sondern dass ich mich ihnen gegenüber auch dafür verpflichtet fühle, dass sie mich nach Tegucigalpa sandten. Ich habe dort meine Kenntnisse in dem Jahre, während dessen ich in Honduras bleiben sollte, besser oder wenigstens ebenso gut fortbilden können, als es mir an irgend einem anderen überseeischen Platze möglich gewesen wäre. Auch Herrn Ricardo Streber bin ich dankbar für unausgesetzte Güte und Nachsicht. Was Stadt und Land betrifft, so wusste ich bei meiner Abreise aus Hamburg, was mir bevorstand. Ich war von allem unterrichtet, nur sehen 18 Jahre alte Augen alles aus weiter Ferne anders, als es sich nachher in Wirklichkeit zeigt. —

Unter den amerikanischen Staatswesen blickt wohl keines auf eine so trostlose Vergangenheit zurück, wie Honduras. Von der Entdeckung des Landes durch Columbus im Jahre 1502 bis zum Eintritt der Unabhängigkeit 1823, wurde von Spanien wenig oder garnichts für das Land gethan oder auch nur der Versuch gemacht, seine zum Teil bedeutende Ertragfähigkeit zweckmässig auszunutzen. — Der junge Freistaat wurde bis 1877 heimgesucht von Kriegen mit den Nachbarländern, von Entbehrungen, Aufständen der bewaffneten Macht, von Ermordungen der Präsidenten und Minister, und allen erdenklichen Unruhen. Unter diesen Umständen konnte von einem Gedeihen nicht die Rede sein. Von 1877 ab, mit der Präsidentschaft Marco Sotos, sollte indessen Wandel geschaffen werden. Er rief ein geregeltes Postwesen ins Leben, baute Verkehrswege, führte die Telegraphie ein und suchte Verbindungen mit dem Auslande, vornehmlich mit den

Vereinigten Staaten Nordamerikas, anzuknüpfen. Er errichtete öffentliche Gebäude und liess selbst einen bescheidenen Palast bauen; er schuf Ordnung, Gesittung und mancherlei Verbesserungen in der Hauptstadt. Nachdem so weit vorgesorgt worden war, richtete er sein Augenmerk auch auf den Gewinn aus den Hafenplätzen, sodass das Land sich eines wirklichen Aufschwunges erfreute. Nach Ablauf der gesetzlichen Regierungszeit von vier Jahren wurde Soto wiedergewählt und konnte daher bis 1885 fortfahren, das Land nach allen Richtungen neueren Anforderungen entspechend umzugestalten. Durch Geschick in der Geldwirtschaft zeichnete Soto sich ebenfalls aus. Wenn er auch sich selbst am Ende der acht Jahre

Tegucigalpa. Parque Morazan.

um einige Millionen Mark bereichert haben mag, so verstand er doch mit eiserner Strenge Acht zu geben, dass seine Minister seinem Beispiel nicht folgten, und dadurch ist es ihm möglich geworden, zum Vorteil für das eigene Land zu wirken. Unter seiner Regierung wurden viele Bergwerksunternehmungen durch Nordamerikaner ins Leben gerufen; wenige von ihnen konnten sich zwar bezahlt machen, sie trugen aber doch zur Staatswohlfahrt bei. Ich glaube, alles, was Honduras gegenwärtig noch an Gemeingut aufzuweisen hat, verdankt es Soto allein.

Ihm folgten Bogran und Leiva, unter deren Präsidentschaft das Land ungefähr ebenso schnell wieder zusammenbrach, wie es unter Soto emporgekommen war. Alle Einkünfte flossen in die geräumigen Taschen der Präsidenten und Minister, und zum Besten des Landes war niemals

Geld da. Ein Aufstand folgte dem andern, sie alle verschlangen Unsummen, ohne eine Besserung der trostlosen Zustände herbeizuführen. Die auswärtige Schuld stieg in das Unglaubliche; sie beläuft sich gegenwärtig auf mehr als 10 000 000 £. Zinsen wurden und werden nicht bezahlt, und es ist nur eine Frage der Zeit, wann das Land so weit zu Grunde gerichtet sein wird, dass es aufhören muss, zu den selbständigen Freistaaten zu zählen. Nur um die Kosten der beiden letzten Aufstände zusammen zu bringen, ist der Einfuhrzoll auf sämtliche Waren um 40 v. H. erhöht worden. Der gegenwärtige Präsident Policarpo Bonilla soll ehrlich wirtschaften. Unter seinen vielen Fehlern ist indessen der am schwerwiegendsten, dass er seine Beamten nicht hindert, die Staatsgelder für sich zu verwenden. Uebrigens geht er selbst bei dieser Art der Fürsorge für das öffentliche Wohlergehen nicht leer aus, so z. B. liess er sich, bei Gelegenheit des letzten Aufstandes, für die persönliche Gefahr, der er ausgesetzt gewesen ist, vom Lande 50 000 $ = 100 000 Mk. bares Geld auszahlen!

Wenn auch die meisten Präsidenten der letzten Jahrzehnte vor Antritt ihrer Stellung in den Vereinigten Staaten von Nordamerika oder in Europa gewesen waren und somit wenigstens etwas von der Welt gesehen hatten, so glaube ich dagegen behaupten zu können, dass selten einer der die Geschicke des Landes leitenden Minister eine Ahnung gehabt haben kann von seinen Berufsaufgaben. Das Land hat Finanzminister gehabt, denen die Anfangsgründe des Bankfaches oder überhaupt irgendwelche Begriffe von einer Geldwirtschaft fremd waren.

Ungefähr ebenso wie mit den an der Spitze der Regierung stehenden Männern, verhält es sich in Honduras mit dem tonangebenden Teile der Bevölkerung. Generale ohne die entfernteste Kenntnis vom Militärwesen, Rechtsanwälte, die die Stadt niemals verlassen hatten und Aerzte, die kaum lesen und schreiben konnten, habe ich in Tegucigalpa mehrfach gesehen. Die meisten dieser hervorragenden Herren leben von dem, was sie sich bei passender Gelegenheit aus der allgemeinen, das heisst aus der Regierungskasse, zu verschaffen gewusst haben. Wenn auch nicht alle diese Caballeros Minister gewesen sind, so ging doch ihr Bestreben dahin, es wenigstens, wenn auch nur auf kurze Zeit, zu einer Stellung zu bringen, die ihnen Eingriffe in den Staatssäckel gestattete. Dass es unter einer solchen Wirtschaft den Ausländern im Allgemeinen nicht gelingen kann, aus dem Lande etwas zu machen oder nur persönlich vorwärts zu kommen ist selbstverständlich. Beispielsweise wurde der Honduras Rail Road Co. im Jahre 1869 die Befugnis erteilt, eine beide Weltmeere verbindende, 500 km lange Bahn von Puerto Cortez nach Amapala zu bauen und bis jetzt ist erst der siebente Teil, noch nicht einmal 75 km, im Betrieb. Mr. Wash. S. Valentine, der Inhaber des Handelshauses

Valentine Bros. in Newyork ist der Vorsitzende des Unternehmens; er und sein Vertreter in Tegucigalpa, Herr Ricardo Streber, sind die einzigen, die auf Grund ihrer Thatkraft, ihrer Klugheit und ihres hohen Ansehens von den Regierungen irgend welche Zugeständnisse erreichen konnten. Aber, obgleich mein Vorgesetzter sich die undenkbarste Mühe gab, mit den Plänen der Gesellschaft durchzudringen, ist er bis zu meiner Abreise eben nicht weiter als bis zu den ersten 74 Kilometern gekommen.

Tegucigalpa. Calle de los Tribunales, die belebteste Strasse der Stadt.

Ebenso im Argen liegt im ganzen Honduras die Landwirtschaft. Die Mehrzahl der Hacienderos*) erübrigt selbst bei vorzüglichem Boden und günstigsten Witterungsverhältnissen nichts. Wie die Leute arbeiten, mag aus dem nachstehenden Beispiel, das ich erlebte, hervorgehen. Einer der reichsten Leute des Landes beschloss, die Wirtschaft auf seinen Haciendas zu heben. Er liess sich zu dem Zweck einen jungen Landwirt, der sein Fach nach allen Richtungen erlernt hatte, aus Deutschland kommen. Nachdem dieser während zweier Monate die Wirtschaft gründlich

---
*) Pflanzer.

beobachtet hatte, ging er zu seinem Vorgesetzten, um ihm klar zu legen, dass mancherlei Geräte, wie z. B. Pflüge, durchaus notwendig seien, um aus den Haciendas überhaupt Nutzen zu ziehen. Der Besitzer war über diese Ansprüche entsetzt, behauptete, das Gut habe länger als 10 Jahre diese ganz überflüssigen Gegenstände entbehren können, und überhaupt habe er sich nicht einen jungen Verwalter mit angeblichen Kenntnissen kommen lassen, damit er ihm sein Vermögen vergeude, sondern damit er ihm Geld einbringe. — So unglaublich die Sache erscheinen mag, kann ich sie verbürgen, weil sie sich in unmittelbarer Nähe unseres Hauses ereignete und sie für Herrn Streber, Bennaton und mich lange als Unterhaltungsstoff diente. Der junge Landmann wurde infolge seiner vermeintlichen Unkenntnisse seitens seines Lohnherrn von seiner Stellung enthoben und in die Handlung der Stadt versetzt, in der er im Schreibzimmer und im Laden zu arbeiten hat, ohne vorher jemals auch nur eine Stunde in einem kaufmännischen Geschäft thätig gewesen zu sein. —

Die Einfuhr von Tabak ist in Honduras verboten, zum Schutze des einheimischen Anbaues; jedoch sind die im Lande gezogenen Blätter von so geringer Güte, dass man sie kaum rauchen kann. Infolgedessen liess ich mir Portorico von Hamburg schicken und verzollte ihn als Isländisches Moos. Leider wurde die Sache in der Stadt ruchbar, und die Folge war, dass der Finanzminister — Don E. Constantino Fiallos — mich besuchte und mich bat, ihm einen Teil meiner Sendung abzulassen. Wohl oder übel musste ich dieser Aufforderung, natürlich gegen entsprechende Zahlung, nachkommen.

So sind die Zustände im heutigen Honduras. Meine Berufsgenossen mögen nach dieser Beschreibung selbst urteilen, ob es lohnend sein kann oder nicht, in jenem Lande sein Fortkommen zu suchen.

Ich habe den ersten Teil meiner Beschreibungen selbstverständlich nur nach Mitteilungen aus zuverlässigen Quellen aufzeichnen können, ohne imstande zu sein, für jede Einzelheit einzustehen. Ich bin jedoch überzeugt, einigermassen die Thatsachen getroffen zu haben.

Die Stadt Tegucigalpa bietet weniger als nichts, keinerlei Zerstreuung — man hat keinen Klub, kein Theater, nicht einmal eine Pferdebahn. Die Umgebung ist nur zum Teil hübsch. Auf den steinigen Hügeln und Bergen in nächster Nähe ist selbst das Reiten keine Freude; daneben zahlt man für eine gute Mula im Lande ungefähr 200 Mark und die Unterhaltungskosten belaufen sich monatlich auf wenigstens 60 Mark. Unter diesen Umständen konnte ich dem Rat meines Vaters, häufig zu reiten, nicht entsprechen. Von Jagd irgendwelcher Art war keine Rede, abgesehen davon, dass ich daran schwerlich Freude finden würde, und das Käfer- und Schmetterlingfangen machte mir insofern kein Vergnügen, als niemand zur Stelle war, um sich mit dem Erhalten der gesammelten

Tiere, wovon ich selbst nichts verstehe, zu beschäftigen. Tegucigalpa hat nicht einmal eine Bank. Die meisten Wertsendungen nach Europa und Nordamerika werden in der einfachsten Weise von der Welt in rohem Goldsand oder in Silberbarren gemacht. Die einzige Anstalt im Orte, die sich Bank nennt, der Banco de Honduras, beschäftigt sich nur damit, Silbergeld gegen Noten und umgekehrt, jedesmal unter Gewinn, zu wechseln. Im ganzen Lande gehören Glasfenster noch zu den angestaunten Gegenständen des Ueberflusses; man bedient sich statt ihrer der Holzladen. Aber nichts kennzeichnet die vorweltlichen Zustände besser als die Thatsache, dass während meines Aufenthaltes kein Photograph in der Hauptstadt lebte.

Wenn ich unter diesen Umständen an frühere Briefe meines Bruders aus Asuncion-Paraguay dachte, in denen er schrieb, dass er den Aufenthalt in jener Stadt, die sich zu Tegucigalpa wie Wien zu Winsen a. d. Luhe verhält, nicht länger als 9 Monate ertragen konnte, schien mir diese Ansicht zum mindesten etwas gewagt, gegenüber meinem Leben. Dies gestaltete sich nur dadurch recht befriedigend, dass ich in unserer Handlung, sowohl im Laden, als auch im Schreibzimmer, angestrengt und anregend beschäftigt war, sowie durch die Thatsache, dass das Familienleben in unserem Hause, namentlich durch die anziehenden Eigenschaften unserer Frau Streber, nichts zu wünschen übrig liess. —

Meine Thätigkeit glich, mit unwesentlichen Abweichungen, der meines Bruders in Asuncion. Ich verkaufte in der Tienda alles an alle, im Kleinen und im Grossen. Ein Teil der Buchführung war mir übergeben; daneben hatte ich Rechnungen aus Europa und Nordamerika nachzusehen und den Wert der eingeführten Waren, Zoll und Fracht einbegriffen, festzustellen.

Bald nach meiner Ankunft traten wir in die »semana santa«[*]) ein; vom Morgen bis zum Abend läuteten die Glocken aller fünf Kirchen. Am Tage vor dem stillen Freitag begaben Cornelsen, Bennaton und ich uns in früher Morgenstunde auf besondere Einladung in die Hauptkirche. Wir Handlungsgehilfen des Herrn Streber hatten den Vorzug, in dieser Eigenschaft zu den Standespersönlichkeiten gezählt zu werden. Das ganze Gotteshaus war mit knieenden Frauen und Kindern gefüllt; Stühle waren nur für die Gäste vorhanden. Meine Freunde und ich hatten, jeder mit einem 50 cm langen brennenden Licht in der Hand, den Priester durch die ganze Menschenmenge in der Kirche zu begleiten, wobei der Segen über die Gemeinde ausgesprochen wurde. Am Charfreitag selbst hatten wir dem Geistlichen bis zum Altar zu folgen und den gekreuzigten Heiland zu küssen, auf dem Hin- und Rückwege aber je

---

[*]) Stille Woche.

dreimal niederzuknieen und zu beten. Obgleich man wusste, dass meine beiden Freunde und ich Lutheraner waren, hatte man uns eingeladen und es wäre übel vermerkt worden, wenn wir der Aufforderung nicht Folge geleistet hätten. Mit den ferneren gebetenen Gästen, ungefähr 20 an der Zahl, hatten wir uns an beiden Tagen von der ersten Kirche in die zweite u. s. w. bis in die letzte zu begeben und überall die gleichen Förmlichkeiten zu beobachten.

Obgleich ich gut evangelisch zu sein glaube, möchte ich die katholische Kirche doch für die den Indianern und Mestizen*) am meisten zusagende halten. Diese unglücklichen, tiefgesunkenen Menschen, die schon seit zwei Jahrhunderten keine Spur der glänzenden Eigenschaften zeigen, die sie zu Hernando Cortez' Zeiten besessen haben müssen, fühlen sich im katholischen Gotteshause angeregt und wohl aufgehoben. An den brennenden Lichtern, an dem Weihrauch, an den Bildern, an den buntgekleideten Pfaffen, an den Klängen der Orgel haben sie, die sonst auf irdische Güter keine Rechte geltend machen können, doch einmal im Leben denselben Teil, wie alle anderen. Unsere Kirche würde ihnen weniger bieten. Nicht jeder Boden eignet sich für jede Saat.

Beim Betreten jeder der fünf Kirchen hatten wir Geladenen mit dem betreffenden Kirchenvorsteher, der Landessitte entsprechend, ein Glas Schaumwein, Bier oder Rum zu leeren. Zu meinem Bedauern glaube ich gesehen zu haben, dass die Beine einzelner unter uns beim Verlassen der fünften Kirche merklich unsicher vor einander gesetzt wurden. —

Bald nach Ostern erhielt ich einen Brief meines älteren Bruders aus Panamá, in dem er mir seine Pläne mitteilte, das Ergebnis seiner bisherigen Reisen in Südamerika und der folgenden durch Mexiko in Buchform zu veröffentlichen; er ersuchte mich, ein Gleiches zur Fortsetzung und Ergänzung seiner »Wanderjahre« vorzubereiten. Ich kann nicht leugnen, dass der Plan mich einigermassen erregte, obgleich ich die Zweckmässigkeit und somit den Erfolg, den mein Bruder sich von seinem Unternehmen versprach, nicht ohne weiteres einsehen konnte. Ich erinnerte mich einer Erzählung meines Vaters, die dieser unter Freunden gern zum Besten zu geben pflegte. Danach hatte er die Beschreibung seiner Weltreise im Jahre 1882 seinem damaligen, inzwischen verstorbenen Freunde Dr. Hermann Hartmeyer, dem Mitherausgeber der »Hamburger Nachrichten«, zur Aufnahme in seinem Blatt zur Verfügung gestellt. Er erhielt jedoch zu seinem Verdruss nach sechs Wochen das Werk mit der handschriftlichen Bemerkung seines Freundes zurück: »Für unser Blatt nicht geeignet. Passt besser für den Bardowiecker Wochenanzeiger. Dieser erscheint unregelmässig jeden 2. bis 5. Monat.« — Immerhin beschloss ich, ans Werk zu gehen, um, wenn

---

*) Farbige Mischlinge von Weissen und Indianern.

auch nur ein bescheidener Erfolg des Buches meines Bruders festgestellt war, meine Erlebnisse als zweiten Band folgen zu lassen. Voraussichtlich hatte ich später von Honduras nicht gerade auf dem nächsten Weg nach Hause zu reisen und konnte also noch mancherlei für unsere Berufsgenossen Wissenswertes erleben. Mein Bruder schloss seinen Brief aus Panamá: »Natürlich musst Du Deinen bisherigen Cowboy-Stil für unser Werk zu verbessern suchen. Im übrigen ist das meiste durch mich besorgt; schwierig bei Herausgabe eines Buches ist die Wahl des Titels. Nachdem ich diese Aufgabe glänzend gelöst habe, hast Du nichts weiter zu thun, als einfach niederzuschreiben, was Dir begegnet«. — Mein nächster Brief an meinen Bruder fing, als Entgegnung für den Cowboy, mit den Worten an: »Ich habe mit grossem Vergnügen bemerkt, dass Du ein Buch zu schreiben gedenkst, bei dem der Titel das beste ist u. s. w.« —

Zu dem nach europäischen Ansichten Ausserordentlichen in Honduras zählen die weiblichen Dienstboten. Obgleich wir bei Streber die vorzüglichsten und bestbezahlten Leute im ganzen Lande hatten, gehörte es keineswegs zu den Seltenheiten, dass die aufwartenden Mädchen sich bei der Tafel in's Gespräch mischten. Ebenso konnte ich selten in meinem Zimmer lesen oder schreiben, ohne dass Pancha und Olaya hereinkamen und mich um Cigaretten oder ein Glas Cognac baten. Wenn ich Klavier spielte, setzten sich die Mädchen ins Zimmer um zuzuhören, selbst, wenn wir abends zu Bette gehen wollten, erschien bei dem einen oder anderen diese oder jene rauchend, um sich noch eine Weile über die plattesten Tagesereignisse zu unterhalten.

Europäische Behaglichkeit, z. B. ein gepolsterter Stuhl, war in keiner Wohnung der Stadt, mit alleiniger Ausnahme des Hauses Streber, zu finden. In den Mussestunden pflegten die Einwohner sich häufig vor die Stadt zu begeben, um Kröten zu suchen; jeder hat sie in seinem Zimmer gern, weil sie Flöhe und andere Insekten leidenschaftlich fressen und dementsprechend suchen, ohne selbst in die Betten gelangen zu können. Alligatorensuppe mit Fleischstückchen dieses Tieres darin, ebenso ein gebratener Leguan, erschien ab und zu auf der Tafel. Das Fleisch der Riesenechse fand ich recht schmackhaft, während ich an der Kaimansuppe keinen Gefallen haben konnte. Von den Früchten des Landes schmeckte mir die Manga am besten; unter der dicken, orangegelben Haut der Pflaume, welche die Grösse eines Gänseeies hat, ist das köstliche Fleisch an einem länglich runden, flachen Kern verborgen, und der aprikosenartige Geschmack gewinnt durch ein ganz zartes, terpentinartiges Nebenaroma.

An Sonntagen lieh ich mir hin und wieder ein Pferd, um mit Herrn Streber, Cornelsen und Bennaton grössere Spazierritte zu unternehmen. Bei solchen Gelegenheiten pflegten wir in der Regel morgens bald nach Sonnenaufgang fortzureiten und eben vor Dunkelwerden zurückzukehren. Wir besuchten bekannte Familien auf deren Haciendas und durchstreiften häufig wunderbar schöne, entlegene Gegenden.

Anfang Juli begann die Regenzeit. Statt des Strassenpflasters fand man einen regelrechten Bach von schmutzigbraunem Wasser. Von einer Seite der Strasse zur andern konnte man nur auf Brücken gelangen, die aus alten Brettern hergestellt waren. —

Zu dem was sich in Honduras beobachten liess, gehörten auch so ziemlich alle Laster, Verderbtheiten und selbst Verbrechen, deren Menschen fähig sind. Vom Mord und Totschlag bis zur Trunksucht und Faulheit fehlte es an täglichen Beispielen nicht. Immerhin kann eine derartige Umgebung charakterschwache Menschen auf die Dauer mindestens stumpf und gleichgiltig gegen Ausschreitungen aller Art machen. —

Mitte Juli war die Stadt in nicht geringer Aufregung: es wurde überall geflüstert, dass ein grosser Ball in Aussicht genommen sei. Dem Brauche entsprechend, erhielt ich am Festtage selbst die wie gewöhnlich an »Don Guillermo« gerichtete Einladung und fand mich um $8^1/_2$ Uhr an Ort und Stelle ein. Man brauchte kaum den Saal zu betreten, um zu empfinden, dass die Frauen und Mädchen in Honduras, entgegen der in Europa herrschenden Sitte, mit durchdringenden Wohlgerüchen aller Art nicht sparsam sind; der Patschuli-Duft war vorherrschend. Im übrigen verlief das Fest in mancher Beziehung ähnlich, wie es in kleinen Städten mitteldeutscher Staaten Sitte sein soll, indessen glaube ich u. a. kaum, dass die männlichen Teilnehmer in unserem Lande während der Pausen in dem Masse den Getränken zusprechen, wie ich es in Tegucigalpa erleben musste; selbst die Minister machten keine Ausnahme. Die Anrede dieser hohen Herren wich nicht von der landesüblichen Regel ab und selbst ich hatte sie nur »Don Manuel« und »Don Policarpo« anzusprechen.

Wer zum ersten Mal an einer solchen Festlichkeit teilnimmt, wird einiges Befremden über manche urwüchsige Sitten dieses fernen Erdwinkels empfinden. Sechs oder acht Gläser gingen von Hand zu Hand, während nur ein einziger Löffel vorhanden war, mit dem die geladenen Gäste die eingemachten Früchte zu sich nahmen. Lobend muss ich hervorheben, dass die Mehrzahl der Damen in Tegucigalpa sich von den Mühen des Tanzes zu erholen versteht; ein Glas »Champan del Czar« wissen sie ebenso gut wie ihre Tänzer zu leeren. Einige Damen waren ganz in europäischer Art gekleidet, der grösste Teil indessen ohne Mieder, in leichten Anzügen, wie die Witterungsverhältnisse sie nur wünschenswert erscheinen lassen: ein Hemd von feinem Leinen- oder Baumwollenzeug, das am Halse und an den Armen mit groben Spitzen oder einfacher Stickerei eingefasst ist, darüber ein luftiges Kleid von Musselin in den verschiedensten Farben, das sind die Hauptbestandteile der Damenkleidung.

Frauen und Mädchen in Mittelamerika haben durchgängig üppiges und schönes Haar, das in langen Flechten von ihrem Kopf herabhängt. Nicht selten sah ich am Ballabend aber auch die losen Haare mit hellfarbigen Bändern aufgeputzt über Schultern und Nacken herabflattern. Ein riesiger, glänzender, Kamm, von der Gestalt eines Halbmondes, und ein Halsband von Perlen und kleinen Goldmünzen vervollständigten den Schmuck der meist schönen Töchter des Landes. Eine oder zwei Stunden nach Mitternacht gönnte man der Musik Ruhe. Die Damen sangen kleine Lieder, zu denen sie auf den Guitarren spielten. Es währte nicht lange, bis die Männer einstimmten und unsere ganze Gesellschaft befand sich in der heitersten Laune. Bald nahmen der Klavierspieler und die ihn begleitenden Leute mit den Violinen und Guitarren wieder ihre Plätze ein, und der Fandango begann, zu dem die Zuschauenden mit Händen und Füssen den Takt schlugen.

Wer diesen ältesten und beliebtesten aller spanischen Volkstänze kennt, weiss, dass er anfangs förmlich und feierlich zu sein scheint, dass er aber bald die Tanzenden leidenschaftlich entflammt. Als ich ihn zum ersten Mal sah, meinte ich einem Ballet in der Heimat beizuwohnen, denn der Fandango stellt meistens eine durch die Geberdensprache ausgedrückte Liebesgeschichte dar. Die »querida« sucht den »amante« zu necken, seine Eifersucht erwacht, bis die Umworbene dem Anbeter am Ende in die Arme fliegt. Dass dabei jeder Tänzer je nach seiner Besonderheit auftritt, verleiht gerade dem Tanze seinen Reiz, und so scheint mir die Behauptung gerechtfertigt, dass die europäischen Tänze nichts aufzuweisen haben, was sich mit dem Fandango an Anmut vergleichen liesse.

Nach diesem Tanz waren aller Blicke auf einen jungen Mann gerichtet, dessen Gesang die Anwesenden fesselte und der sich selbst auf der Guitarre begleitete. Seine Lieder erschienen mir sehr ansprechend, weniger aber das selbstbewusste Auftreten des Sängers. Er war besser gekleidet als die übrigen Herren, und seine Höflichkeit gegen die Frauen und Mädchen liess mich vermuten, dass er ein Fremder sei. Nachdem er die Gesellschaft eine geraume Zeit zu unterhalten verstanden, gab er dem Herrn am Klavier und dessen Begleitern ein Zeichen und bot einer der jungen Damen die Hand zum Tanze. Ich muss gestehen, dass er den Fandango mit solcher Gewandtheit und Anmut aufführte, wie er nach allgemeiner Aussage in Tegucigalpa nie gesehen war. Grosser Beifall ward ihm zu teil, und der artige Herr dankte dann nach rechts und nach links, indem er mit einem gestickten japanischen Taschentuche seine schweisstriefende Stirn trocknete, worauf er sich inmitten der jungen Mädchen niederliess, die entzückt von ihm zu sein schienen. »Wer ist der talentvolle Tänzer?« fragte ich meine Nachbarin. »El es un padre de Guatemala,

que nos honró con su visita.«*) Alle Welt war voll des Lobes über den
»padrecito«,**) wie die Damen ihn vertraulich nannten, und seine Art und
Weise, den Ton anzugeben; ich hielt es daher für geraten, meine eigenen
Empfindungen für mich zu behalten. Meine Nachbarin meinte weiter:
»Es freut mich, dass unsere jungen Leute etwas vom Padrecito gelernt
haben. Sagen Sie mir aber, Señor, Ihre Padres in Europa, die verstehen
es gewiss noch besser?« Es schien mir nicht empfehlenswert, meiner Nachbarin
zu sagen, dass der Gedanke, einen der fünf Hauptprediger in Hamburg
vielleicht mit der regierenden Bürgermeisterin einen Fandango tanzen
zu sehen — mir die Haare emporsteigen machte, und so schwieg ich
wohlweislich.

Auch gegen Morgen liess die Stimmung nichts zu wünschen übrig. Der
Herren und Damen hatte sich, unter dem Einfluss der reichlichen Getränke,
unbegrenzte Lust und Fröhlichkeit bemächtigt, als Bennaton auf den recht
unglücklichen Einfall kam, im Saal zu verkünden, Don Guillermo wolle
einen Extrawalzer spielen. Es blieb mir nichts weiter übrig, als mich ans
Klavier zu setzen und durch einige mit herkulischer Kraft hervorgebrachte
Dur-Accorde mich einzuführen. Ich glaube behaupten zu können, dass
niemals, seitdem die Welt besteht, Walzer schlechter gespielt wurden, als ich
sie in jener Nacht unter dem Einfluss von Cognac, Schaumwein und Bier
zum Besten gab. Nichtsdestoweniger erntete ich nach einer halben
Stunde reichen Beifall. Ein junger Nordamerikaner kam auf mich zu,
reichte mir die Hand und meinte: »Your playing was wonderfull, my boy,
it made us smell brimstone!« — Nach Sonnenaufgang kehrten meine beiden
Gefährten und ich nach Hause zurück — und am nächsten Tage blieben
wir mit Kopfschmerzen im Bett. Herr und Frau Streber mit ihren Kindern,
sowie Fräulein Wellauer waren zum Glück nicht in der Stadt. —

Wenige Tage nach diesem Fest erhielten wir nachmittags 2 Uhr die
Anzeige von einem plötzlichen Todesfalle und zugleich die Mitteilung, dass
der Betreffende am selben Tage 4½ Uhr beerdigt werden solle. Um
unser Erscheinen wurde gebeten. Da es in Tegucigalpa keine Wagen
giebt, wurde der Sarg von Freunden des Entschlafenen getragen. Kränze,
wie in der Heimat, kennt man in Honduras nicht. Einige grüne Blätter
waren aller Schmuck des einfachen Sarges. Der Leiche voran ging eine
Kapelle, die Trauerweisen spielte: nicht viel besser als ich einige Tage
früher meine Walzer. Am Grabe wurden mehrere Reden gehalten,
in denen die Verdienste des Entschlafenen hervorgehoben wurden, dann
löste die Gesellschaft sich auf, und jeder ging für sich nach Hause. —

Am 2. Juli empfing ich von meinem Bruder, der inzwischen in
der Hauptstadt Mexiko angekommen war, einen Brief und die handschrift-

---

*) Es ist ein Priester aus Guatemala, der uns mit seinem Besuche beehrt.
**) Väterchen.

lichen Abzüge der ersten 200 Seiten seiner »Wanderjahre«. Der Poststempel trug das Datum des 9. Juni. Wenn man in Erwägung zieht, dass die Luftlinie von Tegucigalpa nach Mexiko nicht länger ist als die von Berlin nach Stockholm, so mag man aus dem Erwähnten schliessen, wie der Postverkehr unter den mittelamerikanischen Freistaaten zu Zeiten beschaffen ist. Briefe von Tegucigalpa nach Mexiko und umgekehrt, reisten über Puerto Cortez, am Golf von Honduras, und Neworleans. Einmal wöchentlich bietet sich hin oder her Gelegenheit. —

Anfang August wurde mir aus Hamburg untersagt, mein soweit ganz blühendes Bank- und Warengeschäft im Kleinen, weiterzuführen. Mein Vater hielt es nicht für richtig, dass ich in abhängiger Stellung Geschäfte für eigene Rechnung machte, und ich musste somit zu meinem Bedauern die ersten Versuche, selbständig zu handeln, aufgeben; dagegen war es mir mit Erlaubnis meines Vorgesetzten gelungen, in der Stadt recht bedeutende Aufträge seitens der dortigen Apotheker für mein Hamburger Haus aufzunehmen, aus denen mir ein ansehnlicher Anteil am Gewinn zugesagt wurde. —

Im September waren Herr und Frau Streber mit ihrer jüngsten Tochter, die trotz ihrer Kränklichkeit unser aller Liebling war, nach Newyork gereist, um das Kind einer notwendigen ärztlichen Behandlung unterziehen zu lassen. Meiner Gefährten und meine aufrichtig gemeinten Wünsche begleiteten sie. —

Am 28. September war ein zweiter Ball, diesmal im Palast des Präsidenten, in dessen Namen die Einladungen ausgeschrieben waren. Don Policarpo war äusserst heiter und dieser Abend verlief, unter dem grössten Beifall aller Gäste, wesentlich mehr den europäischen grossstädtischen Sitten entsprechend, als die früher geschilderte Festlichkeit. —

Im Dezember wurde mir aus Hamburg mitgeteilt, dass ich Herrn Streber bitten solle, mich im kommenden Frühjahr zu entlassen, weil ich notwendig im Auftrag der väterlichen Handlung nach Wladiwostok in Ostsibirien zu reisen hätte. So sehr mich diese Nachricht erfreute, so hatte sie für mich insofern einige Bedenken, als ich mich den recht schwierigen Aufgaben, die mir mein Vater stellte, noch nicht gewachsen fühlte. Meine Zweifel wurden jedoch kurzer Hand abgewiesen, und mein Vater machte mich darauf aufmerksam, dass ich bereits im Januar mein 19. Lebensjahr beendet haben würde, also etwas Nützliches in der Welt schaffen müsse. Damit waren denn alle Wenn und Aber abgeschnitten. Ich freute mich auf die Reise durch die Staaten, und in der Gewissheit, mancherlei Wissenswertes für die Gefährten in Deutschland innerhalb der nächsten 12—18 Monate zu sehen, arbeitete ich von jetzt ab fleissig am II. Teile der Wanderjahre, jedoch nur im Geheimen, um im Falle eines Misserfolges meines Bruders, meine Arbeit als Tagebuch für mich und nächste Verwandte allein zu verwerten. —

Honduras. Monserrat Mine bei Yuscaran.

Das Weihnachtsfest wurde ganz in deutscher Weise gefeiert. Cornelsen, Bennaton und ich schmückten am heiligen Abend einen Baum, so gross wie ich bisher noch keinen gesehen hatte. Um $7^3/_4$ Uhr steckten wir die Lichter an. Im »correador«*) brannten viele bunte Papierlaternen; um 8 Uhr ward die Thür aufgethan, und wir alle verlebten einen Abend, so herrlich, dass in uns deutschen Handlungsgehilfen der Gedanke an die Feier im Elternhause kaum aufkommen konnte. Nur fehlte uns allen Frau Streber, die mit Töchterchen nach der glücklich verlaufenen ärztlichen Behandlung in Newyork geblieben war. Während der Feiertage bat ich Herrn Streber, mich zum Frühjahre von meinen Verpflichtungen seiner Handlung gegenüber zu entbinden, indem ich ihm die Gründe, wie sie mir aus Hamburg aufgegeben waren, auseinanderzusetzen versuchte. Mit der gewohnten Güte erklärte mir mein Vorgesetzter, dass er gegen meine Abreise nichts einzuwenden habe, sobald Ersatz für mich aus Deutschland eingetroffen sei.

*) Der bedeckte Teil des inneren Hofes.

Herr Streber ritt am 27. nach seinen Minen in Yuscaran. Am Abend des 31. Dezember vereinigten meine beiden Gefährten und ich uns mit einem deutschen Pharmaceuten, Herrn Schloessing, und einigen Nordamerikanern. Wir brauten das übliche Getränk und verlebten die erste Stunde des Jahres 1896 im besten Frohsinn. — Uebrigens war während aller Feiertage der Laden wie gewöhnlich geöffnet gewesen, so dass wir von 7 Uhr morgens bis 6 Uhr nachmittags zu arbeiten hatten.

Ich möchte bei dieser Gelegenheit einige Worte über Herrn Schloessing, der als Urbild vieler Deutscher im Auslande gelten kann, einflechten. Er war aus Königsberg gebürtig und zählte bereits 27 Jahre, als er die Heimat verliess, um in der »Botica de la Violeta« bei dem im ganzen Lande angesehenen Apotheker, Dr. Don Diego Robles, Stellung zu nehmen. Ich halte es für nicht richtig, in so weit vorgeschrittenen Jahren die Heimat zu verlassen. Je früher wir das Ausland aufsuchen, um so leichter wird es uns, seine Sitten, soweit wie erforderlich, uns zu eigen zu machen. Herr Schloessing fühlte sich unbefriedigt, schalt auf alles, was nicht deutsch war und was nicht seinen deutschen Gewohnheiten und deutschen Kenntnissen entsprach. Er liess sich für verhältnismässig grosse Summen ostpreussischen Käse kommen, weil er ihn nicht entbehren zu können glaubte. Wer derartig an den vaterländischen Gewohnheiten hängt, sollte sich billigerweise niemals von seiner Scholle trennen. Er wird in der Fremde weder sein Fortkommen finden, noch sich glücklich fühlen, noch dem Vaterlande nützen. — Im übrigen war Herr Schloessing ein recht vorsichtiger Mann. In der Ueberzeugung, dass ihn nie ein anderes als ein ostpreussisches Mädchen glücklich machen könne und in der Voraussicht, dass bei der vermutlich ganz ungeheuren Heiratslust aller Ostpreussen bei seiner Rückkehr in die Heimat kein einziges ostpreussisches Mädchen mehr zu haben sein würde, hatte er sich vor seiner Abreise gehörig und wie es sein muss, verlobt. Dieser Scharfblick war natürlich nur zu preisen. Indessen ist ein verlobter Deutscher in Tegucigalpa mit einer Braut in Ostpreussen nach meinen Begriffen doch so ziemlich das Unglücklichste, was ich mir vorzustellen vermag. Wer in Amerika sein Fortkommen suchen will, gehe freien Herzens hinüber. Bei einer möglichen Rückkehr wird sich doch am Ende noch diese oder jene finden, die nicht gerade nein sagt.

Für den 6. Januar, den Tag, an dem ich mein 19. Lebensjahr beendete, hatte ich alle Deutschen in der Stadt zu einem Abendessen bei mir eingeladen, das ganz heiter verlief. Am Morgen des 6. waren die Streberschen Kinder ihrem Vater auf einen Monat nach Yuscaran nachgereist. Während des 18. Januar erreichte uns aus Newyork die betrübende Nachricht, dass unsere kleine Maria an Diphteritis gestorben sei. Obgleich Herr Streber nicht zugegen war, berührte uns alle die Trauerkunde, als ob wir eine jüngere Schwester verloren hätten. —

Meine Reiseentwürfe musste ich Anfang Februar einer Aenderung unterziehen. Planmässig sollte ich nach Amapala zurückkehren und von dort aus die Geschäftsfreunde meines Vaters in Salvador, Costa Rica und Nicaragua aufsuchen. Das Fieber wütete aber derzeit an der Küste, bis Panamá hinunter, wie selten zuvor, so dass ich mit ziemlicher Sicherheit annehmen konnte, ihm zu erliegen, wenn ich die väterlichen Pläne zur Ausführung gebracht hätte. Vier Herren aus Tegucigalpa, die im Laufe des Januar nach Amapala gereist waren, hatten dort innerhalb 24 Stunden nach ihrer Ankunft den Tod gefunden, während wir in unserem gesunden Hochthale auf 1482 m Seehöhe wie gewöhnlich vom Fieber nichts zu sehen bekamen. Ich schrieb dementsprechend nach Hamburg und beschloss, über Puerto Cortez und Neworleans nach San Francisco zu reisen. —

Die Wintermonate verliefen ohne nennenswerte Abwechselung. Anfang März erblühte mir die Hoffnung, einen Volksaufstand mitmachen zu können, wie er in dem Nachbarstaate Nicaragua bereits ausgebrochen war. Es hatte während einiger Tage den Anschein, als ob diese Unruhen im Süden sich auch auf unser Land ausdehnen wollten, aber alles verlief friedlich, und meine nicht gerade christlichen Hoffnungen erfüllten sich nicht.

Leider musste ich im März ein kleines Unglück erleben, das mir, wie gewöhnlich, neben dem Schaden auch noch viel Spott eintrug. Um 20 Dollar Gold billig nach Hamburg zu senden, hatte ich einen nordamerikanischen Doppel-Eagle im Werte von 85 Mk., in einem kleinen Sack mit Mehl verpackt, als Muster ohne Wert nach seinem Bestimmungsort geschickt. Der Sack kam dort richtig an. Der ihn begleitende Brief musste indessen verloren gegangen sein, denn nachdem, Berichten aus Hamburg zufolge, das Mehl drei Wochen auf dem Pulte meines Vaters zwecklos gestanden hatte, ohne dass man von dem hübschen Goldstück etwas ahnte, schenkte er das ganze Säckchen einer bettelnden Frau mit der Weisung, sich mit dem Inhalt zu mästen. Leider hat die redliche Bettlerin sich niemals wieder bei meinem Vater sehen lassen, und seinen Rat, zu schlemmen, vielleicht nur zu sehr nach dem Buchstaben befolgt. —

Eine Woche nach der andern verging ohne besondere Ereignisse, aber allmählich hatte ich mich derartig eingelebt in die Verhältnisse des Landes, dass mir Mitte Mai der Abschied recht schwer wurde. Herrn und Frau Streber, die zur Zeit meiner Abreise auf ihrer Hacienda wohnten, hatte ich schon früher dankbaren Herzens Lebewohl gesagt. —

IV. KAPITEL.

Von Tegucigalpa über Neworleans und Denver in das Land der Mormonen.

Am 23. Mai wurden die Koffer auf zwei Lasttieren befördert; ich verbrachte den Tag mit Abschiedsbesuchen. Manches Lebewohl, das nach menschlicher Berechnung für immer gelten sollte, wurde mir nicht leicht. Da die endgiltige Abreise eines für längere Zeit in Tegucigalpa ansässig Gewesenen ein Ereignis ist, hatten sich am Sonntag, den 24., dem Pfingstfest, schon in aller Frühe viele Freunde und Bekannte zum Frühstück bei mir eingefunden. Gegen 6 Uhr stieg ich in den Sattel und unter dem Geleit von sieben oder acht Freunden und Bekannten, darunter Juan Maradinga, der Hausknecht, begann der Ritt nach Puerto Cortez. Nach 4 Stunden trafen wir in Tamará ein, nahmen das zweite Frühstück mit einander, und um 11 Uhr ritt ich weiter, in der alleinigen Gesellschaft eines kleinen Indianerjungen als Führer für die nächsten 48 Stunden.

Diese ersten beiden Tage waren nicht abwechslungsreicher als die Reise von San Lorenzo nach Tegucigalpa. Später zeigte sich indessen manches Neue. Mit einiger Aufmerksamkeit betrachtete ich beim Durchreiten die ehemalige Hauptstadt des Landes, Comayagua, die in früherer Zeit 40 000 Einwohner gehabt haben soll, gegenwärtig heruntergekommen aussieht und kaum mehr als 1500 Seelen zählt. Weiter nach der Küste des Golfs fand ich Kaffee- und Kakaopflanzungen und manche recht hübsche Baumlandschaft. Tausende von Coyolpalmen, deren Zweige wohl mehr als 10 m sich hinstreckten, bildeten bezaubernde Bogengänge, die ich zu durchreiten hatte. Ferner möchte ich eine Orchidee erwähnen, deren lilienweisse Blüten mit rosa Flecken einen starken Benzoëgeruch aushauchten. Dieser lockte Schwärme von Schmetterlingen in den mannigfaltigsten Formen und Farben herbei. Vanille und Piment er-

füllten mit ihrem Duft die Wälder, die sich zusammensetzen aus Guayak-
bäumen, Sassaparilla, Farbhölzern und einer Menge anderer Pflanzen, deren
Samen und Rinde im Handel wahrscheinlich geschätzt werden. Recht
unheimlich erklang in dieser teilweise paradiesisch schönen Umgebung das
Geheul der Alouateaffen, deren greulicher Chor selbst aus weiter Ferne die
Stimmen der Vögel in der Nähe übertönte. — Das Land zwischen der
alten Hauptstadt und dem Golf ist recht fruchtbar; schon im 4. Jahre
trägt der Kakaobaum seine 20 cm langen, fünfkantigen, melonenförmigen
Schoten, während der Mango innerhalb der ersten 12 Monaten fruchtbringend
sein soll. Binnen zwei Jahren wächst der Malabar Mangobaum 6 Fuss hoch
empor, um prachtvolles Laub und reiche Blüten zu entfalten. Wer hier also säet,
erntet gewiss; doch bei alledem vermisste ich auf den Pflanzungen zu
beiden Seiten der sehr schlecht gehaltenen Strasse so ziemlich jegliche
Pflege des Bodens und nutzbringender Gewächse; nichts liess auf Fleiss
und Sachkenntnis schliessen. —

Mein Arriero zeigte von Comayagua bis zur Eisenbahn mancherlei
musikalische Veranlagungen; so wusste er die Vogelstimmen nachzuahmen,
daneben blies er auf einer Art sehr unvollkommener Klarinette, die er
Chirimiya nannte, häufig ein und dasselbe Lied, das mir erinnerlich geblieben ist. Für dies selbst hatte er den Namen »Malinche« wahrscheinlich erfunden; ich schreibe es auf, um einen Begriff zu geben von
der musikalischen Befähigung der Halbindianer. Die Singweise hat nicht
jene trübsinnige Färbung, wie die Lieder spanischen Ursprungs, die
man im Lande hört.

Auf dieser Reise sollte ich zum ersten Mal ein gebratenes Gürteltier
auf der Mittagstafel erleben. Der Führer fand es im Dickicht, als es die
Erde durchwühlte, vermutlich um sich Nahrung zu suchen. Es wurde in
seiner Naturrüstung gebraten, nachdem man diese in ihrer ganzen Länge
aufgeschnitten hatte. Das Fleisch und die sich unter dem Panzer be-
findende Schicht weichen Fettes haben einen milden, zarten Geschmack.

Unter den vielen Raubvögeln beobachtete ich Geier, die von ab-
gestorbenen Bäumen herab den spähenden Blick nach allen Richtungen
schweifen liessen. Die Wahl fiel ihnen vermutlich schwer, denn tausende
von kleineren gefiederten Gästen durchstreiften die Lüfte. Manche dieser
Vögel des nordwestlichen Honduras scheinen sich auf das Beste mit den
Rindern zu vertragen, die auf Savannen hin und wieder weiden. Ein

vertrauliches Verhältnis schien sich unter beiden gebildet zu haben, das einzig in seiner Art sein mag. Ich sah z. B., wie ein weisser Reiher auf dem Rücken einer Kuh sass, die durch den Strom watete. Der Vogel schien Mühe zu haben, sein Gleichgewicht dabei zu behaupten, doch blieb er ruhig sitzen, bis das Tier wieder festen Boden unter seinen Füssen hatte. Selbst die Schildkröten, deren es am Flusse Ulua, unserm stetigen Begleiter, recht viele gab, belebten trotz ihrer natürlichen Schüchternheit das Bild, wenn auch in bescheidenem Masse. Ich sah sie im offenen Wasser daherschwimmen, wobei sie kaum die Oberfläche kräuselten; mitunter konnte ich sie auch beobachten, wenn sie mühsam und unbeholfen am Ufer sich vorwärtsschleppten.

Wir waren auf einer ziemlich steilen Höhe angekommen, als der Führer mich auf die Oeffnung einer Felsspalte aufmerksam machte, in der das Murmeln tiefliegender Wasser zu vernehmen war. Er und ich stiegen aus den Sätteln, banden die Mulas zusammen und mein Begleiter ermunterte mich, hinabzuklettern, indem er es übernahm, mir mit einem brennenden Spahn harzigen Holzes voranzuleuchten. Ein überraschendes Bild bot sich uns. Ich hätte mir einbilden mögen, mich in einer Zaubergrotte zu befinden, deren Inneres Wundergebilde von Versteinerungen zeigte, die kaum von Menschenhand berührt sein mochten. Ich sah Massen von Alabasterweisse, fein, wie Nesseltuch gesponnen, während sich an andern Stellen Korallengebilde in den wunderlichsten Rankenformen zeigten. Gewölbe, Wände und Boden funkelten beim Fackelschimmer wie leuchtende Kristalle. —

Am 30., 1 Uhr nachmittags, sah ich am andern Ufer des Flusses die Gebäude der Honduras-Rail-Road-Co. und atmete auf, denn wenn das eben Erzählte sich auch ganz leidlich lesen mag, so sind die Mühseligkeiten eines Rittes durch Honduras, von Tegucigalpa, bezw. von Amapala bis einige siebenzig Kilometer vor den Golf, nicht zu unterschätzen, und ich darf wohl behaupten, dass jemand, der auf dem mittelamerikanischen Festlande eine solche Reise im Sattel gemacht hat, nicht leicht mehr vor Reisebeschwerden zurückschrecken wird. Ueber den Fluss war ein Drahtseil gespannt, an dem das Fährboot von einer Seite zur andern gezogen wurde. Ich verfügte mich gleich an das jenseitige Ufer, wo der Vorsteher der Haltestelle, Herr da Costa Gomez, mich freundlich empfing. In einem Schuppen wurde mir ein kleines Zimmer angewiesen, jedoch riet man mir vom Baden im Flusse, der Alligatoren halber, ab, so dass eine sehr notwendige Reinigung leider unterbleiben musste.

Mit aufrichtigem Bedauern entlohnte ich den Arriero, einen Mestizo claro,*) der mich von Comayagua ab geführt hatte. Den Abend verbrachte

---

*) Farbiger von Indianer und Mestizin.

ich mit Herrn Gomez, einem Dänen von St. Thomas, der vieles von Venezuela, Haïti und St. Domingo erzählte.

Als ich mein Zimmer aufsuchte, wurde ich gebeten, die Thür und das Fenster gut zu schliessen und unter keiner Bedingung zu öffnen; in einer der letzten Nächte hatten Indianer einzubrechen versucht. Ich legte also meinen Revolver neben mein Bett und war froh, am nächsten Morgen, nach ungestörter Nachtruhe zu erwachen. Wenn ich die Indianer auch wenig

Neworleans. Ein Mississippidampfer.

gefürchtet hatte, so schien doch die Möglichkeit nicht ausgeschlossen, dass die Unglückswaffe während der Nacht auf eine oder die andere nicht vorher zu sehende Weise grosses Unheil anrichten konnte.

Nachmittags 2 Uhr verliess der Zug die Haltestelle La Pimienta. Der Weg führte durch einen Urwald von Palmen und nach 1½ Stunden erreichten wir St. Pedro, wo ich bei Mr. Abbot gütige Aufnahme fand. Zu meiner Bestürzung musste ich von meinem Wirte hören, dass der nächste Dampfer aus dem nahegelegenen Puerto Cortez zwar am 3. Juni nach Neworleans abgehen würde, dass ich mich aber einer Sperre von 10 Tagen zu unterziehen hätte. Nach einiger Ueberlegung dachte ich indessen, dass ich nicht meines Vaters Sohn sein müsste, wenn ich nicht durchsetzen könnte, am 3. abzudampfen, und so fuhr ich am

2. abends nach dem Hafen hinunter. Ich stieg bei Mr. Lefèbre ab, dessen sogenanntes Hotel ich für den schlechtesten Gasthof auf der ganzen Welt halte. Immerhin bin ich dem Manne zu Dank verbunden. Da ich nicht lügen mochte, bat ich ihn, es für mich zu thun, und durch seine unverschämte Erfindungsgabe gelang es mir am 3. abreisen zu können. Fernere 10 Tage hätte ich in der furchtbaren Junihitze des Hafenplatzes, die ich auf 35° R. im Schatten schätzte, kaum ertragen.

Die »Stillwater«, die mich nach Neworleans führte, lud nicht weniger als 11000 Buschel Bananen. Am 4. vor Tagesanbruch kamen wir in Livingstone, im Britischen Honduras, an, doch konnte ich nicht ans Land gehen, weil wir nur 10 Minuten auf der Reede blieben, um die Post überzunehmen. Den nächsten Morgen erreichten wir Belize, die Hauptstadt des Landes. Hier lagen mehrere Segler, mit dem Laden von Farbholz beschäftigt, vor Anker; die Stadt machte, von unserem Schiff aus gesehen, einen freundlichen Eindruck. Am 6. fuhren wir durch die Meerenge von Yucatan und am 8., als ich bei Sonnenaufgang auf Deck erschien, zeigte mir der 1. Offizier, ein Norweger, die Leuchttürme des Mississippi River, die wir eine Stunde später erreichten.

Sandbänke erschweren die Schiffahrt bei der Mündung des Riesenstromes; wir fuhren von Südwesten in ihn ein. Während dieser Durchgang 15 m Tiefe zeigt, hat man den Südpass bis jetzt nur auf 9 m ausbaggern können. Ziemlich das ganze niedere Delta stand damals, zur Zeit der Schneeschmelze, unter Wasser. Von der Mündung bis Neworleans aufwärts sieht man, wie der Fluss den Schlamm abwirft. Zuerst, also dem Golf von Mexiko am nächsten, bildet sich nur ein kleiner Damm, der ganz allmählich breiter und höher wird, bald derartig, dass schon eine Art Schilfgras auf ihm wachsen kann. Hin und wieder sieht man selbst einen kleinen Strauch, und der Damm erstarkt, je weiter man den Strom aufwärts fährt. Allmählich unterbricht hier und da eine kleine Holzhütte dies merkwürdige Bild. Ab und zu folgt ein Baum. Kleine Singvögel beleben die Landschaft und 1½—2 Stunden nach der Einfahrt in den Durchgang sieht man auf dem kilometerweiten, angespülten Lande niedere Bäume, Wälder und fette Weiden mit einander abwechseln. — Abends 7 Uhr lagen wir an der Landungsbrücke von Neworleans, umgeben von 15 oder 20 jener bekannten »Mississippi Steamer«. —

Die Stadt mit ihren 250 000 Einwohnern sieht gegenwärtig im ganzen aus wie andere nordamerikanische Grossstädte, hat aber doch noch manche Spuren einer früheren, eigenartigen Glanzzeit beibehalten. Die alten Strassen führen zum Teil noch dieselben Namen, die ihnen 1700—1725, zur Zeit der Gründung der Stadt, beigelegt wurden. Da findet man noch: Esplanade, Chartres, Condé, Royal, Bourbon, Dauphin, Toulouse u. s. w.

Ausserhalb der Stadt, am Lake Pontchartrain, liegen viele altmodische Landsitze mitten in parkähnlichen Anlagen, aber die sie umgebenden Mauern zeigen bedenkliche Risse; die Wege sind von Unkraut überwuchert, und die Fensterladen fest geschlossen. Sie scheinen ausgestorben, diese stattlichen Herrensitze einer vergangenen Zeit. Stumm und düster ragen sie über ihre Umgebung empor. Ein Getriebe, wie in den Strassen von Newyork, Riesenhäuser von achtzehn Stockwerken und mehr, habe ich in Neworleans nicht gefunden. Man eilt nicht wie in der Millionenstadt ohne alle und

Neworleans. Vorräte von Baumwolle.

jede Würde aneinander vorüber, und Bauten, die der Brooklyn Bridge einigermassen an die Seite gestellt werden könnten, sind nicht vorhanden. Dafür sieht man aber manche alte Kirchen, mit blühenden Schlingpflanzen umrankte spanische Balkone, in denen man jenen romantischen Zauber spürt, der die Burgen und zahlreiche Trümmerreste Europas umweht. Viele der kleinen Gitterpforten würden Romane erzählen können.

Die Bevölkerung der Stadt mag zu Ende des vorigen Jahrhunderts einem Maskenzug geglichen haben. Canadier, Franzosen, Spanier, Flüchtlinge von St. Domingo, Neger, Indianer, Yankees, Irländer, Deutsche und dazwischen die verschiedenen Mischlinge: Mulatten, Terceronen*).

---
*) Kinder Weisser mit Mulattinnen.

Quarteronen*), belebten damals die Strassen, und für den aufmerksamen Beobachter finden sich noch heute überall die Spuren jener Zeit. — Wer würde bei der Nennung des Namens »La nouvelle Orléans« nicht an glutäugige Kreolinnen, Eingeborene von Louisiana vom »sangre azul«**) denken, und auch von diesen Schönheiten glaube ich in Neworleans noch manche bemerkt zu haben. Wie man mich versicherte, wird im besseren Teil der Bevölkerung fast noch ebensoviel französisch wie englisch gesprochen.

Alles in allem machte die Stadt, zumal in dieser heissen Jahreszeit, auf mich nicht einen solchen Eindruck, dass ich dort hätte bleiben mögen, obgleich ich in meinem Freunde Cock Chalaron aus Hamburg den unermüdlichsten Führer fand. Die ungeheuren Vorräte von Baumwolle, auf die er mich unter vielem aufmerksam machte, liessen mich jedesmal staunen. —

Am 10. setzte ich meine Reise, vorläufig bis San Francisco, fort. Da ich den Zeitungen zufolge vor dem 25. Juni keine Gelegenheit nach Japan finden konnte, hatte ich beschlossen, nicht den nächsten Weg zu wählen, sondern auf der South Pacific, der Atk. Topeka und Santa Fé, der Denver Rio Grande und der Cent. Pac., über Colorado, Utah und Nevada nach Kalifornien zu fahren. Nach Sonnenuntergang am ersten Tage hielt der Zug plötzlich an, zu keinem anderen Zweck, als um einige Tramps, die sich bei Dunkelwerden auf unseren letzten Wagen gesetzt hatten, durch die Bediensteten zu entfernen. Bald darauf ging ich in den Speisewagen, um eine Tasse Thee zu trinken. Bevor ich das Esszimmer betrat, wollte ich mir im Waschraum die Hände reinigen; ein anderer benutzte die Vorrichtung. Es war der Schaffner, d. h. der unumschränkte Herrscher der Dining Car, ein fetter, Tabak kauender, mürrischer Lümmel. Er drehte sich um und fragte:

»What do you want?«

»I should very much like to wash my hands,« sagte ich höflich.

»You see very well I am using the basin. You go to the next car.«

Ich entsann mich, dass mein Vater mir 16 Monate früher empfohlen hatte, unter allen Umständen etwas Weltweisheit zur Verfügung zu halten und auch kleinen Auftritten befremdlicher Art einiges Vergnügen abzugewinnen. Somit verfügte ich mich ruhig an den nächsten Waschplatz, kehrte in den Speisewagen zurück und setzte mich an einen der Tische.

»Will you please give me a cup of tea,« sagte ich zu einem der beiden anwesenden farbigen Kellner.

»I can't do dat, Sah,« meinte der Neger, »You can have dinnah.«

---

*) Kinder Weisser mit Terceronen.
**) Reines europäisches Blut.

»Well, I declare! Don't you know, that you served me my dinner four hours ago? I want a cup of tea.«
»Den you must ask dat gem'man if you can have it,« und damit zeigte er auf den Herrn aus dem Waschgelass. Ich wandte mich an ihn.
»Excuse me,« sagte ich, »are you the nobleman who runs this show?«
Er runzelte die Stirn.
»I don't want to dine; I should like a cup of tea.«
Pause.
»Can I?«
Keine Antwort.
»Can't I really?«
»You can,« äusserte er sich endlich, »for a dollar!«
Damit nahm er den Speisezettel vom nächsten Tisch und ohne ein weiteres seiner kostbaren Worte an mich zu verschwenden, zeigte er mir die Anmerkung:
»Each meal one dollar!«

Ich kehrte in meinen Wagen zurück, nahm den alten Platz ein und verbrachte den Rest des Abends mit stillen Betrachtungen. Wenn ich meine Empfindungen für den Schaffner niederschreiben wollte, wäre ich gezwungen, Worte zu benutzen, die man nicht nur nicht in Sonntagsschulbüchern findet, sondern die meinem Herrn Verleger den Verkauf meiner Wanderjahre erschweren würden. —

Auf der Southern Pacific lernte ich eine neue Art von Gewerbetreibenden kennen, wie ich sie später auch auf anderen nordamerikanischen Bahnen treffen sollte. Im Gepäckwagen hatte ein »news-boy« ein förmliches Warenlager der verschiedenartigsten Gegenstände aufgespeichert. Zuerst versuchte er den Handel mit Zeitungen; im linken Arm hielt er ein grosses Packet und warf jedem Reisenden ohne vorhergehende Anfrage ein Blatt in den Schoss, während er einen Gassenhauer pfiff. Eine Viertelstunde später, als er sicher war, dass alle Reisenden sich in die Neuigkeiten vertieft hatten, durchschritt er wieder die Wagen und forderte den Preis oder das Blatt; überall schien man vorzuziehen, ihm die 8 cts. zu bewilligen. Hierauf wurde derselbe Versuch gemacht mit Taschenuhren, das Stück für 1 Dollar. Wieder hatte der Handeltreibende — von ganz besonders unverschämtem Aeusseren — grossen Erfolg. Mit Büchern, Früchten, Popcorn[*]), Zuckerwaren, Fächern, Japan-Gegenständen ging es ebenso. Wenn er in 15—20 Minuten wiederkehrte, nachdem er zuvor z. B. ein Kästchen mit Chokolade zurückgelassen, hatte die Mehrzahl der Neulinge im Reisen bereits vom Inhalt genossen und war somit zum Zahlen verpflichtet. Auf

---

*) Gerösteter, aufgeplatzter Mais.

alle Fälle musste das Geschäft dem Unternehmer Gewinn bringen, und es belustigte daneben die Fahrgäste, denen viermal in der Stunde eine neue Unterhaltung geboten wurde. Ich erstand: »A Frenchman in America« von Max O'Rell, ein vorzügliches Buch, das Nordamerika-Reisenden nicht genug empfohlen werden kann. —

Am Vormittag des 11. Juni kamen wir in El Paso an. Mit einigen Reisegefährten benutzte ich die uns bewilligten zwei Stunden Aufenthalt, um über den z. Z. ausgetrockneten Grenzfluss, den Rio Grande, nach Juarez in Mexico zu pilgern; ich freute mich, wieder in eine Stadt zu gelangen, in der die spanische Sprache vorherrschte. Das Vergnügen währte indessen nicht lange, und wir trafen wieder auf dem Bahnhofe von El Paso ein, gerade als das »All a board!« für unseren Zug gerufen wurde.

Ohne weitere Zwischenfälle erreichten wir über Santa Fé am frühen Morgen des 12. Trinidad im südlichen Colorado. Westlich von der Bahn lag der südlichste und zugleich mächtigste Teil der Rocky Mountains mit ihren schneebedeckten Berghäuptern. In der Morgensonne bildete diese 3500—4000 m hohe Kette einen unvergleichlich schönen Anblick. Gleichwohl ist der Eindruck nicht so überwältigend, wie man von einer solchen Vielzahl von Riesenbergen, die sämtlich dem Montblanc nur um 460—700 m an Höhe nachstehen, ihn erwarten möchte. Es liegt dies an dem weiten, ebenen Vordergrund, über dessen Ausdehnung die Klarheit und Dünne der Luft täuscht und an einer gewissen Gleichheit der Gebirgsgestaltung, während die Entfernung zu gross ist, als dass die Einzelheiten der Formenbildung unterschieden werden könnten. Die Bahn selbst läuft auf einer Ebene von ungefähr 1590 m Seehöhe. Zu ihren beiden Seiten bemerkte ich hin und wieder Wohnstätten der Prairiehunde. Die Tierchen hatten ihre kleinen Schlupflöcher, die Maulwurfshügeln gleichen, bis in die Nähe der Geleise vorgerückt und schienen vor dem Zuge keine Furcht zu haben; wenigstens sah ich sie, die Murmeltieren, aber keineswegs Hunden ähneln, aus ihren Erdhäuschen stürzen und sich aufrecht setzen, augenscheinlich, um den Zug vorüberfahren zu sehen. Es sind die Prairiehunde der letzte Ueberrest eines früheren Tierlebens auf den endlosen Ebenen. Vor 10 Jahren sollen auf diesen noch manche Antilopen und Prairiewölfe vorgekommen sein, vor 30 Jahren jene umfangreichen Büffelherden, die jedem aus den Cooperschen Erzählungen bekannt sind; nach 20 Jahren wird auch der Prairiehund nicht mehr da sein.

Am 12. gegen Mittag langte ich über Pueblo in der Hauptstadt des Staates Colorado, in Denver, an. Unter allen Städten, die ich in Nordamerika gesehen habe, gefällt Denver mir am besten. — Das erste Haus ist im November 1858 errichtet. Die Stadt zählte 1870: 4800, im Jahre 1880: 36000 und 1895: 110000 Einwohner. Von nahezu der ganzen, durchgehends wohlhabenden, jetzigen Bevölkerung Denvers, ist jeder einzelne fast ohne einen Cent an Ort und Stelle angekommen.

Der Zug fuhr in einen Bahnhof neuester Bauart ein; nicht weniger als 7 Verkehrslinien treffen dort zusammen. Mit einem der ungefähr 100 Wagen, die in der Strasse auf Fahrgäste warteten, fuhr ich nach dem Windsor Hotel. Die harrenden Kutscher schienen ein förmliches Peitschenkonzert zu geben, doch in überraschend kurzer Zeit verstummte es, da jede Fahrgelegenheit von Ankommenden in Anspruch genommen wurde; in scharfem Trabe eilten die teils mit 4 Pferden bespannten Wagen durch ungepflasterte, staubige Strassen der nahen Stadt zu. Der genannte Gasthof ist den ersten in Newyork oder einer europäischen Grossstadt an die Seite zu stellen, nur erschien mir alles in ihm noch neuer, noch zweckmässiger, noch mehr auf der Höhe, als ich es früher in anderen, derselben Bestimmung dienenden Palästen gesehen hatte. Der Begriff eines Ofens ist in Denver fremd. Jedes Haus, jedes Zimmer, jeder Herd wird von einer Sammelstelle aus durch Dampf geheizt, sodass man nur vereinzelt Kamine in Prachträumen als Zierde findet. Denver besitzt ein Theater, das von einem dort an Landeigentum reich gewordenen Irländer für den Preis von 4 500 000 Mark errichtet und der Stadt zum Geschenk gemacht worden ist. Geschmackvoll konnte ich das aussen und innen mit überreicher Stuckarbeit ausgestattete »Opera House« indessen nicht finden.

Denver. Windsor Hotel.

In Denver wohnt eine so grosse Anzahl unserer Landsleute, dass gegenwärtig 3 deutsche Turnvereine nebeneinander bestehen können. Als ich am Abend den Cremona Park, einen deutschen Biergarten, besuchte, spielte eine vorzügliche Kapelle, die aus deutschen Musikern bestand, und die englische Sprache habe ich während meines kurzen Aufenthalts in diesem Garten nicht gehört. Das Deutsche wurde ungefähr ebenso rein wie in der Heimat gesprochen, nur streute man zur Verschönerung keine lateinischen, sondern ausschliesslich angelsächsische Worte hinein. Ich hatte z. B. Gelegenheit, 4 oder 5 Herren aus Thüringen beim Poker zu beobachten und hörte sie u. a. sagen: »Ich habe meinen Mind gechanged. »Kann ich meine Entry bei Ihnen hineinputten?« In dem in Denver erscheinenden deutschen Blatte »Colorado Staats-Zeitung« vom 12. Juni boten auf der letzten Seite, im Anzeigeteil, unter Unzähligen z. B. Stern Bros. an:

> Bargains in Mädchen-Reefers. — Prachtvolle Partie Fancy Skirts und Chemises-Corded. Band und Ruffle oder Spitzen Yokes. —

Der »Grosse Store« empfahl:

> Hohe Tan Bicycleschuhe Goat und Kid oder Cloth Tops.

Ein Herr Schaeffer brachte die erstaunliche Nachricht:

> Bockbier bei allen meinen geehrten Customers am Zapf.

In solcher Sprechweise würde das Lied: »Leise zieht durch mein Gemüt«, ungefähr lauten:

> Leise pullt durch meinen Mind
> So ein lieblich Bellen,
> Sounde kleiner Frühlingssong
> Zu den farsten Stellen.
>
> Sound hinaus zu jenem Spot,
> Wo die Flowers spriessen,
> Wenn Du einen Rosebud schaust,
> Tell ihr ich lass grüssen. —

Die Rechtspflege im Staate Colorado ist dem Namen nach dieselbe wie in den übrigen Staaten. Thatsächlich liegt die Sache aber anders. So las ich in der Huntsville Tribune vom 10. Juni:

> »Der in unserer Stadt als Falschspieler, Rauf- und Trunkenbold 1. Klasse, als gelegentlicher Einbrecher, Räuber und Mörder wohlbekannte Mr. James Quob ist seit gestern auf geheimnisvolle Weise verschwunden. Wir sahen ihn zuletzt unter einem Apfelbaum stehen und gewahrten in seiner unmittelbarsten Nähe einige unserer angesehenen Mitbürger (prominent citizens), an ihrer Spitze unsern allverehrten Herrn Bürgermeister Mr. Cullinan, die alle, aus einer uns unbekannt gebliebenen Ursache, kräftig an einem Seil zogen.«

Die Folge dieser Art des Rechtsverfahrens ist, dass Leben und Habe vielleicht nirgends sicherer sind als in diesem Staate. Diebe und Einbrecher meiden Colorado. Beispielsweise sah ich, dass manche Leute ihre Handkoffer am Denver Bahnhof in die geräumige Halle stellten und davon gingen, um, wie ich allgemein erfuhr, erst nach Stunden zurückzukehren und ihr Eigentum wieder an sich zu nehmen. — Vor Streit und Händeln hat man sich selbstverständlich zu hüten.

Wie übrigens unsere Landsleute ihre Freiheit in Colorado in ausgiebiger Weise zu geniessen verstehen, beweist folgender Auszug aus einer anderen, geschmackvoll geleiteten deutschen Zeitung, die den anmutigen Namen »Tam-Tam« führt:

»In dem Nordica-Concert klang aus dem längst zerbrochenen Alttopf, Scalchi benamst, als erste Zugabe eine mir unbekannte und unbedeutende italienische Serenade, als zweite die allgemein bekannte Gavotte aus »Mignon«. Der taube Musikfatzke von der »Col. Staztg.« jedoch hörte im ersteren Falle das Antrittslied der Lola aus »Bauernehre« (!), im zweiten das Blumenlied aus »Margarethe« (Faust). (!) Haben solche Ohren nicht ihren zoologischen Klassenberuf verfehlt? Hätten sie nicht den Kopf eines Wesens schmücken sollen, ähnlich dem, welches einst zu Bileam sprach?«

In der nämlichen Nummer des Tam-Tam konnte man das folgende lesen:

»Ob irgendwelche zwingende Gründe für die Vereinigten Staaten vorliegen, Hawaii zu annektieren, lassen wir dahingestellt sein. Im Interesse des Rühmens unseres Landes aber ist es sicher geboten. Mit Recht sind wir stolz darauf, dass wir von allem, was es in der Welt gibt, das Grösste, Dickste, Höchste, Tiefste, Beste und Schlechteste haben, dass wir in keiner Beziehung »geboten« werden können. Unsere Dampfschiffe sind die grössten und feinsten der Welt, und wenn ihre Kessel explodieren, so werden dabei mehr Passagiere in die Höhe geschleudert als bei irgendwelchen anderen Explosionen; unsere Zeitungen lügen an einem einzigen Tage mehr, als die Zeitungen aller anderen Länder zusammengenommen in einem ganzen Jahre, und wenn wir jetzt Hawaii annektieren, so bekommen wir damit den Halemaumau, den grossartigsten Lavasee der Welt, und den Kilauet, den grössten thätigen Vulkan der Welt, und den Mauna Loa mit dem umfangreichsten Krater der Welt.«

Dass mit dem »Halemaumau« nur der Mauna Haleakala aber ohne Lavasee, und mit dem »Kilauet« der Lavasee Kilauea gemeint sein muss, erwähne ich beiläufig. —

Ein nicht zu unterschätzender Vorteil für Denver, sind die durch seine Lage (1595 m. ü. d. M.) bedingten, ausserordentlich günstigen Witterungsverhältnisse. Ich selbst empfand mit Wohlbehagen die frische Bergluft und hörte allgemein, dass selbst Asthmaleidende und Lungenkranke bedeutende Erleichterung von ihren Uebeln finden.

In jeder Strasse hat man eine bezaubernde Aussicht auf die nahen Felsengebirge, auf den 4322 m hohen Pikes Peak im Süden und den ihn um 30 m überbietenden Longs Peak im Norden. In den breiten, hübsch angelegten Strassen stehen freilich noch manche der ersten, schon 35 Jahre alten Häuser neben Palästen der Neuzeit.

In Denver werden ungefähr 10000 Arbeiter in gewerblichen Anlagen beschäftigt. Vornehmlich lebt man indessen von der Viehzucht, und manche Leute besitzen in den Prairien Herden, die bis zu 40000 Stück zählen. Diese sind einfach mit einem bestimmten Zeichen gebrannt. Im übrigen kümmert man sich um sie nur, wenn Tiere zum Verkauf eingefangen werden sollen. Daneben spielt der Handel mit Bergwerks-Anteilscheinen, sowie der Bergbau überhaupt, eine hervorragende Rolle.

Beim Mittagsmahl unterhielt ich mich mit einem Kellner aus Schleswig. Er meinte, in der Heimat habe er im Monat 9 Thaler verdient, hier erhalte er 45 Dollar, von denen er 10 ausgebe, sodass ihm ein Ueberschuss von ungefähr 145 Mark bleibe.

Von den Städten in der Nähe Denvers die den Bergbau, zumal die Gewinnung des Silbers betreiben, besuchte ich Golden, Georgetown und Leadville. Letztere, die bedeutendste von den dreien, ist bei einer Lage

Denver. Gerichtsgebäude.

von 3100 m ü. d. M. wahrscheinlich der höchste Ort der Welt, in dem eine deutsche Zeitung erscheint. Obgleich sie der Mittelpunkt eines grossartig angelegten Gold-, Silber- und Blei-Bergbaues ist, ging die Einwohnerzahl seit 1880 von 15000 auf 12000 zurück. Ein gewöhnlicher Arbeiter, der mit nichts weiter als mit der Hacke umzugehen versteht, erntet in Leadville bei einer achtstündigen Arbeit einen täglichen Lohn von 12^1/$_2$ Mark, davon kann er recht gut 5 Mark zurücklegen, wenn auch Gelegenheit, Geld auszugeben in Musikhallen, in Theatern von zweifelhaftem Wert, in Spiel-, Tanz- und anderen Höllen, hinreichend vorhanden ist. Der Grund für die ungewöhnlich hohen Löhne soll darin liegen, dass keineswegs jeder seine Arbeitskraft, auch wenn sie begehrt wird, verwerten kann, denn das Klima ist hier oben nicht nur rauh und unbeständig, sondern geradezu lebensgefährlich für solche Personen, die nicht über kräftige Atmungswerkzeuge verfügen. Ich war gezwungen, mir am 15. Juni vom Eisenbahnvorsteher einen Winterüberzieher zu borgen. Der Gesamtbetrag, den Leadville in den letzten 10 Jahren an Gold und Silber lieferte, beläuft sich auf 550000000 Mark.

Die Mehrzahl der Männer, denen ich in den genannten drei Bergwerksstädten begegnete, erregte meine Aufmerksamkeit in hohem, aber keineswegs in angenehmem Grade. Welchen zusammengewürfelten Massen von Menschen jeglicher Abstammung und Gemütsart begegnet man hier! Welche Gesichtszüge, welche Gestalten habe ich gesehen, welch anregenden Stoff böten sie einem gewiegten europäischen Polizeibeamten! Weshalb sie kamen, was sie früher getrieben haben, wer weiss es anzugeben? In ihren seltsamen Anzügen steckten, teils offen, teils verborgen, Revolver, Bowiemesser oder Dolche, denn eine Waffe irgendeiner Art führt jeder bei sich. Alles trägt hohe weiche Filzhüte mit mächtigen, breiten Krempen. Niemals darf jedoch der Hut seine ursprüngliche, ihm vom Verfertiger gegebene Form beibehalten. Mit der Faust muss ihm die eine oder die andere Falte künstlich beigebracht werden, und je zerknitterter er aussieht, desto mehr Freude hat sein Besitzer an ihm. Weisse Hemden sah ich nie; allgemein werden farbige von Flanell getragen. Die aus Leder gefertigten Beinkleider stecken fast durchweg in riesig hohen Stiefeln, die kaum alle Monate einmal geputzt werden. Ich selbst konnte mein Schuhzeug während der Reisen in den Bergwerksstädten nicht gesäubert erhalten, da ein solches Begehren entweder in herausfordernder Weise aufgefallen wäre, oder mich in den peinlichen Verdacht gebracht hätte, Millionär zu sein. Uebrigens macht die ganze Bekleidung der Männer nicht sowohl den Eindruck von Schmutz, als von absichtlicher Vernachlässigung. Ich fühlte förmlich, dass die Leute bestrebt sind, mit ihrer Kleidung zu gefallen und dass in manchem abgeschabten Anzug ein steinreicher Mann oder ein hochgebildeter Bergwerkstechniker steckte. Wie die Kleidung, so ist die Sprache dieser Arbeiter gesucht roh. Man mag es nicht schlimm meinen, aber die Worte klingen immerhin verletzend. Auf 10 in höflicher Weise gestellte Fragen habe ich sicher 7 mal eine mit wegwerfenden Geberden begleitete Antwort erhalten, wie z. B. »Dunno!«*) Man sagt nicht: »Please give me a match,« sondern »Gimme light!« Eine mehr als dreissigjährige Frau habe ich nie anders als »an old witch« nennen hören. —

Die Bahn von Denver über Georgetown nach Leadville führt über das Gebirge; mitten durch eine schaurige Bergwildnis windet sich das

---

*) Statt: I do not know.

Geleise. Zu beiden Seiten sieht man, bald hier bald dort, steile, gut mit Nadelhölzern bewachsene Abhänge, dazu abgestorbene, umgestürzte oder durch Blitzschlag verbrannte Baumstämme, Aeste und Zweige; die ganze Umgebung ist ein Bild der Grossartigkeit, Starrheit, Wildheit, Rauheit und Erhabenheit, wie es eben nur in den Felsengebirgen Colorados zu finden ist. Wenigstens erinnere ich mich nicht, in der Schweiz oder Norwegen Aehnliches gesehen zu haben. Stattliche Wapiti-Hirsche sollen in grosser Zahl, Silberlöwen hin und wieder vorkommen. Die Schnelligkeit, mit der die langen, oft schwer beladenen Züge sich bewegen, ist sowohl thalauf-, als thalabwärts nur mässig. —

Den 17. Juni verlebte ich in Manitou, einem mit allem Glanz und Ueberfluss ausgestatteten Badeort, ungefähr 30 km in südlicher Richtung von Denver, zu Füssen des Pikes Peak.

Am Morgen des 18. standen zwei erbärmliche Pferdchen mit grossen mexikanischen Sätteln bereit, einen Führer und mich den Peak hinaufzutragen. Eine allen Anforderungen der Jetztzeit entsprechende Zahnradbahn würde dieselben Dienste geleistet haben, indessen der Ritt entsprach meinen Neigungen und meinem Geschmack mehr als die Bahn, zumal der Reitweg in amerikanischen Reisebüchern und von meinem Führer als gefahrlos bezeichnet war. Als ich wenige Tage früher in einem Zuge sass, der hunderte von Metern hoch über Abgründen an den Felsen umherkletterte, hatte ich mir bei besonders halsbrechend scheinenden Stellen vorgenommen, ähnliche Fahrten nicht wieder zu unternehmen. Solche Ausflüge sind zu aufregend, um zu den Vergnügungen gezählt werden zu können. Ehrlich gestanden, hatte ich, thöricht genug, mich mehrfach in der Eisenbahn an einem beliebigen Gegenstand festzuhalten versucht. Der Pikes Peak dagegen machte von Manitou aus einen so ruhigen und friedlichen Eindruck, dass ich beim Abreiten an gefahrvolle Strecken nicht dachte und meinem Führer gern Glauben schenkte. Es sollte aber noch ganz anders kommen als auf der Eisenbahn.

Wir mochten eine halbe Stunde unterwegs gewesen sein, als der breite Weg plötzlich aufhörte. Wir ritten auf einem nicht mehr als 40 cm breiten Steg und hatten zur Linken lotrecht aufsteigende Felsen, an der anderen Seite einen Abgrund von anfänglich 7, dann 30 und schliesslich 400 m. Unten hörte ich einen rauschenden Bach sowie ab und zu Wasserfälle. Unser Weg machte zu Zeiten eine Steigung von 1 : 2 m und so verlebte ich auf meinem kleinen Pferde 3 Stunden, an die ich zeitlebens denken werde. Mehrfach sagte ich der Welt Lebewohl; wenigstens zehnmal mögen mir das Herz und der Puls stille gestanden haben. An ein Umkehren oder nur Absteigen war nicht zu denken. Ich fühlte, dass Hinunterblicken in den Abgrund für mich mit Hinabstürzen gleichbedeutend gewesen wäre. Somit blieb mir nichts weiter übrig, als die

Blicke starr auf die Ohren des kleinen Pferdes zu richten, mich am Sattelknopf anzuklammern und mir die gottlosesten Verwünschungen gegen den verlogenen, ruhig vor mir reitenden Führer auszudenken. Der Pfad mochte hin und wieder kaum 30 cm breit sein; endlich befanden wir uns auf einer ausgedehnten Hochebene. Ich musste absteigen, weil ich mich im Sattel dem Versagen aller Kräfte nahe fühlte, während der Führer sich über meinen Zustand zu belustigen schien. Auf meine Frage, ob uns durch Silberlöwen Gefahr drohe, antwortete er trocken: »They are shy devils!« Nach 11 Uhr wurde die Reise fortgesetzt, immer noch steil bergauf, aber ohne Gefahr, nur eine halbe Stunde noch war verhängnisvoll, jedoch war der Abhang, diesmal zur Linken, mit Bäumen bewachsen, sodass ich im schlimmsten Falle nur 10 m hinunterstürzen konnte, um an einem Baume hängen zu bleiben.

Gegen Mittag erreichten wir den ersten Schnee. Bald verliessen wir die Sättel und führten die Pferde über Stein- und Felsengerölle, ungefähr 120 m bergan, um auf eine neue Hochebene zu gelangen. Wir hatten die Grenze des ewigen Schnees erreicht. Die Pferde wurden an Steine gebunden. Der Führer reichte mir eine Brille mit dunkeln Gläsern, bediente sich selber einer solchen und wickelte seine wie meine Füsse in dickes Sackleinen. Bis zur Spitze hatten wir noch 2 km zurückzulegen und auf dieser Strecke eine Steigung von 500 m zu bewältigen. Um $12^{1}/_{4}$ Uhr begannen wir den Aufstieg und nach 3 Stunden hatten wir die 2 km hinter uns. Die Anstrengung übertraf alle meine Erwartungen. Der weiche Schnee lag $1-1^{1}/_{2}$ m hoch. Wenn wir 10 Schritte gemacht hatten, war uns das Atmen so weit unmöglich geworden, dass wir eine Minute rasten mussten, um wieder ganz frisch fernere 10—20 Schritte zurücklegen zu können, worauf unsere Lungen abermals den Dienst versagten und wir die Beine kaum mehr fühlten.

Endlich, oben angekommen, sahen wir auf das 2930 m unter uns liegende Manitou hinab. Der Gipfel des Peak besteht aus einer sehr weiten, mit einer Unmenge von grossen Steinen und Felsblöcken aller Art bedeckten Hochfläche. In meiner Erwartung, von dieser ausserordentlichen Höhe eine lohnende Aussicht zu haben, fand ich mich ziemlich getäuscht. Ich hatte in amerikanischen Beschreibungen des Peak begeisterte Schilderungen der Aussicht gelesen, allein, sie müssen von Leuten stammen, die, wie mir scheint, keine Ahnung haben von dem, was eigentlich eine schöne Aussicht ist. Schon die verhältnismässig grosse Ausdehnung des flachen Gipfels verhindert den Rundblick, dazu kommt, dass das Umhergehen auf den Steinen und Blöcken in der dünnen Luft ungemein beschwerlich ist, sodass es, um auch nur 100 Schritte vorwärts zu kommen, einer ganz erheblichen Anstrengung und vieler Zeit bedarf.

Auf dem Gipfel des Peak befindet sich an der Nordostseite am Rande der Hochfläche die Endhaltestelle der Zahnradbahn, am südöstlichen Abhang ein einfaches, aus Steinen erbautes Häuschen, in welchem, jeden Monat abwechselnd, das ganze Jahr hindurch zwei Beamte wohnen, deren Aufgabe es ist, regelmässig Witterungsbeobachtungen anzustellen und sie täglich dreimal durch den bis in diese Höhe führenden Draht nach Washington zu berichten. Die beiden zur Zeit anwesenden Herren klagten über nichts mehr als über die Rattenplage. Die Höhe des Pikes Peak ist gleichbedeutend mit derjenigen des zum Monte Rosa-Gebirgsstock gehörenden Balmenhorn. Oben lag der Schnee stellenweise noch 6 Fuss hoch. Im Beobachtungshause konnten wir uns mit heissem Kaffee erquicken. Der schönste Blick war nach meiner Auffassung der, über die endlose, an das Meer erinnernde Prairie im Osten; der Rundblick über das Gebirge ist selbstverständlich sehr lohnend, vielleicht einzig in seiner Art, befriedigte mich indessen nicht. —

Thalwärts konnten wir die Strecke durch den ewigen Schnee, die uns am Nachmittag 3 Stunden angestrengtester Arbeit verursacht hatte, in dreiviertel Stunden erledigen. Um 9 Uhr war ich wieder in Manitou zurück. Im Laufe des Tages hatte ich mich in dem Grade von der Sicherheit meines Pferdes überzeugt, dass ich die haarsträubend gefahrvollen Wegstellen vom Vormittag ohne jede Furcht im Finstern abreiten konnte. Diese Pferde gleichen in manchen Beziehungen den Gemsen: ein Fehltritt scheint zu den Unmöglichkeiten zu zählen. Daneben mochte das Gefühl des Schwindels im Dunkeln überhaupt nicht zur Geltung kommen.

Am folgenden Morgen befand ich mich durchaus wohl. Es soll sonst nicht selten vorkommen, dass sich bei Reisenden am Tage nach der Besteigung des Peak Kopfschmerzen und Erbrechen einstellen. — Ich machte mit einigen Herren einen Spaziergang von wenigen Kilometern nach dem Garden of the Gods. Darunter versteht man eine Gebirgslandschaft, die zwar nichts von dem, was wir einen Garten nennen, aufweist, dafür aber eine Unzahl der eigenthümlichsten Felsgebilde zeigt, die auf wenigen Kilometern im Geviert anzutreffen sind. Wie sie entstanden, konnte mir niemand erklären. Beim ersten Eintritt in den Garten schien es mir zweifellos, dass sie das Werk einer nach Jahrtausenden zählenden Brandung des Meeres wären. Doch dürften diese Bildungen eher durch Sandwehen aus den Prairien hervorgerufen sein. Wenigstens ist dies die Ansicht der Mehrzahl der den Garden of the Gods besuchenden Laien. Als zwischen den sonderbaren Steinersscheinungen von einem Echo die Rede war, machte ich einen Versuch, den Beweis zu liefern, dass ich mir schon einige Coloradositten angeeignet hatte. Mit geheuchelter Gleichgiltigkeit zog ich meinen Revolver und feuerte ihn ins Blaue ab, erschrak aber nicht wenig, als die Waffe auch beim 2. und 3. Druck den erwarteten Knall nicht hören liess.

Die Herren in meiner Umgebung brachen in ein wenig Wohlwollen verratendes Gelächter aus. An Bemerkungen wie: »That is not the way a man has to use his revolver in this country!« fehlte es nicht. Ich hatte vergessen, dass ich vorsichtshalber die Unglückswaffe nicht geladen hatte. —

Manitou. Eines der Steingebilde.

Trotzdem unter diesen merkwürdigen Felsgestalten Klapperschlangen häufig angetroffen werden, bekamen wir doch keine zu Gesicht; im Gebirge kommen sie selten oder niemals vor, dagegen in der Ebene in grosser Zahl. — Einer unter den Herren, denen ich mich angeschlossen hatte, war im Jahre 1892 ebenfalls auf den Peak geritten. Ich bat ihn auf dem Rückwege um sein Urteil und er meinte: »I would not do it again for two thousand dollars, but I wouldn't have missed it for three.«

Am selben Morgen setzte ich meine Reise mit der Denver Rio Grande Bahn über Pueblo nach Salt Lake City fort. Infolge eines Eisenbahnkrieges, wie er in den Staaten nicht zu den Seltenheiten zählt, war der Preis für eine Reise von Chicago über Denver nach San Francisco, der sich unter regelrechten Umständen auf 96 $ beläuft, auf 7 $ herabgesetzt. Die Wirkung war, dass unser Zug nicht weniger als 15 Wagen zählte. Ich war also eigentlich in eine, aus mehr als 500 Menschen bestehende, Picknick-Gesellschaft geraten. An allen Haltestellen ergossen sich Ströme von Damen und Halberwachsenen aus den Wagen, um an ganz gewöhnlichen Steinen, Pflanzen, Holzstücken u. s. w. zusammenzulesen, was nur irgend erreichbar war. — Wir fuhren an Colorado Springs vorüber, einem Badeort mit angeblich noch heilkräftigeren Quellen, als sie in Manitou vorhanden sind; jedoch wird dieses seiner unvergleichlichen Lage halber bevorzugt. — In Pueblo hatten wir Zeit, ein mässiges Mittagsmahl einzunehmen. Schon auf der Fahrt von El Paso nach Denver war mir aufgefallen, dass manche Reisende auf die einfache Bemerkung: »Commercial rate«, bei allen Mahlzeiten auf ihren Dollar 25 Cents zurückerhielten. Ich versuchte in Pueblo diese Zauberformel und hatte die Freude, ebenso wie viele andere, für 75 Cents statt für den landesüblichen Dollar gegessen zu haben; indessen nutzte ich meine Entdeckung nicht weiter aus, weil mir das Recht, mich für einen Handlungsreisenden auszugeben, zweifelhaft erschien.

Zwei Stunden, nachdem wir Pueblo verlassen hatten, fuhren wir in die Cañons des Arkansas River ein. Vorbereitet auf die Dinge, die da kommen sollten, hatte ich mir schon von Pueblo ab einen kleinen Sitz auf der hinteren Plattform des letzten Wagens zu sichern gewusst, der mir, zumal in der ersten der Schluchten,

Teil des Grand Cañon in Colorado.

von ausserordentlichem Nutzen sein sollte. Während der erwähnten beiden Stunden sass ich indessen auf dieser Plattform noch allein, in glühender Hitze, von Staubwolken eingehüllt. Ich sah nichts als unbebaute, unbewohnte Ebenen. Hin und wieder gewahrte ich einzelne Stücke halbverhungerten Viehs. An beiden Seiten des Zuges zeigten sich dagegen in ungefähr je 30 km Entfernung herrliche, schneebedeckte Bergbildungen der Rocky Mountains. —

Wir fuhren an dem umfangreichen Gefängnis bei Cañon City vorüber und hielten dann langsam unseren Einzug in den Grand Cañon. Beschreiben lässt sich die überwältigende Grossartigkeit dieser ungefähr 25 km langen Schlucht nicht; nur einige Bemerkungen seien mir gestattet. Zu Füssen 300 m hoher, steiler Felsen von den grossartigsten Formen ist gerade Raum genug für den 12 m breiten Fluss. Dennoch haben es Meister der Bahnbaukunst verstanden, neben sein Bett ein Geleise zu legen. Der ganze Cañon ist scheinbar aus den ungeheuerlichsten Korkbaum-Rindenstücken zusammengesetzt. Nirgends eine Spur lieblicher Anmut, überall nur erhabene Grösse, finstere Macht. Auf meiner Plattform hatten sich selbstverständlich viele Leute angefunden, seitdem wir in der Schlucht fuhren. Unmittelbar neben mir sass eine ältere, recht ansehnliche Dame, die allem Anschein nach ihr halbes Leben mit Reisen zugebracht haben musste. Sie unterhielt sich mit mir abwechselnd in deutscher, französischer und englischer Sprache und erteilte über manches mir Fremde richtigen und treffenden Aufschluss. — Bei Salida hatte der Cañon sein Ende erreicht und bis Poncho war die Fahrt wenig anregend. Dann begann ein wiederum haarsträubendes Bergankletten unseres Zuges. Nachdem wir Windungen und Schleifen zurückgelegt hatten, die selbst diejenigen auf der Gotthard-Bahn in den Schatten stellen mögen, gelangten wir am Marshall Pass auf die beträchtliche Seehöhe von 3500 m. Während der Wärmemesser zwischen Pueblo und dem Grand Cañon + 28° R. gezeigt haben dürfte, verrieten die Eiszapfen an den Wagen, als wir über den Pass fuhren, einen beträchtlichen Kältegrad. In der Stunde legten wir nicht mehr als 6 km bei der Auffahrt zurück; diese erschien aber dadurch nur um so gefahrvoller. Unser langer Zug musste, der Schleifen halber, in drei Teile mit je einer Lokomotive zerlegt werden. Auch diese Bergbahn führt, wie die früher erwähnte in Colorado, merkwürdigerweise durch keinen Tunnel.

Vom vielen Betrachten des eigenartig Wunderbaren im Laufe des Tages ermüdet, hätte ich gegen 10 Uhr gern mein Lager aufgesucht, indessen blieb ich bis Mitternacht auf meinem Posten, um auch den Gunison oder Black Cañon zu sehen. Bei sternenhellem Himmel und dem Lichte des zunehmenden Mondes fuhren wir hindurch; der Gunison gleicht dem Grand Cañon, aber eben aus diesem Grunde war die Verschiedenheit der Wirkung bei Mond- und Sonnenbeleuchtung voller Reiz.

Bald nach 6 Uhr am nächsten Morgen sass ich wieder auf dem alten Platz. Stundenlang fuhr der Zug, von Excelsior bis Castle Valley, durch Einöde, Wüste und Sand: ein trostloses Bild, aber in 5 km Entfernung, an der Nordseite der Bahn, lag eine Kette von ungefähr 150 m hohen Schanzen in den merkwürdigsten Formen und Farben. Ungefähr um 10 Uhr hatten wir auch auf der anderen Seite des Zuges ganz ähnliche

Riesenmauern, die mit den ersten zusammen den Rock Cañon bilden. Beide Reihen machten auf mich den Eindruck, als ob Götter der Vorzeit sich hier kilometerlange Festungen, riesenhafte Schlösser erbaut hätten, die seit vielen Jahrtausenden dem Verfall anheimgegeben sind. In Europa würden solche Felsbildungen ohne Frage den Leitgedanken zu einem ausgedehnten Sagenkreise gegeben haben.

Diesem dritten Cañon folgten langweilige Sandhügel, auf denen ganz vereinzelt Kiefern ein erbärmliches Dasein fristeten, daneben Sagebrush*) und vereinzelte Kaktuspflanzen. Der Zug hielt ungefähr an jeder Häuser-

Teil von Rock Cañon in Colorado.

gruppe, die auf keine geringere Einwohnerzahl als 15 Seelen schliessen liess. In Entfernungen von je 10 km sah ich an den Telegraphenstangen neben der Bahn einen Fernsprechkasten angebracht, der in Not geratenen Leuten in der Wüste die Möglichkeit geben sollte, sich durch ihn Hilfe zu verschaffen.

1½ Stunden, bevor wir Salt Lake City erreichten, gestaltete die Landschaft sich wieder recht hübsch. Burg- und Schlosstrümmer, wie sie am Rhein zu gewahren sind, wurden auf hohen, malerischen Felsen sichtbar, nur sind sie nicht durch Menschenhand errichtet, sondern nichts weiter als, auf sehr natürlichem Wege entstandene, verwitterte Felsen.

*) Ein Mittelding zwischen wilder Salbei und Ginster.

In den Eisenbahnwagen liess der Aufenthalt viel zu wünschen übrig. Alle Reisenden starrten von Staub und Schmutz. Der Unfug, den die Vergnügungsausflügler mit ihren Vorratskörben trieben, war unerträglich. Um die billige Reise nach keiner Richtung zu verteuern, hatte die Mehrzahl der Familien sich die Nahrungsmittel schon aus Chicago mitgebracht. — Je mehr wir uns der Salt Lake City näherten, desto mehr erinnerte mich das Thal in den Wahsatch Mountains, in welchem das Geleise unserer Bahn nunmehr lief, an manche Thäler in Norwegen, vor allem an das Gudbrandsdal. Bei Springville überschritten wir die Grenze des Landes der Mormonen, und am Nachmittag desselben Tages fuhr ich in den recht ansehnlichen Bahnhof der Salt Lake City ein.

V. KAPITEL.

Salt Lake City. Von Utah nach Kalifornien. San Francisco.

Für die Fahrt in einem recht mittelmässigen Wagen vom Bahnhof nach dem ³/₄ km entfernt liegenden Gasthofe forderte der redliche Kutscher 2¹/₂ Dollar. Obgleich ich schon etwas von der Welt gesehen hatte, war ich kindlich genug, einen Polizisten, der am Hause neben dem Hotel gegen die Wand lehnte und einen Strohhalm kaute, um Beistand gegen das Begehren des Wagenbesitzers anzurufen. Auf meine Frage, wieviel ich für die Fahrt zu entrichten habe, entfernte der Diener des Staats den Strohhalm gerade so lange aus seinem Munde, wie erforderlich war, um zu entgegnen: »Reckon driver knows, I don't.« Als ich mich dabei nicht beruhigte und mich an den Pförtner des Gasthofes wandte, erklärte dieser mir, dass der geforderte Preis sehr billig sei. Jetzt schob ich meinen Hut auf den Hinterkopf zurück und verlegte mich auf ein ganz fürchterliches Fluchen. »Free citizen of United States of America! There will be blood shed in this street to-night.« begann ich; »Have you no mother? Don't you believe in future punishment?« u. s. w. Schliesslich bezahlte ich 1¹/₂ Dollar.

Am folgenden Morgen, am Sonntag den 21., ging ich bald nach dem Frühstück in die hübsche Stadt, die in der Bauart ihrer Häuser wieder viel Aehnlichkeit mit anderen nordamerikanischen Grossstädten hat. Zu beiden Seiten des Fahrweges in den breit angelegten Strassen, fliesst klares Gebirgswasser. Ein Unterschied zwischen Mormonen und Nichtmormonen — Gentiles*) — ist nirgends bemerkbar. Die Stadt macht alles in allem einen grossartigen Eindruck. Ich sah am nächsten Tage Vorräte von Kunstsachen, sowie Läden mit Kleidern und Damenhüten, wie wir sie

---
*) Heiden.

gleich kostbar in Hamburg kaum haben. In den Strassen stehen Paläste neben einfachen Wohnungen; überall wohin man blickt, bemerkt man Wohlhabenheit. Die untergeordneten Arbeiten scheinen meist durch Chinesen verrichtet zu werden.

Nachdem ich eine Stunde umhergewandert war, vor allem aber einen hübschen Blick über die ganze Stadt von einem nahen Hügel genossen hatte, ging ich nach dem Gasthof zurück, wo man mir empfahl, die Sonntagsschule der Mormonen zu besuchen, da der eigentliche Gottesdienst im Tabernakel erst um 2 Uhr Nachmittags beginne. Selbstverständlich

Salt Lake City. Deseret Avenue.

leistete ich dieser Aufforderung gern Folge. — Ich betrat einen grossen Saal, in dem mir ein Platz zwischen mehreren jungen Leuten angewiesen wurde. Im anderen Teile des Raumes sah ich junge Damen und viele Kinder im Alter von 3—15 Jahren. Zu Anfang wurden geistliche Lieder gesungen, die eins der jungen Mädchen auf einer kleinen Orgel begleitete. Als man mir ein Buch gab und das in Frage kommende Lied aufschlug, verfehlte ich nicht, gehörig mitzusingen. Nach dem ersten Lied entspann sich zwischen einem kleinen, kümmerlichen Kerl, einem Kräuterdoktor, und mir das folgende Gespräch:

»You do not belong to this church?« fragte er.

»No Sir,« erwiderte ich.
»Which religion do you believe is the right?«
»To love one another.«
»I will tell you. Suppose you want a coat and give your pattern to five tailors, each one to make a piece of your coat, but each one would use his own pattern, which he thinks is right, do you think the coat would fit you?«
»No Sir.«
»Well, do you think, that it will suit God, if everybody builds a Tabernakel after his own pattern, while God gave his pattern to Moses on the Sinai? We built our Tabernakel and worship God after his own pattern.«

Ich glaube, es wäre recht schwer gewesen, diese Art der Denkweise mit einigem Erfolg zu bekämpfen. — Sodann trat ein Herr an das Rednerpult und richtete an die Kinder einige Fragen religiösen Inhalts, welche die Kleinen gemeinsam beantworteten. Nach dieser Prüfung bildeten sich einzelne Gruppen, die sich mit kirchlichen Angelegenheiten beschäftigten. Ich gehörte der Jünglingsgruppe an; wir lasen abwechselnd aus dem mormonischen Katechismus einander vor. Sobald einem unter uns diese oder jene der vorgelesenen Stellen unklar blieb, stellte er Fragen, die von dem beantwortet werden konnten, der sich zu einer gehörigen Erwiderung berufen fühlte. Ich hörte manche, gewiss recht anregende Einwände und Widerlegungen. Sobald die Reihe an mich kam, las ich meinen Absatz, ohne mich aber in einen Wortstreit einzulassen.

Um Mittag war die Sonntagsschule beendet. Die Kinder und Jünglinge gingen fort bis auf einen, der bei den jungen Mädchen blieb und noch einige Zeit an der kleinen Orgel kurze Lieder begleitete. Nach Verlauf von ungefähr 20 Minuten gingen auch die jungen Mädchen, aus deren Blicken ich schliessen konnte, dass der musikalisch gebildete Jüngling ein liebenswürdiger Mormone sein müsse. Während des Gesanges und beim Abschiednehmen der Mädchen hatte ich mir durch Umblättern im Katechismus zu schaffen gemacht. Schliesslich blieben mein Altersgenosse und ich allein und, dank meines bewiesenen Eifers in der Sonntagsschule, unterrichtete er mich recht eingehend über das Wesen seiner Kirche.

Der Mormone hält für ausgemacht, dass Gott vor 70 Jahren durch Offenbarungen neue Apostel berufen habe. Wer also an diese und ihre Gotteslehre glaubt, gehört zur »Church of Jesus Christ of Latter Day Saints«. Die seit 1882 von Washington aus unterdrückte Vielweiberei wurde mir dahin erklärt, dass Abraham, David und manche Andere von Gott angewiesen seien, sich zu vermehren und zahlreiche Frauen anzunehmen. Somit sei dasselbe Gebot auf ihre Nachfolger zu beziehen.

Salt Lake City. Das Innere des Tabernakels.

Ueberdies ist eine Ehe für diese und jene Welt geschlossen. Stirbt also eine Frau, und nimmt der Mann eine andere, so hat er im Himmel ihrer zwei. Ist die Welt heiliger als der Himmel? Nein! Also kann man auch auf Erden mehrere Frauen haben. Dagegen darf umgekehrt eine Frau nicht mehreren Männern angehören, weil durch diesen Zustand Verwirrung entstehen würde, und durch Ordnung regiert Gott den Himmel und die Erde. Zum Abschied verehrte Mr. Charlie Howe mir sein Bild und ein Buch mit dem Titel:

The Doctrine and Covenants
of the
Church of Jesus Christ of Latter-Day Saints,
Containing the Revelations.
Given to
Joseph Smith, Jun., the Prophet,
For the
Building up of the Kingdom of God in the Last Days.

Das Buch enthält die Widmung:

»Given to Egon Kunhardt by his well wisher«. Charlie Howe.

Um 1 Uhr ging ich ins Gasthaus, um schnell zu essen, damit ich rechtzeitig eine Stunde später zum Gottesdienst im Tabernakel eintreffen konnte. —

Nach meiner Schätzung mochten 5000 Leute in dem eigenartigen Gebäude, mit der unschönen, dem Panzer einer riesenhaften Schildkröte gleichenden Kuppel, versammelt sein. Die Thüren an den Seiten schloss man nicht, um einer während des Gottesdienstes sehr willkommenen Zugluft den Ein- und Ausgang zu ermöglichen. Alle Fremden erhielten ihre Plätze nahe den Rednerpulten angewiesen. Der Gottesdienst wurde eröffnet durch Gesang, begleitet von der Kapelle, in der ich — neben einer Riesenorgel mit vergoldeten Pfeifen — unter anderen auch Violinen und Bratschen bemerkte. Darauf redeten drei Männer einer nach dem andern. Sie unterschieden sich in ihrer Kleidung von den Zuhörern nicht. Der zweite Vortragende trug einen Rosenstrauss im Knopfloch. An der Stelle, wo in unserer Kirche der Hauptaltar zu stehen pflegt, befand sich die grosse Orgel. Vor ihr erhoben sich stufenweise die drei mit rotem Sammet überzogenen Rednerpulte. Je vier Herren sassen zu beiden Seiten eines jeden dieser Lehrstühle. Vor dem ersten stand ein langer, weissgedeckter Tisch und auf diesem sechs grosse silberne Wasserkrüge, sechs Brotkörbe und 12 Trinkbecher aus demselben Metall. Ferner lagen auf dieser Tafel zwei mit Tüchern bedeckte 20 cm hohe Hügel, deren Bestandteile uns erst später bekannt werden sollten. Während der Rede des ersten Herrn entfernte man die Servietten von den beiden Erhöhungen und den Andächtigen zeigten sich zwei Aufstufungen von Brotschnitten. Sechs andere Herren erschienen vor dem langen Tisch, um das Backwerk in kleine Stückchen zu zerbröckeln; ein siebenter gesellte sich zu ihnen, segnete das Brot mit geschlossenen Augen, und dann wurde es in die Körbe gepackt und als »Last Supper« unter den 5000 Gläubigen umhergereicht. Während der zweiten Ansprache kamen die Wasserkrüge und Trinkbecher, in gleichartiger Weise, wie das Brot, an die Reihe. Fremden wurde nichts angeboten. Um 4 Uhr zog ich vor, ohne zu stören, das Tabernakel zu

Utah. Badeplatz am Südende des Salzsees.

verlassen und nach Hause zu gehen, während der dritte Redner unter allen Zeichen grosser Begeisterung weiter sprach. Der zweite hatte lebhaft und der erste Sprecher auffallend ruhig und trocken vorgetragen.

Am Nachmittage fuhr ich mit dem sogenannten Badezuge nach dem ungefähr 15 km von der Stadt entfernten Südende des Salzsees. Das Geleise ging über den Jordan, welche Bezeichnung die Gläubigen dem Flusse gegeben haben, während sie ihre Stadt selbst unter sich »Zion« nennen. Um 6 Uhr waren wir an Ort und Stelle angelangt und ungefähr 300 Personen, Herren und Damen, eilten aus den Wagen an die Kasse, um sich gegen Entrichtung von 30 Cents den Schlüssel zu einer, der nach hunderten zählenden, kleinen Kammern an langen Stegen ein Handtuch und einen Anzug geben zu lassen. Da die Zeit zum Baden von der Eisenbahnverwaltung sehr knapp bemessen war, entkleidete ich mich in meiner Zelle möglichst schnell, bemerkte aber leider zu spät, dass mir eine recht enge Hose zuerteilt worden war. Nichtsdestoweniger zwängte ich mich hinein. Als ich indessen am Ende des Steges von einem grossen Fahrzeuge ins tiefe Wasser sprang, war das Unglück da. Nicht allein, dass mein dürftiges Gewand platzte und mich in recht trauriger Verfassung unter Damen und Herren liess, hatte ich daneben in meinen Augen ungefähr die Empfindung, als ob ätzende Säure hineingespritzt sei. Gegen alle bisherigen Erfahrungen warf das Wasser mich förmlich wieder an seine Oberfläche. Es war mir fremd gewesen, dass der Sund auf hundert Teile 2, die Nordsee 3, der Persische Meerbusen 5, das Tote Meer 21 und der Salt Lake 22 Teile Kochsalz enthält. Ich überzeugte mich, dass alle, welche die Verhältnisse dieses leblosen Gewässers kannten, nicht unvorsichtig, wie ich, hineinsprangen, sondern sehr behutsam bis an die Brust hineinstiegen und sich hüteten, das Wasser dem Gesichte, geschweige den Augen, nahe zu bringen. — Der Schmerz ging vorüber, und da die badenden Damen an meiner äusserst mangelhaften Bekleidung keinen Anstoss nahmen, störte sie auch mich weiterhin nicht.

Am nämlichen Abend traf ich im Gasthause unter vielen Handlungsreisenden einen recht unterhaltenden älteren Irländer. Er nannte sich Jonathan Weld und reiste für das Haus Weld & Weld in Cansas Cy., das vornehmlich Handel mit Whisky zu betreiben schien. Mr. Weld meinte, die Salzseestadt sei seit 20 Jahren nichts mehr; man hätte sie vor Brigham Youngs Tode sehen müssen, und er erzählte über diesen Mormonen-Präsidenten so beiläufig ungefähr das Folgende:

»Mein Freund Brigham war klug wie ein Mann aus Tipperary. Niemandem gelang es, ihn zu betrügen. Das kam, weil er die letzten 30 Jahre vor seinem Tode nur XXX von Weld & Weld getrunken hatte; keinen anderen rührte er an. Ueber die Vielweiberei sagte er mir: »Jonathan, ich sage Dir, es ist ein Hundeleben! Ich wollte, Joseph der Seer wäre nie auf den Gedanken der Vielweiberei gekommen! Now look here, ich habe jetzt 94 Frauen*),

---

*) Brigham Young hat nie mehr als 21 Frauen besessen.

aber es ist ein Hundeleben. Nur 6—8 Frauen, das ist das Wahre, aber sprich mir nicht von der Vielweiberei, denn sie ist :a dogs life«. Alles habe ich versucht, um den Frieden zu erhalten, aber es ist nicht möglich! Jetzt habe ich mir in einem grossen Saal eine Bettstelle von 120 Fuss Breite und 7 Fuss Länge bauen lassen. Ich liege in der Mitte und an jeder Seite 47 Frauen, aber wenn sie alle zugleich atmen, giebt es einen solchen fürchterlichen Zug, dass ich die Gicht davon bekommen habe! Unter den 94 sind immer 57, die schnarchen. Ich sage Dir noch einmal, Jonathan, die Vielweiberei ist ein Hundeleben!« —

Mr. Weld wandte sich später an mich, der ich, infolge der eigenartigen Erzählungen, wahrscheinlich das Unglück hatte, ein etwas thörichtes Gesicht zu machen. Er meinte: »Young man, you look very much bored, though you make a show of feeling otherwise. Let me tell you: If you go to Yosemite don't you go alone. Try to find a man of Limerick who can show you all about it. The Big Trees are so high, that it takes two men to see to the top. You see as far as you can, the second starts from the place where you stopped seeing — and so on.«

In dieser Weise entrollte der Irländer ungefähr während einer vollen Stunde alle möglichen Bilder, ohne den Versuch zu machen, zu erröten.

Am Morgen des 22. Juni erstieg ich mit einem jungen Herrn aus Cincinnati, der eigentlich nur wegen des ausgiebigen Forellenfanges in den Bächen der Nachbarschaft, nach Salt Lake City gekommen war, einen vielleicht 300 m hohen Berg. Viel schöner als am Tage zuvor sah ich unter mir die Stadt, die ungefähr 7 km in der einen und 3 km in der anderen Richtung ausgedehnt sein mag. Alle die weissen, sauberen Häuser, die sie umgebenden kleinen Wäldchen von Fruchtbäumen, machten einen recht hübschen Eindruck, wie überhaupt diese Aussicht mir viel lohnender erschien, als die vom ungefähr zehnmal höheren Pikes Peak. So ziemlich nach allen Seiten von unserem Berge erstreckten sich blühende, Thäler, und hinter diesen lagen in nördlicher, südlicher und östlicher Richtung wieder die hohen, an den Spitzen mit Schnee bedeckten Felsen der Wahsatch Mountains. Die Aussicht ist unvergleichlich. Es würde sich der Mühe verlohnen, selbst eine längere Reise zurückzulegen, um an einem klaren Sommertag diesen Blick zu geniessen. —

Was immer man von den Mormonen denken und behaupten mag, ihre Führer haben es verstanden, aus Nordamerika und Europa im Laufe der Jahre, von 1835 bis ungefähr 1880, Hunderttausende bettelarmer Menschen hier zu vereinen und jedem zu den Gaben zu verhelfen, die diese Erde für alle hervorbringt. Hier in Utah hat man während mancher Jahrzehnte die Arbeit und deren Erträgnis, vornehmlich durch Ordnung, gleichmässiger zu verteilen gewusst, als es vielleicht jemals anderwärts geschehen ist. Die Mormonen, und Brigham Young an ihrer Spitze, haben somit die grösste und schwierigste Aufgabe, die den Menschen wahrscheinlich gestellt werden kann, in ihrer Gemeinde zu lösen verstanden.

Mr. Jonathan Weld behauptete sogar, die Vielweiberei sei, trotz Brigham Youngs Ansichten, nicht zu missachten. Die Mormonen hatten nur ausgesucht hässliche, aber arbeitsame Weiber, die in Europa schwerlich an den Mann zu bringen gewesen wären, die in Utah indessen, wenn auch nicht gerade einen ganzen, so doch $1/4$ bis $1/10$ Gatten erhielten.

Wenn man die Grundpfeiler der Lehre der »Latter Day Saints« selbstredend für ein grosses Lügengewebe halten muss, so wird man doch zugeben, dass die Mormonen immerhin eine Religion haben, an der sie sich halten und aufrichten, während die frommen Christen in den östlicher gelegenen Staaten, wie mir scheint, eigentlich garkeinen Glauben, also auch keinen Trost in Gram und Sorgen, kennen. — Die Mormonen haben, nach Jonathan Weld, immer noch nicht so viele Frauen gehabt, als die Herren in den Riesenstädten des Ostens, die christlich vermählt sind.

Die Eröffnung der Pacificbahn im Jahre 1869 hat der eigentlichen Mormonenherrlichkeit den Anfang vom Ende bereitet; ihre Zeit des Glanzes und der Macht ist gewesen! —

Dass alle grösseren Häuser in der Salt Lake City, ebenso wie in Denver, mit Aufzügen für den allgemeinen Verkehr versehen sind, dass man kaum anderes als elektrisches Licht sieht, dass in den Hauptstrassen in jeder Minute 4—5 Wagen der elektrischen Bahnen vorübergleiten, erwähne ich beiläufig.

Salt Lake City dürfte, ich wiederhole es, auf jeden den vorteilhaftesten Eindruck machen. Die Witterungsverhältnisse sind für das Wohlsein unserer Rasse die günstigsten. Der Pflanzenwuchs ist üppig, die Stadt sauber, durchgehends von freundlichem und einladendem Aeusseren, und in den Strassen sieht man keine anderen als zufriedene Gesichter. —

Mit dem Zuge 4 Uhr 30 Minuten fuhr ich nach Ogden ab. Die Fahrt am See entlang gleicht in mancher Beziehung der an der Ostseite des Lago Maggiore. — Die Strecke von Ogden bis Reno verläuft recht einförmig. An den Haltestellen bemerkte ich vielfach, wie Weisse, Indianer, Neger und Chinesen sich mit einander unterhielten. Sagebrush, abgebrannte Felder, Baumstümpfe, Wälder und Holzhäuser sind überall dieselben. Die Städte gleichen sich auffallend. Diese mag dreimal grösser sein als jene, aber das heisst nichts anderes als, dass sie dreimal mehr derselben viereckigen Häuserblocks aufzuweisen hat. Die Strassen in den Städten ähneln sich ebenfalls: allerwärts gewahrt man dieselben Telegraphenstangen, dieselben roh aus Holz geschnitzten, bunt bemalten Indianer, als Erkennungszeichen der Tabak- und Cigarrenläden. Die Haltestellen sehen eine aus wie die andere und in allen sind die Küchenzettel dieselben; in allen liest man an den Wänden dasselbe »Old Tom Gin«; die Leute sind zum Verwechseln, und wenn man einen Amerikaner mit einem Vollbart trifft, fühlt man das Bedürfnis, ihm die Hand zu schütteln und ihm zu danken, dass er sich nicht wie 99 unter 100 seiner Landsleute rasiert hat. —

Gegen Mittag des 24. Juni kam ich in San Francisco an. Zu meiner Verwunderung hatte ich die Felder in der Umgebung bereits alle abgemäht gefunden; schwarze Schweine waren auf sie getrieben, um die bei der Ernte ausgefallenen Körner abzusuchen.

Ich stieg im Grand Hotel in Market Street ab, und war nicht wenig erstaunt, in der Zeitung vom Morgen des 24. meinen Namen unter denjenigen zu finden, die ankommen sollten. Ich erinnere mich, dass man allerdings in Ogden, scheinbar ganz unbegründeter Weise, andere und mich nach unseren Namen und Reisezielen gefragt hatte. Das Ergebnis der Nachforschung war vermutlich nach der Stadt telegraphiert, um die Bewohner rechtzeitig zu unterrichten, wer zwei Tage später mit dem Hauptzuge vom Osten eintreffen würde. Ohne Frage ist dies eine vortreffliche Einrichtung.

Mein schwarzes, aus Jacmel-Haïti gebürtiges Zimmermädchen in erwähntem Gasthofe mochte 45 bis 50 Jahre alt sein und sprach, obgleich sie seit 1887 in Kalifornien lebte, fast nur französisch. Sie hiess eigentlich Sarah, aber da der Name mir nicht recht zutreffend schien, nannte ich sie Ingeborg. Ziemlich alle Fehler der Neger-Dienstboten fanden sich in ihr vereint. Wenn ich meinen Koffer 20 cm von der Wand entfernt aufstellte, um den Deckel beim Oeffnen anlehnen zu können, schob sie ihn immer wieder gegen die Wand zurück. Liess ich den Schlüssel mit Absicht in meiner Zimmerthür stecken, trug sie ihn schleunigst hinunter, damit ich ihn bei meiner Rückkehr durch einen Kellner gegen entsprechende Vergütung herauf holen lassen musste. — Das Kopfkissen lag regelmässig am verkehrten Ende der Bettstelle, unter die der Stiefelknecht so weit nach hinten geschoben wurde, wie die Mauer es gestattete; ich war an jedem Abend gezwungen, ihn in einer wenig würdevollen Stellung, mit Hilfe des Firepokers, nach vielem erfolglosen Hin- und Herfuchteln ans Licht zu ziehen. Leider ist es bei diesen Versuchen ohne einige unschöne Schmähreden meinerseits nicht abgegangen. Das Ordnen des Zimmers sollte besorgt werden, wenn ich noch im Bett lag, und sobald ich dies verlassen hatte, liess das brave Mädchen sich vor Abend nicht mehr sehen. Wertlose Papierschnitzel fand ich sorgsam aufgelesen auf meinem Tisch, während zwei von mir irrtümlich zurückgelassene Briefe aus Hamburg als unbrauchbares Zeug vernichtet waren. Weder durch Güte noch durch die fürchterlichsten Drohungen war die Negerin zu bessern; ich fügte mich schliesslich in mein Schicksal, wenn auch nur unter sich täglich wiederholendem Heraufbeschwören von Tod und Verderben. — Wie ganz entgegengesetzt ist doch die Bedienung durch einen Chinesischen Boy!

Während meines Aufenthalts in San Francisco hatte ich, ebenso wie mein Bruder im Februar d. J., mich der wohlwollendsten Teilnahme der

Herren Heynemann & Co. zu erfreuen. Bei diesen Geschäftsfreunden meines Vaters fand ich die Abzüge der Handschrift von meines Bruders Wanderjahren; die letzte Seite behandelte Wellington. Ich kann nicht leugnen, dass es mich einigermassen verdross, dass ihm überall kleine Abenteuer ohne sein Zuthun begegneten, während mir nichts derartiges erblühen wollte. Wenn ich hin und wieder die Hoffnung hegte, in solche Erlebnisse verwickelt zu werden, hatten sie regelmässig schon mit dem ersten Anfang ihr Ende erreicht und im besten Falle konnte ich nichts weiter erhalten, als einen freundlichen Blick, der ungefähr ebensoviel sagte wie: »Mon petit, veux-tu que je te mouche?« — Als ich im Klub von den Wanderjahren erzählte, wurde ich von Herren, die Oswald kennen gelernt hatten, aufgefordert, die Abzüge bei nächster Gelegenheit mitzubringen und teilweise vorzulesen. Ich kam diesen Wünschen gern nach und las mehrere Tage hintereinander aus ihnen — soweit sie nicht mangelhaft und schwer zu entziffern waren — vornehmlich, um mich so ganz von ungefähr zu überzeugen, welcher Aufnahme das künftige Buch sich zu erfreuen haben würde.

Manche Ansichten meines Bruders stiessen auf Widerspruch, manche wurden gebilligt; über andere gab es geteilte Meinungen. Soviel ich mich ihrer entsinne, will ich versuchen, die Aeusserungen der Herren wiederzugeben in der Voraussetzung, dass dem Leser der Inhalt der Reise in 1000 Tagen bekannt ist.

Zunächst fanden die Bemerkungen meines Bruders über die **mangelhafte Aufmerksamkeit, die beim Umladen der Güter an überseeischen Plätzen** beobachtet wird, allgemeine Anerkennung. Einzelne anwesende Kaufleute erzählten, dass sie jahrelang unter dieser sorglosen Umladung, z. B. an der Landenge von Panamá, schwer gelitten hätten, dass sie nur infolge dieses unerträglichen Zustandes lieber manche Güter von Newyork auf der kostspieligen Bahn, als unter Ausnutzung der billigen Seefracht über die Landenge kommen liessen. Die Eingeborenen von Columbien, so wurde behauptet, werfen die Güter absichtlich, viel mehr als nötig ist, damit Kisten und Fässer zerbrechen und den Dieben freie Hand gelassen ist, die Waren zu berauben. — Auch die Aeusserungen über die Seuchensperre fanden Beifall.

Ueber den aufgezeichneten Ausspruch Bonapartes: »L'homme est un animal qui crache« war man sich ebenfalls einig und einer der Zuhörer erzählte, dass er bei Gelegenheit der Eröffnung der »Mexican Central« in der Hauptstadt des Landes gewesen sei; damals sei das Vorurteil der Einwohner gegen die Nordamerikaner allgemein und berechtigt gewesen. Die derzeit zahlreich anwesenden Fremden aus dem Nachbarstaat im Norden hätten unausgesetzt Tabak gekaut und mit dem Erzeugnis dieser Arbeit derartig »expectorated«, dass die Damen ihre Röcke beschmutzten, wenn sie durch die Alameda schritten.

Als ich von dem nicht seltenen Uebermut der Deutschen im Auslande vorlas, traf ich bei den Landsleuten gleichfalls Zustimmung, und einer unter ihnen erzählte als Beispiel das Folgende:

»Bei einer Weihnachtsfeier im deutschen Klub in Mazatlan war ich anwesend; es wurde mir gestattet, einen jungen Mexikaner, der in Genua erzogen war, einzuführen. Die Taktlosigkeit der Landsleute, mit der sie unser herrliches Vaterlandslied: »Deutschland, Deutschland über alles« vortrugen, und mit der sie unwürdige Bemerkungen über die mexikanischen Freistaaten machten, empörte den eingeführten Freund derartig, dass er sein Messer zog und einen wenig weihnachtlichen Auftritt veranlasste.« — Andere deutsche Herren wollten abgeschmackte Unziemlichkeiten der Unsrigen gelegentlich auch in Honolulu und in Guatemala bemerkt haben.

Ueber verbummelte Deutsche unterhielten wir uns ebenfalls im Anschluss an meines Bruders Auslassungen. Man freute sich allgemein, dass es ihm gelungen war: »to steer clear of this class«. Auch für diesen Fall wurde ein Beispiel zum Besten gegeben. Man hatte einem derartig heruntergekommenen Landsmann aus guter Familie eine recht ausführliche Briefmarkensammlung nach Guatemala mitgegeben, damit er sie dort verkaufen solle, um den Reinerlös nach San Francisco zu schicken. Der vortragende Herr schloss seine Erzählung mit: »I have never heard since 1883 of the proceeds of this transaction.«

Die Ansichten meines Bruders über die Sitte, dass einer für den anderen zahle, teilte man nicht. Im Gegenteil nannte man es eine abscheuliche Unsitte — wenigstens in Kalifornien — der zufolge sich jeder veranlasst sehe, jeden zu einem »drink« einzuladen. Als ich dagegen meinte, dass aus dem Text meines Bruders eigentlich nicht zu ersehen sei, dass derartige Drinks in Frage kämen, sondern nur ein Zahlen, wie es eben im betreffenden Abschnitt beschrieben sei, meinten die Herren, dass die Südländer allerdings jederzeit bei der Hand seien, wenn es einige Cents zu zahlen gebe, dass sie sich aber wohl hüteten, ihre Kasse anzugreifen »if it comes to a French dinner«.

Was in den Wanderjahren über Religion oder Mangel an Gottesglauben zu lesen steht, zumal aber was über die Grundsätze der Buddhistischen Lehre bemerkt ist, fand allgemein Anklang. Einer der Zuhörer erzählte, dass er vor $2^{1}/_{2}$ Jahren im Winter in Carson, Nevada, eine Woche eingeschneit gewesen sei und diese Zeit damit verbracht habe, ein Buch des Kon-fu-tse mit dem alten Dr. Ah Kee, einem in Amerika erzogenen Chinesen, in jener Stadt zu übersetzen.

Die Behauptung, dass Deutschland manche Gelegenheit vorübergehen lasse, an überseeischen Plätzen Siedelungen zu gründen, während England unentwegt mehr und mehr Land an sich zieht, wurde lebhaft erörtert. Man sagte: Der Geist des stetigen Fortschritts im gegenwärtigen Deutschland und die ausgesprochene Fähigkeit unserer jungen Leute, sich überall den sie umgebenden Verhältnissen anzupassen, werde dazu beitragen, dass in absehbarer Zeit der Vortritt in allen aussereuropäischen Ländern uns zufalle. Die Thatsache, dass unsere Landsleute, wo sie sich immer niederlassen, recht häufig andere als deutsche Mädchen heiraten, fällt auch in die Wagschale zu Gunsten der Unsrigen. Engländer, Franzosen und Nordamerikaner ahmen das Beispiel der Deutschen in dieser Beziehung selten nach. — Die geschäftlichen Talente der Briten konnten, nach allgemeiner Ansicht der versammelten Herren, die der Deutschen nicht erreichen. Man verwies sich gegenseitig auf die Städte Guaymas, Mazatlan und andere, in denen deutsche Handelshäuser blühen, während Engländer lange aufgehört haben, dort ihr Auskommen zu finden. Briten sollen selten ihr kaufmännisches Verfahren ändern. So meinte eines der Klubmitglieder: »Ich verkaufe dieselben Waren nach British Columbia wie vor 15 Jahren, ohne dass der Engländer Verstand genug gezeigt hätte, Nachforschungen anzustellen, wo die Waren, die er jahrein jahraus erhält, eigentlich herkommen, und ich habe meine Kundschaft nicht gerade ermutigt, sich in dieser Richtung zu bessern. Dagegen nahm es Handelshäusern, wie z. B. Kettelson & Degetau in Chihuahua, erstaunlich wenig Zeit, meine Bezugsquellen zu erfahren.« — Ein anderer sagte: »Die Hudson Bay Co. mit ihren tausenden von Zweiggeschäften ist so vollkommen veraltet in ihren Ansichten über zeitgemässen Fortschritt, dass es geradezu lächerlich ist, bei ihr von einem solchen überhaupt zu sprechen. Ich fand in Winipeg, und anderen Zweiggeschäften in Britisch Columbia, Waren, die jahrelang gelegen haben mussten. Der Vorsteher der Handlung zuckte auf meine erstaunte Frage die Achseln und meinte: »Die Leitung meines Bezirks geht von London aus und ich habe zu gehorchen und keine Bemerkungen zu machen.«

Dass in der Heimat viel Zweckloses gelernt wird, gab man meinem Bruder ohne weiteres zu. Ich hörte u. a. das Folgende vorbringen: »Ich bin im Polytechnikum in Hannover erzogen und bin jetzt Secretary der Fulton Engineering Works, die neuerdings mit der Regierung umfassende Vereinbarungen über den Bau von Kriegsschiffen getroffen haben. Meine technische Erziehung brachte mir wenig Nutzen. Ich war auch während einiger Zeit bei der Stadtbahn in Berlin beschäftigt und bekenne, dass ebenfalls die dort gesammelten Erfahrungen für mich von geringem Vorteil gewesen sind.«

Oswald's Urteil über die Chinesen in ihnen fremden Ländern konnte dagegen niemand unterschreiben. Man behauptete, die Chinesen seien sparsam und mässig, geduldig und thatkräftig, ehrlich und fleissig; sie zeigten eine Arbeitskraft, welche diejenige der abendländischen Völker übertreffe. Kalifornien wäre niemals, auch nur annähernd, das geworden, was es gegenwärtig ist, ohne die Einwanderung der gelben Rasse. Allgemein wurde versichert, der »Chinese Exclusion Act« sei ein Fehler gewesen, unter dessen Folgen die Weststaaten der »U. S.« Jahrzehnte zu leiden haben werden. Ballen von Büchern seien über diesen Gegenstand geschrieben, und da die ganze Einwanderung, zur Zeit als ihr keinerlei Schranken auferlegt waren, sich nicht einmal auf hunderttausend Köpfe belaufen habe, sei die Gefahr der Uebervölkerung des Landes mit Chinesen niemals gross gewesen, zumal schon die chinesische Regierung dieser Einwanderung Hindernisse in den Weg lege.

Ueber Erziehung äusserte sich Herr Manfred Heynemann wie folgt: »Ich bin betreffs der Kindererziehung ganz der Ansicht Ihres Vaters, nur konnte ich meine dementsprechenden Pläne nicht durchführen. Ueberzeugt, dass die Zukunft eines jungen Mannes in diesem Lande wesentlich geebnet sein würde, wenn er die japanische und chinesische Sprache versteht, nahm ich einen Japaner und seine Frau ins Haus, derart, dass meine Kinder durch sie, vor jeder anderen, die asiatische Sprache lernen mussten. Die Schwierigkeit der Nutzanwendung lag darin, dass meine Frau ihre Kinder und meine Kinder ihre Mutter nicht verstehen konnten; meine guten Absichten erwiesen sich als unausführbar.«

Eine kurze Bemerkung in der Handschrift, nach der die Amerikaner vorsichtiger sein sollen im Eröffnen von Guthaben, als Deutsche, fand keine Zustimmung. Man führte an, dass Millionen-Häuser, darunter »a prominent firm«, angeblich 150,000 § an ein Haus in Monterey, Mexiko, verloren hatten, ohne die einfachste geschäftliche Vorsicht angewendet zu haben. — Im Jahre 1895 belief sich die Gesamtaus- und Einfuhr von Deutschland auf 1,926,000,000 § und diejenige der Vereinigten Staaten von Nordamerika auf 1,524,000,000 §. Die Verluste auf schlechte Schulden in Deutschland waren 225,000,000 Mk. gegen 225,000,000 § in den Vereinigten Staaten. Diese Zahlen, die das Kaiserliche Statistische Amt festgestellt haben soll, scheinen — ihre Richtigkeit vorausgesetzt — allerdings bezeichnend und widerlegen die Ansichten meines Bruders. Um so mehr wollte ich sie im II. Teile unserer gemeinsamen Aufzeichnungen angeführt haben. — —

Herr Heynemann empfahl mir, unter anderen Streifzügen in Kalifornien, einen Ausflug nach dem Hotel del Monte in Monterey. — Der Strand von Scheveningen, die Klippen an der Westküste von Helgoland, die Gärten von Versailles — abgesehen von deren Bildsäulen und stufenförmigen Anlagen —, der Ugleisee und die Wälder der holsteinischen Schweiz, der Liebreiz der Südostküste der Isle of Wight, Parks vornehmer englischer und französischer Nabobs, alles unter Witterungsverhältnissen, die denen im südlichsten Spanien entsprechen: das ist die Halbinsel Monterey! In der Mitte dieser mit grenzenlosem Aufwand ausgestatteten, mit ausserordentlichem Geschmack ausgeführten Anlagen befindet sich der weitläufige, in gothischem Stil errichtete Gasthof, in dem nur eine Farbe Verwendung gefunden hat: das blendende Weiss. Mustergiltige Ställe, aus welchen Fuhrwerke, vom kleinsten Ponywagen bis zur sechsspännigen Coach, und vorzügliche Reitpferde für nicht hohe Preise zu erhalten sind, liegen unweit des Hauptgebäudes.

Monterey, Cal. Jvy Walk.

Die Versicherung der Kalifornier, dass es auf der Welt keinen schöneren und reicheren Badeort als Monterey gäbe, möchte gerechtfertigt scheinen. — Der Schienenweg von der Stadt nach diesem Eden führte durch Wälder von Obstbäumen. —

Im Ganzen blieb ich 11 Tage in Kalifornien. Sonnabend den »4th of July« frühstückte ich bei Herrn Manfred Heynemann in St. Rafael, einem entzückenden Ort am Meer, eine Stunde von San Francisco. Die Stadt, das ganze Land war geschmückt. Wo immer Landesflaggen anzubringen waren, hatte man solche aufgehisst. Ueberall beschäftigten Erwachsene und Kinder sich mit dem Abbrennen von »fire-crackers« und allem sonstigen Feuerwerk. Ehe ich bei Herrn Heynemann ankam, war ich im Gasthof und unterwegs wenigstens 5 oder 6 mal von mir fremden Leuten zu einem Drink aufgefordert worden, indessen schienen weder Herr Heynemann noch seine liebenswürdige Gattin Anstoss daran zu nehmen, als ich mich in aussergewöhnlich heiterer Laune bei ihnen einfand.

Als ich aber um 4 Uhr wieder in der Stadt ankam, war es um mich geschehen; natürlich hatte ich in St. Rafael nicht wohl die Rolle eines »tea-toddlers« spielen können. Ehe ich die Ecke von Market und Seventh Street erreichte, hatte ich wieder einem wohlgemeinten Drink nicht entgehen können; sehr bald darauf erfasste auch mich die allgemeine Begeisterung in hohem Grade. Ich war fest entschlossen, Nordamerikaner zu werden, nie in meinem Leben anderwärts als in Kalifornien zu leben, keine andere als die englische Sprache mehr zu reden. Ich fühlte mich dermassen glücklich, dass ich mich, unter der Gewalt einer unerklärlichen Eingebung, auf einen Eckstein stellte, den Rücken gegen die Wand eines Gemüseladens lehnte, den Hut mit der Thatkraft eines Apalache-Indianers schwenkte und fürchterlich zu brüllen begann: »Citizens of this glorious republic!!« Rechts und links zu meinen Füssen erinnere ich mich einiger umfangreicher Körbe mit »cranberries« Preiselbeeren von der Grösse unserer Hagebutten. — Sofort hatte sich eine Menge von 150 oder 250 halb und dreiviertel Betrunkenen um mich versammelt; dann folgte eine Rede, die erste, die ich in meinem Leben gehalten habe. Ich würde mich glücklich schätzen, wenn die folgenden alle von einem gleichen Beifallssturm begleitet würden, wie diese »virgin speech«. Ich mag so ungefähr das Folgende gesagt haben:

»Citizens of this glorious republic! There is a word dearer and more beautiful than all others, a word before which all feelings will turn pale, all other interests will be silent and this one word is the two words: »United States of America«. This land of our fathers, which we all love more than ourselves, than our wives and our children, has, as we all know, gone through heavy temptations, and the time was near when United States in 1861—1865 almost got swallowed up by the emperor of Patagonia! But the starspangled banner was victorious! Such contemplations require a better translator of the hearts than my stammering tongue, but the tears in my eye will replace the missing words!

Comrades and brothers! Let us not forget that the 4th of July cast off our chains of Adams eating the apple!

Noble constituants of the only sublime, grand, peerless and perfect nation! I ask for a cheer for the starspangled beam of the Great Bear!!«

Kaum hatte ich das letzte Wort gesprochen, als das bekannte »begeisterte Hoch« ertönte. Ich fühlte mich auf die Arme von ungefähr sechs handfesten Kerlen gehoben und zwei Blocks weitergetragen. Unausgesetzt schwenkte ich meinen Hut, dann liess man mich unsanft fallen, und mit Mühe gelangte ich aus der Gosse erst auf die Füsse und Hände, dann auf die Füsse allein und so ins Grand Hotel.

Hier half ein deutscher Kellner mir beim Auskleiden. Am nächsten Morgen fühlte ich mich keineswegs in derselben gehobenen Stimmung wie tags zuvor. Mein früher erwähntes Stubenmädchen schien die ihr, nach ihrer Ansicht, zugefügten Unbilden heimzahlen zu wollen. Ich bekam Worte zu hören, die einer Pariser Hallendame alle Ehre gemacht haben würden, wie z. B. »Monsieur s' était abominablement grisé!« »Se piquer le nez comme un vieux pélican-ah, c'est honteux ça!!« u. s. w. Ich verbrachte den fünften, tief beschämt, mit Lesen, Briefeschreiben und Arbeiten an meinen Wanderjahren.

Am Montag den 6. verabschiedete ich mich mit dankbarem Herzen von den Herren Heynemann, sowie von deren Schwager, Herrn Alfred Eloesser. Ich war von Heynemann & Co. für die Zeit, die ich mich in Ost-Sibirien aufzuhalten gedachte, zu deren Vertreter ernannt und versprach mir von dieser meiner neuen Stellung einen recht lohnenden Gewinn, abgesehen davon, dass ich mich geehrt fühlte, der Bevollmächtigte eines hochangesehenen amerikanischen Hauses in Asien zu sein.

Um 4 Uhr nachmittags dampfte ich an Bord der »Gaelic« zum Golden Gate hinaus.

Die Vereinigten Staaten von Nordamerika lagen hinter mir. Sie scheinen mir das Land zu sein, in dem das Vermögen am schlechtesten verteilt ist. Während der wenigen Tage in Newyork und San Francisco habe ich Beispiele von Reichtum und Ueberfluss gesehen, wie ich sie sonst niemals gefunden habe; daneben halbverhungerte Elende, wie sie in gleicher Zahl schwerlich in grossen Städten anderer Länder zu treffen sind.

Die Vereinigten Staaten sind das Land, in dem am meisten spekuliert wird; indessen ist es nicht der Wagemut, sondern die schöpferische Thätigkeit, die einem Lande Wohlstand sichert. Spekulanten sind die Feinde ihres Landes; sie ermutigen den Einen, Gewinne einzuheimsen, die des Andern Verlust sind. Sie sind es, die die Vereinigten Staaten alle 10 oder 20 Jahre nahe an die Grenze der Zahlungsunfähigkeit bringen. Vor 180 Jahren kannte man keine Spekulanten; die Zeit, innerhalb der sie wieder von der Oberfläche der Erde verschwunden sein werden, dürfte kaum ebenso viele Jahre andauern. Ein Schotte[*]) ersann in Frankreich die heutige Spekulation; Deutschland ist in erster Linie berufen, sie aus der Welt zu schaffen. Möge jeder meiner Gefährten sich der Pflicht bewusst sein, das Seinige zu diesem Ziele nach Kräften beitragen zu müssen!

---

[*]) John Law, Paris 1716—1720.

VI. KAPITEL.

Ueber Honolulu nach Jokohama.
Erste Eindrücke und Erlebnisse in Japan.

Am Bord befand sich unter sonst wenig anregenden Mitreisenden eine ältere Dame, Mrs. Lewis, eine geborene Fidshi-Insulanerin, die uns auf der Reise bis Honolulu über mancherlei aus ihrer Heimat unterhielt; einzelnes aus den Erzählungen scheint mir der Aufzeichnung wert.

Sie hatte vor ungefähr 40 Jahren, als Kind, noch die fürchterliche Zeit der Menschenfresserei auf ihren Inseln erlebt. So erinnerte sie sich des Königs Tanoa, den sie als »a most redoubtable man-eater« bezeichnete. Sie erzählte von dem damaligen Kriege der Eingeborenen untereinander, bei dem sie als sechsjähriges Mädchen beschäftigt gewesen war. Sie musste ihrem Vater, der zu den Truppen Tanoas zählte, auf der Erde, unter Büschen hinkriechend, Nahrung bringen. Auch war ihr noch erinnerlich, wie der siegreiche König nach seiner Insel Mebau zurückkehrte; in den Kanoës lagen die Leichen seiner gefallenen Feinde, die er alle verspeiste, und daneben verzehrte er Kinder, die er als Kriegsentschädigung von ihren, auf Feindesseite stehenden, Eltern gefordert hatte. — Nach Tanoa bestieg sein Sohn Thakombau den Thron, von dem Mrs. Lewis berichtete, dass er seine Regierung anfing »with the ceremony of strangling his mother with his own hands«. In dieser paradiesisch gelegenen Hölle auf Erden erschienen die ersten Missionare und brachten Schweine. Der Wechsel, den sie dadurch in den Sitten und der Nahrungsweise der Fidshi-Insulaner hervorriefen, soll geradezu wunderbar gewesen sein. Gegenwärtig giebt es keine Menschenfresserei auf den Fidshis mehr, obgleich nicht ganz ausgeschlossen ist, dass dann und wann die unvollkommen gebildeten Bergbewohner »return to their wallowing in the mire«*), wie unsere Erzählerin sich ausdrückte.

---

*) Sich im Kote wälzen.

Mrs. Lewis heiratete, kaum 14 Jahre alt, einen Tischler aus San Francisco und wusste sehr drollig vom »lendemain de la fête de son mariage« zu plaudern. Ich will versuchen, diese kleine Geschichte in derselben kindlichen Art deutsch wiederzugeben, wie die alte Dame sie in englischer Sprache ungefähr erzählte:

»Also wir waren verheiratet und der Haushalt konnte beginnen. Mein Bruder gab mir ein kleines allerliebstes Schwein aus Neuseeland. Wir hatten nur ein Zimmer, und ich wusste nicht, wie man für weisse Menschen den Haushalt zu versehen hat, so nahm ich meine Nichte Lolo zu uns, damit sie mir helfe. Mr. Lewis sagte uns, wenn wir die Glocke hörten, wäre es Zeit, dass wir sein Mittagsmahl fertigstellten. Wir sagten: »All right,« und er ging fort an seine Arbeit. Meine Nichte ging und fütterte das Schwein, wusch es und brachte es mir und ich trocknete es mit einem Handtuch ab. Dann machten wir ihm ein Lager, wo es schlafen sollte. Darnach gingen meine Nichte und ich zum Baden und pflückten etwas Kaugummi vom Brotfruchtbaum. Auf unserem Weg nach Hause hörten wir die Glocke und wir liefen, um unser »home« zu erreichen. Wir legten trockene Kleider an und Mr. Lewis kam herein und fragte, ob sein Mittagsmahl fertig sei.

Ich sagte: »Nein, aber Lolo, koch Du schnell das Wasser und ich will ihm eine Tasse Thee machen.«

Mr. Lewis trat auf mich zu, kratzte seinen Kopf und sagte: »Wo seid ihr gewesen?«

Ich sagte ihm, wir seien zum Baden gegangen.

»Schön, habt ihr die Glocke gehört?«

»Ja, wir hörten sie, als wir wieder zurückkamen.«

»Gut, was hab ich Euch gesagt, sagte ich nicht, ihr solltet aufpassen auf das Läuten der Glocke, damit mein Essen fertig wäre?«

Ich sagte: »Ja, aber wir konnten die Uhr nicht sehen, weil wir draussen im Busch waren.«

Er war etwas verdriesslich und wir machten schnell, damit er etwas zu Essen bekäme: Brot und Früchte. Darauf ging er wieder an seine Arbeit und sagte uns:

»Also wenn die Glocke um 5 Uhr geläutet wird, muss mein Abendessen fertig sein, sodass, wenn ich komme, wir essen können.«

Wir sagten: »All right.«

Eben hatten wir unser eigenes Dinner beendet, als mein Mann fortging. Meine Nichte ging, das Schwein zu füttern, und das kleine Schwein, was that es? Es sprang über die Einfriedigung und lief davon. Somit sagte ich meiner Nichte, da zu bleiben und auf das Haus zu passen, während ich ging, um das Schwein zu fangen. Ich lief hinter dem Schwein her, das in gerader Linie die Hauptstrasse hinunterrannte. Ich rief es bei allen möglichen hübschen Namen, aber es beachtete mich nicht, sondern kroch unter das Haus des englischen Konsuls und ich kroch auch darunter. Der Diener des englischen Konsuls erzählte diesem, dass die Frau des Tischlers unter seinem Hause sässe und der Konsul kam heraus und fragte: »Wo?« und der Diener sagte: »Da ist sie.«

Der Konsul sagte: »Kommen Sie heraus Mrs. Lewis und lassen Sie den Diener das Schwein für Sie herausziehen.«

Während sich dies ereignete, ging einer der schwarzen Knaben, die für Mr. Lewis arbeiteten, an unserem Hause vorbei und Lolo sagte ihm, wenn er Mr. Lewis sähe, solle er ihm mitteilen, dass unser Schwein weggelaufen sei. Der Schwarze that es und Mr. Lewis sandte uns 5 farbige Knaben, um das Schwein zu fangen.

Es wollte indess nicht herauskommen und als die Knaben unter das Haus krochen, kam das Schwein heraus und lief in den Busch und lief hinterher. Der Konsul rief mich, zurückzukommen, und es durch die Knaben fangen zu lassen. Die Knaben liefen hinter ihm her. Es war ein schrecklich ungezogenes Ding. Aber nach und nach kriegten die Knaben es und brachten es mir. Als ich mit meinem Schwein im Arm nach Hause zurückkam, stand Mr. Lewis unter der Thür. Er war gekommen, um sein Abendessen zu finden und da war kein Abendessen.

So endete der erste Tag, an dem ich mich mit Haushalten beschäftigt hatte. Die folgenden Jahre glichen alle ungefähr diesem ersten Tage. Als ich 17 Jahre alt war, schickte Mr. Lewis mich zu seinen Verwandten in San Francisco, bei denen ich zwei Jahre lang blieb, um erzogen zu werden.« — — —

Eine Antwort auf die Schlussfrage, ob es für uns deutsche Kaufleute ratsam ist, uns auf einer Fidshiinsel niederzulassen, um eine Tochter der Eingeborenen zu ehelichen, bleibt dem Leser überlassen. —

Am 13. Juli stieg ich auf Oahu ans Land.

Honolulu machte einen überraschenden Eindruck. Trotz des Hochsommers war es nicht wärmer als bei uns an einem schönen Maitage, und abends erfrischte die ganze Landschaft ein angenehm kühlender Seewind.

In meiner Vaterstadt scheint die Vorsehung uns zum ewigen Klagen über die Witterung bestimmt zu haben, und das sehnsüchtige Verlangen nach einem Dorado der klimatischen Verhältnisse liegt in uns. Wir fühlen uns unbehaglich in der nassen, halbwinterlichen Kälte, die Hitze des Sommers erscheint unerträglich, und die grosse Zahl der trüben, regnerischen Tage verkümmert uns den Genuss des Frühlings. Es giebt wohl wenige Menschen, die sich unter solchen Verhältnissen nicht in der Einbildung ein Land schaffen, in dem unausgesetzt eine wohlthuende Frühlingsluft empfunden wird. Dass es auf Erden einen Ort giebt, an dem dieser Traum zur Wirklichkeit wird, das habe ich vielfach über Honolulu äussern hören.

Niemals habe ich schönere, breitere Strassen gesehen, als in der Umgebung dieser Stadt; sie sind sowohl für Fahrräder, als auch für herrschaftliche Wagen und Reitpferde zweckentsprechend angelegt. Herrliche Parks und Baumgänge umgeben prachtvolle Landhäuser. Mein Lohnkutscher wusste mir alles recht verständig zu erklären und die Zeit gehörig auszunutzen. Er zeigte mir die Paläste der Herren Spreckels und Wiedemann. Die schönsten Gärten in Baden-Baden sind jenen an der Pali Road bei Honolulu nicht zu vergleichen. Die drei Handelshäuser, Spreckels, Wiedemann und Hackfeld, legen Zeugnis dafür ab, dass das Deutschtum auch auf den Hawaii Inseln, trotz der zahlreichen dort ansässigen Nordamerikaner, ungefähr tonangebend ist.

Ich übernachtete im Hawaii Hotel, in welchem ich im Fremdenbuch auch den Namen meines Bruders eingeschrieben fand. Am andern Morgen waren mir fernere 2 Stunden gelassen, um in der herrlichen nächsten Umgebung der Stadt, wenn auch bei Regen, umherzuwandern, mich über die Gärten zu freuen, und nichts natürlicher zu finden, als dass Kalifornier ihre Hochzeitsreisen vorzugsweise nach Honolulu machen. Auf Dampfböten, die zwischen Frisco und den Sandwich-Inseln fahren, hat man eigens für »young married people« kostbar eingerichtete Schiffszimmer herrichten lassen. Wer über einige freie Wochen verfügt, wie mein Bruder vier Monate vor Ankunft unseres Dampfers, kann in Honolulu diese Zeit in einem so entzückenden Nichtsthun zubringen, wie es gleich bestrickend wahrscheinlich nirgends sonst auf der Welt genossen werden kann. — Aufgefallen ist mir in Honolulu, dass alle Damen weisser Rasse, in entsprechendem Anzuge, in der Art unserer Herren im Sattel sitzen. —

Am 14. setzte die Gaelic ihre Reise fort. Wenn die Fahrt bis Jokohama auch nicht langweilig zu nennen war, so wurde sie allmählich eintönig. Das Vergnügen, über das tiefblaue Meer zu gleiten, dessen Ruhe nur die regelmässigen, langen, toten Wellen, wie sie dem Grossen Ozean eigen sind, unterbrechen, das Aufsteigen und Untergehen der Sonne zu beobachten oder herrliche Abende unter einem südlichen Sternenhimmel zu geniessen, — alles das wird mit der Zeit, ohne anregende Gesellschaft, einförmig. Auch die Küche auf der Gaelic entbehrte, ohne unzulänglich zu sein, aller Abwechselung.

Am 18. war folgende Anzeige auf Deck, für alle Fahrgäste sichtbar, angebracht:

Notice.

To-morrow will be Monday the 20 th.

Pearne, Captain.

Das hiess also, wir würden am nächsten Tage den 180. Längengrad überschritten haben. —

Am 22. war das Meer mit Millionen kleiner Segelquallen von hübscher hellblauer Farbe bedeckt. Am selben Tage starb im Zwischendeck einer unserer chinesischen Fahrgäste. Der Körper des Alten glich einem mit brauner Haut überzogenen Knochengerüst. Der Schiffsarzt richtete die Leiche gehörig zu, um sie in einem Sarge bis China mitführen zu können. Die übrigen chinesischen Fahrgäste im Zwischendeck legten dem Toten in die schwere Kiste ein Spiel Karten, mit dem er sich bis China belustigen sollte; daneben setzte man etwas Reis und eine Schale mit Thee. —

Nur mit einem Herrn aus Illinois, Mr. Searle, konnte ich richtige Reisefreundschaft schliessen, aus der ich später grossen Vorteil ziehen sollte. Er betreibt, nach seiner Angabe, ein bedeutendes Geschäft, ausschliesslich mit allen möglichen Erzeugnissen Japans, in Chicago, und reist, seit vierzehn Jahren regelmässig während der Sommermonate zum Einkauf seiner Waren nach Jokohama, Tokio und anderen grösseren Städten des Inselreichs. Seiner Behauptung zufolge, war er auf der letzten Reise nicht weniger entzückt von Land und Leuten gewesen, als während der ersten Jahre, in denen er sich mit den japanischen Sitten bekannt machte. —

Am Sonntag, den 26. Juli, liefen wir in die Bai von Jokohama ein. Lange vorher hatten wir schon nach dem Fudjijama*) Umschau gehalten, indessen kam er nicht zum Vorschein, wie ich ihn überhaupt während meines ganzen Aufenthalts auf Nippon nur ein einziges Mal für wenige Stunden in seiner ganzen Pracht und Herrlichkeit wahrnehmen konnte. Im Juli und August pflegt er, in Nebel eingehüllt, sich den Blicken seiner Bewunderer zu entziehen.

Alle Mitreisenden waren nach einer ununterbrochenen Fahrt von zwölf Tagen, in denen wir ausser unserem Schiff nur Himmel und Wasser gesehen hatten, mehr oder weniger erregt. Unsere Damen, die seit Frisco das Briefschreiben auf die letzte Stunde verschoben hatten, sassen sämtlich in der Kajüte und kritzelten um die Wette — verpassten somit natürlich die ganze Einfahrt. An der Steuerbordseite fuhren wir an einem hübschen, schneeweissen Leuchtturm in europäischer Bauart vorüber. Bald darauf waren wir umgeben von Fischerbooten, von denen jedes mit 4 bis 6 Leuten bemannt war. An der Backbordseite der Gaelic reichte die See bis an den Gesichtskreis. Die plumpen und schwerfälligen Fischerdshonken kamen so dicht an unsern Dampfer, dass wir die Kleidung der Männer betrachten konnten. Diese standen, vornübergebeugt rudernd, auf dem Verdeck ihrer Schiffe; der Riemen fand am Oberschenkel eine gehörige Stütze. Alle trugen einfache, knappe, blaue Röcke mit weiten Aermeln ohne Gürtel. Dieser Kimono**) schien eigentlich nur die Andeutung einer Bekleidung sein zu sollen, denn die Brust und die hageren, aber muskelreichen Gliedmassen blieben unbedeckt. Gras- oder Strohsandalen wurden festgehalten von einem kurzen Seil aus gleichem Stoff, das zwischen der grossen und zweiten Zehe lag. Als Kopfbedeckung trugen sie ein blaues, gewundenes Stück Zeug um die Stirn. Die Haut erschien bräunlich gelb.

Nach und nach sahen wir erst einzelne, dann viele Dörfer in den Reisfeldern zur Rechten. Diese lagen stufenförmig an den Bergen aufwärts und zeigten sich in einem noch schöneren Grün als unsere Roggenfelder um die Mitte des Maimonats. Die Dörfer machten den Eindruck, als ob sie aus fein gedrechseltem Kinderspielzeug zusammengesetzt seien.

Auch zur Linken kam bald Land, und dann Jokohama selbst in Sicht; die Stadt schien uns enttäuschen zu wollen. Man gewahrte europäische Häuser, gewerbliche Anstalten mit hohen rauchenden Schornsteinen. Im Hafen, der durch 2 grosse Wellenbrecher halbkreisförmig abgeschlossen ist, lagen Kriegsschiffe aller Völker und Dampfboote aller Linien: ein achtunggebietender Anblick. In einer Sampan***) liessen Mr. Searle und ich uns ans Land rudern. Zunächst überraschte es mich, bei der

---
*) Die richtige Bezeichnung ist: Fudji-no-jama, d. h. der Berg Fudji.

**) Kleid, Gewand. Männer und Frauen tragen Kimonos von gleichem Schnitt.

***) Offenes Fährboot mit hohem Bug, das mittels eigenartiger Riemen durch Wricken fortbewegt wird.

Ankunft nirgends Umhertreiber zu sehen. Alle die kleinen, kindlich dreinschauenden Männer, die sich in unmittelbarer Nähe des Landungsplatzes befanden, schienen irgend ein Geschäft verrichtet zu haben. Oben an der Treppe stand eine tragbare Speiseanstalt mit eisernem Kochofen und vollständigem Zurüstungs- und Speisegerät. Dennoch machte das Ganze den Eindruck, als ob es für Puppen bestimmt sei; die damit beschäftigten Männer mochten kaum 1,60 m hoch sein. Im Zollhause hatten wir mit Beamten von gleicher Grösse, in blauen Uniformen nach europäischem Zuschnitt, zu verhandeln. Sie unterschieden sich vorteilhaft durch Zuvorkommenheit und Höflichkeit von ihren Standesgenossen in Newyork und Neworleans. Nachdem sie unsere Koffer geöffnet und mit aller Schonung untersucht hatten, unterzogen sie sich auch der Mühe, die Kasten und Kisten mit derselben Sorgsamkeit zu schliessen.

Vor dem Zollgebäude standen etwa 50 der bekannten Rickshas,*) und mit grossem Lärm hörte man dies Wort und »Nininbiki no Jinrikisha«**) von vielen Stimmen rufen. Das Gefährt ist bekanntlich eine japanische Eigentümlichkeit, die mit jedem Tage an Bedeutung gewinnt und sich zur Zeit bereits auch in Südafrika einer grossen Beliebtheit erfreut. — Mittlerweile war es dunkel geworden und die kleinen Ricksha-Männer hatten in ihren grossen Papierlaternen das Licht angezündet. Jede der Leuchten war auf der einen Seite mit japanischer Schrift, auf der anderen mit einer weit erkennbaren Nummer versehen. »R'shäh!« riefen die Männer, und boten in der Landessprache ihre Dienste an, indem sie auf ihre Nummer wiesen. Statt des mürrischen Gesichtsausdrucks ziemlich aller europäischen Lohnkutscher, zeigten die kleinen Leute unter unausgesetztem Lächeln den Ausdruck aufrichtigen Frohsinns. Searle und ich fuhren ins Grand Hotel am Bund***). Nachdem wir uns einigermassen häuslich eingerichtet hatten, kehrten wir beide auf die Strasse zurück, wo die Rickshas geduldig unserer harrten. Ohne besonders anzugeben, wohin wir gefahren zu sein wünschten, trabten beide Kulis mit uns in der Geschwindigkeit eines recht guten Droschkenpferdes davon, durch Strassen mit europäischen Steinhäusern. Dann folgte eine lange Brücke und wir waren im japanischen Stadtteile angekommen. Die Strassen hier konnten mich glauben machen, dass ich in eine Welt der Märchen versetzt sei. Die Häuser sahen aus, als ob man sie für lebende Puppen hergerichtet habe. Klein und niedrig, mit feinen Matten ausgelegt, so ausserordentlich rein und sauber, so leicht und zart, dass ich nicht ohne weiteres gewagt haben würde, sie zu betreten.

*) Eigentlich Jinrikishas, d. h. durch einen Mann gezogener Wagen.
**) Ricksha mit 2 Männern.
***) Unter dem Bund versteht man in ostasiatischen Städten die mit der Stirnseite dem Wasser zugekehrte Strasse der Europäer.

Unaufgefordert hielten die Wagen vor einem grösseren Eckhause. Searle kannte es, nannte es Ku-ban*) und ersuchte mich, ihm zu folgen. Wir gingen durch ein Gebäude mit zahlreichen, vielfach sich durchkreuzenden Gängen, in denen man sich verirren konnte, und in welchen jeder Schritt Neues und Wunderbares brachte. Ich glaube, dass zum wenigsten 30 Familien an diesen Irrwegen lebten. Von den inneren Rundgängen konnten wir das Treiben und Leben in jeder einzelnen Wohnung beobachten; nichts war den Blicken verschlossen. Da sahen wir kochen, essen, und die Leute auf alle mögliche Art ihrem Erwerbe nachgehen. — Eine

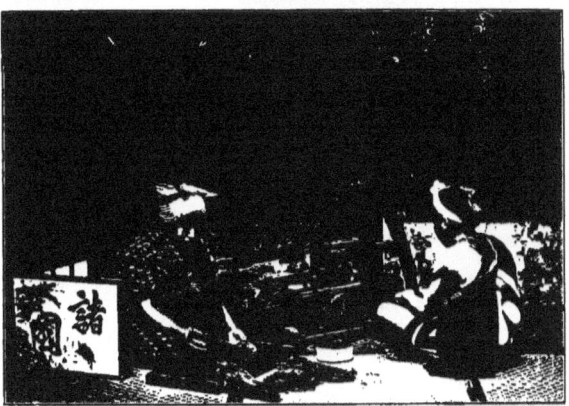

Japan. Gewerbe im Hause. Trocknen und Schneiden der Tabakblätter.

ältere Frau bedeutete uns, dass wir die Stiefel auszuziehen hätten. Wir traten in ein grösseres, elektrisch erleuchtetes Zimmer mit peinlich sauberen, wattierten Matten; diese glichen förmlichen Wundern der Zierlichkeit. An der Erde sassen ungefähr 40 junge Mädchen in den seltsamsten japanischen Kleidungen, wie man sie auch in Europa auf Fächern und anderen japanischen Erzeugnissen abgebildet sieht. Keine mochte grösser sein als ein regelrechtes 12jähriges deutsches Kind. Sie sahen sämtlich recht hübsch aus, und ihre Gewänder waren aus schwerer Seide, in Farben, deren einzelne Abtönungen mir bisher nicht vorgekommen waren. Wir

---

*) Ku-ban heisst übersetzt »Nummer 9«.

setzten uns gleichfalls auf die weichen Matten, und dann begann ein Concert auf Samisen*) und Trommeln. Die Musik war durchaus einförmig, und wenn ich hoffte, sie würde eine wohlklingende Wendung nehmen, ging sie gewöhnlich in Missklänge über. Ein piano kam nicht vor; alles war forte, crescendo und fortissimo. Ebenso wie die Musik dem europäischen Geschmack nicht zusagen konnte, war der Gesang nach unseren Begriffen unschön; indessen möchte ich es dahingestellt sein lassen, ob das hochgebildete Volk der Japaner unsere Musik nicht ebenso abscheulich findet, wie wir die ihrige. Ich hörte später einen angesehenen Japaner sagen: »Kinder, Weiber und Kulis mögen allenfalls an der europäischen Musik Gefallen finden, ein gebildeter Japaner jedoch kann sie niemals vertragen.« Auffallend war immerhin die Gleichmässigkeit und das mustergiltige Takthalten, die beim Spiel beobachtet wurden; alle Samisen schienen sehr genau auf denselben Ton gestimmt.

Sodann erfolgte ein Tanz zweier Mädchen. Es war der im ganzen Lande bekannte Dshonkina. Die beiden Beteiligten stellten sich mit ausserordentlicher Anmut einander gegenüber, um den eigentlichen Tanz durch ein Spiel einzuleiten, bei dem es die Zahl der von der Gegnerin ausgestreckten Finger zu erraten gilt; die Verlierende hat ein Pfand zu liefern. Beide Mädchen bedienten sich beim Erfüllen dieser Vorschrift zuerst der am leichtesten zu entbehrenden Teile ihrer Kleidung. Sie begannen mit den Haarnadeln; es folgten die Sandalen, die aus weissem Baumwollstoff gefertigten, ganz kurzen Socken, die 6 m langen Obis — Schärpen aus wundervollem Seidenstoff. Dann verschwanden die Kimonos, und so fort — »jusqu'à ce qu'il serait impossible d'en retirer d'avantage« — und dann begann der eigentliche Tanz, der indessen, wie alles vorher Geschilderte, mit vieler Anmut ausgeführt, mehr einer Darstellung sinnlicher Geberden, als einem Tanze glich.

In den Teilen Japans, die europäischen Einflüssen ausgesetzt sind, wird dieser Dshonkina nur noch in etwas zweifelhaften Theehäusern aufgeführt. Ehe Europäer und Nordamerikaner ins Land kamen, zählte er zu den Landessitten. Dem Japaner fehlte dabei unser Begriff von Unsittlichkeit, vielmehr fand man nicht anders als belustigend, was für uns anstosserregend sein muss. Und heute noch ist die »Unsittlichkeit« der Japaner so kindlich und offen, dass sie zur Zartheit wird, dass man von Unzüchtigkeit bei diesem Volk nicht sprechen kann.

Nachdem die beiden Mädchen ihre Gewänder wieder angelegt hatten, gab es zu essen und zu trinken; das ganze Mahl nahmen wir auf den feinen Matten sitzend ein. Man brachte einen dunkelroten Fisch von vorzüglichem Geschmack, den Tai, den ich nur in Japan und Korea getroffen habe.

---

*) Eine Art Guitarre.

Statt mit Messern und Gabeln assen wir mit den bekannten zwei Stöcken und die kleinen lebenden Puppen gaben sich erfolgreich Mühe, mich in der Kunst des Gebrauchs dieser »chopsticks« oder »hashi« zu unterrichten. Die Stäbe werden in der rechten Hand gehalten, einer zwischen Daumen und zweitem Finger, der andere durch den Zeige-, dritten und vierten Finger. Die Spitzen werden dadurch aneinandergebracht, dass man den ersten Stock möglichst unbewegt hält und nur den zweiten rührt. Der Fisch wurde in einer schwarzen Lackschale, appetitlich in kleine Stücke zerlegt, auf einem 15 cm hohen, goldig lackierten Tischchen aufgetragen; der unvermeidliche Reis lag in einer ähnlich ausgestatteten Schüssel.

Den Mittelpunkt der auf den zierlichen Matten lagernden Gruppe bildete eine runde Porzellanschale, die 50 cm im Durchmesser haben mochte. Sie war mit Wasser gefüllt, in dem 15—20 allerliebste kleinere Porzellanschälchen schwammen. Neben dem Gefäss standen kleine Fläschchen, die das Getränk der Japaner, Sake*), enthielten. Mit ihren kleinen, gepflegten Kinderfingern nahmen die Mädchen die runden Schälchen aus dem Wasser, füllten sie mit Sake und, nachdem sie getrunken hatten wanderten die Trinkgefässe in das Wasserbad zurück. Ebenso handhabten Searle und ich die kleinen flachen Tassen. Hin und wieder warf eines der Mädchen ihm oder mir geschickt die Schale zum Fangen zu. Searle bedeutete mir, dass wir dies Verfahren als ein Zeichen der Aufmerksamkeit aufzunehmen hätten und weitertrinken müssten, ohne das Schälchen zu spülen. Der Sake schmeckte mir, ehe ich mich an ihn gewöhnt hatte, wie sehr geringer Moselwein, dem er auch an Farbe gleicht.

Unter nicht enden wollenden Verbeugungen und »sayó naras«**) entliess man uns. Ungefähr um Mitternacht erreichten wir wieder die Strasse; die Kulis hatten gewartet.

Auf mein Zimmer zurückgekehrt, fühlte ich mich von dem vielen Neugesehenen und Erlebten in diesem Märchenlande so erregt, dass vorläufig an Schlafen nicht zu denken war, zumal Hitze und einzelne Mosquitos nicht gerade dazu beitrugen, die Nacht erquicklich zu gestalten.

Am folgenden Morgen suchte ich Bekannte auf. Zuerst wandte ich mich an das Handelshaus C. Illies & Co., dessen Vorgesetzter in Jokohama, Herr Franz Kochen, mich überaus freundlich aufnahm. Dann traf ich die Hamburger Freunde Paul Pietzcker, Carl Refardt, Walter Elkan und Alfred Wilckens; ihrer wohlwollenden Freundschaft habe ich manche frohe Stunde in Jokohama zu danken.

Ein Spaziergang durch das japanische Viertel und die nahe gelegene Stadt Kanagawa war natürlich überaus fesselnd. Die Japaner scheinen

---

*) Aus Reis bereitet, jedoch von Arrak ganz verschieden; dein Weingeistgehalt nach ein Mittelding zwischen Bier und Branntwein.
**) Sayó nara: Guten Abend! Leb wohl! Wörtlich: So ist es!

sich einer so peinlichen Reinlichkeit zu befleissigen, wie sie in Europa ähnlich nicht vorkommen dürfte. Ich sah nicht nur Kulis, sondern auch Wohlhabende in den Strassen stehen und sich die Zähne mit einem Stück Holz, dessen Ende pinselartig gespalten ist, putzen; den Mund spülen die Leute unzählige Male am Tage. Ungefähr in jeder zweiten Strasse bemerkte ich grosse Becken, um die man sich drängte, um Kopf, Beine und Füsse zu waschen. Auch den Aermsten ist Gelegenheit geboten, das allgemeine Bedürfnis, wenigstens einmal am Tage den ganzen Körper zu baden, zu befriedigen.

Die Häuschen machten auch im Sonnenlicht denselben Eindruck der Sauberkeit und Zierlichkeit, wie am Abend vorher.

Japan. Frauen beim Ankleiden.

Das gewöhnliche japanische Haus besteht vornehmlich aus einem Dach das von aufrechtstehenden Holzpfeilern getragen wird. Diese sind in ungleichen Entfernungen von einander angebracht. Das untere Stockwerk erhebt sich gegen 75 cm über der Erde. Die Fussböden bestehen aus 2 m langen und 1 m breiten, mit schwarzem Baumwollstoff eingefassten, dicken Matten, die in Holzrahmen eingelassen sind. Jede Matte soll gerade einer Person zum Ruhen dienen; sie ersetzen also gewissermassen unsere Stühle. Die Ausdehnung eines Zimmers wird durch die Anzahl der Matten bestimmt, die im ganzen Lande ohne Ausnahme von der oben erwähnten Grösse sind. Statt der Wände im Innern einer Wohnung, findet man in der Regel Wandschirme von durchscheinendem Papier. Somit lässt sich jedes Zimmer leicht vergrössern oder verkleinern, und garnicht selten bemerkte ich, dass man in den Häusern diese Wandschirme überhaupt entfernt hatte, so dass man im ganzen Geschoss von einem Ende zum andern sehen konnte. Die einzelnen Stockwerke sind verbunden durch Treppen aus fein poliertem Holz. Unter solchen Umständen ist es selbstverständlich, dass die teils als Hausrat betrachtete Wohnung nicht mit Schuhzeug betreten werden darf. Das im Innern der

Häuser verwendete Holz wird in der Regel aus Kamphorstämmen geschnitten und verleiht daher den Wohnungen einen dementsprechenden, wenn auch nur schwachen Geruch.

Während der Morgenstunden konnte ich Männer, Frauen, Mädchen in jedem dritten Hause beim Ankleiden beschäftigt sehen. Die geheimsten Ankleidekünste wurden überall bei zurückgeschobenen Papierrahmen ganz öffentlich betrieben. Frauen und Mädchen knieten an der Erde über einem Becken mit Wasser, um den bis zu den Hüften entblössten Oberkörper zu waschen und darnach Gesicht, Hals und Arme vor einem runden Metallspiegel zu schminken und zu bemalen.

Japan. Junges Mädchen.

Die Farbe der Kimonos für Männer und Frauen ist blau oder perlgrau. Nur Mädchen tragen, recht gefallsüchtig, unter dem anderen einen ganz leichten roten oder rosa Kimono, der sichtbar ist, weil die Gewänder mit jedem Schritt auseinander geschlagen werden. Wäsche habe ich weder bei Männern, noch bei Mädchen, Kindern oder Frauen bemerkt. Keine japanische Dame von einigem Rang würde, nachdem sie das 20. oder 21. Jahr zurückgelegt hat, Kimonos in anderen, als den obengenannten Farben tragen. Mädchen dagegen schmückt nicht nur das beschriebene gefällige Unterkleid, sondern auch ein mit geschmackvollen Zeichnungen verziertes, in glänzenden Farben gehaltenes Gewand.

Bei den Damen gilt als vornehm, mit einwärts gekehrten Füssen schwankende, kleine Schritte zu machen. Der Kimono ist um den Leib, scheinbar durch eine Schärpe, den Obi, mit einer ausserordentlich grossen Schleife hinten, zusammengebunden. Indessen hat dies wichtigste aller Kleidungsstücke der Mädchen und Frauen weniger den Zweck, den Kimono zusammenzuhalten, als die ganze Gestalt zu zieren. Aus dem Grunde sind Obis aus Seide, von den einfachsten bis zu den kostbarsten, im Werte von einigen hundert Yen*), ungefähr in jedem zehnten Laden käuflich.

Eine der niedlichsten Erscheinungen im ganzen Lande musste mir schon in Jokohama auffallen. Es sind dies die »kodomos«.**)

---

*) 1 Yen = 100 Sen = 2,20 M.
**) Kinder.

Nirgends habe ich Leute gesehen, die soviel Freude an ihren Kindern haben, wie die Japaner. Sie tragen die Kleinen umher, führen sie an der Hand, mischen sich strahlend vor Freude in ihre Lustbarkeiten, versehen sie immer mit neuem Spielwerk, nehmen sie überall mit sich, und fühlen sich ohne sie nicht zufrieden. Auch andere als die eigenen Kinder behandelt man besonders gütig und wohlwollend. Ganz junge Knaben sowohl wie Mädchen sehen dickköpfig aus, teilweise weil ihre Augen mit Stirn und Wangen in einer Linie liegen, zum Teil infolge der Sitte, dass sie während des ersten Lebensjahres kahl rasiert werden. Nach dieser Zeit sind drei Haarbüschel gestattet, einer über jedem Ohr und ein dritter im Nacken.

Japan. Zwei sich begrüssende Damen: Mädchen und Frau.

Geschrei und Ungehorsam, wie sie in den Familienkreisen unserer Arbeiterklassen nur allzu häufig vorkommen, sind ganz unbekannt in Japan, wo Folgsamkeit als selbstverständliche Eigenschaft den Kindern angeboren zu sein scheint. Die Künste, Schmeicheleien und Drohungen, womit Mütter bei uns ihre Kinder zu einem unwilligen Gehorsam nötigen, kommen dort nicht vor. Zu der häuslichen Erziehung gehört auch, dass man die Jugend in den unumstösslichen Regeln gewisser Spiele unterrichtet, und wenn sich Zweifel erheben, wird die Unterhaltung nie durch Streit unterbrochen, sondern ein älteres der Kodomos entscheidet über die Angelegenheit.

Eigentliche Kinderkleidung habe ich nirgends im Lande gesehen. Sobald die Babys drei Jahre alt sind, wird ihnen der Kimono, und den Mädchen noch darüber der Obi, angelegt. Die Tracht steht ihnen entzückend und nimmt sich beim kindlichen Spiel recht drollig aus. Niemals habe ich das gesehen, was man bei uns »Austoben« nennt, wobei die Kinder, den verschiedenen Neigungen überlassen, sich in Geschrei oder Streit, in Balgereien oder Schlägereien ergehen.

Unter anderen erblickten Searle und ich zwei hübsche Knaben, die grossen Käfern Kartenstückchen mit Gummi auf den Rücken geklebt hatten, um sie dann eine kleine Ladung Reis eine schiefe Ebene hinauftragen zu lassen. Eine Anzahl Spielgefährten sahen dieser Vorstellung mit regungsloser Teilnahme zu, indem sie es für selbstverständlich hielten, die Käfer nicht zu berühren. — In den Rinnen drehte sich eine Menge kleiner Wasserräder, welche die verschiedensten winzigen Maschinen in Bewegung setzten. Eine solche, mit der man den Reis aushülst, scheint zu den beliebtesten zu gehören; wir sahen die Knaben viele Zeit auf dies Spielwerk verwenden. — Recht lange hätte ich in hundert verschiedenen Fällen dem harmlosen, in hohem Grade anregenden Spiel der Kleinen zuschauen mögen, wenn sie mit ihren altklugen Gesichtern und der, wenn denkbar noch übertriebenen, ins Japanische übertragenen, Kate Greenaway-Kleidung sich belustigten. —

Man kann in Jokohama kaum über die Strasse gehen, ohne Angehörige jenes Nachbarvolkes zu sehen, das sich so auffallend von den kleinen, spärlich bekleideten Japanern unterscheidet. Von den 5000 Chinesen die in Japan leben, wohnen 1700 in Jokohama, und wenn man sie plötzlich entfernte, würden alle Geschäfte stillstehen. Hier, wie überall wo der chinesische Einwanderer erschienen ist, hat er sich unentbehrlich gemacht. Er schreitet wiegenden Ganges und in der Regel mit sorgenvoller Miene durch die Strassen, als ob er der herrschenden Klasse angehöre. Er ist gross und dick und sieht noch grösser und dicker aus in seinen vielen Kleidern und dem Obergewande aus wohlfeilem dunklen Brokat, in seinen wenig sichtbaren, an den Knöcheln zusammengebundenen seidenen Beinkleidern und in den mit starken Filzsohlen versehenen hohen Schuhen, deren schwarze Seidenspitzen, mit einer dick aufliegenden Naht in der Mitte, vorn ein wenig aufwärts gebogen sind. Hat man in einem europäischen Geschäfte zu thun, Geld zu wechseln oder einen Dampfschiffahrtsschein zu kaufen, so erscheint immer der unvermeidliche Chinese. Er ist mässig und zuverlässig und hält für vorteilhafter, viele Kunden ein wenig zu schröpfen, als einzelne zu berauben. Sein Lebenszweck ist das Geld. Dafür ist er fleissig, treu, aufopfernd, sparsam — und er erreicht sein Ziel. —

Am Nachmittage des 27. fuhr ich in einer Ricksha über den Bluff nach einem anderen Teile der Jokohama-Bucht, der sogenannten Mississippi-Bai. Der Bluff ist eine umfangreiche Anhöhe mit einer Anzahl europäischer, ausserordentlich hübscher Landhäuser und Bungalows*), die zum teil unter dichtem Gebüsch und Hecken versteckt liegen. Alles erscheint rein und zierlich. Steile Pfade sind auf beiden Seiten hübsch eingefasst, und die besonders sorgfältig gepflegten Gärten prangten mit blühenden Granatbäumen und mancherlei Sträuchern. Der beträchtlichen Höhe des Hügels verdankt man auf seinem Gipfel eine schöne Aussicht nach

---

*) Einzeln stehende, leicht gebaute Häuser ohne Stockwerke.

der Bai, dem Inlande und der Stadt. Leider war vom Fudjijama, der das ganze Bild in südwestlicher Richtung wesentlich verschönert haben würde, wieder nichts zu sehen.

Vom Bluff führte die Strasse durch Reisfelder, deren wohlthuender Eindruck nur insofern abgeschwächt wurde, als sie, wie so ziemlich alles Land in Japan, einen unerquicklichen Geruch von sich geben. Entgegen dem europäischen Gebrauch, sind die Häuser nicht durch Siele oder ähnliche Abflüsse zu reinigen, vielmehr wird aller Unrat in Eimern durch Kulis oder auf Pferderücken in die Felder getragen und dort als Dünger verwendet. — 2 km vom Bluff, an der erwähnten Mississippi-Bucht, lag eine recht hübsche Badeanstalt. Neben dieser befand sich einer der kleinen Gärten, wie ich sie später zu Hunderten gesehen habe. Ein solches Gärtchen ist gewöhnlich 9 m lang und ebenso breit. In diesem Raum findet man einen vollkommenen Park mit einem See, mit Sommerhäuschen, Tempeln, Bäumen, Flüssen, Brücken, alles mit grosser Geduld und Sorgfalt vollkommen der Wirklichkeit nachgebildet. Der »See« mochte 1½ m im Geviert messen und war voll ganz kleiner Goldfischchen. Am Ufer stand ein 50 Jahre alter Fichtenbaum, von 40 cm Höhe. In seinem Schatten lag ein Shinto-Tempel[*]), der aus einem Stück Holz von der Grösse eines Mauersteins äusserst naturgetreu und sauber geschnitzt worden war. Auf einer hohen Felsenspitze, vielleicht 90 cm über dem See, wuchs ein schöner, 30 cm hoher Ahorn, der vollendet in der Form, 15 Jahre alt sein sollte. In einer der vier Ecken, auf einer sonnigen Stelle, zeigte man einen fruchttragenden Orangenbaum, 30 cm hoch, mit einer reifen Orange an einem der Zweige — die einzige unverhältnismässige Erscheinung im Garten. Das Aufziehen dieser Bäume im Kleinen ist eine der schönen Künste, die nur die japanischen Gärtner verstehen.

Nach einem wohlthuenden Bade im Meere hängte das ungefähr 18 Jahre alte Mädchen, der die Verwaltung der Anstalt anvertraut zu sein schien, einen feinen Crêpe-Kimono um meine Schultern und ich legte mich im Hause auf gefütterte, tiefe Matten, wenn auch nicht auf so feine, wie ich sie am Abend vorher kennen gelernt hatte. Die Sakeflasche, kleine Schälchen und Rauchgeschirr wurden neben mich gesetzt, worauf das junge, übrigens wenig schöne und einfach gekleidete Mädchen auf der anderen Seite der Gerätschaften Platz nahm. Sie verstand genug englische Worte, um fröhliches Plaudern und Lachen unter uns zu ermöglichen. Heiter sind die Japaner eigentlich immer, wenigstens habe ich selten einen der Bewohner dieses unvergleichlich wundervollen Landes anders als in guter Stimmung gesehen. Das Rauchen aus den kleinen Pfeifchen ist recht unterhaltend. Der aus Antimonerz kunstvoll gefertigte Kopf

---

[*]) Das Shintotum ist die älteste Gottesverehrung im Lande.

ist gross genug, um eine aufgequollene Erbse fassen zu können; er wird mit ganz fein geschnittenem Tabak gefüllt. Das Mädchen zündete diesen an den glühenden, in einem kleinen Topf verwahrten Holzkohlen an. Nachdem sie einen Zug gethan hatte, überreichte sie mir die Pfeife, und nach vier oder fünf ferneren Zügen war diese ausgebrannt. Die Asche wird in einen langen, zum Gerät gehörenden Bambus-Cylinder ausgeklopft, das Mädchen stopft aufs neue, zündet den Tabak an, und dieses Spiel wiederholt sich, so lange Zeit und Neigung vorhanden sind. —

Japan. Aussetzen der jungen Reispflanzen.

Auf dem Rückweg in die Stadt beobachtete ich die Arbeiter in den Reisfeldern. Männer und Frauen mussten fast bis zu den Knieen im Nassen stehen, da bekanntlich der Reis zu den Wasserpflanzen zählt. Das Anbauen dieser Frucht macht ausserordentliche Schwierigkeiten; nicht allein, dass sie erst gesäet, später die einzelnen Pflanzen umgesetzt werden müssen, verlangen diese auch, dass der Boden bis zur Reife hin und wieder gelockert und neu gedüngt werde. Freilich ergiebt jedes einzelne Saatkorn bei guter Pflege und entsprechendem Boden auf einem $1-1^1/_2$ m hohen, nicht sehr kräftigen Halm eine schmale, überhängende Rispe mit 100—200 Körnern.

Den Abend verbrachte ich mit den Freunden teils in deren Wohnungen, teils im deutschen Klub. Ich versuchte ihnen allen begreiflich zu machen, wie beneidenswert ihr Leben in dieser Stadt sei im Vergleiche mit demjenigen anderer Berufsgefährten, die in geisttötende Orte, z. B. nach Mittelamerika, verschlagen werden.

Am folgenden Tage ging ich mit Mr. Searle in die vornehmsten Ausfuhrhandlungen von »Japan-Curiosa«*). Was ich dort gesehen habe an Kunstgegenständen in Elfenbein, Holz, Lack, Porzellan und Metall, spottet jeglicher Beschreibung. Searle machte mich darauf aufmerksam, dass wir in Europa im allgemeinen unter Japan-Waren nur für die Ausfuhr gearbeiteten, ganz billigen und erbärmlichen Trödel kennen. Er zeigte mir, dass von derartigen Tassen kaum eine einzige wirklich kreisrund sei, und wie man sie, dem europäischen und dem nordamerikanischen Geschmack angemessen, möglichst bunt und billig ausstatte. Ebenso verhielt es sich mit Vasen, die, am Ort ihrer Bestimmung angekommen, zu Petroleumlampen hergerichtet werden, sowie mit Lack- und mit Metallwaren. Alle diese Gegenstände, die wir in gutem Glauben wirklich für die in Japan zur Verwendung kommenden Gebrauchsgegenstände nehmen, verhalten sich zu den kostbaren und kostbarsten Kunstwerken des Landes wie Groschenbilderbogen zu den Bildern unserer ersten Meister. Aber abgesehen von den eigentlichen Kunstwerken, sind die einfacheren Lackwaren und Holzschnitzereien, die im täglichen Leben bei besser gestellten Japanern bis zu den Kulis wirklich verwendet werden, die zum Kaufen verlockendsten Gegenstände, da sie sinnreich erfunden und mehr oder minder vollkommen ausgearbeitet sind. — Man sagt, dass jeder, der in Japan reist, früher oder später ein Opfer der Begierde wird, alle möglichen Dinge zu kaufen: nützliche und unnütze. Obgleich ich unter dem Schutz von Mr. Searle in der Lage war, zu ganz aussergewöhnlichen Ausfuhrpreisen auch einzelne Teile zu erwerben, widerstand ich in Jokohama, doch weniger aus Willensstärke, als weil ich von all diesen wundervollen Sachen in dem Masse überrascht war, dass es mir unmöglich schien, eine Wahl zu treffen. Daneben konnte ich bei einem Aufenthalt von kaum zwei Tagen im Lande die eigentliche Kunst nicht in dem Masse schätzen wie später, als ich wenigstens ganz oberflächlich verstand, die japanische gewerbliche Meisterschaft in Zusammenhang zu bringen mit dem Ackerbau, der Pflanzen- und der Tierwelt, mit der Religion, mit den Sitten und dem täglichen Leben der Bevölkerung. Wer es indessen dahin gebracht hat, den überaus reichen Schatz an Vorlagen der japanischen Zierkunst auf ihren dichterischen und geschichtlichen Inhalt prüfen zu können, für den müssen alle diese Kunstwerke selbstverständlich noch wesentlich begehrenswerter erscheinen, als für den Laien. —

*) Curiosa: Merkwürdige, seltene, sehenswerte Dinge.

VII. KAPITEL.

Tokio und Nikko.

Am Dienstag, den 28. Juni nachmittags, reiste ich mit Mr. Searle nach Tokio ab. Die Eisenbahnen im ganzen Lande sind vorzüglich geleitet. Die Wagen der Züge sind bequem. Auf Reinlichkeit und Pünktlichkeit ist zu zählen. Der Post- und Telegraphendienst ist, wie Searle versicherte, ebenso gut und zuverlässig wie der der meisten europäischen Staaten. Das Fahrgeld ist mässig und beträgt in der ersten Wagenklasse 3 Sen oder 7 Pfennige für den Kilometer, in der zweiten nicht mehr als 2 und in der dritten nur 1 Sen. Auf eine Fahrkarte der ersten Wagenklasse sind 60 kg, der zweiten 40 kg, der dritten 15 kg Freigepäck gestattet. Wir zogen die dritte Wagenklasse den übrigen vor, nicht nur, um die Japaner unterer Stände kennen zu lernen, sondern auch, weil man in der ersten und zweiten Klasse nicht selten Europäer und Nordamerikaner trifft, deren geistlose Unterhaltung einem die Freude am Geniessen verleiden kann. Von derartigen Fremden ist Japan, zumal aus England, gegenwärtig vielleicht mehr überlaufen als irgend ein Land oder Ort der Welt, Paris, den Rhein und Italien nicht ausgenommen.

Während der Fahrt von ungefähr fünfzig Minuten bewunderten wir nicht nur die Höflichkeit, die sich die Leute untereinander erwiesen, sondern überhaupt ihre ganze Aufführung. Dieses artige und freundliche Benehmen bildet einen recht auffallenden Gegensatz zu der Rücksichtslosigkeit, die man bei uns nicht selten wahrnimmt. Die Japaner kleiden sich aus Achtung vor sich selber und vor den Mitfahrenden auf der Reise besonders anständig und sauber. Eine so wohlerzogene Gesellschaft in der letzten Eisenbahnwagenklasse, wie ich sie an dem Tage und ferner ausnahmslos beobachtete, würde in Europa selten zu treffen sein.

Zu beiden Seiten der Bahn bemerkten wir vornehmlich Reisfelder, in denen wieder gleich viele Frauen wie Männer arbeiteten. Daneben sah ich

Bambus, Tomaten, Mais, Erbsen, Gerste, Bohnen sowie Pfirsichwälder. Hunderte weisser Kraniche stiegen in den unter Wasser stehenden Pflanzungen umher und ebenso fielen mir zahlreiche grosse Habichte durch die majestätische Ruhe und Sicherheit auf, mit der sie, unter unausgesetztem Spähen auf die Erde, in den Lüften kreisten. In den Feldern wimmelte es von weissen Reisvögeln, die von den Würmern an den Wurzeln der grünen Halme zu leben scheinen, bis die Früchte so weit gereift sind, dass die hübschen Tiere sich durch sie zu ernähren vermögen. Neben ihrer Arbeit in den Aeckern sahen wir die Frauen schwere Bündel Holz schleppen, beladene Karren ziehen und manche sonstige harte Arbeit verrichten.

An den Haltestellen war nichts anderes zu erhalten als Thee. Die Japaner sind im Theetrinken grosse Schwelger; von der feinsten Art kostet das Kilo ungefähr 10 Yen. Das Wasser zur Theebereitung darf nicht die ganze Siedehitze erreichen und nur eine Minute auf den Blättern bleiben, wenn das Getränk nicht einen bitteren Geschmack erhalten soll. Der Aufguss ist strohgelb, von köstlichem Wohlgeschmack. Kein Japaner würde das dunkle, herbe Getränk anrühren, das wir in der Heimat lieben. Unsere Art, es aus weiten Tassen und gar mit Milch und Zucker versetzt zu trinken, zählt man zu den vielen unserer barbarischen Gewohnheiten. Für einen Topf Thee mit einer kleinen Tasse, die etwa die vierfache Menge eines redlichen deutschen Fingerhutes zu fassen vermochte, zahlte man auf den Haltestellen den lächerlich kleinen Betrag von 15 Sen, Topf und Tasse eingerechnet. — Auch Lotosteiche waren in den Feldern angelegt, auf denen ich rosa und weisse Blüten, viel grösser als unsere, hoch oberhalb der Wasserfläche sah. — In Tokio stiegen Searle und ich im Imperial-Hotel ab, das mich wieder ganz ausserordentlich überraschte. In keiner Beziehung dürfte es hinter einem der ersten berliner Gasthöfe zurückstehen. — —

Jedo, die geheimnisvolle Stadt der Shogune,*) ist nicht mehr vorhanden. Die heiligen Stätten von Shiba und Ueno, mit dem Glanz prächtiger Farben und Vergoldungen, erinnern allein an ihre grosse Vergangenheit. Der Palast der Shogune innerhalb der Burg besteht nicht mehr. Der fünfzehnte und letzte der in ihrer Zeit allmächtigen Herrscher lebt zurückgezogen als Lehnsmann auf seinen Gütern bei Shizuoka. Die Daimios**) wohnen in den Vorstädten zerstreut. Kein Mann mit doppeltem Schwert lässt sich mehr sehen, und Mutsohito, der heilige Kaiser, der Sohn der Götter, fährt, europäisch gekleidet, in einem europäischen

---

*) Titel der bis 1868 thatsächlichen Herrscher, neben denen der Mikado als Gottheit verehrt wurde.

**) Diejenigen grossen Lehnsmänner der alten Zeit, deren Lehen mindestens $1^3/_4$ Millionen Liter Reis lieferten. Daimio bedeutet wörtlich: Grosser Name.

Wagen durch die Mengen seines Volkes. Fünfundzwanzig Jahre haben
das alte Jedo in das Tokio der Gegenwart verwandelt. In diesem sieht
man heute ein Netz von Telegraphen- und Fernsprechdrähten, Pferdebahnen
und elektrische Spurwege, vorzügliche Posteinrichtungen, Telegraphenboten
auf Fahrrädern, an jeder Ecke einen Polizisten in militärischer Kleidung
nach französischem Schnitt. Die Rickshas stehen in ordentlichen Reihen
an bestimmten Halteplätzen und die Rickshamänner sind gleichmässig

Tokio. Teil eines Kanals in der Stadt.

gekleidet; sie zeigen sich höflich und entgegenkommend. Für einen ganzen
Tag ihrer anstrengenden Arbeit ernten sie durchschnittlich 1,80 Mark.
Zeitungsknaben laufen in allen Richtungen umher, und in den Schul-
gebäuden sieht man Kinder ein- und ausströmen. Die Hauptstrassen sind
breit, rein, tadellos gehalten und einzelne werden abends durch elektrisches
Bogenlicht erhellt. Selbst die Nebenstrassen sind nicht schmal und jedenfalls viel reiner als in den meisten Grossstädten Europas, mein Hamburg
nicht ausgenommen. Verkäufer in den Läden sind freundlich und bereit
zu handeln. Grosse europäische Gebäude erblickt man hin und wieder;
die meisten der älteren, der von 1869 bis 1883 aufgeführten, sind wenig

von einander verschieden und, mit Ausnahme der Ingenieurschule, wahre Muster von schlechtem Geschmack. Sie sehen aus, als wären sie aufgeschossen, aber nicht aufgebaut. Sie sind starr, vielfensterig und ungeeignet für die Witterungsverhältnisse. Seit zwölf Jahren sind dagegen viele herrliche Bauten in unserm Stil errichtet. — Alle diese Zeichen europäischer Bildung sprechen für sich selbst und zeigen die aussergewöhnliche Befähigung der Japaner, in neuen Verhältnissen alle Schwierigkeiten zu überwinden. —

Die Burg mit ihren Umgebungen fesselte uns zunächst. Sie war von 1868—1885 als Beamtenviertel bekannt; heute steht der Palast des Mikado in ihr; er besteht aus vielen kleinen, von ausserhalb wenig sichtbaren Gebäuden. Um diesen Mittelpunkt hat sich eine Millionenstadt gebildet, die mehr Bodenfläche einnimmt als London, und wenngleich das Fürstenhaus der Shogune innerhalb der Einfriedigung den Palästen des Mikado weichen musste, so ist die Burg selber doch beinahe noch ebenso geblieben wie sie vor 250 Jahren errichtet wurde. Leuchtende Lotosblumen überwucherten die mit grünem Wasser angefüllten breiten Gräben; die Wälle an ihrer anderen Seite sind mit Rasen überzogen und mit hohen Bäumen bestanden.

In der That ist Tokio eine wundervolle, unternehmende und geschäftige Stadt, der Sammelplatz für die neue Ordnung der Dinge. Sie ist nicht nur der Sitz einer befähigten und thätigen Regierung, sondern auch die Stätte für ein Erziehungswesen, das eine Umwälzung in diesem merkwürdigsten Lande der Welt bewirkt. Aerzte, Lehrer und Baumeister werden von hier aus über das ganze Reich verteilt und verbreiten sowohl neue Wissenschaften, als auch eigene Gedanken über die Regierung, die Stellung der Frauen und den herrschenden Trieb zum Fortschritt. —

Indessen schien mir vom ganzen Tokio die alte Stadt mit ihrer dichten Bevölkerung der anziehendste Teil, da sie sich ihr japanisches Gepräge erhalten hat und nur wenige Spuren von fremden Einflüssen aufweist. Hier befindet sich die Nihon Bashi oder die Brücke von Japan, der geographische Mittelpunkt der Stadt, von dem alle Entfernungen im östlichen Japan gemessen werden. Durch diesen Teil Tokios führt die Hauptstrasse mit Läden, Lagerhäusern und feuerfesten Niederlagen. Die ihn durchquerenden künstlichen Wasserstrassen sind mit sauberen, alle möglichen Erzeugnisse tragenden Böten bedeckt, und auf den Gassen bleibt, neben belasteten Pferden und Kulis, neben menschenbespannten Wagen, kaum noch Raum für den Zuschauer. Die meisten Läden sind auch hier nur klein und gleichen sowohl an Ausdehnung, als auch durch ihre winzigen, überaus niedlichen Waren, wieder Puppenhäusern. Wenn man nicht von einem Japaner oder einem kundigen Fremden wie Mr. Searle begleitet wird, ist es unmöglich zu erraten, zu welchem Gebrauch auch nur die Hälfte der feilgebotenen Gegenstände bestimmt ist. —

Kuchenbäcker stellen gewöhnlich eine mit einer Spitze versehene weisse Kugel aus, die Sakeverkäufer einen rund geformten Cypressenbüschel; diejenigen, welche die kirschrote Farbe verkaufen, mit der die Frauen ihre Lippen bemalen, eine rote Flagge, Goldschläger eine gewaltige Brille mit vergoldeten Scheiben statt der Gläser, Apotheker und Kräuterhändler einen grossen Beutel, ähnlich dem, in welchem sie ihre Aufgüsse

Tokio. Strasse im alten Teil der Stadt.

bereiten, die Blumenhändler einen kleinen Weidenzweig. Wo getrocknete oder eingesalzene Fische verkauft werden, findet man zwei rot gefärbte Karpfen, die mit einem Strohhalm an den Kiemen zusammengebunden sind. — Die auffallenden, schwarzen und roten Schilder mit vergoldeten Schriftzeichen, welche ich die Strassen von Chinatown in San Francisco zieren sah, sind zu schreiend für den Geschmack der Japaner, die einfache Sinnbilder vorziehen.

Was immer in Tokio zu sehen und zu geniessen sein mag: nach meinem Dafürhalten, ist das Strassenleben der Hauptstadt die unerschöpfliche Quelle des Vergnügens. Der Verkehr in den Läden und auf den Kanälen, die immer heitere und anständige Volksmenge, die Blumen- oder Drachenfeste, das Gedränge in den Tempeln, die Schmausereien, die Aufzüge auf dem Wasser bei Tage und bei Nacht, die beständigen, feierlichen Beleuchtungen mit farbigen Papierlampen, die erkünstelten Ungereimtheiten, die Ueberfülle an Bewegungen, die rastlose Gewerblichkeit, die persönliche Unabhängigkeit und Freiheit, deren sich alle Klassen erfreuen, die winzigen Häuschen und die puppenhaften Frauen, das Alte und das Neue, wie es sich in der Stadt vermischt — das alles ergiebt eine Reihe von besonderen und zusammengehörigen Bildern, die ohne Ende fesseln und in Erstaunen setzen. —

Von der Burg fuhren Searle und ich nach den Tempeln von Shiba; der Eingang zu allen Tempeln im Lande ist mehr oder minder derselbe. In einem herrlichen Walde von Cedern und Camelien stehen diese reizvollen Baulichkeiten, deren Inneres unbeschreiblich reich und köstlich mit Gold-, Rot- und Schwarzlack geschmückt ist. Ein Priester erklärte uns Alles, obgleich Searle mindestens ebensogut unterrichtet war wie unser Führer. Die meisten dieser Tempel sind beim Tode irgend eines der Shogune gebaut, damit der Geist des mächtigen Verstorbenen sich an der Pracht seines Tempels erfreue.

Von Shiba fuhren wir zur deutschen, dann zur amerikanischen Gesandtschaft, um die Ausfertigung von Pässen für unsere weiteren Reisen in Auftrag zu geben. Der Garten unseres Botschafters ist besonders geschmackvoll mit allen möglichen Gewächsen der südlichen Zone bepflanzt. — Der Weg führte uns weiter nach einer hübschen Anlage mit einem Goldfischteich, und zum Shintotempel Shokon Sho, der für die Seelen der in den Bürgerkriegen gefallenen Soldaten errichtet ist. — Mittlerweile waren wir hungrig geworden und gingen vom Andachtsort in ein Speisehaus. Eine ältere Frau empfing uns damit, dass sie die Stirn auf die Thürschwelle legte. Wir setzten uns auf die Matten, und vor uns wurden kleine Tische gestellt. Der Küchenzettel lautete ungefähr folgendermassen: Ein kleiner, grauer, süsser Kloss mit weichem Ueberzug von Gallerte; Hühnersuppe mit uns unbekannten Wurzeln; Tauben, »omelette au poisson«, gekochte Lotoswurzeln, süsse grüne Orangen, Forelle, gekochter Ingwer, in Fett gebratene Anispflanzen, Reis, Thee, gesalzene Melonen, Rüben, Gurken; ein Ragout von Enten, Pilzen und Aal; Früchte der Lilie, Eier, Kohlblätter und Sake. Man könnte meinen, diese Speisenfolge hätte für eine Schwadron altmärkischer Dragoner ausgereicht, aber gegenüber der Thatsache, dass jedes Gericht in ganz kleinen, feinen Schälchen aufgetischt wird, mag es begreiflich erscheinen, dass wir alles, mit Ausnahme der Lotoswurzeln, die uns nicht zusagten, verzehrten. Die Suppe wurde in roter Lackschale aufgetragen, alles übrige dagegen in Porzellannäpfchen. Wir assen mit Chopsticks; dank dem Unterricht in Jokohama bereitete mir ihre Handhabung keine Schwierigkeit. Nach einiger Uebung konnte ich die kleinen, zur Tafel gebrachten Bissen in dieser Weise ebenso schnell zum Munde führen, wie mit der Gabel. Der Gebrauch des Messers ist während der Mahlzeiten der Japaner unnötig, weil alle Speisen ganz klein zerteilt auf die Tische gebracht werden. —

In Tokio, wo Fremde nicht in gleicher Zahl wie in Jokohama sesshaft sind, findet man Frauen und Mädchen in ihrer Sittsamkeit viel sorgloser als in der Hafenstadt. Ich habe ihrer täglich viele Tausende mit

Badende Mädchen in Tokio. Von der Strasse gesehen.

unbekleidetem Oberkörper oder nackten Beinen gesehen. Das bekannte Schwarzfärben der Zähne scheint indessen gänzlich abgeschafft zu sein. Nur vereinzelt sah ich alte Weiber, welche die Gewohnheit, ihre Zähne zu beizen, nicht aufgegeben hatten.

Was dem Eindruck des Strassenlebens in Tokio einen ganz wesentlichen Abbruch thut, sind die Hüte der Männer. Neun Zehntel unter ihnen, obgleich sie den Kimono tragen und sich als Schuhzeug entweder der schweren Holzklötze oder der Sandalen bedienen, bedecken den Kopf nach europäischer Art. — Entgegen der Auffassung, die ich von Europa mitgebracht hatte, habe ich in Japan weder Frauen noch Mädchen gesehen, die sich wie unsere Damen kleiden, dagegen trugen manche Herren europäische Unterkleider, Röcke und Hosen, an die sie sich vermutlich im Auslande gewöhnt hatten; sie sahen nicht schlecht in ihnen aus.

Sehr viel des Neuen bot eine ausgedehnte Verkaufshalle, der Shiba Kwankoba. In einem Gewirre von Gängen sah ich Millionen von Holz-, Lack-, Porzellan-, Spiel-, Schmuck- und Esswaaren. Hier mussten uns einige Kinder mit unsauberen Gesichtern auffallen, während wir bis dahin noch nichts gesehen hatten, was die Bezeichnung »schmutzig« rechtfertigen konnte.

Tokio. Bambuswäldchen im Ueno Park.

Innerhalb der nächsten Tage betrachteten wir noch eine ganze Reihe von Sehenswürdigkeiten. Searle war von allem fast ebenso begeistert wie ich; einen besseren Führer als ihn hätte ich mir nicht wünschen können. Wir fuhren nach Shinobazu-no-ike, wo die Lotospflanzen besonders gepflegt werden und damals in herrlichster Blüte standen. Täglich strömten Zehntausende der Städter hinaus, um sich an ihnen zu erfreuen. Die Liebe der Japaner zu den Blumen sucht ihresgleichen. So wallfahrtet alles in Tokio im Februar nach Kameido, wo zahllose Pflaumenbäume in ihrer Blüte prangen. Es sollen diese Blumen unseren Pfirsich- und Aprikosenblüten an

Grösse und auch an Mannigfaltigkeit der Form und Farbe ähnlich sehen. Zwei Monate später versammelt man sich im Ueno Park und in Mukojima, wo die verschiedenen Kirschenarten, die stolzesten aller Blütenbäume, in voller Pracht stehen. Für diese Zeit werden zahlreiche Theehäuser aus Bambusrohr errichtet und mit farbigen Papierlaternen ausgeschmückt. Man verkauft überall Leckerbissen, Zuckerwerk und Spielzeug, aber die Schönheit der gefüllten Kirschenblüten ist die Seele des Festes, und alle Tage durchzieht jung und alt den Park und schwelgt in aufrichtiger Bewunderung und Freude. — Im Juni folgt das Irisfest, wenn die Teiche und Gräben im Vorort Horikiri von wundervollen Schwertlilien in den lieblichsten Farben schimmern. Auf dem Strome drängen sich die Böte, bei Tage mit lustigen Flaggen, des Nachts mit Laternen geschmückt, und auf den Strassen längs des Flusses ziehen fröhliche Gruppen nach den Theehäusern dieser Irisgärten. — Das Fest des Chrysanthemum im Oktober, eines der fünf grossen japanischen Volksfeste, soll mehrere Sammelpunkte haben, aber nirgends erblickt man die vornehme Blume in grösserer Schönheit und Vollkommenheit als in Tokio. —

Als wir unsere Pässe von den beiden Gesandtschaften holten, wurden uns auf der amerikanischen Botschaft freundlicher Weise zwei Karten verehrt; sie sollten uns Einlass gewähren in einen der kaiserlichen Gärten, in denen der Mikado in Zeit einer Stunde eine Parade abzuhalten gedachte. Wir hatten nichts Eiligeres zu thun, als uns seelenfroh nach dem betreffenden Park fahren zu lassen. Dieser war unvergleichlich schön und mit peinlicher Sorgfalt gepflegt. Wir gingen bis zu einer Stelle, an der man, den getroffenen Vorbereitungen zufolge, den Mikado zu erwarten schien. Die Fläche glich einer kleinen Rennbahn mit einem Exercierplatz in der Mitte. In einem Lusthäuschen sahen wir einen Tisch, der mit Goldbrokatstoff bedeckt war; wahrscheinlich sollten hier dem Mikado Erfrischungen gereicht werden. Wir waren eben beschäftigt, uns in allerlei Vermutungen zu ergehen, als uns bedeutet wurde, die Majestät würde gleich erscheinen, wir hätten uns zu entfernen. Wir beriefen uns auf die Karten der amerikanischen Gesandtschaft — ohne jeden Erfolg. Der Mikado wünschte unbeobachtet zu sein, und wir mussten gehen. In der Erwartung, den Herrscher auf dem Wege vom Park nach der Burg zu treffen, schlugen wir diesen Weg ein; wir hatten uns nicht getäuscht.

Den Zug eröffneten vier Lanzenreiter, dann folgte der Kaiser in zweispännigem Staatswagen. Er hatte weisse Uniform mit roten Aufschlägen angelegt; an jeder Seite des Wagens ritt ein Ulan, in unmittelbarer Nähe der Majestät ein Offizier in der gleichen Uniform, die der Mikado trug. Es folgte ein zweiter Staatswagen mit zwei, dem Anschein nach, hohen Offizieren, dann vier einfachere Wagen mit Beamten, und den Schluss bildeten wieder zwei Lanzenreiter. Als alles vorüber war, wunderte ich mich, dass die Menge sich nicht zerteilte. Auf Searles Erkundigung nach den Gründen des Verharrens erfuhr er, dass sogleich die Kaiserin folgen würde; fünf Minuten später erschien der zweite Zug. Vorauf ritten abermals vier Ulanen. Es folgte ein Staatswagen, in dem die Kaiserin in weissem Brokatkimono und ihr zur Linken eine Hofdame, ebenfalls in weissem, seidenen Kimono, Platz genommen hatte.*) Die Kaiserin hielt in der linken Hand bewegungslos einen grossen Fächer, während sie einen viel kleineren mit der rechten Hand in Gebrauch genommen hatte. Im folgenden Staatswagen sass die Kaiserin-Mutter mit zwei Hofdamen. Es folgten vier einfache Gefährte mit Damen und zwei Ulanen machten den Schluss. In der Aufregung des Wartens, ehe der Mikado erschien, hatten Searle und ich nicht daran gedacht, unsere Hüte zu ziehen. Ein Beamter machte uns indessen in ebenso höflicher wie bestimmter Weise auf unseren Fehler aufmerksam. Wir waren somit gezwungen, während der ganzen Zeit der Vorbeifahrt beider Gefolge, die Hüte in der Hand zu halten. Die Sonne brannte und wir liefen Gefahr, einen Sonnenstich davonzutragen.

Fünf oder zehn Sekunden sind eine recht knappe Zeit, um sich ein Bild von der Erscheinung einer bestimmten Persönlichkeit einzuprägen, dennoch meine ich den Mikado aus unmittelbarer Nähe so beobachtet zu haben, dass ich mir seine Züge und Gestalt einigermassen vergegenwärtigen kann. Seine Majestät erschien mir eher unvorteilhafter als besser auszusehen wie Durchschnittsjapaner. Nichts Kaiserliches, nichts Selbstbewusstes konnte ich in den Mienen des Mannes finden, der eines der ältesten Reiche der Welt beherrscht.

Die Geschichte Japans reicht zurück bis auf das Jahr 660 v. Chr. Seine Majestät Mutsohito ist nicht nur ein Abkömmling des ersten Mikado, damals Tenno genannt, des Dshimum Tenno, der von 660 bis 585 v. Chr. lebte, sondern in schnurgerader Linie von diesem, der 122. Kaiser. Man vergegenwärtige sich, dass der Ahn Mutsohitos regierte zur Zeit des Nebukadnezar und des Solon! Man denke sich, dass der Kaiser eine Ahnenreihe von 121 Kaisern aufzuweisen hat! Und in diesem Fürsten verbinden sich eine aussergewöhnliche Menge von Herrschertugenden. Es sind ungeheure Aufgaben gewesen, die in den sechziger Jahren an den damals noch jungen Mikado gestellt wurden. Er musste brechen mit den Jahrhunderte alten Gewohnheiten seines Landes, er musste einen Teil des vornehmsten Adels, und an deren Spitze den gewaltigen Shogun, demütigen. An Stelle des morschen Lehnswesens der Daimios, trat erst die Alleinherrschaft des Kaisers; dann gab dieser dem Lande eine Verfassung. Er lebt nicht mehr als Verkörperung des Himmelssohnes in geheimnisvoller Unnahbarkeit,

---

*) Die Kaiserin und ihre Hofdamen sollen sich fast ausnahmslos in europäischer Weise kleiden.

— 108 —

sondern thätig und dem Volke zugängig. Klassenunterschiede wurden abgeschafft, die Glieder einer verachteten Volksschicht zu Bürgern erhoben und aus Leibeigenen freie Unterthanen gemacht. Nur ein ganzer Mann konnte eine solche Riesenarbeit neben vielem anderen beginnen und zu Ende führen. — Er hatte sein Land, um ihm seine Selbständigkeit zu erhalten, vor den Nordamerikanischen Freistaaten und hauptsächlich vor England förmlich zu schützen — und von diesem Manne stammen die Worte: »Ich bin verwirrt über meine geringe Fähigkeit, ein Kaiserreich zu regieren.« —

Am nämlichen Tage besuchten wir eine chinesische Gärtnerei. Sie hatte eigentlich mehr künstliche als natürliche Reize. Zum grossen Teil besteht die höhere chinesische Gartenkunst darin, die Natur zu verrenken,

Tokio. Mädchen in Rickshas im Ueno Park.

zu verkümmern, zu übertreiben und zu verschieben. Die Ränder der Beete waren mit beschnittenen Theesträuchern besetzt. Büsche und Bäume fanden wir mit grosser Sorgfalt so gezogen und zurechtgeschnitten, dass sie Regenschirmen, Böten, Häusern, Männern mit seltsamen Hüten, Schildkröten, Kranichen und Katzen glichen. Die beliebte Form des Fudjijama fanden wir verschiedene Male wiedergegeben. Manchen der Gestalten hatte man Gesichter, Hände und Füsse von Porzellan, dort, wo sie hingehören, angeheftet, sodass die Pflanzen wahrhaftigen Puppen glichen. Durch die sorgfältig verkleinerten verschiedenartigen Bäume, durch die seltsame Umgestaltung der Blätter und Blüten erscheinen diese Gärten dem Fremden nicht weniger merkwürdig, als durch die darin befindlichen Waldbäume, die sich selber überlassen geblieben sind. Als eine ganz besondere Seltenheit, auf die er sich sehr viel zugute zu halten schien, zeigte der Gärtner uns recht gewöhnliche Dalien, über die wir dem Manne zu Gefallen des Lobes voll waren. —

Durch das früher beschriebene Geschäftsviertel in Tokio zieht sich als Hauptstrasse die »Ginza«. Man muss diese Ginza nach Dunkelwerden gesehen haben. Weder der weisse Schein des Gasglühlichts, noch die elektrische Beleuchtung sind vorhanden, um das Bild zu entweihen, aber Tausende von Papierlaternen in jeder Zeichnung, Farbe und Form erhellen die Strasse und die Läden. Die Seitenstiege sind breit, mit kleinen Bäumen eingefasst und längs der beiden Gossen stehen endlose Reihen von Hausierern, von denen jeder sein Tischchen so schön wie möglich erleuchtet hält. Das Ganze wirkt entzückend und findet wahrscheinlich auf der Welt nicht seinesgleichen. Menschenmassen machen das schnelle Vorüberschreiten unmöglich. Im Halbdunkel wird man nicht, wie am Tage, gestört durch die ungehörigen Hüte; man sicht nur die zierlichen, kleinen japanischen Gestalten, wie sie hier und dort um ihre härmlosen Bedürfnisse handeln, oder wie sie entlangschlendern zu keinem anderen Zweck, als um zu sehen, was die von ihnen bevorzugten Läden an Neuem bieten. Wenn man einen Augenblick stillsteht, um zu horchen, so scheint die ganze Strasse wiederzuhallen von dem Klick-Klack der unzähligen dürftig geschnitzten Holzklötze an den Füssen der Wandernden. In einiger Entfernung gleicht dieser Schall ganz eigenartig einem Chor von Millionen Fröschen in einer Wiese nach warmem Regen. Die Holzschuhe werden am Fusse gehalten, wie die früher erwähnten Gras- und Strohsandalen; die menschliche Hacke steht in keiner Verbindung mit dem Klotz, so dass dieser jedesmal auf das Pflaster fallen muss, wenn der Fuss gehoben wird.

Tokio. Gemüsehändler.

Einen vorteilhaften Eindruck gegenüber den Grossstädten in Europa macht nicht nur die Ginza, sondern auch jede andere Strasse Tokios dadurch, dass keinerlei Mädchen der Halbwelt ihre bemalten Gesichter in ihnen zur Schau tragen. Ordentliche Leute sind nach der Arbeit und Hitze des Tages ebenso sicher vor ihnen, wie um die Mittagszeit. —

Die meisten der Missionskirchen in Tokio stehen nicht weit von einander, wahrscheinlich, um Zeugnis von der gerühmten Einheit der Christlichen Kirche abzulegen. Auch die Zahl der Wohnhäuser für Missionare ist recht bedeutend. Wie überall in Asien, sind die Wohnungen der meisten dieser Leute glänzend eingerichtet. Man findet in Tokio alle möglichen Schattierungen von Bekehrern. Die Mächtigsten sind die Anglikaner, dann folgen nacheinander Röm.-Katholiken, Presbyterianer, Wesleyaner, Methodisten, ursprüngliche Methodisten, andere Methodisten, Kongregationalisten, Baptisten, Lutheraner, Griech.-Katholiken und Salvationisten. Es muss für sie alle eine schmerzliche Unerlässlichkeit sein, sich an einem engen Ort unter einander zu bewegen. — Die gegenwärtigen Japaner haben, trotz 3091 Buddhatempeln in Tokio, kaum eine Religion; ihre Pilgerfahrten sind Picknicks und ihre religiösen Feste Jahrmärkte. Der Buddhismus ist in Japan durch unzählige Secten vertreten, die jede indessen, im Verhältnis zur Bevölkerung, nur wenige Mitglieder zählt, und der Shintoismus gehört schon halb und halb der Sage an. Ein deutscher Prediger, ich glaube Adolf Stöcker, hat behauptet, die Religionslosigkeit gleiche einer dünnen Eisdecke; es sei möglich, dass einzelne über sie gleiten, dass ganze Völker aber mit ihr zusammenbrechen müssen. Das mag in Europa passen; Japan beweist das Gegenteil. Wer Augen hat zu sehen, der sehe. Was ehrliche Missionare in Japan wollen, entzieht sich meiner Beurteilung. Die Mehrzahl — unehrliche — haben keinen anderen Zweck, als ihren Aufenthalt in überfüllten, rauchigen Städten Europas, in denen es ihnen mehr oder weniger schlecht geht, einzutauschen gegen einen Wohnort, an dem ihnen, unter dem Einfluss von ewigem Frühling und Sommer, ein recht behagliches Wohlleben erblüht. Es ist mir unbegreiflich, welche Freude redliche Leute daran haben können, das der Christenheit im allgemeinen anererbte Elend auf den glücklichen Nicht- oder Andersgläubigen zu übertragen. — Ich kann bei dieser Gelegenheit eine Anschauung meines Bruders über afrikanische Verhältnisse nur zu der meinigen machen: »Solange das Zulumädchen unbekleidet einhergeht, ist sie ausnahmslos ehrlich und tugendhaft, aber vom Augenblick an, in dem sie zur Christin wird, in dem man sie in gedruckten Kattun kleidet und ihr einen Hut mit Blumen aufsetzt, wird sie unehrlich und gehört zu den entartetsten ihres Geschlechts.« —

Eine der Sehenswürdigkeiten der Stadt ist die volkstümliche Ausstellung. Ich weiss nicht, ob sie dauernd ist oder nur zufällig zur Zeit unserer Anwesenheit geöffnet war. Jedenfalls gehörte sie zu dem, was mich im Lande am meisten überrascht hat. Da sah ich Dampfpflüge und andere landwirtschaftliche Geräte nach den neuesten Vorbildern, feine Baumwollstoffe, Buchdruckermaschinen, Telegraphen- und Fernsprechvorrichtungen, in verjüngtem Massstab angefertigte Maschinen für Dampfschiffe und Schiffswerften, Snidergewehre und ferner viele äusserst geschickte Nachbildungen der jüngsten europäischen und nordamerikanischen

Erfindungen — alles mit einander ausschliesslich von Japanern angefertigt.

Dass die Ladeninhaber und andere sich unter Umständen auf geschicktes Handeln einlassen, sollte ich mehrfach erfahren. So erinnere ich mich, dass sich beim Ankauf eines Schwertes zwischen einem Briten und einem Japaner folgende Unterhaltung entspann. Der Brite fragte: »I kura?« (Wie viel?) Der Verkäufer entgegnete: »Ni-ju-go-yen« (25 Yen). Der Käufer lachte und bot »Ju-ni-yen« (12 Yen), der Japaner sah sich um und schien seinen Schatten zu suchen, lächelte, als ob er soeben einen ganz vorzüglichen Witz gehört hätte, und schüttelte den Kopf. Der Vergnügungsreisende, augenscheinlich froh jetzt frei zu sein, drehte sich auf seinem Absatz um und pilgerte langsam die Strasse weiter, trotzdem der Japaner ihm nachrief »Ju-roku-yen« (16 Yen). Gerade als der Brite eine Ricksha heranwinkte, klatschte der Japaner in die Hände, um den Käufer zurückzurufen und ihm mit einem verbindlichen Lächeln und einer Verneigung zu versichern, dass er nur zu glücklich sei, sein Gebot von 12 Yen annehmen zu können. Derartigen Erlebnissen war ich natürlich in Searles Gesellschaft nicht ausgesetzt. Die Kleinigkeiten, die ich schliesslich in Tokio kaufte, habe ich nicht teurer als mit ihrem Wert bezahlen müssen. —

Einer der Ausfuhrhändler, bei dem Searle kaufte und zu dem er mich bei der Wahl der verschiedenen Kunstgegenstände mit sich nahm, lud uns ein, den Abend in seiner Familie zuzubringen, und mit grosser Freude leisteten wir der Aufforderung Folge. Die Gelegenheit, einen Abend im Kreise geachteter Bürgersleute verleben zu können, bietet sich dem Besucher Japans nicht häufig, und so durfte ich es wohl einen glücklichen Zufall nennen, diese Einladung erhalten zu haben. — Der Abend brach herein, sternenprächtig und so lieblich, wie es nur bei klarem Sommerhimmel möglich ist. Unter Verbeugungen, der Landessitte gemäss, empfing uns die Frau des Händlers mit ihrer Tochter. Nach Ablegung der Schuhe betraten wir das Zimmer, dessen Boden wieder weich gepolstert und mit feinem Mattengeflecht überzogen, der Bequemlichkeit eines Ruhebettes wenig nachgab. Die nach dem Garten geöffnete Stirnseite des Hauses war mit recht grossen Papierlampen behängt, deren buntes Licht die nächststehenden Blumenbeete und Hecken freundlich erhellte. In der Mitte des Raumes stand eine mit sauberem Baumwollstoff überzogene Erhöhung, der japanische Tisch; in den Hausrat passen unsere hohen Möbel selbstredend nicht. Die mehrfach beschriebene Gewohnheit, nach der die Mahlzeiten in halb liegender oder hockender Stellung eingenommen werden, bringt es mit sich, dass auf die Ausstattung des Fussbodens ebensoviel Sorgfalt verwendet wird, wie wir sie z. B. unseren gepolsterten Stühlen angedeihen lassen. Meterhohe, hübsche zweiarmige Bronzeleuchter, sowie kostbare Wandschirme umrahmten im Viereck einen Platz, auf dem augenscheinlich eine Vorstellung statthaben sollte. — Man war bemüht, aufzutragen, was die japanische Küche zu geben vermag; aber ebenso wie in dem früher erwähnten Speisehause, konnten wir den appetitlichen Gerichten nicht den geziemenden Beifall bezeigen, denn augenscheinlich war bei der Zubereitung mehr ein gefälliges Aussehen, als die Schmackhaftigkeit der Speisen ins Auge gefasst worden. Man gerät im Innern des Landes zu Zeiten in Verlegenheit gegenüber der Einfachheit und Eigentümlichkeit der vorgesetzten Nahrung.

Ein Glockenzeichen im Nebenraume kündigte den Beginn einer Unterhaltung an. Reizend nahm es sich aus, als vier kleine Musumes,*) in schmetterlingbunte Seide gehüllt, vor uns aufmarschierten und sich zierlich verbeugten. Das tiefschwarze Haar glitzerte unter Kronen von metallenen Blumen. Abgesehen von unwesentlichen Mängeln, waren die Mädchen von entzückendem Liebreiz und besonders anmutig durch kindliche Scheu und Sittsamkeit. Zu ihnen gesellten sich drei ältere kleine Damen, die eine Kapelle bildeten. Sie zeigten ihre Kunst auf verschieden gestimmten Saiteninstrumenten, die alle dem Klang unserer Guitarren ähnelten, und spielten wiederholt ein einförmiges Lied, das Searle kannte und später im Gasthofe niederzuschreiben versuchte; es lautete nach seiner Ansicht ungefähr wie folgt:

Unsere Freude erreichte den Höhepunkt, als die kleinen Mädchen im Einzeltanz eine augenscheinlich mit Fleiss geübte Anmut zeigten. Bewundernswert war ihre Gewandtheit, zwischen den zarten Fingerchen die Fächer spielen zu lassen und in niedlicher Verbeugung vom Boden aufzunehmen. Der japanische Tanz verbietet eine eilige Bewegung; die Füsse müssen stets vom Gewande bedeckt bleiben. Der wesentlichste Anteil an der Uebung fällt sonach dem Oberkörper zu, der in gefälligem Wiegen nach rückwärts und seitwärts gleichzeitig einen malerischen Faltenwurf des Kimonos verursachen soll.

Damit hatte die Vorstellung indessen ihr Ende noch nicht erreicht. Ein anderes junges Mädchen, die Tochter eines Beamten, erschien und spielte auf dem Sho, einem ausserordentlich sauber gearbeiteten, jetzt veralteten Tonwerkzeuge. Es bestand aus mehreren Flöten, die aus goldgelacktem Stoff gefertigt und mit Silber eingefasst waren. Die Spielerin,

---

*) Mädchen.

obgleich schon 19 Jahre alt, also für japanische Verhältnisse nicht mehr jung, war recht hübsch und nahm für sich ein durch ihr würdiges und anmutiges Benehmen; sie hatte, wie alle Japanerinnen von Stand, das Gesicht und den Hals weiss gepudert und die Unterlippe rot gefärbt. Ihr Anzug bestand in einem Kimono aus bronzefarbener Seide mit weit herabhängenden Aermeln, einem scharlachroten, mit Gold gesprenkelten Einsatz aus Crêpe zur Bedeckung des Halses, einem reichen Gürtel aus Silberbrokat und schliesslich in weissen Tuchsocken. Sie trug einen Haarbüschel auf dem Scheitel, der durch eine schwere Nadel aus hellem Schildpatt gehalten wurde.

Tokio. Werkstätte für feine Bronzearbeiten.

Zum Abschied verehrte unser gütiger Freund, Herr Natsu, mir eine ganz allerliebste Vase, die ihrer vielen Eigentümlichkeiten halber, nach meiner Rückkehr, in der Heimat Aufsehen erregt hat. —

Unter der Leitung Searles hätte ich sehr wahrscheinlich auch in Tokio einige Kunstschätze vorteilhaft erwerben können, aber wenn mein Vater mir auch empfohlen hatte, alle hervorragenden Teile Japans zu bereisen, so war ich doch nicht angewiesen, Einkäufe irgendwelcher Art zu machen — Unter die schönsten Kunstsachen gehört die mit Silber oder Gold eingelegte Bronze. In einer der Werkstätten, welche die Regierung unterhält, sah ich ein Paar 30 cm hohe Krüge, von bezaubernder Vollkommenheit, Nachbildungen von Stücken, die sich in der kaiserlichen Schatzkammer befinden. Man hätte sie zum wenigsten den schönsten griechischen und römischen Amphoren ebenbürtig an die Seite stellen können. Die Mehrzahl der Bronzewerkstätten, in denen diese Kunstwerke angefertigt werden, sehen nicht viel besser aus als unsere gewöhnlichen Schlossereien; die Gerätschaften fand ich überall von einfacher Art. Viele der feinsten Metallwaren wurden durch scheinbar schlichte Grobschmiede hergestellt, die neben dem Feuer am Boden hockten. Während einer die Glut mit einem Blasebalg anfachte, war der andere beschäftigt, das Eisen auf einem Ambos zu hämmern. Zu alledem fand ich recht viele dieser eigenartigen Schmieden schlecht erleuchtet.

Wie sich denken lässt, ist der Stadtteil, in dem sich vorzugsweise Läden mit Nahrungsmitteln befinden, vom Morgen bis zum Abend gedrängt voll von Käufern, doch hört man kein Lärmen und Feilschen, wie es doch wohl hin und wieder in unsern grossen Markthallen vorkommen mag. Zuckerbäcker — Fischhändler mit Tischen voller Meeraale, Schollen, Austern und mir unbekannten Fischen — Wildhändler mit Hasen, Wachteln, Schnepfen, wilden Enten und Bärenfellen — Verkäufer von Reisklössen oder Gerstenkuchen, von Korn, Soya, Gewürzen, Wein und Theeblättern: alle stehen sie bunt gemischt neben und bei einander. Der Jahreszeit entsprechend, sahen die Obst- und Gemüseläden mit ihren Pfirsichen, Pflaumen, Steckrüben, Möhren, Gurken, Erbsen und Bohnen geradezu verführerisch aus. Ungewöhnlich ist die Massenverwendung von Gurken: Männer, Weiber und Kinder essen sie unzubereitet. Drei oder vier während des Tages zu verzehren, ist nicht aussergewöhnlich. Für 4 Sen erhält man einen Korb mit ungefähr 18 Stück. — Die Blumenhändler stellen abgeschnittene Blumen, niedliche Sträucher und wundervolle Zwergbäumchen in Töpfen zur Schau. Man sieht Verkäufer getrockneter und überzuckerter Früchte, Eierhändler, Schneider, die vorn im Laden sitzen und, soviel ich beurteilen konnte, nur auf japanischen Nähmaschinen arbeiten, Weber, Brillenmacher, Gelbgiesser, Geldwechsler, Tabakfabrikanten, Quacksalber, Droguisten mit ihren Vorräten in hübschen Gefässen aus blauem und weissem Porzellan mit roter Aufschrift. Das alles gehört in den Teil der Stadt, in dem vornehmlich Genuss- und Lebensmittel feilgehalten werden sollen. Inmitten dieses bunten Treibens stehen die Garküchen, ungefähr in derselben Art, wie sie mir gleich bei meiner Landung in Jokohama auffielen. Im Laufe des Tages sieht man Handwerker, Kulis und deren Angehörige, ich glaube eher zu Zehntausenden, als zu Tausenden, an diesen Speiseanstalten, ihre Mahlzeiten einnehmen. Es ist schwer verständlich, wie die Inhaber dieser tragbaren Küchen bei einer so geringen Menge Brennstoff und so dürftigen Kochgeräten den vielen Anforderungen zu entsprechen vermögen. Gewandt, reinlich und sparsam geht es beim Kochen zu. Obschon mich die in dieser Weise hergestellten Speisen nicht gerade reizten, habe ich selten einen Kuli seine Mahlzeit verzehren sehen, ohne immer aufs Neue die saubere und zierliche Weise, in der man das Mahl aufträgt, zu bewundern und mich daneben über die Zweckmässigkeit und Schönheit des Tafelgeschirrs zu freuen. —

Ich habe schon bei früherer Gelegenheit hervorgehoben, dass man in keinem Lande der Welt soviel glückliche Leute sieht wie in Japan. Das Nichtvorhandensein von Bettlern und liederlichem Gesindel, die kindlichen Vergnügungen von Männern und Frauen, das reinliche Aussehen und die saubere Kleidung aller, der Anstand und die Ordnung der Menge, die in dieses Marktviertel drängt: das alles zusammengefasst machte auf uns einen tiefen Eindruck. —

Wie bei allen grösseren Städten, sind auch in der Umgegend Tokios verschiedene Plätze, die für Ausflüge an Feiertagen besonders geeignet sind. Zu diesen zählen die Gräber der 47 Ronins*). Die Geschichte dieser Männer scheint mir wichtig genug, um sie kurz anzuführen.

Die Treue der 47 Ronins.

Vor fast 200 Jahren lebten in Tokio zwei Daimios von hohem Adel in Feindschaft. Am Hofe des damals regierenden Shoguns beleidigte einer dieser beiden Edelleute den andern, Tokumi-no-Ikami, worauf dieser die Waffe gegen den Schmähenden zog. Die übrigen anwesenden Vornehmen des Landes fielen ihm in den Arm und verhinderten, dass im Palaste des Allgewaltigen Blut vergossen wurde. Dem Shogun wurde die That hinterbracht und Tokumi-no-Ikami wurde zum Hara-kiri verurteilt, d. h. zu der Strafe, sich selbst den Bauch aufzuschlitzen und die eigenen Eingeweide herauszureissen. Im alten Japan, also bis zum Jahre 1868, wurde diese Todesstrafe nur den Edelleuten gewährt. Hundert dem Verurteilten ergebene Ronins schworen Rache. Sie wollten den, der ihren Herrn beschimpft hatte, töten, obgleich sie wussten, dass dies Unternehmen ihre Hinrichtung zur Folge haben musste. Sie zerstreuten sich über das ganze Land, damit ihre Absicht vor der Ausführung nicht entdeckt werden könne und verabredeten, am Jahrestage des Eides am Wohnort des zu Ermordenden zusammenzutreffen und zur That zu schreiten. 53 von den 100 waren im Laufe des Jahres gestorben oder verschollen, die übrigen 47 fanden sich ein und ihnen gelang es, den ahnungslosen Daimio mit seinem eigenen Schwert zu töten. Darauf stellten sie sich alle dem Shogun. Gerührt von ihrem Mut, ihrer Treue und Aufopferung, verurteilte er sie zum Hara-kiri, gestattete ihnen also den Tod der Edelleute. —

Ich habe diese Geschichte eingefügt, um auf die Wahrscheinlichkeit hinzuweisen, dass die Soldaten aus dem jüngsten chinesischen Kriege

---

*) Fahrende Ritter mit zwei Schwertern.

aus ähnlichem Fleisch und Blut wie die Ronins gebildet sein mochten. Noch heute werden die 47 Gräber von der ganzen Einwohnerschaft Tokios mit der grössten Liebe und Achtung gepflegt.

Hätte eine ähnliche Begebenheit sich zur Zeit der alten Griechen oder Römer zugetragen, würde sie ohne Zweifel gegenwärtig in allen europäischen Schulen einer begeistert zuhörenden Jugend vorgetragen werden.

Bei dieser Gelegenheit möchte ich bekennen, dass vom ersten Tage meines Aufenthalts in Japan bis zum letzten, mich der Gedanke nicht verliess: »Aehnlich habe ich mir Griechenland zur Zeit des Perikles gedacht!« Meine Begriffe von diesen fernliegenden Jahrhunderten haben allerdings keine Berechtigung, sich besonders geschult oder begründet zu nennen. Ich habe nicht viel mehr von der alten Geschichte gelernt als ein achtbarer Mensch wissen muss, und als zum Einj.-Freiw. Examen erforderlich ist. Aber ich glaube, dass jeder sich von allem, was er hört oder liest, wenn auch ziemlich unbewusst, eine gewisse Vorstellung macht, und mit dem Begriff, den ich mir von Hellas bildete, fand ich das, was ich in Japan sah, derartig im Einklang, dass ich zu Zeiten über die Aehnlichkeit zwischen Einbildung und Wirklichkeit stutzig wurde. —

Von den 3000 Tempeln sahen Searle und ich die von Shiba, die von Ueno und einige andere. Der eilige Besuch vieler dieser herrlichen Gebäude ist mehr Arbeit als Freude. Wem nicht Monate zur Verfügung stehen, um nur die vornehmsten der denkwürdigen Bauten zu besichtigen, auf den müssen diese Andachtshäuser in der Hast ungefähr einen ähnlichen Eindruck machen, wie Meisterwerke in einer durchjagten Gemäldesammlung. — Im ganzen blieb ich zwölf Tage in Tokio, und unter diesen waren nicht weniger als fünf ausgesprochene Regentage, die es mir fast unmöglich machten, überhaupt das Imperial Hotel zu verlassen. Searle ging jedoch in Geschäften aus und ich benutzte das schlechte Wetter, um mein Tagebuch zu führen, um Berichte über das Erlebte nach Hamburg zu schreiben und um an meinen Wanderjahren zu arbeiten. —

Am Montag, den 10. August, reiste ich, ohne Searle, nach Nikko ab. Am Ende einer Eisenbahnfahrt von 6—7 Stunden kam ich abends an diesem hochberühmten Orte an, und zu meiner Freude regnete es nicht, trotzdem man mir das Gegenteil in Tokio vorausgesagt hatte; in Nikko fällt, zumal während der Sommermonate, der meiste Regen im ganzen Lande. Fünfzehn Minuten vom Bahnhof entfernt liegt das Nikko Hotel, in dem ich Wohnung nehmen wollte. Nachdem ich in Tokio fast zwei Wochen europäisch gelebt hatte, erbat ich mir hier ein japanisches Zimmer. Der Besitzer des Gasthofes war augenscheinlich entsetzt und wusste nicht, was er sagen sollte, während ich aufrichtig bedauerte, dass mein Begehren überhaupt auffiel. Alle jungen Leute aus Europa, die Nikko besuchen, sollten, um die Landessitte kennen zu lernen, sie derjenigen ihrer Heimat vorziehen.

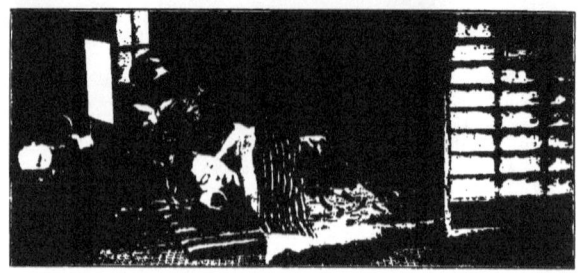

Japanisches Nachtlager: Makura, Pfeife; Laterne u. s. w.

In Zeit von sieben Minuten hatte man indessen meinen Wünschen entsprochen, sodass ich in einem Zimmer von Rahmen und Papier wohnte. Vier recht niedliche Musumes wurden mir, freilich gegen mein Erwarten, zugesellt und diese konnten während der ersten Viertelstunde, auf Grund nicht zu bändigender Fröhlichkeit, kaum Worte finden. Die eine machte es sich zur Pflicht mich zu fächeln, die zweite besorgte die zum Rauchen erforderlichen Gerätschaften, während die dritte und vierte mit meiner Person und meinem Gepäck beschäftigt waren. Auf der Reise nach Nikko hatte ich zwei liebenswürdige Engländerinnen Mrs. und Miss Williams kennen gelernt, trotzdem diese in der I. Wagenklasse gefahren waren, während ich wieder in der III. reiste. In mein ebenso freundliches, als aussergewöhnliches Heim lud ich beide Damen ein, und sie waren nachsichtig genug, meiner Aufforderung zu folgen. Man sorgte für Thee, und wir verbrachten in Gesellschaft der vier jungen Japanerinnen, unausgesetzt mit Rauchen der kleinen Pfeifen beschäftigt, eine recht unterhaltende Stunde.

Nach dem gemeinsamen Essen im Speisesaal sollten wir auf mancherlei Art überrascht werden. Es erschienen Händler, die auf uns, als Fremde, förmlich zustürzten, um uns ihre Karten zu geben und ihre Waren anzubieten. Das Ganze erinnerte mich etwas an die Gewerbetreibenden an den Niagarafällen. »This very cheap!« »No this very good and cheap!« »Gentleman, buy this!« rief man durcheinander. Nikko ist berühmt wegen seiner Felle und Fellpantoffeln. Ich weiss bis zu dieser Stunde nicht, wie ich dazu kam, einen ganzen Vorrat von beiden nicht nur zu kaufen, sondern viel zu teuer zu bezahlen. — Für ein, allerdings recht hübsches, Katzenfell erlegte ich 1 Yen, während ich mich leider zu spät erinnerte, dass man in Hamburg ein ebensolches, mit der lebenden Katze darin, für die Hälfte, also 1,10 Mk., kaufen könne,

Die Nacht verlief doch weniger angenehm als ich erwartet hatte. Es bedarf einiger Zeit, um sich an das Schlafen auf ebener Erde und an den eigenartigen, lackierten Schemel, die Makura, mit der auf ihr befestigten, papierumwickelten Nackenrolle zur Stütze des Kopfes, zu gewöhnen. Eine einen Meter hohe Laterne aus durchscheinendem Papier verlieh dem Zimmer ein nicht unbehagliches Halbdunkel. Leider hatten sich einige Mosquitos unter das Netz verirrt, die das ihrige dazu beitrugen, mich nicht viel ununterbrochenen Schlaf geniessen zu lassen. Als ich früh am nächsten Morgen die Vorhänge vor meinem Fenster aufrollte, zeigte sich mir ein Bild so herrlich, wie ich es nicht erträumt hatte, trotzdem ich am Abend vorher darauf aufmerksam gemacht war, dass ich einen grossen Teil der Naturschönheiten von meinem Altan aus geniessen könne. Es musste nachts geregnet haben. Als ich auf den Vorbau hinaustrat, mochte die Sonne vielleicht vor einer halben Stunde aufgegangen sein; ich atmete eine unvergleichlich würzige, feuchte Morgenluft.

Gebirgszüge umgeben den 1400 m hohen Nan-tai-san, ihren Herrscher, dem man noch heute göttliche Ehren zu teil werden lässt. Prächtige Wälder, zur Rechten ein dunkelgrüner See, links eine Schlucht, in die sich die Gewässer des Chuzenji aus einer Höhe von 80 m hinabstürzen,

Nikko. Die Heilige Rote Brücke.

etwas weiter nach der Mitte die herrlichen Kirifuri-Wasserfälle, die lieblichen Gärten von Dainichido, Pässe von düsterer Grossartigkeit, durch die sich ein Fluss zwängt, der sich aus der Höhe herabschlängelt, daneben die Pracht eines so üppigen Pflanzenwuchses, wie er in Japan vielleicht nicht seinesgleichen hat: das sind noch nicht alle der wunderbaren Reize, mit denen die Umgebung der Heiligtümer der beiden grossen Shogune geschmückt ist.

Schnell suchte ich mein Frühstück zu beenden, um die Tempel und deren Gehege zu sehen. Alle Strassen, Brücken und Baumgänge in Nikko führen zu ihnen; der Hauptweg nimmt seinen Lauf über die heilige Brücke, die dem Besucher nicht zugängig ist. Aus rotgelacktem Holzwerk auf zwei Steinpfeilern hebt sie sich prächtig ab von dem grünen Dunkel der Nadelhölzer. Am oberen Ende des Aufganges, auf dem man in gerader Linie von dieser Brücke zu den Tempeln gelangt, befindet sich ein schmuckloses Galgenthor aus Granit als Eingang zum Vorhof. Es folgen 118 wundervolle, bronzene Laternen, jede ein hervorragendes Kunstwerk, auf massiven steinernen Gestellen: auf allen steht der göttliche Titel des Shogun Yeyasu eingegraben. Ein heiliger, aus einem Felsblock gemeisselter Wasserbehälter mit reich geschmücktem Dach, das auf 12 viereckigen Granitpfeilern ruht, eine im Jahre 1642 vom König von Korea gewidmete Glocke aus Erz und ebenfalls aus Korea stammende Armleuchter von herrlicher Arbeit, stehen ungeregelt und doch keineswegs störend unter den von hundertjährigen Bäumen beschatteten Laternen. Zur Linken erhebt sich, reich bemalt und vergoldet, eine fünfstöckige, 30 m hohe Pagode mit vielen Holzschnitzereien. Eine grosse Pforte, das Ni-o mon, beschliesst oberhalb der letzten Stufen eine hübsche, 35 m vom Tempelthor entfernte Treppe. Ein weisser Vorhang, mit dem schwarz gedruckten Wappen des Mikado, verhängt zum Teil den in grossartigstem Stil ausgeführten Haupteingang zu den Heiligtümern.

Die Pracht und Schönheit des ersten Hofes ist überwältigend. Die Reinheit des Stils aller Gebäude, den Gedanken, der sich in dem ganzen Werke offenbart, wird indessen nur der vollständig zu fassen und zu würdigen vermögen, der nicht nur japanisch zu denken imstande ist, sondern dem ein hoher Grad japanischer Bildung innewohnt. Aber auch uns Laien mit europäischem Verständnis für Kunst und Schönheit bieten die Heiligtümer eine nicht leicht zu übertreffende Fülle des Ergreifenden. Ein einfacher Landwirt aus der Probstei wird indessen schwerlich dem Dogenpalast gerecht werden, und ähnlich mag es manchem reisenden Briten in Nikko ergehen. Auf solche Anschauungen allein vermag ich das fast abweisende Urteil mancher anglo-sächsischer Globetrotter über Nikko zurückzuführen.

Dem Engländer von mittlerer Erziehung sind der Hyde Park und die Westminster Abtei die Vorbilder des Schönen. Je mehr landschaft-

Tempel, Höfe u[nd]

Nach eine[r]

Yemitsu.

20. Futatsu-do.
21. Grab des Jigen Daishi.
22. Ryuko-in, Wohnung der Priester.
23. Ni-o-mon.
24. Brunnen mit geheiligtem Wasser.
25. Das Thor Niten-mon.
26. Yasha-mon, das Thor der bösen Geister.
27. Honden, Andachtszimmer.
28. Grab des Shogun Yemitsu.

10. Glockenturm.
11. Der Tempel Yakushi.
12. Das Thor Yomei-mon.
13. Die Schaubühne Kagura.
14. Goma-do, Tempel in welchem wohl[
15. Mikoshi-do, Tempel in dem geheilig[
16. Kara-mon, das Chinesische Thor.
17. Honden, Betzimmer.
18. Grab des Shogun Yeyasu.
19. Das Reliquienkästchen Futu-ara.

(Dem japanischen Schreibgebrauch entspr[

…iale von Nikko.
Entwurf.   Voynou.

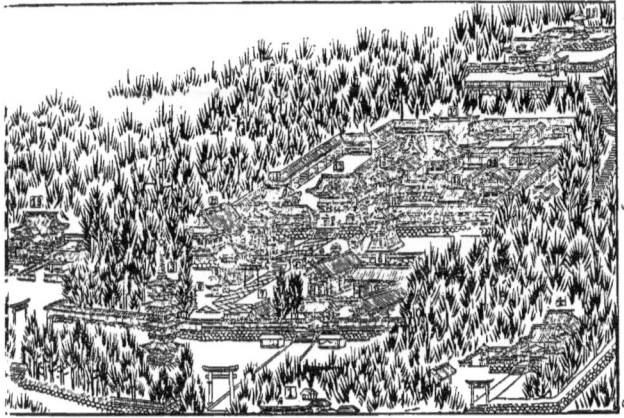

                      1. Mangwanji.
                      2. Oeffentlicher Park.
                      3. Pagode.
                      4. O Kari-den. Nebentempel.
lt verbrannt wird.   5. Ni-o-mon. Thor der beiden Könige.
verwahrt werden.   6. Geheiligtes Vorratshaus.
                      7. Heiliger Stall.
                      8. Brunnen mit geheiligtem Wasser.
                      9. Kyozo. Gebäude mit einer Sammlung Buddhistischer Schriften.

Zahlen von rechts nach links zu lesen.

liche Anlagen oder Bauten diesen gleichen, um so herrlicher müssen sie sein; je weiter sie sich in ihrer Erscheinung von solcher eingebildeten Vollkommenheit entfernen, um so weniger sind sie beachtenswert. —

Blickt man vom Thore Ni-o mon auf den nächstliegenden ersten Hof, so schwelgt das Auge in einer Formen- und Farbenpracht, die jeder Beschreibung spottet. Rund um den sauberen, mit Kieselsteinen ausgelegten Hof, der von einer lebhaft rot bemalten Holzwand umgeben ist, stehen drei wundervolle Gebäude, welche die Tempelschätze bergen;

Nikko. Ein Teil der Tempel des Yeyasu.

ferner sind in diesem Durchgang errichtet: ein prächtiger granitener, mit Weihwasser gefüllter Brunnen, der aus einem Wasserfall gespeist wird; desgleichen ein reich verziertes Haus, in dem eine vollständige Sammlung buddhistischer Schriften verwahrt ist, und leider auch ein unschöner Stall. In ihm fand ich einen braunen Hengst, der bei feierlichen Aufzügen verwendet werden soll.*)

Vom ersten Hof führt eine Treppenflucht in einen kleineren, der einen ausserordentlich künstlich gearbeiteten Glockenturm enthält, daneben

---

*) Vorschriftsmässig muss der Hengst von weisser Farbe sein; da derzeit im ganzen Lande ein solches Tier nicht zu beschaffen war, hätte man das kastanienfarbene Pferd gewählt.

einen fast ebenso schönen Trommelturm, eine Kapelle, eine Glocke und einige sehr grosse Laternen aus Bronze.

Von diesem Hofe geht eine andere Treppe nach dem Thore Yomei mon, dessen Pracht in ihrem ganzen Umfange aufzufassen in einem Tage kaum möglich sein dürfte. Die Kapitäle der weissen Säulen sind nach dem Kopf des sagenhaften, löwenartigen Kirin gebildet. Im inneren Teile des Thorweges sind weiss bemalte Seitennischen in anmutiger Weise verziert mit Rankenwerk, dessen Grundform Päonien bilden.

Es ist unmöglich, in Kürze alles aufzuzählen, geschweige zu schildern, was diese Höfe, Gehege und Thore an Kunstwerken allerersten Ranges enthalten; jedenfalls fühlte ich bald, dass meine Aufnahmefähigkeit und meine Kräfte nicht ausreichten, so viel Bewundernswertes in drei oder vier Stunden zu erfassen. Durch die Pracht verwirrt, überschritt ich mit dem Führer den letzten Hof und wir traten durch eine goldene Pforte ein in einen dunklen, goldenen Tempel, wo wir nichts erblickten als — einen einfachen schwarzlackierten Tisch, auf dem ein runder Metallspiegel lag.

Ich atmete auf: wir waren am Ende angelangt. Jahre sind für den Kenner erforderlich, um das, was ich bis dahin gesehen hatte und von dem ich hier nur das Auffälligste angeführt habe, so zu erforschen, bis er die ganze Schönheit, die ganze auf jede kleinste Kleinigkeit verwendete Kunst begriffen haben wird!

Sämtliche Heiligtümer sind in den Jahren 1616—1618, in der Blütezeit japanischer Meisterschaft, von dem zweiten Shogun des Togu-Gawa-Herrschergeschlechts neben dem Grabe seines Vaters Yeyasu geschaffen, aber keines von ihnen steht über der Ruhestätte der Asche des grossen Volksfürsten. — Wir begaben uns zurück in den letzten Hof und traten aus dessen umschlossenen Räumen durch einen bedeckten Thorweg in einen aus Stein errichteten Rundgang. Ist im Innern durch masslosen Reichtum und unübertroffene Kunst ein farbiges Feenreich geschaffen, so findet man draussen den letzten Ruheort des mächtigen Oberherrn mit überraschender Einfachheit behandelt. Welch vollendeter Geschmack, welches Verständnis für Kunst und welche Beweise zarten Empfindens sind durch diese Gegensätze veranschaulicht! Eine Treppe von 240 Steinstufen führt auf den Gipfel eines Hügels, wo, erhaben über die Herrlichkeit der Heiligenschreine, Yeyasus Ueberreste in einem schmucklosen, aber formvollendeten Grabe aus Stein und Bronze ruhen. Vor diesem steht ein Steintisch mit einem bronzenen Räucherbecken und einem Kruge, aus dem Lotospflanzen von Erz hervorragen, daneben ist einem bronzenen Kranich, der einen Leuchter im Schnabel trägt, eine Stelle eingeräumt. Ein steinerner Wall mit einem Geländer umgiebt die einfache, ergreifende Stätte, über welche hohe, uralte Taxodien ihre Aeste strecken und die

Helligkeit zu einem dämmernden Zwielicht abmildern. Nur spärlich dringen die Sonnenstrahlen durch die Zweige, trauernde Stille umgiebt die Gruft des begabtesten und grössten Mannes, den Japan erzeugte, der seinem Lande, vornehmlich durch weise — wenn auch strenge — Gesetze, Frieden und Wohlfahrt für mehr als 200 Jahre sicherte. —

Die Tempel des Yemitsu, Enkel des grossen Yeyasu, liegen in der Nähe der eben beschriebenen Wunderbauten und machen, obgleich sie weniger prächtig sind, dadurch einen fast noch erstaunlicheren Eindruck, dass sie sich bis heute in Händen der buddhistischen Priester befinden und mit dem glänzenden Zubehör des buddhistischen Gottesdienstes des 17. Jahrhunderts überfüllt sind. Sie bilden einen auffallenden Gegensatz zu dem einfachen, vorhin erwähnten Shintospiegel inmitten von Gold, Lack und Farbenpracht. Im grossen Haupteingange stehen ziegelrot angestrichene Gestalten in Gewändern, die, eigenartig bunt bemalt, scheinbar aus geblümter Seide gefertigt sind. Eine Treppenflucht führt nach einem anderen Thore, in dessen Nischen Ungeheuer in Menschengestalt stehen; es sind dies die Götter des Windes und des Donners. Dann folgen andere Stufen und ein ferneres Thor mit den Gottheiten der vier Jahreszeiten; sie sind kühn geformt, von lebhaftem Gesichtsausdruck und mit langen Eckzähnen versehen.

Als wir den Haupttempel erreicht hatten, meinte, der Uebersetzung meines Führers zufolge, ein alter Bonze, auf die Götter zeigend: »In olden times, we used to believe in those, but no more now.« Im Tempel stand ein prachtvoller Schrein, der, als der Vorhang aus Goldstoff fortgezogen wurde, im Innern ungemein kostbar erschien. Er enthielt, ausser zwei nebensächlichen Figuren, Buddha aus vergoldetem Erz; mit der seligen Ruhe im Antlitz, die allen Buddhabildnissen eigen ist, sitzt der Erleuchtete mit untergeschlagenen Beinen auf Lotosblumen.

Die Heiligtümer sind in ihrer Art die wundersamsten Werke in Japan. Sie ergreifen und fesseln durch ihre fremdartige Pracht und Herrlichkeit, sie zwingen den nachdenkenden Besucher aus dem Westen zu der Erkenntnis, dass es eine ihnen bis vor 30 Jahren unbekannte Schönheit der Form- und Farbenverbindung giebt, und dass sich wahrhaft erhabene Kunstgedanken auch durch lackiertes Holz und Metall ausdrücken lassen. Indessen sollte man auch in Nikko von allen Vergleichen durchaus absehen. Die Reize der Notre Dame, des Tadsh und der Nikko Tempel lassen sich ebenso wenig mit einander vergleichen, wie Don Juan mit der Götterdämmerung, wie die Lerche mit dem Adler. Was bei den Nikko Tempeln besonders auffällt, ist der Umstand, dass die ganze Umgebung, fast jeder Baumzweig zur Gesamtwirkung beiträgt; nichts dürfte fehlen, nichts hinzugesetzt werden. Die einzelnen Thore, die einzelnen Tempel, die einzelnen Gehege oder alles mit einander, von ihrem jetzigen Standorte entfernt und gleich vollendet im Central-Park von Newyork aufgerichtet, würden nicht den zehnten Teil des Eindrucks machen, den sie an Ort und Stelle hervorrufen. Eine Nachtigall in einem kostbaren Bauer unter dem Brandenburger Thor aufgehängt, könnte unmöglich das Herz gleichermassen erfreuen, wie die in Freiheit, im Lichte der Mondsichel in der lautlosen Waldeinsamkeit schlagende Sängerin.

Eben darum möchte ich das feine Empfinden der Japaner besonders hervorheben, weil sie ihre Kunst der Umgebung wunderbar anzupassen wissen, weil sie diese zu verwenden und mit hineinzuziehen verstehen in ihre schönsten Kunstwerke. Die Erbauer der Nikko-Tempel und Gehege wussten ihren Aufgaben nicht nur als Bildhauer und Maler gerecht zu werden, sie waren Landschaftskünstler, wie die Welt sie nicht zum andern Mal gesehen hat. Es scheint, dass das Auffassen und Empfinden jener Völkerschaft auf einer viel höheren Stufe steht, als das irgend eines alten oder jetzt lebenden Menschengeschlechts unseres Weltteils. Japaner dürften ein Recht haben, uns Barbaren zu nennen, wenn sie u. a. unsere Kirchen in einem engen Kreise geschmackloser Häuser sehen, und wenn in unmittelbarer Nähe prunkvoller Gotteshäuser im gothischen Stil, garstige alte Weiber lebenden Aalen die Haut abziehen.

Was wir erst in allerneuester Zeit durch die Erfindung der Augenblicksphotographie zu fassen und festzustellen vermögen, die Bewegungen der Tiere, haben die Japaner durch einfache sinnliche Wahrnehmung seit Jahrhunderten gekannt. Ich weiss nicht, ob z. B. die Bewegung der Beine des Pferdes in den verschiedenen Gangarten Einzelnen in Europa vor der Einführung jener Errungenschaft bekannt gewesen ist. Jedenfalls hat die grosse Menge der Europäer sie nicht verstanden, während ich überzeugt bin, dass jeder japanische Schulknabe sie ganz genau zu beschreiben und aus eigener Anschauung wiederzugeben vermöchte.

Nikko soll heissen: »Sonniger Glanz«, und ein japanisches Sprichwort lautet:

»Wer nie gesehen hat Nikko,
Darf auch nicht sagen: Kekko«.*)

entspricht also dem allbekannten Satz: »Vedi Napoli et poi muori!«

Selbstverständlich sind meine vorstehenden Beschreibungen dieses Paradieses recht dürftig und mangelhaft. Allen, die Anteil an Nikko nehmen, möchte ich als besten Lesestoff ein die Tempel betreffendes Handbuch von Mr. Satow empfohlen haben, und daneben: Kunst und Handwerk in Japan, von Dr. Justus Brinckmann. Aber ebenso wie der Tadsh in Agra, sind die Nikko Tempel weder durch Malerei, noch durch Photographie, noch durch die Kunst des Bildhauers oder des Schriftstellers ihrer würdig wiederzugeben.

---

*) Reizend.

Nikko selbst ist ein Städtchen mit vielen vorzüglichen und einzelnen weniger guten Gasthöfen, das sein Dasein nur der Menge von Fremden und Wallfahrern verdankt.

Am Dienstag, den 11. August, war die Ortschaft in nicht geringer Aufregung. In allen Strassen sah man Kränze und Blumengewinde, und um 3 Uhr nachmittags fuhr Seine Kaiserliche Hoheit, der Kronprinz, an unserem Gasthofe vorüber. Wie vor einigen Tagen in Tokio, als der Kaiser sich durch die Strassen der Stadt zur Parade begab, hatte jeder, der den Prinzen sehen wollte, sich durchaus ruhig zu verhalten und den Hut schon lange vor dem Erscheinen des Thronfolgers in die Hand zu nehmen. Der Zug mochte aus 25 oder 30 Rickshas mit je 2 Kulis bestehen; nur der Prinz wurde von 3 Leuten bedient. Der 17 Jahre zählende Kronerbe hatte in seinem Aeussern ebenso wenig Bestechendes oder Ehrfurchtgebietendes wie sein grosser Vater; an Klugheit und anderen Herrschertugenden soll er nicht hinter ihm zurückstehen. —

Nach einer Abwesenheit von 16 Tagen traf ich am 13. August wieder in Jokohama ein. Ich begab mich mehrfach zu den Herren C. Illies & Co., um die Güte und Liebenswürdigkeit des Vorstehers der Handlung, des Herrn Franz Kochen aus Hamburg, in Anspruch zu nehmen, wenn ich über die Handelsverhältnisse der Belehrung bedurfte. Vor allem lag mir daran, zu erfahren, ob ich Beschäftigung in einem deutschen oder englischen Hause finden könnte, nachdem ich meine Obliegenheiten in Ostsibirien erledigt haben würde. Mein Vater hatte mich verständigt dass ich viel zu jung sei, und viel zu wenig vom auswärtigen Handel gesehen hätte, um für immer nach Hamburg zurückzukehren, dass es somit seinem Wunsch entspräche, wenn ich an einem der japanischen, chinesischen oder indischen Handelsplätze für die Zeit von ein bis zwei Jahren Stellung nehmen würde. Dass ich in Jokohama meine Kenntnisse ausserordentlich bereichern konnte, schien mir keinem Zweifel zu unterliegen, dass das Leben in Japan zu dem angenehmsten gehört, hatte ich zur Genüge erfahren, dass ich mich nach dem langweiligen Tegucigalpa in Jokohama recht wohl aufgehoben finden würde, war also selbstverständlich. Leider wurden meine Hoffnungen durch Herrn Kochens Berichte soweit herabgestimmt, dass ich nicht allein Jokohama, sondern gleichzeitig Kobe in meinen Zukunftsplänen strich. Herr Kochen setzte mir auseinander, dass die leichtlebigen und lebhaften Japaner nach den Erfolgen im Kriege mit China keine Grenzen für die zukünftige Wohlfahrt des Landes mehr zu ziehen gewusst hatten. Jeder fühlte sich reich und in Uebereinstimmung mit dieser, im ganzen Lande verbreiteten Anschauung, wurden Aufträge nach Nordamerika und Europa gelegt, die alles Mass der Vernunft überschritten. Die Rückwirkung konnte nicht ausbleiben, und das Land litt derzeit an den Folgen des Taumels vom Jahre 1894/95. Die Warenhäuser in den Hafenstädten waren bis unter das Dach angehäuft mit Erzeugnissen aus dem Westen und Osten. Die Japaner hatten bestellt und bestellt, ohne beim Eintreffen der Güter in der Lage zu sein, für ihre Waren zu zahlen. Unter solchen Umständen musste der Handel darniederliegen, und das Angebot von kaufmännischen Arbeitskräften übertraf die Nachfrage um das Dreifache. — Auch im übrigen bin ich Herrn Kochen über manche Aufklärungen zu grossem Danke verpflichtet, sodass ich fast annehmen möchte, ein Vierteljahr angestrengter Arbeit hätte mich nicht viel weiter gebracht, als wenige Stunden in der Gesellschaft des ebenso gütigen wie erfahrenen Herrn.

Mit den jungen Hamburger Freunden: Pietzcker, Refardt, Wilckens und Elkan wurden noch einige hübsche Ausflüge gemacht und herrliche Tage verlebt. Zumal Paul Pietzcker, Carl Refardt und Walter Elkan haben mir Gastfreundschaft und gütige Hilfe bei Erledigung vieler meiner Angelegenheiten erwiesen. Walter Elkan war mehr gewerkthätig als kaufmännisch beschäftigt; er versuchte mit Erfolg, sich Kenntnisse in der Bronze- und Metallwaren-Verfertigung anzueignen, zu welchem Endzwecke er mit dem Erlernen der japanischen Sprache beginnen musste. Es ist nach mancher Richtung bezeichnend, dass Europäer nach Japan reisen, um die Kunstfertigkeit eines Teiles seiner Einwohner zu der ihrigen zu machen.

VIII. KAPITEL.

Eine Wanderfahrt durch das Land des Thees und der Seide.

Am 14. traf Searle aus Tokio ein, und am 15. fuhren wir nach Kamakura ab. Die Eisenbahn führte durch Reisfelder und Bambuswälder. An Ort und Stelle nahmen wir Rickshas, um gleich weiter nach dem berühmten Daibutsu zu fahren. In der Stadt selbst schien ein Fest gefeiert zu werden. Wir sahen zwei übertrieben und geschmacklos bemalte Drachenköpfe mit unverhältnismässig kleinen Schwänzen 'daran, schnell

Der Daibutsu bei Kamakura.
(w. g. Auf der obersten Treppenstufe steht ein erwachsener Japaner).

von mehreren Männern auf einer Brücke hin- und hertragen; den Leuten schien diese Beschäftigung viel Spass zu machen.

Der Daibutsu, eine ungeheure Figur des Buddha, befindet sich ungefähr 3 km in südlicher Richtung von Kamakura. Er steht im Freien und ragt über die ihn umgebenden alten Bäume hinaus. Ursprünglich hat er sich in einem Tempel befunden, der indessen bei einer Sturmflut im Jahre 1494 fortgerissen wurde. Die Priester haben seit kurzem eine Liste ausgelegt, auf welcher Beiträge zum Wiederaufbau des Tempels gezeichnet werden können; an den angeblich erforderlichen 85 000 Mk. fehlten zur Zeit ungefähr noch 20 000 Mk.

Innerhalb der Figur ist eine Kapelle hergerichtet, in der alle vorhandenen Holzteile über und über mit Namen von Globetrottern bekritzelt sind. Priester verkaufen eine Tabelle, auf der die Ausdehnungen der einzelnen Teile der Gestalt ungefähr folgendermassen angegeben sind:

Höhe	16 m
Umfang	32 «
Länge des Gesichts	2½ «
Weite von einem Ohr zum andern	5 «
Höhe des runden Auswuchses auf der Stirn	0,35 «
Länge jedes der Augen	1,20 «
Länge der Augenbrauen	1,25 «
Länge des Ohrs	2 «
Länge der Nase	1,20 «
Länge des Mundes	1,5 «
Umfang des Daumens	1 «

Die Augen sind von reinem Gold; der silberne Auswuchs auf der Stirn wiegt 14 kg. Das ganze Bildnis ist aus Bronzeplatten zusammengesetzt, die einzeln gegossen und darauf zusammengelötet wurden, um schliesslich mit dem Meissel bis zur Vollendung ausgearbeitet zu werden. Der Daibutsu mag eine so vollkommene Schöpfung sein dass Kenner ihn für ein Kunstwerk von hervorragender Bedeutung erklären. Immerhin glaube ich, dass er auch auf den Laien nicht nur durch seine ungeheuren Ausdehnungen wirkt. In den Gesichtszügen ist die Entsagung, die Beherrschung aller Leidenschaften in wahrhaft meisterlicher Art zum Ausdruck gebracht. –

Als wir uns wieder in die Rickshas gesetzt hatten, um nach Enoschima, einer sehr kleinen, entzückenden Felseninsel zu fahren, klärte sich urplötzlich die Luft, und scheinbar in ganz unmittelbarer Nähe gewahrten wir den Fudjijama, den Berg ohne Gleichen. Ich war so überrascht, dass ich laut rief: »Mount Fudji, Mount Fudji!« Die Erscheinung kam mir so plötzlich, so gegen alle Erwartung, der Eindruck war so überwältigend, dass ich während der ersten Sekunden kaum meinen Augen zu trauen wagte. Man hat recht, ihn »the peerless mountain« zu nennen. Kein anderer in der Welt kann sich mit ihm messen, weder in der Erscheinung, noch in der Aussicht vom Gipfel. Sowohl im Himalaya, als auch in den Anden oder in der Schweiz sind die höchsten Berge rings von andern umgeben und daher können sie von ihren Spitzen keinen Rundblick bieten wie der Fudji, der in einsamer Pracht, 3745 m hoch, unweit des Meeres in einer herrlichen Landschaft steht. Die erloschenen Feuerberge auf Hawaii übertreffen ihn an Höhe, stehen aber in ihrer Gestalt weit hinter ihm zurück.

Jeder muss diesen majestätischen Kegel verehren, und es ist kein Wunder, dass Liebhaber des Schönen und Grossartigen, wie die Japaner, ihren Berg anbeten. Den geschichtlichen Ueberlieferungen zu-

Der Fudji-no-Jama, vom Ufer der Sogami Bucht gesehen.

folge hat er sich 286 v. Chr. erhoben, während gleichzeitig, in nordöstlicher Richtung von Kioto, eine Strecke Landes versank, an deren Stelle heute der Biwasee liegt. Der letzte Ausbruch des erkalteten Feuerberges fällt in das Jahr 1707. Die Besteigung in 8—9 Stunden ist gefahrlos. Der Fudji ist ein ehrlicher Berg. Ihm sind die Tücken fremd, durch welche andere hohe Berge den Wanderer im Glauben bestärken, dass die Kuppe nach ermüdendem Steigen dicht vor ihm liegt: nur um ihm eine Enttäuschung zu bereiten, wenn ein anderes Halbdutzend Gipfel so ganz unversehens in Sicht kommt. Die Spitze des Fudji dagegen dient als Leitstern, und wie ein Magnet zieht sie den ehrgeizigen Bergsteiger aufwärts. Juli und August sind die einzigen Monate, in denen der Riese schneefrei ist. Malerisch schöner wird er sein, wenn der obere Teil sich in weisser Umhüllung zeigt. —

Ehe wir nach Jokohama zurückkehrten, machten wir einen Abstecher über Miyanoshita nach Hakone, zwei recht hübschen Gebirgsorten, die an

Das Hotel Fudji-ya in Miyanoshita.

unsere bevorzugten Sommerfrischen im Schwarzwalde oder im Harz erinnern. Auf der Bahn fuhren wir von Kamakura bis Kotzu, das freundlich an der Sagami-Bucht liegt und unter Umständen einen herrlichen Blick auf den Fudji gewährt; wir setzten die Reise mit der Pferdebahn nach Yumoto, und dann in Rickshas nach Miyanoshita fort. Das Hotel Fudji-ya von einem Japaner in europäischer Art gehalten, sucht seinesgleichen. Die Lage ist bezaubernd, und der Besitzer versteht es, ohne den bei uns üblichen Aufwand in guten Gasthöfen, seinen Gästen den Aufenthalt wirklich genussreich zu gestalten. Von Miyanoshita ritten wir in zwei oder drei Stunden bis Hakone, das an einem von Hügeln umgebenen, lautlos stillen See liegt. Der eigentliche Reiz von Hakone besteht darin, dass man von hier, bei klarem Wetter, den Fudji mit seinem Spiegelbild, am andern Ende des Sees durch die im Vordergrund gelegenen Hügel malerisch gehoben, in so herrlicher Formvollendung sieht, wie von keiner anderen Stelle im Lande. Hakone liegt 270 m höher als Miyanoshita und ist im Winter geschlossen, während das Hotel Fudji-ya in allen Monaten den Gästen zur Verfügung steht. In Miyanoshita und auf dem Wege nach Hakone, in Ashinoyu, befinden sich heisse Quellen, die wegen ihres starken Schwefelgehaltes von Eingeborenen und Fremden gesucht sind. —

Wieder in Jokohama angelangt, folgte ich dankend der Einladung unseres Generalkonsuls Herrn Dr. Schmidt-Leda, bei dem ich den Vizekonsul, Herrn Dr. Kallen, und, zu meiner nicht geringen Ueberraschung — meinen Freund Held aus Hamburg traf; er war tags zuvor eingetroffen.

Man vergegenwärtige sich: Heinrich Held und mein Bruder hatten vor zwei Jahren in Buenos Aires die Wohnung mit einander geteilt. — Herr H. Justus war Teilhaber in der Handlung von Heinrich Helds Vater in Hamburg. — Herr Dr. Schmidt-Leda, Herr H. Justus und mein Bruder trafen sich zufällig im Februar 1896 in Honolulu. — Held und ich essen, wiederum zufällig, zusammen bei dem Generalkonsul in Jokohama. — Unter diesen, gewiss eigenartigen Umständen fehlte es natürlich nicht an Stoff zu lebhafter Unterhaltung. —

Am folgenden Tage benutzten Searle und ich ein kleines Dampfboot, die Tago-Noura Maru, welche nach Jokkaichi fahren sollte. Der Führer, ein Japaner, fragte uns hin und wieder: »Do you feel comfortable?« und schien alles aufzubieten, um uns die Reise angenehm zu machen, indessen ohne viel Erfolg. Kleine Küstendampfer werden fast ausschliesslich von Eingeborenen benutzt, während Europäer überhaupt sehr selten nach abseits gelegenen Städten, wie Jokkaichi, fahren. Wir hatten uns indessen vorgenommen, doch wenigstens einmal einen Ausflug zu machen, ohne von diesen lästigen, läppischen, unwürdigen Globetrottern, die wir ziemlich überall getroffen hatten, gestört zu werden. So gedachten wir von Jokkaichi bis zum Biwasee nicht die Bahn zu benutzen, sondern die ganze Strecke in Rickshas zurückzulegen und erst von Otsu aus bis an die Küste, also bis Kobe, die Reise auf dem Schienenwege zu beenden.

In der Nacht vom 15. auf den 16. ersuchte uns der aufmerksame Schiffsführer, an Deck zu kommen. Rund um den Dampfer herum, nah und fern, zeigten sich grosse blendende Lichter, die dicht über dem Wasser gaukelten und spielten. Sie glichen einer Menge hüpfender Flammen; es schienen ihrer immer mehr und mehr zu werden, bis sie nach Hunderten zählen mochten. Wir unterschieden Gestalten, die sich auf den Vorderteilen der Fischerdshonken hin- und herbewegten. Bald wurden sie vom Feuerschein erhellt, bald verschwanden sie im Dunkel. Der Japaner erklärte uns dies Schauspiel als nächtliches Fischen. Die Männer halten über eine Seite der Dshonken, an langen hölzernen Stielen, eiserne Laternen,

Blick auf den Fudji-no-jama im Frühling vom Hakone See.

9*

worin sie einen Docht aus Birkenrindenstreifen angezündet haben. Das blendende, rote Licht der tanzenden Flammen und der ständige weisse Schimmer der Phosphorescenz des Meeres verliehen dem nächtlichen Bilde zauberischen Reiz. Man ist der Meinung, die Fische würden durch das Licht in Verwirrung gesetzt und liessen sich in diesem Zustande leicht fangen.

Die Dshonken sind gefährliche Fahrzeuge. Jedes Jahr gehen eine Unzahl mit den Mannschaften zu Grunde, weil sie im Sturm, ihres schweren

Thee- und Gasthaus in Jokkaichi.

Baues halber, nicht zu lenken sind. Es ist daher gesetzlich untersagt, derartige Schiffe zu bauen, und alle Fischerboote müssen schon seit geraumer Zeit nach europäischem Muster hergestellt werden. In wenigen Jahren werden die Dshonken, eines der Wahrzeichen des alten Japans, nicht mehr zu finden sein.

Am Abend des 16. hatte unsere Tago-Noura Maru, nach ziemlich schlechter Reise, ihr Ziel erreicht. Da in jüngster Zeit sowohl in Jokohama als auch in Tokio Cholerafälle festgestellt waren, kam in Jokkaichi ein Arzt an Bord, um sich zu überzeugen, dass keine Krankheitserscheinungen während der Reise vorgekommen seien. Jokkaichi ist ein geschlossener Hafenplatz, an dem Ausländer weder leben, noch sich ohne besondere Erlaubnis aufhalten dürfen. Auf Grund unserer Pässe war uns indessen das Landen gestattet. Wir übernachteten in einem richtigen japanischen Gasthofe. Nachdem wir etwas trockenen Reis gegessen, Sake getrunken und jeder 20 oder 25 Pfeifen Tabak geraucht hatte, wurden zwei grosse, dunkelblaue Mosquitonetze, die so ziemlich unser Zimmer ausfüllten, aufgehängt und wir legten uns schlafen. Obgleich ich in Nikko auch japanisch gewohnt hatte, machte der Gasthof in Jokkaichi, durch seine Urwüchsigkeit und seinen Mangel an jeglicher europäischen Verfeinerung, doch einen noch bezeichnenderen Eindruck. Selbst Searle hatte Mühe sich mit den Leuten zu verständigen.

So reinlich Japaner auch immerhin sein mögen, die wattierten Matten an den Fussböden haben doch mancherlei Nachteile. Ich bin überzeugt, dass in jener Nacht Spinnen, Käfer, Wanzen und Flöhe sich an meinem Lager zu einem wahren Hexensabbath vereinigten, unter dem ich schwer leiden musste.

Am andern Morgen stärkten wir uns mit Thee und Reis für einen voraussichtlich anstrengenden Tag und verliessen um $5^1/_4$ Uhr die Stadt. Ich glaube, dass ich den 17. August sobald nicht wieder vergessen werde. Eine Fahrt mitten durch das Land, durch eine Gegend, in der sich selten weisse Männer zeigen: das war fremdartig vom Anfang bis zum Ende. An diesem denkwürdigen Tag war es mir, als lebte ich thatsächlich auf einem anderen Stern. Searle, der diese Reise vor 11 Jahren zuletzt gemacht hatte, teilte meine Empfindung.

Wohin wir kamen, staunten die Leute, grosse und kleine, uns an, nicht weniger als man in unseren Dörfern die Augen aufreissen würde, wenn etwa Chinesen mit langem Zopf in Nankingkleidung hindurchfahren. Aber niemand schrie oder rief; ganz leise, augenscheinlich so, dass wir nichts bemerken sollten, stiess einer den anderen an und machte auf uns aufmerksam, damit wir uns um keinen Preis durch die Neugierde der Leute gekränkt fühlen konnten. Wir fanden das Land überall so dicht bevölkert, wie ich Aehnliches nie gesehen hatte. Die ganze Strecke, die wir zurücklegten, mochte ungefähr 100 km lang sein; unser Gepäck hatten wir auf der Bahn nach Otsu geschickt. Den kindlichen Anschauungen der Landleute über gute Sitte entsprechend, waren wir anfänglich nur bekleidet mit Stiefeln, Hose, Jacke und Hut; alles Unterzeug fehlte, in Anbetracht der grossen Hitze. Um 7 Uhr morgens war der Wärmemesser auf ungefähr $+ 27°$ R. im Schatten gestiegen; ich zog meine Schuhe aus und kaufte mir am Wege ein Paar Gras-Sandalen. — Während des ganzen Tages mögen wir unter den Zehntausenden von Frauen nicht Hundert gesehen haben, die oberhalb des Gürtels auch nur halbwegs gekleidet waren. Unter den jungen Mädchen dagegen dürften nur fünfundzwanzig von hundert mit dem Oberkörper im Naturzustande einhergegangen sein, während die übrigen in gehöriger Art die Kimonos trugen. Die Männer waren fast ausnahmslos auf das Dürftigste oder fast garnicht bekleidet. Den ganzen Tag über bewunderte ich den bildschönen, bronzebraunen Kuli, der schweisstriefend vor mir hertrabte; dieser eine Mann hat mich an jenem Tage in brennender Sonnenhitze nicht weniger als 100 km im Trabe gezogen Unterwegs stärkte er sich mit Thee, Wasser und Reis. Searle dagegen musste zwei- oder dreimal den Kuli wechseln, weil er, schwerer als ich, mehr menschliche Kraft zu seiner Beförderung verbrauchte.

Nach 9 Uhr wurde die Hitze in dem Masse unerträglich, dass ich meine Jacke abzog und meine leichten Flanellbeinkleider bis über die

Ländlicher Barbierladen auf Nipon, von der Strasse gesehen.

Knie umkrempte. In diesem Aufzuge fuhr ich durch Dörfer und Städte mit Tausenden von Menschen. Indessen sah ich nicht ein, welche Gründe mich bestimmen sollten, die Landessitten nicht vollständig zu meiner Bequemlichkeit auszunutzen. Searle war über mich entsetzt — nicht zum ersten Mal — und zog vor, während des ganzen Tages furchterlich zu schwitzen: »for dignity's sake.«

Leider wurden meine Begriffe von japanischer Reinlichkeit um ein Weniges erschüttert. Eigentlichen Schmutz habe ich zwar nicht gesehen. Auch auf dem Lande fällt es niemandem ein, das Haus mit Sandalen zu betreten, und die Strassen sah ich am frühen Morgen sorgfältig gefegt werden, aber die auffallende Sauberkeit der Stadt fand ich in den Dörfern doch nicht.

Auf den Landstrassen bemerkte ich manchen mir bis dahin unbekannten Vorgang. So fand ich eine Frau ruhend, mit dem Rücken gegen die Wand ihres Hauses gelehnt, als plötzlich ihr 3—4 Jahre alter, unbekleideter Junge gelaufen kam, um an ihrer Brust zu naschen. Einige Häuser weiter hockten eine nur zur Hälfte bekleidete Frau und ihr ganz nackter Mann auf den Absätzen, einander gegenüber, inmitten der Strasse. Die Frau hatte ihr Kleines auf den Knien, während der Vater, über das ganze Gesicht lachend, den Sprössling fächelte. Ich sah eine Mutter, die ihrem, natürlich auch unbekleideten, 8 Jahre alten Mädchen den Kopf rasierte. Viele derartiger drolliger Auftritte könnte ich aufzählen. — Der ganze Weg führte durch ein gebirgiges Gelände, das trotz der vorgerückten Jahreszeit im üppigen Saftgrün prangte. Zu beiden Seiten der Landstrasse bemerkte ich namentlich Reis, daneben Thee, Indigo, Tabak, Bambus, Bohnen, Flaschenkürbis, Melonen und manches andere, wie z. B. die kleinen Pflanzen, deren tiefbraune Blätter unsere Teppichbeete zieren. Die Theebüsche glichen teilweise kleinen, rund geschorenen Dornenhecken.

In zwanzig oder dreissig der Dörfer, durch die wir fuhren, wurde ausschliesslich die Zucht der Seidenraupe betrieben. In den Häusern und auf der Strasse, überall sah man junge Mädchen, welche beschäftigt waren, Tausende und Zehntausende der Raupen zu füttern und auf ganz flachen Körben, die wie Hängematten von den Zimmerdecken herunterhingen, zu verlesen. Die Raupen scheinen Tag und Nacht viel Aufmerksamkeit in ihrer Pflege zu erfordern, und grosse Erfahrung ist nötig, um sie zweckentsprechend mit den Blättern des Maulbeerbaums zu füttern. Raupen, die gelbe Cocons liefern sollen, werden mit frischen, grünen Blättern ernährt, während für die weissen Cocons, Fütterung mit getrocknetem Laub erforderlich ist. In den Scheunen sahen wir Weiber mit entblösstem Oberkörper in Gruppen beisammenstehen, beschäftigt, die Maulbeerzweige abzustreifen, welche die so gut wie unbekleideten Männer aus den Hainen hereintrugen. Wir mussten thatsächlich behutsam in der Strasse fahren bezw. gehen, um nicht die auf den Matten ausgelegten Cocons zu zertreten; sie sahen sauber wie überzuckerte Mandeln aus. In einem der Dörfer besuchten wir eine eigentliche Seidenzüchterei, deren Besitzer nicht nur die Raupen aufzog, sondern auch die feine Seide abspann. ,. In jedem Jahre werden Eier zum Werte von 10,000,000 Mk. aus Japan ausgeführt.

Die für die Aufzucht bestimmten Cocons sahen wir in schmalen, geflochtenen Mulden aufgereiht. Nach Verlauf von 12 oder 14 Tagen verwandelt sich die Puppe in eine kleine, weisse Motte von unscheinbarem Aussehen. Ungefähr 100 dieser Tierchen werden alsdann auf einen Kartenbogen gesetzt, der binnen 24 Stunden mit Eiern bedeckt ist, um fernerhin an einer Schnur bis zum Herbst in schattigen Räumen aufgehängt zu bleiben. Im Oktober werden die Karten in einen Kasten gepackt und die Eier im nächsten Frühjahr ausgebrütet. Die besten Karten aus jener Gegend werden das Stück mit 3—4 Yen bezahlt. Die Seidenzeit beginnt Anfang April. Man hängt die Karten in die Sonne und nach etwa 22 Tagen kommen die Raupen zum Vorschein. Die Mädchen pflegen sie sehr sorgsam, indem sie die Pappen in ein Korbgeflecht auf Papier legen und jeden dritten Tag mit einer Feder abkehren, bis alle Eier ausgebrütet sind. Die Maulbeerblätter, mit denen man diese jungen Tiere füttert, werden fein gehackt und verlesen und, nachdem die Rippen ausgesondert sind, mit Hirsenkleie vermengt. Die vom Papier genommenen Raupen werden in saubere Körbe auf eine Lage Matten gelegt. Sie verleben vier Schlafzeiten, deren erste am 10. Tage nach der Ausbrütung eintritt. Zwischen den folgenden Ruhezeiten liegen immer je 6—7 Tage. Unterdessen treffen die Wärterinnen sorgfältige Vorkehrungen. Das Futter wird an kühlen Tagen fünfmal, bei heissem Wetter aber achtmal in 24 Stunden gereicht, und in dem Masse, wie die Würmer wachsen, wird auch ihre Nahrung derber, bis sie nach dem vierten Schlaf die ganzen Blätter erhalten können. Die Mengen des Futters werden sehr genau abgemessen, da die Raupen weder zu kärglich, noch zu reichlich genährt werden dürfen. Nur durch grosse Reinlichkeit, durch sorgsames Entfernen gestorbener Tiere und gleichmässige Wärmegrade können Krankheiten verhütet werden. Nach dem vierten Schlaf hören die Raupen bald auf zu fressen, und sobald man bemerkt, dass sie einen Platz suchen, um sich einzuspinnen, werden sie auf Strohgestelle gelegt, auf denen sie ihre Hüllen innerhalb dreier Tage fertigstellen. Die zur Seidenbereitung bestimmten Cocons werden 3 Tage lang im Sonnenschein ausgelegt, durch welches Verfahren die Puppe getötet wird.

In manchen Dörfern waren die Frauen mit Seidespinnen beschäftigt. Die Puppen wurden in kupferne Becken mit heissem Wasser gelegt, an deren Rand sich ein Ring aus Pferdehaar oder sehr dünnem Draht befindet. Zu der feinsten Seide werden die Fäden von 5 oder 6 Cocons, mittels zweier Finger der linken Hand, aufgenommen und durch den Ring nach der Haspel geführt, während die rechte Hand deren Kurbel dreht. Dazu ist grosse Uebung erforderlich. Das Wasser muss sehr rein sein und wird stets vor dem Gebrauch filtriert, damit die Seide nicht ihren natürlichen Glanz verliert. — —

Auch die Theeernte war im besten Gange. — Neben den Dörfern, in denen man sich mit der Seidenraupenzucht beschäftigte, sahen wir indessen niemals Theegärten, sondern nur Haine der ihres Blätterschmucks beraubten, hässlichen Maulbeerbäume. — Frauen waren in den Theegärten mit Pflücken beschäftigt, während vor den einzelnen Häusern Matten ausgebreitet lagen, auf denen der »Cha« trocknete. Nicht selten fanden wir aber auch Indigoblätter neben den Matten mit Thee. Das Verlesen der Theeblätter geschah ausschliesslich innerhalb der Wohnräume, fast ohne Ausnahme durch Kinder.

Der Anblick eines Theegartens hat durch die schnurgeraden, langen Reihen, in denen die Sträucher stehen, etwas Einförmiges: sie sind in der Regel 1,15 m von einander gepflanzt. Die Entblätterung geschieht hier zweimal jährlich. Man sondert die zarten, noch weniger entwickelten Blätter als feinere Sorten von den älteren und festeren. Nach dem Trocknen auf Matten werden die Blätter in grosse leinene, von der heissen Luft eines Kohlenfeuers durchzogene Beutel gebracht, in denen sie unter beständigem Umrühren das zweite Trocknen erfahren. Von den luftigen Leinwandwalzen schüttet man die bereits durch die Hitze gerollten Blätter in grosse Dörrpfannen, in denen sie eines um das andere zwischen den Fingern behandelt werden. Je feiner die Theesorte, um so mehr wird darauf geachtet, dass jedes Blättchen richtig geformt werde. —

Pflücken der Cha- (Thee) Blätter.

In den Strassen sah ich vielfach Hengste und Stiere, beide mit Strohschuhen zum Schutz der Hufe, Lasten tragen und ziehen. Es scheint, dass in einzelnen Bezirken des Landes nur Hengste, in anderen nur Stuten gehalten werden. Wallache habe ich überhaupt nicht bemerkt.

Ungefähr 1½ Stunden vor Mittag machten wir zum erstenmal Halt in einem Theehause, wie es deren viele an der Landstrasse giebt, die sich aber äusserlich wenig von anderen Häusern unterscheiden. Sobald man ein solches Theehaus oder eine beliebige Wirtschaft betritt, erscheint eine Frau oder ein Mädchen und bietet eines der Schälchen mit dem gelben Getränk an. Wir assen Reis mit weichgekochten Eiern, dazu tranken wir Sake und rauchten ungefähr jeder ein Dutzend Pfeifen; dann fuhren wir weiter. Auf dieser und den folgenden Haltestellen versammelten sich viele Kinder und Erwachsene, um uns anzustaunen. Man schien nie im Leben eine so spasshafte Figur, wie mich, den Europäer in der Tracht eines japanischen Landarbeiters, gesehen zu haben. Mädchen und Frauen streichelten und kniffen mich, weil sie sich, wie Searle mir sagte, über meine helle Haut freuten, und die Kinder rannten heulend davon, wenn ich mich ihnen näherte.

Was uns auffallen musste, war, dass man in diesem Teil des Landes kaum irgendwelche, auch nicht die einfachsten Maschinen zu kennen schien, sondern alles noch wie vor 30 Jahren mit der Hand

Das Verlesen der Theeblätter.

und dem gewöhnlichsten Gerät verrichtete. Neben der Seidenspindel möchte ich nur noch den Webstuhl davon ausnehmen. Umsomehr musste es uns befremden, wenn wir hin und wieder an Häusern lasen: »Telegraph Office«. Diese englischen Buchstaben wirkten auf uns ungefähr wie ein kalter Wasserstrahl; wir wurden unliebsam daran erinnert, dass wir uns doch schliesslich noch auf dieser, und nicht in einer anderen Welt, in der Märchen, befanden.

Eine Stunde nach Mittag, in brennender Sonnenglut, waren wir am Fusse eines steilen Berges angekommen. Selbstverständlich verliessen wir die Rickshas und bei + 35° R. stiegen wir bis zum Gipfel hinauf. Oben angekommen, rasteten wir in einem Theehause, in dem mir, nass wie ich

Nipon. Theehaus an der Landstrasse.

war, sofort ein Bad angeboten wurde. In einem kleinen Winkel der Küche war 15 cm über dem Boden ein Gestell von kleinen Stäben angebracht und auf diesem stand ein, mit klarem Wasser gefüllter, Kübel; darin schwamm eine kupferne Schale, während daneben ein blaues Handtuch hing. Ich entkleidete mich, das heisst, ich entfernte die aufgekrempten Flanellbeinkleider, die Sandalen, den Hut und begoss mich nach Herzenslust mit dem Wasser, während Frauen und Mädchen in der Küche ein- und ausgingen, ohne mich viel zu beachten. Um zu zeigen, dass ich ein Mann von einiger Erziehung sei, tauchte ich das Handtuch ins Wasser, um es vor seiner Verwendung auszuwringen. Die Japaner halten es für eine barbarische Sitte sich eines trockenen Handtuchs zu bedienen. — Eigentliche Küchen habe ich nur auf dem Lande, nie in der Stadt bemerkt.

Wir setzten die Reise fort, nachdem wir natürlich die uns angebotenen üblichen Schälchen mit Thee geleert hatten. Viele Früchte wurden in den

Kulis vom Lande.

Strassen feilgehalten. Wir fanden sie alle unreif, hart und geschmacklos, zumal Pfirsiche und ein Mittelding zwischen solchen und Pflaumen schmeckte recht schlecht. Nachmittags 4 Uhr waren wir so erschöpft, dass wir eine Stunde zu ruhen beschlossen, während unsere Rickshakulis fröhlich lachten und kaum angestrengt zu sein schienen; wir waren auf dem ganzen langen Wege an keiner Quelle vorübergefahren, die sie nicht benutzt hätten, um sich gehörig vollzutrinken. Nach 5 Uhr fuhren wir weiter. Ringsum wuchsen Tiger- und weisse Lilien, sowie Federnelken in Mengen, als Feldblumen. Gegen Dunkelwerden kamen die Männer von ihrer Arbeit heim. Wir sahen sie in den einzelnen Dörfern ihre Mahlzeiten verzehren, rauchen, sich ihrer Kinder freuen; sie trugen die Kleinen umher, beobachteten ihre Spiele und daneben flochten sie Strohseile und Sandalen, spalteten Bambus, webten sich Regenröcke aus Stroh und verbrachten die Zeit im allgemeinen mit jenen kleinen haushälterischen, sinnreichen Beschäftigungen und kunstvollen Handfertigkeiten, deren sich unsere Landarbeiter wahrscheinlich viel weniger befleissigen, als wünschenswert wäre. Da fanden keine Versammlungen in Bierhäusern und Kneipen statt, und so ärmlich manche Heimstätte auch sein mochte, die Leute hatten doch ihre Freude daran.

Abends kamen wir totmüde im Dorfe Kusatsu, dem Kreuzungspunkt zweier Bahnen, an; wir waren zu erschöpft, um weiterfahren zu können. Dagegen sah mein Kuli ebenso frisch aus wie am Morgen. Auf der Strecke von 100 km hatte er sich nur, während wir ungefähr 16 km sanft bergauf fuhren, einen Mann zum Nachschieben zur Hilfe genommen. An grösseren Städten und Flecken hatten wir durchreist: Oiwake, Kameyama, Ishakushi, Tshijama, Midsakutsi, aber das Geleise der Bahn brauchten wir während des ganzen Tages nicht zu berühren. Erst nach Dunkelwerden waren uns zwei- oder dreimal in einiger Entfernung zur Rechten und zur Linken fahrende Züge sichtbar geworden. Während der Reise war uns nicht ein einziger Laden aufgefallen, in dem man Fleisch verkaufte. Die Landbevölkerung scheint in diesem Bezirk von Reis, anderen Pflanzen und Fisch zu leben und bei dieser Nahrung ist ihre Arbeitskraft ausserordentlich: so sahen wir u. a. Frauen, die mit schweren Hämmern Reis enthülsten, eine Arbeit, der keine Europäerin dauernd gewachsen sein würde.

Im Gasthofe bemerkte ich, dass es unvorsichtig gewesen war unbekleidet in der Sonnenglut zu reisen. An meinem ganzen Körper empfand ich ein Brennen, und der Rücken, die Beine und Füsse schmerzten, aber kraftlos wie ich war, schlief ich doch auf einem japanischen Lager ganz leidlich. Um 5¹/₂ Uhr am nächsten Morgen weckte mich Searle, und in der Zeit von fünf Minuten war ich mit dem Ankleiden fertig. Ich trug wie tags zuvor Sandalen, Hose, Jacke, Hut und einen grossen Sonnenschirm von Papier. Wir hatten noch eine halbe Stunde in den Rickshas zurückzulegen, dann gelangten wir an einen kleinen Fluss und bestiegen ein winziges und auch ziemlich schmutziges Räderdampfboot, das viel Lärm machte, ohne schnell von der Stelle zu kommen. Auf dem Schiff waren wir wieder der Gegenstand allgemeiner Aufmerksamkeit. Als wir bald nach Abgang des Dampfschiffes über die Südostspitze des ungefähr 68 km langen Biwasees fuhren, machte Searle mich auf das Fischen mit Kormoranen aufmerksam. Auf ein gegebenes Zeichen stürzten sich die Vögel von Flössen aus in das Wasser und kehrten bald darauf mit Fischen, die zum Teil eine beträchtliche Grösse hatten, zurück. Das Verschlucken der Beute wurde durch einen um den Hals des Vogels gelegten Reif verhindert. An dem Ringe war ein langer, gedrehter Strick befestigt, dessen anderes Ende der Fischer in der Hand hielt. Jeder Mann hatte 6, 8 oder selbst 10 der Vögel zu seiner Verfügung. Die Taue hielt der Betreffende in der linken Hand, während er mit der rechten die Fische aus den Schnäbeln der Scharben in Empfang nahm. Searle versicherte mich, dass ein guter Vogel im Biwasee in einer Stunde 100—150 mittelgrosse Fische fängt, die kleinen, die er verschluckt, nicht gezählt. Das Kormoranfischen soll übrigens mehr bei Nacht mit Laternen, als am Tage vorgenommen werden.

Dorf am westlichen Ufer des Biwasees.

Das westliche Ufer des Sees war von einer Menge bewaldeter Berge, das östliche von einem reizend bestellten Gartenlande begrenzt. Ausser Otsu, Hikune und einigen anderen Städten dürften an den Küsten ungefähr 1500 blühende Dörfer liegen. Auf der spiegelglatten Wasserfläche sah man Mengen weisser Segel, und ein lebhafter Verkehr wurde durch kleine Dampfböte, ähnlich dem unsrigen, unterhalten. Biwa Lake ist ein beliebter Ort für Lustreisende, und die an seinem Ufer befindlichen Theehäuser erfreuen sich einer gewissen Berühmtheit.

Ungefähr um 7 Uhr vormittags erreichten wir den kleinen Hafen von Otsu.

Auf dem Wege bis zur Stadt wurde uns die Stelle gezeigt, an der s. Z. der jetzige Kaiser von Russland, damals Grossfürst Thronfolger, von einem überspannten Kuli fast erschlagen worden wäre. Wie Augenzeugen berichten, verdankt der Monarch sein Leben ausschliesslich einem der beiden Kulis, die seine Ricksha schoben und nicht, wie man in Europa gern annimmt, dem Kronprinzen von Griechenland. Wer das Rickshafahren kennt, wird unschwer verstehen, dass die Rettung nicht wohl von den Insassen eines anderen Wagens kommen konnte, dass vielmehr nur dieser Kuli imstande war, den Mörder an seinem Vorhaben zu hindern. Alexander III. gab dem Lebensretter seines Sohnes das kaiserliche Geschenk von 10 000 Yen. Wie man an Ort und Stelle indessen voraussetzte, wurde die ganze Summe in Musumes und Sake angelegt, sodass dem Kuli selbst, die Geistesgegenwart nur den Vorteil brachte, sich innerhalb zweier Jahre fröhlich zu Tode zechen zu können. —

Bei Otsu sollte ich ein ganz hervorragendes Werk japanischer Ingenieurkunst kennen lernen. Ein 22 jähriger Techniker hat vor einigen Jahren einen Kanal, oder vielmehr Wassertunnel, gebaut, wie vielleicht kein zweiter besteht; er führt 3 km weit durch einen Berg, um eine Verbindung zwischen dem Biwansee und Kioto herzustellen.

Wir bestiegen ein Boot und wurden in gerader Linie, ohne damals noch recht zu wissen, um was es sich handelte, auf einen Felsen zugerudert, bis wir plötzlich den Tunnel vor uns sahen. Laternen wurden angezündet, wir gondelten in den Berg, und da man am Eingang den Ausgang nicht sehen kann, fuhren wir in die Nacht hinein; die Luft war naturgemäss dumpf und nasskalt. Einer der Bootsleute sang laut, um entgegenkommende Fahrzeuge auf unser Boot aufmerksam zu machen. Es berührte uns eigenartig, wenn wir urplötzlich unter dem Berge Papierlaternen sich uns nähern sahen. Der Kanal ist gemauert und soll zuverlässig ausgeführt sein. In der Mitte angelangt, konnten wir sowohl den Punkt der Einfahrt, wie den Ausgang wahrnehmen. — Vom Ende des Kanals fuhren wir in ungefähr 15 Minuten durch die alte Mikadostadt ins Yaami Hotel.

IX. KAPITEL.

Kioto, Osaka, Kobe, Arima.

Auf Searles Empfehlung bekümmerten wir uns vorläufig nicht um die Stadt, nahmen vielmehr Rickshas und fuhren drei Stunden lang durch Reisfelder landeinwärts. Unterwegs kamen wir an einen Bergrücken, durch den wir gezwungen wurden, auszusteigen und den Weg zu Fuss fortzusetzen. Vor uns ging eine wirklich entzückend hübsche Musume, die augenscheinlich besseren Ständen angehörte und ungefähr 15 Jahre zählen mochte. Neben ihr pilgerte ein älterer Mann, vermutlich der Vater. Sie hatte den blauen Kimono aufgeschürzt und das rosafarbene Untergewand reichte kaum an die Knie. Auf dem Gipfel des Berges angekommen, waren wir wie aus dem Wasser gezogen. Wir setzten uns in ein Theehaus, das von der Musume und dem Alten ebenfalls zum Ausruhen gewählt war. Das Mädchen liess sich ein Handtuch bringen, und dann entkleidete sie sich derart, dass nur der untere Kimono die Hüften umgab. Es lag etwas unsagbar Bezauberndes in dem unbefangenen, unschuldigen Blick dieses fast unbekleideten, bildschönen, eben erwachsenen Kindes unter den vielen Männern, von denen auch nicht ein einziger sie beachtete oder gar durch Blicke belästigte. Sie staunte Searle und mich, die Fremden, an, ohne jeden Arg, ohne eine Ahnung von ihrem Liebreiz zu besitzen. —

An der anderen Seite der Höhe hatte ich das Unglück, mit der Ricksha an einer recht schmalen Stelle des Weges umzufallen und in ein Reisfeld zu geraten. Indessen hatte diese Begebenheit keine weiteren Folgen, als dass Searle wohlwollend rief: »The suffering Moses! I hope you did not loose anything except your dignity!« Bald kamen wir an einen recht hübschen Fluss, und sofort warf ich meine wenigen Kleider ab und war im Wasser, um meine brennenden Glieder zu kühlen. Ich hatte früher nicht geahnt, welche Schmerzen eine sonnenverbrannte Haut verursachen kann.

Ein grosses, langes Boot wurde flott gemacht. Wir, sowie unsere Rickshaleute mit den beiden Wägelchen stiegen ein, bezw. wurden hineingeladen und durchs Gebirge fuhren wir einen Strom hinunter, der zu den hervorragendsten Naturschönheiten zählt, die ich bis dahin gesehen hatte. Das Fahrzeug mochte 14 m lang, 2 m breit sein, ragte vorn und hinten ziemlich hoch über die Oberfläche des Wassers hinaus und hatte bei ganz flachem Boden einen Tiefgang von nicht mehr als 5 oder 10 cm; zwei quer über dem Schiff liegende ungehobelte Planken dienten als Sitze.

Den Fluss schätzten wir auf 20 m Breite; er erinnerte in mancher Beziehung an den Arkansas River in den Colorado Cañons, nur waren die hohen Felsen zu beiden Seiten nicht kahl, sondern mit Camelienbüschen und -bäumen, Palmen und halbtropischen Farnen überwuchert; vielfach bemerkte ich Schildkröten zwischen diesem Pflanzenwuchs. Eine Stromschnelle folgte der anderen; Searle und ich wussten nicht, ob wir uns mehr über die herrliche Natur freuen oder über die Kaltblütigkeit und Ruhe staunen sollten, mit der die vier das Boot bedienenden Leute es zu steuern wussten. Einer stand vorn mit einer Bambusstange, der zweite regierte das Schiff hinten mit einem gewaltigen Ruder, während die beiden anderen an den Seiten breite, gestielte Schaufeln verwendeten. An jeder der vielen unheilvollen Stellen hatte es den Anschein, als ob wir an einer der Felswände zerschellen müssten, aber jedesmal wussten die Bootsleute durch übereinstimmendes Handeln dem Fahrzeug im letzten Augenblick eine Richtung zu geben, durch die die Gefahr beseitigt wurde. Eine derartig fortgesetzte Aufregung in der wunderbar schönen Natur war unvergleichlich reizvoll. Zwischen den Rapids hatten wir stilles Wasser, sodass das Schiff sich nur langsam fortbewegte. An solchen Stellen im Fluss wurde ab und zu an den Ufern Halt gemacht, und ich benutzte jedesmal die Gelegenheit zu kühlenden Bädern. Bei einer dieser Schwimmübungen war ich nicht wenig erstaunt, als ich einen der Rickshakulis sich entkleiden und über Bord springen sah. Selbstverständlich nahm ich an, er wolle ebenfalls baden, überzeugte mich aber nach wenigen Sekunden, dass er des Schwimmens vollständig unkundig war und die grösste Gefahr lief, zu ertrinken. Sofort eilte ich auf ihn zu, um ihn zu retten, indessen war meine Hilfe kaum mehr erforderlich, weil einer der Bootsleute gleichzeitig mit mir die Bedrängnis bemerkte und dem Manne nachgesprungen war; es machte uns gemeinsam wenig Mühe, ihn an den Strand zu ziehen. Als wir den Burschen glücklich wieder im langen Kahn hatten, fragte Searle ihn, was er eigentlich im Wasser gewollt habe, und der Trottel entgegnete, er habe mich so behaglich im Wasser gesehen, dass ihm die Lust gekommen sei, des gleichen Vergnügens teilhaftig zu werden. Dass man dazu schwimmen müsse, wäre ihm erst eingefallen, als er im Wasser gewesen sei. Auffallend war mir, dass der Mann während seines etwas waghalsigen Bades garnicht den Versuch machte, zu schreien oder überhaupt Laute von sich zu geben.

Unser Boot schien einen ganz besonders dünnen Boden, wahrscheinlich aus sehr zähem Holz, zu haben, wenigstens konnte ich ihn sich auf den Stromschnellen bewegen sehen, als ob er aus dickem Papier hergestellt sei. Trotz der Fachkenntnis unserer Leute wären wir auf einer der unsichern Stellen einem Unfall kaum entgangen. Wir gerieten am Ende einer der Schnellen fest auf einen Stein, sodass die Leute uns weder rück- noch vorwärts bewegen konnten. Hinter uns tauchte ein Fahrzeug wie das unsrige, augenscheinlich schwer mit Reis beladen, auf. Obgleich die Führer dieses Kahns ihr Aeusserstes thaten, neben uns vorbeizukommen, war jeder Zweifel ausgeschlossen, dass sie uns treffen mussten, wobei das Zerschellen unserer Barke unvermeidlich gewesen wäre. In der letzten Sekunde sprang einer unserer vier Männer über Bord, verschwand im Wasser und hob unser Schiff derartig, dass wir flott wurden und bald darauf neben dem Fahrzeug mit Reis fuhren. Der mutige Mann, der sein Leben für unsere Rettung gewagt hatte, schien die Sache nicht anders aufzufassen, als einen ganz ausgezeichneten Spass, wenigstens schwatzten und lachten er, seine drei Gefährten und die Leute im anderen Schiff während einer Viertelstunde in vortrefflicher Laune. Unsere Rickshamänner mischten sich erst in diese Freude ein, nachdem sie sich vom Schrecken erholt hatten. Im Augenblick der Gefahr standen sie mit weit aufgerissenen Mäulern da, und ich bin überzeugt, ihre Haare würden sich gesträubt haben, wenn diese nicht schon von Natur den Mähnen von Shetland Ponies geglichen hätten. — Nach ungefähr drei Stunden, die uns im Fluge dahinschwanden, war diese wundervolle Fahrt leider zu Ende. Wir landeten in Sangenginye und besuchten ein recht hübsches Theehaus. Vor diesem bemerkten wir einen allerliebsten, ungefähr drei Jahre alten Knaben. Searle rief ihn zu sich heran und schenkte ihm einen Kuchen, worauf er sich mit Würde verneigte, bis er die Erde mit der Stirn berührte. Etwas Drolligeres hatten wir beide kaum gesehen, aber als wir zu lachen begannen, erschrak der Kleine über diese ihm vermutlich unerhört scheinende Taktlosigkeit derartig, dass er zu seiner Mutter lief und trinkend an deren Brust Trost suchte. — Nach etwas mehr als einer Stunde hatten wir das Yaami Hotel wieder erreicht.

Kioto macht einen von Tokio und Jokohama abweichenden Eindruck. Die Einwohner der Stadt schienen uns auf Kunst, Schönheit, Putz und Vergnügen viel Wert zu legen. Es kam mir vor, als ob die Frauen sich hier länger hübsch erhalten, als in den beiden anderen Städten. Ihren Haarschmuck und ihre Obis fand ich aussergewöhnlich reich, und ihre Kimonos zeichneten sich durch hellere, geschmackvolle Farben aus.

Vielfach hörten wir Musik; Theehäuser und Vergnügungsgärten wechselten mit einander ab, und an riesigen Tempeln schien kein Mangel zu sein.

Es ist mir fremd geblieben, wann die Leute in Kioto schlafen. Wenn man in der Nacht aus den Theatern nach Hause geht, sind die Läden noch nicht geschlossen, sondern strahlen in dem Lichte der Papierlaternen. Unmittelbar nach Sonnenaufgang sind dieselben Geschäfte schon wieder den Käufern geöffnet.

Die Paläste aus vergangener Zeit mit ihren leeren, vergoldeten Zimmern und die Andachtshäuser hatten für uns wenig Reiz. Nur an dem

Kioto. Ein Shinto-Glockentempel.

Tempel mit 1000 goldenen Buddhas glaubten wir nicht vorübergehen zu dürfen. In der Mitte sitzt der Erhabene in Riesengrösse und ihm zur Rechten, wie zur Linken befinden sich je 10 Reihen, jede mit 50 fast lebensgrossen, fein geschnitzten und sauber vergoldeten, dem Gotama gleichenden, Holzfiguren. Der Tempel und seine Ausstattung ist über 800 Jahre alt. —

Searle veranlasste mich, mit ihm eine Mädchenschule der amerikanischen Missionare zu besuchen. Wir fanden die Kinder in europäischer Kleidung auf Stühlen an Tischen sitzend; sie machten, gegenüber ihren religionslosen Gefährtinnen im Kimono, einen recht trostlosen Eindruck.

Searle berichtete mir über die Anstalt ungefähr Folgendes. In christlichen Schulen werden die Mädchen nicht angeleitet, einem Hausstande vorzustehen, und darum wählen die jungen Leute ihre Ehefrauen niemals unter den Mädchen, die von den Missionaren aufgebracht worden sind, denn in der landesüblichen Erziehung wird grosses Gewicht auf die Ausbildung für das Hauswesen gelegt. Ein anderer auffallender Uebelstand ist der, dass den unterrichtenden Damen aus den Vereinigten Staaten die tausenderlei Einzelheiten der Landessitten und Formen der Höflichkeit gänzlich unbekannt sind.

Pagode in einem Vergnügungs-Park bei Kioto.

Die bei ihnen erzogenen Mädchen verstehen weder die Stäbchen beim Essen in schicklicher Weise zu gebrauchen, noch den Thee zu reichen. Sie verstehen nicht, ihre Obis geschmackvoll anzulegen; man sagt allgemein, ihre Verbeugungen seien ohne Anmut und ihr Erscheinen im Zimmer in hohem Grade linkisch. Mit solchen Eigenschaften sind sie für die Japaner ein- für allemal abgethan. Häufig werden den Leiterinnen der Schulen dahingehende Vorstellungen gemacht, aber in ihrem Hochmut, ihrer Beschränktheit und Glaubenswut pflegen sie zu antworten: »Ich bekümmere mich nicht um Ihre Unflätigkeit,« oder: »Das gehört zu Ihren abgeschmackten Gebräuchen.« Somit sind die Millionen, die die frommen Gemeinden in Amerika in jedem Jahre zur Mädchenerziehung nach Japan schicken, nicht nur fortgeworfen, sondern es wird durch sie ungefähr das Gegenteil dessen erreicht, was ursprünglich beabsichtigt ist. Die in den Missionsschulen erzogenen Mädchen fühlen sich später unter den Ihrigen verlassen und werden von den Ausländern nicht anerkannt. —

Zu meinem aufrichtigen Bedauern eröffnete Searle mir am Tage nach unserer Ankunft in Kioto, dass ich allein weiterreisen müsse, da er mindestens acht Tage in der alten Hauptstadt zu bleiben beabsichtige, um ausgedehnte Einkäufe in feinen Porzellanwaren und Seidenstoffen zu machen.

Er führte mich indessen noch in die grösste Seidenwarenniederlage Japans, Nishimura, ein, und ich fand da u. a. eine Arbeit, die die Wand eines grossen Zimmers bedeckte. Auf der Ausstellung in Chicago war sie mit 125,000 Mk. ausgezeichnet. Jetzt sollte sie für 25,000 Mk. in bares Geld umgesetzt werden.

Am Mittwoch, den 19. August, fuhr ich abends nach Osaka ab. Searle hatte mich zur Bahn gebracht, und wir nahmen herzlich von einander Abschied. Ich habe auf meinen Reisen niemanden wieder getroffen, mit dem ich in gleichem Masse übereinstimmend denken und empfinden konnte, wie mit diesem Curiohändler aus Illinois. Ich bedaure ehrlich, dass ich ihm nicht viel mehr als ein ziemlich überflüssiges Anhängsel gewesen war, während er mir aus seinen reichen Kenntnissen japanischer Verhältnisse und Gewohnheiten so vielerlei mitzuteilen wusste. —

Zwischen Kioto und Osaka stehen manche ansehnliche Bambuswälder. Dies schlanke Rohr von der Höhe unserer Tannen sieht mit seinen luftigen, zierlichen Blätterkronen besonders hübsch aus, wenn diese vom Winde sanft bewegt werden. In Osaka, das jetzt vielleicht 500,000 Einwohner zählen mag, sagte ich dem Rickshakuli: »Jin-tei«. Searle hatte mir dies Wort eingeprägt, als den Namen eines halb europäischen, halb japanischen Gasthofes, in dem englisch gesprochen wurde. Der Kuli brachte mich richtig an Ort und Stelle, wo der Oberkellner mich in Strohsandalen empfing; seine Kenntnisse des Englischen reichten so weit, dass er die Worte Beefsteak, Egg und Tiffin verstand. Ich erhielt ein sauberes Zimmer nach europäischer Art mit geräumigem Balkon zuerteilt. Sobald ich auf diesen hinaustrat, stand ich wie gebannt; ich sah ein morgenländisches Feenmärchen! Die Stadt, die breiten Flüsse, Hunderte von Böten auf dem Wasser — alles war mit vielen, vielen Tausenden von Papierlaternen erleuchtet. Ein wunderbarer Anblick! Auf dem Wege zum Gasthof, der ziemlich an einem Ende der Stadt auf einer Anhöhe liegt, konnte mir der jedenfalls aussergewöhnliche Lichterglanz nicht entgangen sein, aber den Zauber des Gesamtbildes empfand ich erst, als ich auf meinem Balkon stand. Ich bedauerte, niemanden neben mir zu haben, mit dem ich mich von Herzen aussprechen konnte. Es war früh am Abend, kaum 9 Uhr vorbei; ich begab mich daher an das Ufer des Flusses und es gelang mir, mit dem Eigentümer einer Sampan einen Vertrag zu schliessen, während der Besitzer und ich uns keineswegs zu verständigen vermochten. Er schien englisch zu sprechen, ohne seine Wünsche mir damit auch nur annähernd klar zu machen, während ich Japanisch redete, das ihm gänzlich fremd sein musste. Umgekehrt hätten wir wahrscheinlich vortrefflich mit einander fertig werden können.

Welch eigenartiges Bild — diese Fahrt auf den kühlenden Fluten stromabwärts! Links und rechts verschwenderisch erleuchtete Ufer, rundumher ein Gedränge von Böten, alle voll fröhlicher, reich geschmückter Menschen. Kleine Knaben wälzen sich über Bord, um wie junge Enten zu schwimmen und kleine Mädchen klimpern auf ihren Guitarren. Grössere Knaben und grössere Mädchen lachen, und plappern und — zweifellos — flirten mit einander; alte Männer und alte Frauen sehen zu und lächeln, und mit ihrem Lächeln ermutigen sie das sanfte Liebkosen und Tändeln der Jungen!

»In and out, up and down, round and round, ply vendors of all sorts!« Früchte, Limonaden und Kuchen, Bier und Eis, Makaroni und allerliebste, sauber aufgemachte japanische Ziergerichte, und, nicht zum wenigsten, Feuerwerkskörper, werden von den Händlern feilgehalten. Ich sah und hörte an jenem Abend Chinesische Crackers zu Millionen abbrennen, aber auch ganz vorzügliche Raketen, Feuerräder und mancherlei dem Aehnliches wurde überall zur Belustigung der Menge gespendet. Wie lange dieses nächtliche Wasserpicknick ununterbrochen seinen Fortgang genommen haben mag, weiss ich nicht. Als ich nach Hause zurückkehrte, war es 2 Uhr; der Rundblick war derselbe wie fünf Stunden zuvor. —

Während der kommenden Nacht musste ich erfahren, dass in Osaka wahrscheinlich mehr Mosquitos leben, als im ganzen übrigen Japan zusammengenommen. Gegen Morgen schlief ich ein, um lange nach Sonnenaufgang zu erwachen. In Pydshamas*) eilte ich auf meinen Altan. Das berauschende Rundgemälde der vorigen Nacht war verschwunden, und an seiner Stelle lag vor mir eine geschäftige Fabrikstadt mit rauchenden Schornsteinen, deren ich nicht weniger als 55 zählte. Ich hätte mir einbilden können, mich in Chemnitz oder in Birmingham zu befinden.

Im Laufe des Tages beobachtete ich mehrfach, wie junge Japaner, wahrscheinlich »big swells«, die Söhne reicher Fabrikherren, nach den neuesten Newyorker Modeblättern gekleidet, auf Fahrrädern am Gasthofe eintrafen. Die Räder wurden im Garten an beliebige Bäume gelehnt; man spielte eine Partie Billard und trank einen Sherry-cobbler.**)

Die alte Burg in der Stadt verdient nicht in einem geschichtlichen Werk als in den einfachen Beschreibungen meiner Erlebnisse aufgeführt zu werden. Mit ihren Gräben ist sie auf alle Fälle eine erstaunliche Leistung der Baukunst aus dem 16. und 17. Jahrhundert. Die Grösse der Granitsteine, aus denen sie errichtet ist, muss den Beschauer in Erstaunen versetzen. Manche sind 12 m lang bei 3 m Höhe und $1^1/_2$ m Stärke; an das Wunderbare grenzt die Thatsache, dass man seinerzeit alle diese Riesen in Dshonken von der Westküste Nipons nach Osaka schaffen musste. —

---
*) Chinesische Nachthosen.
**) Xeres mit Zucker, Citrone und gestossenem Eis.

Am folgenden Morgen reiste ich nach Kobe ab, nachdem ich noch Gelegenheit gehabt hatte mich im Gasthof darüber zu freuen, wie der Oberkellner, ohne zu erröten, sich die Zuckerreste aus meiner Kaffeetasse in den Mund schob. Auf dem Wege nach Kobe konnte ich hin und wieder einen Blick zur Linken auf das Meer werfen; es war mit Dshonken förmlich besät. Ein herrlicher Anblick! Zur Rechten der Bahn lag ein Dorf neben dem andern.

Teil der Wasserfälle bei Kobe.

Als ich in Kobe in einer Ricksha vor den Gasthof fuhr, hörte ich, wie ein vor der Thür stehender Brite einem anderen zurief: »My eye, Thomas, there is Robinson Crusoe coming!« Recht beschämt bemerkte ich zu spät, dass ich nicht daran gedacht hatte, mich wieder unter Europäern zu befinden, und so kam ich in meinem seltsamen Anzug, mit Sandalen, bis übers Knie aufgekrempten Flanellbeinkleidern und offener Flanelljacke, ohne Unterzeug, mit einem grossen Papiersonnenschirm, vor dem Gasthof in Kobe an. Selbstverständlich zog ich mich, sobald ich ein Zimmer erhalten hatte und mein Gepäck eingetroffen war, gehörig um — nicht ohne Mühe. Zum wenigsten hielt es schwer, nach einigen Tagen der Verwilderung wieder Fusszeug anzulegen.

Das europäische Viertel ist, wie das in Jokohama, wenig beachtenswert. Der Handel hat in Kobe einen ungeheuren Aufschwung genommen, seitdem Osaka so über alles Erwarten schnell in der Herstellung aller erdenklichen Ausfuhrerzeugnisse vorgeschritten ist.

Meine Freunde Kurt Eggert und Karl Wilckens aus Hamburg waren nicht wenig überrascht, als sie mich ganz unerwartet auftauchen sahen;

sie waren der Ansicht, dass ich noch in Honduras beschäftigt sei. Beiden, sowie Herrn Roeper, der im Handelshause M. Raspe & Co. angestellt war, habe ich manche heitere Stunde in Kobe zu verdanken. Kurt Eggerts Eltern war mein Bruder 19 Monate früher in Valparaiso vorgestellt worden.

Unweit der Stadt fand ich Wasserfälle von grossartiger Schönheit. Oberhalb des kaum 20 m hohen ersten Falles lagen Felsen, die 250 m hoch sein mochten. Die Fälle enden in einem ganz kleinen See von nicht mehr als 15 m Durchmesser. Zwei niedliche Theehäuschen liegen malerisch hübsch neben dem klaren Teich. Ein Sturzbad unter dem herabstürzenden Wasser war recht erfrischend, obgleich der Strahl kaum länger als wenige Sekunden zu ertragen ist. In dem See badeten neben mir sechs bronzebraune Männer, von denen zwei mit recht kunstvollen, roten und blauen Ranken über den ganzen Körper tätowiert waren. Während ich die Männer bewunderte, erschien eine alte Frau mit fünf niedlichen Musumes, die 16—17 Jahre zählen mochten. Sie stiegen mit ihren Kimonos ins Wasser und liessen sich aus einem der beiden Theehäuser Bier bringen, das sie aus kleinen Porzellanschälchen tranken. Der Anblick war so bestrickend, dass ich nicht unterlassen konnte, trotzdem ich ohne Badekleider war, mich bei ihnen als Gast einzuführen. Ob man mich für einen etwas dreisten Wasserkobold gehalten hat, konnte ich nicht erfahren, weil diese Bezeichnung in japanischer Sprache nicht zu den 30 oder 40 Worten zählte, die ich auswendig wusste. Ohne weiteres wurde mir indessen ein Schälchen zum Trinken gereicht, und dann begann man

Japan. Tätowirter Kuli.

eine ähnliche Unterhaltung, wie ich sie am Abend meiner Ankunft in Jokohama im Theehause erlebt hatte. Eines der Mädchen setzte sich in seinen nassen Gewändern ans Ufer um zuzusehen, wie die anderen vier paarweise den »Ken« spielten. Er gleicht wahrscheinlich der italienischen Mora. Die niedlichen lebenden Puppen begannen eine langsame Fingersprache, aber nach und nach wurden alle vier leidenschaftlich und bewegten schliesslich nicht nur die Finger, sondern auch Hände und Arme in unvergleichlicher Anmut. Schliesslich gerieten die

Musumes in eine derartige Aufregung, dass sie fast wie Wilde erschienen, ohne aber auch nur für Sekunden ihren zierlichen Liebreiz einzubüssen, und — — im selben Augenblick hörten alle vier mit dem Spiel auf, trotzdem sie, soviel ich beurteilen konnte, ungleiche Gebärden mit Händen und Armen ausgeführt hatten. Zweien unter ihnen waren die Kimonos vom Hals und von den Armen gefallen. Sie standen mit entblösstem Oberkörper, und wieder in der entzückendsten Unschuld, da. Ich war der einzige, der ihnen einige Aufmerksamkeit schenkte, während die Kulis nicht daran zu denken schienen, sie auch nur zu beachten; sie belustigten sich vielmehr mit einem struppigen Köter, den sie gegen seinen Willen unter den Fall zu bringen versuchten. Das ganze Bild gehört zu dem Unvergesslichsten, was ich auf meinen Reisen bis dahin gesehen hatte. —

Wir alle, Musumes, Kulis und ich, mochten 1—1½ Stunden im Wasser zugebracht haben, als ich für geraten hielt, mich allmählich wieder anzukleiden; eine ältere Frau von ungefähr 30 Jahren aus einem der Theehäuser war zuvorkommend genug, mich abzutrocknen. Auch die Mädchen entstiegen bald nach mir dem See; als sie die nassen Kimonos abgelegt und sich blaue Handtücher um die Hüften gewunden hatten, boten sie dem Auge ein bezauberndes Bild jugendfrischen, holdselig arglosen Liebreizes.

Auf dem Rückwege nach Kobe-Hiogo genoss ich manchen hübschen Blick über das Meer und die beiden, durch einen schmalen Fluss von einander getrennten Städte. Am Wege lag ein aussätziger Bettler. Er war blind und an einem Arme gelähmt, während auf beiden Beinen Geschwüre zu sehen waren, die eine widerliche Flüssigkeit abzusondern schienen. Ein schrofferer Gegensatz, als ich ihn zwischen den Mädchen und diesem Unglücklichen wahrnehmen musste, ist schwer zu ersinnen.

Den nächsten Tag, den 22. August, hatte ich zu einem Ausfluge nach Arima bestimmt; früh am Morgen stand eine Ricksha vor der Thür des Gasthofes. Zwei Kulis in ihrer groben, blauen Kleidung — der eine mit ungeheuren weissen, geometrischen Figuren auf dem Rücken des Gewandes, der andere mit 2 cm langen chinesischen Buchstaben auf dem ganzen Kimono — erwarteten mich mit dem üblichen freundlichen Lächeln. Ich hatte zwei Kulis bestellen müssen, weil der Weg nach Arima durch gebirgiges Gelände führt; beide zogen vorzüglich. Mit Pferden hätte ich nicht besser fahren können. Einer hatte seinen Platz zwischen den Deichseln genommen, während der andere sich mittels eines Taues vorgespannt hatte. Es ging zunächst während einer halben Stunde durch Reisfelder, bis wir am Fusse der Berge anlangten. Die Strasse durch das Gebirge war in so schlechtem Zustande, dass ich als Mensch und Christ, aus Rücksicht auf die beiden Leute, meist neben dem Wagen herging. Die Berge mochten eine Seehöhe von 800—900 m haben. Der elende Weg

Der Shintotempel Wada-no-Myojin und seine Umgebung in Hiogo.

lief an einem Bache entlang, den ich teils an meiner Seite, teils 100 m und mehr unter mir zur Linken sah. Keine, auch nicht die einfachste Vorkehrung war getroffen, um den Reisenden vor dem Sturz in die Tiefe zu schützen, und wenn die Kulis mich ab und zu, um ein grosses Loch in der Mitte des Weges zu umgehen, in ununterbrochenem Trabe bis auf wenige Centimeter an den Rand eines Abgrundes fuhren, so hatte ich gewiss alle Veranlassung, mich zu freuen, dass ich in Colorado meine Nerven zwei Monate früher einigermassen gegen derartige Aufregungen abgestumpft hatte. Gegen Mittag mochte ich auf einer Höhe von 700 m angekommen sein, und hier erweiterte sich das Gebirge von einer engen

Droguenlager in Hiogo.

Schlucht kahler Felsen zu einem breiten, recht hübschen Thal mit niedrigem, saftgrünem Pflanzenwuchs. Die wilden Azaleen und ebenso die Gruppen von Camelienbäumen waren abgeblüht; diese zeigten nur noch einige vertrocknete Reste ihrer gewesenen Pracht über einer pflaumenartigen, unreifen Frucht. Das Land hatte bereits Weizen oder Gerste geliefert; im Juli war es umgepflügt und unter Wasser gesetzt worden. Im Oktober sollte der Reis geschnitten werden. — In einem Theehause erfrischten wir uns. Die Kulis assen Reis, gekochten jungen Bambus und ganz kleine getrocknete Fische, während ich mich mit etwas Sake und einigen Pfeifen Tabak begnügte. In den umliegenden Feldern sah ich zum erstenmal in Japan eine grosse Zahl von Schmetterlingen in verschiedenen Arten und Farben. Diese Kerbtiere scheinen im Lande weder zahlreicher noch schöner als in der Heimat zu sein. Nach einer Fahrt von fünf Stunden erreichte ich um 1 Uhr Arima. Das Städtchen liegt malerisch am Fusse eines hohen Felsens neben einem Bach. Die Strassen mochten kaum 3 m breit sein, während die Häuser höher waren, als man sie in Japan zu sehen gewohnt ist.

Im Gasthofe liess ich mir ein Handtuch geben und suchte das Haus mit den im ganzen Lande berühmten heissen Quellen auf. Ich fand ein Gebäude, das in mancher Beziehung von den gewöhnlichen Wohnungen

Hausgewerbe in Arima.

der Japaner abweicht und zumal durch die weisse Farbe seiner Aussenwände an europäische Verhältnisse erinnert. Das Wasser mochte ungefähr 30° R. messen und schien stark eisenhaltig zu sein. In den mit Steinen gepflasterten Fussboden hatte man eine viereckige Grube von 2 m im Geviert eingemauert und dieser Behälter war mit dem Wasser der Quellen gefüllt. Sieben unbekleidete Männer und fünf alte Frauen in gleicher Verfassung sassen friedlich neben einander, sodass nur ihre zwölf Köpfe oberhalb des Wassers sichtbar waren; ein sechstes altes Weib war eben beschäftigt, sich mit dem feuchten Handtuch abzutrocknen. Man wies mir ein besonderes Zimmer mit einer Grube wie die eben beschriebene an, und nachdem ich ungefähr eine Viertelstunde in dem heissen Wasser gesessen hatte, ging ich, wenig klüger als ich gekommen war, wieder in den Gasthof zurück.

In den engen Strassen der Stadt war ich der Gegenstand allgemeinen Staunens. Die Hunde kamen kläffend aus den Häusern, kleine Kinder liefen zeterschreiend zu den Eltern, und alle Leute sahen hinter ihren Papierwänden von der Arbeit auf, wo immer ich mich sehen lassen mochte. Die Bevölkerung Arimas lebt, ungefähr wie diejenige unserer Gebirgsstädte, von häuslichen Gewerben. Besonders scheint das Flechten ganz feiner Korbwaren und die Herstellung von Pinseln, wie man sie in Japan und China zum Schreiben verwendet, die Bewohner der Stadt zu beschäftigen.

Vom Balkon, der mir für eine Mahlzeit angewiesen war, erfreute ich mich eines recht hübschen Blickes auf einen 100 m unmittelbar unter mir rauschenden Gebirgsbach und über eine malerisch wilde, mit Bambus und Camelien bewachsene Schlucht. Während meiner Mahlzeit erschien ein alter Händler und breitete neben mir alle erdenklichen Arbeiten und Erzeugnisse aus Arima aus, sodass ich nicht gut umhin konnte, mancherlei von den sehr wohlfeilen und niedlichen Dingen zu kaufen.

Nachdem ich mich mit einem Hummer, gutem Fisch, Eiern und einer Flasche sehr wohlschmeckenden japanischen Bieres gestärkt hatte, trat ich meinen Heimweg mit den Rickshakulis an.

Ich kam in der Stadt an einem Hause vorüber, an dessen Stirnseite eine vergilbte Tafel unter Glas ausgehängt war, auf der man ungefähr Folgendes lesen konnte:

Die Internationale Jury der Ausstellung . . . . . in Wien 1873, erkennt Nakamura Tshodjiro .   . . die Verdienstmedaille . .   .
u. s. w.

Den Rückweg musste ich teilweise im Mondlicht zurücklegen. Meine Kulis, die ihre Kimonos, sobald wir am Morgen das Gebirge erreicht hatten, ablegten, waren ebenso gewissenhaft beschäftigt, sich wieder anzukleiden als wir uns Kobe-Hiogo näherten. Ohne weiteres begab ich mich nach meiner Ankunft an Bord der »Tokio Maru.«

X. KAPITEL.

Ueber die Inland Sea und Nagasaki nach Wladiwostok.

Am Sonntag, den 23. August, 4 Uhr früh, begann unsere Fahrt nach Nagasaki; gegen 10 Uhr fuhren wir ein in die 250—300 km lange Inland Sea.

Von 11 bis 4 Uhr sass ich fast ununterbrochen auf Deck und schaute das uns umgebende Naturwunder an. Mehrfach musste ich das Glas vor meine Augen halten, um die Mitreisenden nicht sehen zu lassen, dass sie voller Thränen standen. Alles war anfänglich sprachlos, keiner richtete eine Frage an den anderen. Endlich wendete ein älterer Herr sich um, und Thränen rollten über sein Gesicht: »Dies ist das achte Mal, dass ich hier fahre. Ich mache die weite Reise von Leeds nach Japan, nur um die Inland Sea zu sehen, und in jedem neuen Jahre bin ich gleich begeistert, gleich berauscht wie im vorigen.« Als er geendet hatte, war es mit meinen Kräften vorbei, ich stürzte in mein nahe gelegenes Schiffszimmer und heulte während der Zeit von wenigstens fünf Minuten wie ein Schlosshund.

Was soll ich von der Inland Sea erzählen? wie soll ich sie beschreiben?

Wenn man das Schönste und Lieblichste aller Alpenseen, des Rheins und der norwegischen Fjords zu einem Ganzen vereint denkt, so reichte diese Vorstellung, glaube ich, noch immer nicht an die Wunder dieser Zusammenstellung von Land und Meer zwischen den Inseln Shikok und Nipon. Die Inland Sea halte ich für die Perle aller Naturschönheiten der Welt!

Dem saphirblauen Meere entsteigen im Norden und im Süden ansehnliche Gebirge von eigenartigster, bezaubernder Gestalt. Die Berge erschimmern in allen Schattierungen des reichen Grüns der halbtropischen Zone. Man unterscheidet auf ihnen hunderttausende aller erdenklichen edlen Nadelhölzer und Camelien. Am Fusse einzelner Berge liegen

kleine und grössere Dörfer, hin und wieder auf Hügeln die Schlösser
reicher Grundbesitzer, ehemaliger Daimios. Die dunklen Berge sind
durchzogen von gelben Adern, ab und zu findet sich an ihrem Fusse das
unvergleichliche Smaragdgrün der Reisfelder. Die See erreicht die Breite
von 20 km, um sich bald wieder auf 2 km zu verengen. Und auf allem,
wohin man blicken mag, liegt der Hauch eines wahrhaft göttlichen Friedens.

Aus dem Meer ragen, über die ganze Wasserfläche verstreut, viele hundert
einzelne, kleine, launenhaft geformte Felsen mit Bäumen von befremdend

Nara.

aussergewöhnlicher Gestalt. Viele dieser Felsen schienen erloschene Feuerberge zu sein; ich zählte indessen im Laufe des Tages fünf Kegel aus denen
dichter Rauch emporstieg. Kleine malerisch verschrobene Fischerboote und
grosse wunderliche Dshonken mit weissen Segeln belebten die Wasserfläche.
Von morgens 8 Uhr bis gegen Dunkelwerden wechselten fortgesetzt die
Bilder, und eines war entzückender, bestrickender als das andere. —

Diese Beschreibung mag dürftig genug ausgefallen sein, und wird trotzdem vielleicht überschwenglich erscheinen; ein Urteil darüber möchte ich
aber nur dem zugestehen, der unter gleich günstigen Verhältnissen, d. h.
an einem sonnigen, windstillen Sommertage dieselbe Reise gemacht hat.

Die Ufer dieses Paradieses sind nicht minder dicht bevölkert als das übrige Japan. Leider ist es dem Ausländer nur unter grossen Schwierigkeiten möglich, die an den Ufern gelegenen Dörfer aufzusuchen, aber wie man mich allgemein versicherte, entspricht das Glück der Einwohner dieses Binnenmeeres einigermassen der sie umgebenden Naturschönheit. Sie besitzen alles, was Menschen wahrhaft fröhlich macht: Frieden untereinander, kindliche Unschuld und ein unvergleichliches Klima; an Fisch, Reis, Gemüsen, Thee und Holz leiden sie keinen Mangel. Eine Familie aus einem der nach Hunderten zählenden Dörfer an der Inland Sea kleidet sich für 10 Mk. während des ganzen Jahres, und diese Gewänder werden, wenn sie erforderlich sind, nicht mit Geld bezahlt, sondern für Fisch oder Thee eingetauscht, denn gemünztes Geld kommt selten vor. Die Leute sollen von dem Fortschritt der letzten 30 Jahre wenig berührt worden sein. —

An Bord der Tokio Maru befand sich eine Dame, eine junge deutsche, auffallend schöne Frau, deren Leben einer Dichtung glich. Sie war Berlinerin und hatte in ihrer Vaterstadt einen aufgeweckten japanischen Studenten kennen gelernt. Er liebte sie, und sie erwiderte seine Neigung. Er bewarb sich um ihre Hand, sie heirateten und lebten während zweier Jahre glücklich und zufrieden in unserer Hauptstadt. Dann reiste er nach Tokio zurück, und sie folgte ihm selbstverständlich von Herzen gern. Die neue Heimat und ihre Gewohnheiten sagten ihr anfänglich zu, aber bald fing der junge Gatte wieder an, zum leichtlebigen Japaner zu werden. Er hielt die Essenszeiten schlecht ein, später kam er nur vereinzelt und liess seine Frau oft allein. Schliesslich blieb er nicht nur Tage, sondern auch Nächte aus, sodass der jungen Frau nichts anderes übrig blieb, als nach Deutschland zurückzureisen, ein Entschluss, den der ausgezeichnete Gatte durchaus billigte.

Europäerinnen können sich, als Frauen von Japanern, in der Heimat ihres Mannes selten wohl fühlen. Der Japaner besitzt zwar nur eine rechtmässige Gattin, indess ist es ihm gestattet, wenn diese alt und hässlich wird — ein Umstand, der bei den früh erblühenden Musumes schon bald nach dem zwanzigsten Jahre eintritt — weitere Frauen zu nehmen. Die ältere und rechtmässige Ehegattin steht in grosser Achtung, wenn sie diese jüngeren Frauen freundlich und schwesterlich behandelt, denn dies ist nach japanischen Begriffen, der Weg zur wahren Weisheit. Der Japaner mag in Europa den Sitten unseres Erdteils gegenüber vollkommen fügsam erscheinen — in sein Heimatland zurückgekehrt, nimmt er in der Regel wieder die Gewohnheiten seiner Väter an.

Besser geht es den Europäern, die sich mit Japanerinnen, wenn auch nur auf einige Zeit, vermählen. Ich habe bei vielen bekannten Herren Gelegenheit gehabt, solche Ehen zu beobachten, und die jungen

Frauen hatten, mit der den Japanern eigenen Gabe, sich schnell in europäische Gewohnheiten gefügt. Die gestrengen Herren und Gatten lobten ausnahmslos die Geschicklichkeit ihrer kleinen Frauen, ihnen das Leben, ohne Aufwand an Geld, angenehm zu machen. Indessen bin ich nicht ganz sicher, ob diese niedlichen Puppen nicht auch imstande sind, ihren andersfarbigen Gebietern zu Zeiten recht trübe Stunden zu bereiten. Searle und ich besuchten in Tokio einen seiner Bekannten, Mr. Pratt, und wir verabredeten in dessen Wohnung, den Abend in einem recht unterhaltenden Theehause zuzubringen; ich musste leider hören, wie Mr. Pratt, auf sein Weibchen zeigend, zu Searle sagte: »Do not tell her, she would

Shintotempel bei Nagasaki.

kick up the devil of a row!« So anhänglich und treu die Japanerin ihrem europäischen Freunde sein mag, so leicht soll die Trennung zu bewerkstelligen sein. Mit achttägiger Kündigung wird der Ehebund gelöst, und ohne Thränen oder Rührung sieht die junge Frau ihre andere Hälfte nach Europa abreisen, um selbst zu ihren Eltern zurückzukehren. —

Die Insel Shikok lag hinter uns. Im Süden konnte man durch die Bungostrasse bis in das offene Meer blicken, während an der Steuerbordseite des Schiffes die Küste von Nipon sich noch weiter hinzog. Am Abend gingen wir in Shimonoseki vor Anker und früh am nächsten Morgen erreichten wir die Strasse von Korea. Nicht ohne Bangen sah ich nach Norden. Dort musste Wladiwostok liegen, die Stadt, in der mich schwierige und wenig angenehme Aufgaben erwarteten. Aber eine kleine Weile sollte mein Aufenthalt in der japanischen Märchenwelt noch fortdauern. Am Abend des 24. August kam die Tokio Maru in Nagasaki an. Wenige Tage vor meiner Abreise aus San Francisco, am 2. Juli, hatte ich zuletzt Nachrichten aus Hamburg erhalten, und mit beklommenem Herzen begab ich mich zu dem Geschäftsfreunde meines Vaters, Herrn C. E. Boeddinghaus, um Briefe und Zeitungen in Empfang zu nehmen. Was alles konnte sich in sieben Wochen in der Heimat ereignet haben! Ich erhielt einen Stapel Briefe und mehrere Kilogramm Zeitungen.

Nagasaki. Der Bankherr Hirato Kaito.

Diese sparte ich mir für die Reise nach dem Norden auf, aber die Briefe musste ich natürlich, an Bord zurückgekehrt, gleich lesen. —

Sowohl bei der Familie des Herrn Boeddinghaus, als auch bei den Herren Holme, Ringer & Co. fand ich freundliche Aufnahme, sodass ich bedauerte, am nächsten Tage meine Reise fortsetzen zu müssen.

Nagasaki liegt von den Hafenplätzen, die ich gesehen hatte, bei weitem am hübschesten. Die ungefähr 5 km lange Bai, an deren Ende die Stadt erbaut ist und zumal deren Nebenbuchten, sind von malerischer Schönheit.

Nagasaki mag 60000 Einwohner zählen. Trotz ihrer bezaubernden Lage gefällt sie mir unter den mir bekannten Städten Japans am wenigsten. Sie macht den Eindruck von gewesenem Glanz, und von lebhaftem Handel ist wenig zu sehen. Die Europäer sind mit dem Geschäftsgang unzufrieden, und ihre Häuser sind nicht annähernd so geschmackvoll wie die auf dem Bluff in Jokohama. Die Strassen sind eng und schlecht gepflastert. Jokohama und Kobe sahen anders aus, nicht zu reden von Tokio und Kioto. Von den Läden fiel mir nur einer mit Photographien auf, wodurch indessen nicht ausgeschlossen ist, dass Bilder auch in den anderen Städten ebenso gut und besser zu erhalten sind. Die Landschaften und Bildnisse der japanischen Photographen sind unerreicht; auch die Kunst, ihren Erzeugnissen mit Pinsel und Farbe nachzuhelfen, verdient hohe Bewunderung und wird ebenfalls in keinem Lande der Erde mit gleicher Vollkommenheit ausgeführt. Die Meisterschaft in der Photographie kann aber kaum Wunder nehmen, da die Vorbedingungen zu ihrer Ausübung: Geduld, Sorgsamkeit und Reinlichkeit, den Japanern angeboren sind.

In Nagasaki war ich so glücklich, durch die Güte von Herrn und Frau Boeddinghaus, beide geborene Hamburger, die seit mehr als 30

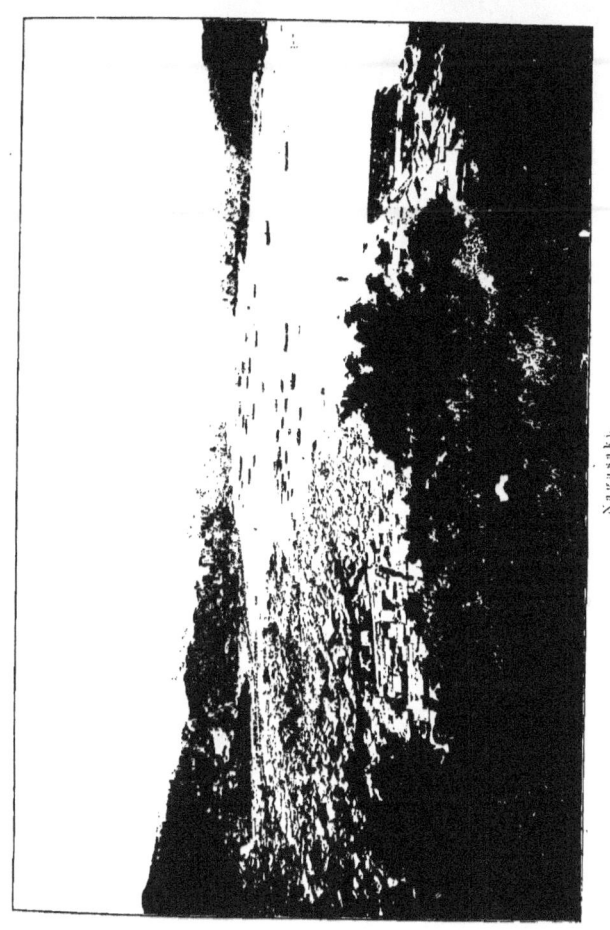

Nagasaki.

Jahren im Orte leben, einen ganzen Schatz von japanischen Sprichwörtern und Erzählungen kennen zu lernen. — Von den Sprichwörtern und Sinnsprüchen seien folgende angeführt:

1. Iro-rá ni-vo-ve-tó ṭsiri nu-re-wó. Farbe und Geruch, Liebe und Freude vergehen.
2. Wá-ga-yó daré zo tsuné narám. Was oder wer wird in dieser Welt dauern?
3. U-wi-no óku-yáma keóu koyéte. Der gegenwärtige Tag versinkt in den tiefen Berg der Ewigkeit.
4. Asaki yumé mirl. évi mó sezu. Es war eine schwache Erscheinung, ein Traum. —
5. Ein Weib muss so notwendig regieren, wie eine Henne des Morgens kräht.
6. Wenn man von einem Manne spricht, so kommt sein Schatten.
7. Die Liebe entflieht mit dem roten Unterkimono.
8. Das Meer mit einer Muschelschale ausschöpfen.
9. Erkundige dich sieben mal, ehe du eine Nachricht glaubst.
10. Der Dichter erblickt in seinem Hause die ganze Welt.
11. Ein Köter bellt mutig vor seiner eigenen Thür.
12. Behandle jeden Greis wie deinen Vater.
13. Ein Mann, der einem Freunde Geld leiht, will entweder sein Geld oder seinen Freund nicht wiedersehen.

Aus der Erzählung: »Sechs Wandschirme in Gestalten der vergänglichen Welt«, möchte ich nur die wunderliche Vorrede anführen. Wir sind gewohnt, aus einem Vorwort das zu erfahren, was in einem Buche enthalten ist. Der Verfasser der »Wandschirme«, Riuti Tanefiko, fängt die Sache indessen anders an, und zwar folgendermassen:

»Was in diesem Buche nicht ist, sind fürs erste: Dienste gegen den Feind, Wundermänner und Wunderkünste, Feengespräche, Schakale, Wölfe und Kröten, Familienstammbäume, Kleinode und verlierbare Dinge sind in ihm nicht zu finden. Die Uebereinstimmung der Namen von Vater und Sohn, älterem und jüngerem Bruder, versiegelte Koffer und Haarnadeln, Kundmachungen der Götter und Buddhas durch Träume, tötende Schwerter gegen einander gezückt. Dinge, welche das Blut erstarren machen, sind in ihm durchaus nicht vorhanden. Ueberzeugt von der Unrichtigkeit des Sprichworts: »Die Menschen und die Wandschirme stehen nicht gerade«, haben wir auf sechs Wandschirmen in neuen Gestalten der vergänglichen Welt, welche es durchaus verschmähen, gekrümmt zu stehen — diesem wandelbaren, mit Zeichnungen versehenen Pflanzenpapier — die kurze Randschrift des guten Rates flüchtig gesammelt und zur Kunde gebracht.«

Unter den japanischen Märchen, wie die Mütter sie den Kindern erzählen, gefiel mir keines; sie sind alle langweilig, form- und farblos. Das kürzeste ist

Das Fuchsmärchen.

Es lebte einst ein junger weisser Fuchs, mit Namen Fuku-yemon. Als er das geeignete Alter erreicht hatte, rasierte er seine Vorderlocke und dachte daran, sich mit einer jungen schönen Braut zu vermählen. Der alte Fuchs, sein Vater, beschloss, zu Gunsten seines Sohnes abzudanken, ihm das Vermögen zu überlassen und sich in das Privatleben zurückzuziehen. Diese Sitte der Abdankung. Inkyvo. wie sie allgemein genannt wird, ist in allen Klassen, vom Kaiser bis zum letzten Unterthan üblich. Die Prinzen, welche abdanken, entäussern sich wohl des Namens und des Pompes, aber keineswegs der Gewalt und spielen in ihren Provinzen oft eine grosse Rolle, oft bedeutender als jene, welche ihre Stelle einge-

nommen. Nun geschah es aber, dass in einem altadeligen Fuchsgeschlechte eine so schöne junge Füchsin mit so herrlichem Pelze ausgestattet war, dass ihre juwelengleichen Reize ihr einen weit verbreiteten Ruf verschafften. Als der junge weisse Fuchs von ihr gehört hatte, beschloss er, um sie zu werben, und eine Zusammenkunft wurde in Gang gesetzt, die Geschenke aus dem Hause des Bräutigams in das der Braut gesendet, der Bote sprach seine Glückwünsche in bester Weise aus, der Betreffende, welcher die Geschenke entgegennahm, erkannte diese als richtig an, und die Träger bekamen den gebührenden Lohn in Kupfermünze ausgezahlt. Als die Förmlichkeiten beendet waren, wählte man einen Glückstag, um die Braut in ihres Gatten Haus zu bringen, und während dieses feierlichen Aufzuges strömte der Regen herab, ohne dass die Sonne aufhörte zu scheinen. Seitdem sagt man bei ähnlichen Naturereignissen: »Die Braut des Fuchses geht in ihres Mannes Haus.« Nach dem üblichen feierlichen Brauch des Weintrinkens wechselte die Braut ihre Kleidung, und die Hochzeit ging ohne Störung mit Tanzen, Singen und sonstigen Lustbarkeiten vorüber. Braut und Bräutigam lebten glücklich zusammen; eine Menge kleiner Füchse erhöhten ihr Familienglück, und waren besonders die Freude des Grossvaters, der sie so zärtlich behandelte, als wären sie Schmetterlinge oder Blumen. »Sie sind das wahre Abbild ihres Grossvaters,« sagte er, so stolz wie möglich, »und was die Arzneien betrifft, so werden sie nicht einer Kupfermünze Wert darauf wenden, so gesund und stark sind sie!« Als sie das gehörige Alter erreicht hatten, brachte man sie zum Tempel des Inari Sami, des Schutzgottes der Füchse, und die alten Grosseltern beteten, dass sie von Hunden und sonstigen Feinden befreit sein möchten.
— So wurde der weisse Fuchs endlich alt und wohlhabend, und seine Kinder stets zahlreicher, die Familie und sein Geschäft gesegnet, was ihm jedes kommende Frühjahr neue Freudenquellen eröffnete. —

Ich lasse noch eine beachtenswerte Predigt eines Buddhapriesters folgen, in deren Besitz ich ebenfalls durch Herrn Boeddinghaus gelangte.

Der Verfasser ist ein Priester der Shin-gaku-Sekte, die sich rühmt, das Beste aus den Lehren Buddhas, Kung-fu-tses und des alten Shinto-Glaubens zu vereinigen. Der Leitgedanke, von dem die Gesellschaft ausgeht, beruht auf der dem Menschen eigenen Herzensgüte und den Eingebungen seines Gewissens. Die Hauptsätze ihrer Predigten sind chinesischen, mustergültigen Schriftstellern entnommen. Scherze, kleine Geschichten, bei denen die eigentliche Spitze leider oft unübersetzbar sein soll, und besondere Anspielungen auf Mitglieder der zuhörenden Gemeinde beleben den Vortrag. Es scheint den japanischen Bonzen daran zu liegen, ihre Zuhörer nicht zu langweilen. — — Einzelne, Pflichten und Tugenden in europäischer Weise behandelnde Sätze, habe ich ausgelassen.

Aus den Predigten des Kiu-ô.
(I. Band.)

Meng-Tse sagt: »Wohlwollen bedeutet das menschliche Herz, Rechtlichkeit ist der menschliche Pfad. Wie beklagenswert ist es, den rechten Pfad zu verlassen und seitwärts zu gehen, das Herz von sich zu werfen und nicht wissen, wo es zu suchen ist.«

Dieser Text ist dem ersten Kapitel der Auslegung Kôshis zu der Weltweisheit des Meng-Tse entnommen.

— — — — — — — — — — — — — — — —

Seit langer Zeit lebte in Kioto ein berühmter Arzt Namens Imaojii. Da geschah es, dass eines Tages ein Einwohner von Kuramaguchi ein Choleramittel, das er erfunden, anzeigte und den genannten Imaojii bat, ihm eine geeignete Anpreisung zu schreiben. Dieser ging auf das Verlangen ein, setzte aber anstatt des Wortes Cholera einen anderen Ausdruck, den er für volkstümlicher hielt. Darauf stellte ihn der Quacksalber zur Rede; Imaojii antwortete aber mit lächelnder Miene: »Da Kuramaguchi eine Ortschaft ist, durch welche man in die Hauptstadt gelangt, und die Durchreisenden blos arme Bauern und Holzarbeiter sind, würde ihnen das Wort Cholera unverständlich gewesen sein, deshalb wählte ich eine deutlichere Benennung, die jedem geläufig ist. Die beste Wahrheit verliert ihren Wert, wenn man sie nicht versteht. Was ist auch an dem Namen gelegen, wenn nur das Mittel wirksam ist.«

Ist das nicht vortrefflich? In gleicher Weise sind die besten Lehren unserer Weisen für Frauen und Kinder blosse Worte, sie sind nicht imstande, sie zu verstehen. Meine Predigten sind jedoch nicht für Gelehrte verfasst: ich spreche zu einfachen Pächtern und Kaufleuten, die, mit harter Tagesarbeit in Anspruch genommen, keine Zeit zum ernsten Denken haben. Ich hege den aufrichtigen Wunsch, ihnen die Lehren unserer weisen Männer zugänglich zu machen und werde deshalb die Ansichten und Gedanken meines Vorbildes durch Beispiele und heitere Geschichten ergänzen.

— — — — — — —

Betrachtet also diesen Fächer: jeder wird wissen, dass es ein Fächer ist, und wenn er dieses weiss, wird es ihm nicht einfallen, sich hineinzuschneuzen. Der Fächer wird entweder bei Staatsbesuchen oder zum Fächeln verwendet, sonst hat er keinen Zweck. Ebenso würde niemand dieses Schreibepult als Bücherbrett oder Kopfpolster benutzen, weil es eben auch nur zu einem bestimmten Gebrauche verwendet werden soll. Betrachtet ihr nun euere Eltern von demselben Standpunkte und beobachtet ihr Kindespflicht ihnen gegenüber, so ist dieses der richtige Standpunkt, es ist das wahre Wohlwollen, das echte Herz des Menschen. Wenn ihr vielleicht denkt, diese Rede gelte nicht euch, sondern anderen, abwesenden Personen, so muss ich euch dennoch sagen, dass ich jeden von euch von Natur aus für wohlwollend halte. Ich nehme nun euere Herzen nach der Reihe vor, wie der Kaufmann seine Waren von den Brettgestellen herablangt, und bezeichne die guten und schlechten Eigenschaften, die ihr besitzt; wollt ihr aber das, was ich euch sage, nicht auf euch, sondern auf andere anwenden, dann ist allerdings meine ganze Mühe vergebens. Hört mich an! Wenn ihr euere Eltern hart behandelt und ihnen Thränen entlockt, euern Brotherren Kummer und Sorge bereitet, euere Ehegatten zum Zorne reizt, eueren Ehefrauen Betrübnis verursacht, euere jüngeren Brüder hasst und die älteren Brüder verachtet, mit einem Wort Bekümmernis aus vollen Händen über die Welt aussäet, was thut ihr anders, als euch in Fächer schneuzen und euere Schreibpulte als Kopfkissen benutzen. Dennoch will ich nicht gesagt haben, dass es solche Personen unter euch gäbe; sie sind aber in grosser Anzahl vorhanden. Ich bitte euch nur, das wohl zu beachten, was ich eben gesagt habe.

— — — — — — —

Glücklicherweise kennen wir die Worte des gelehrten Nakazawa Doni; ich will euch davon erzählen.

Es geschah einst, dass dieser gelehrte Nakazawa nach Ikéda in der Grafschaft Sesshiu ging und bei einer reichen Familie, die den unteren Ständen angehörte, wohnte. Der Herr des Hauses, welcher sehr gern Predigten hörte, behandelte den Gast sehr freundlich und befahl seiner vierzehn- oder fünfzehnjährigen Tochter, ihn beim Mittagessen zu bedienen. Das junge Mädchen war nicht nur ausserordentlich schön, es hatte auch ein sehr angenehmes Benehmen, es band Blumen in Sträusse, machte Thee, spielte auf dem Samisen und sang dem gelehrten Manne einige Lieder vor. Der Prediger bedankte sich nun sehr höflich und sagte:

»Wahrlich, es mag nicht leicht sein, einem jungen Mädchen eine so vielseitige Bildung zu geben.«

Die Eltern, durch ihre Gefühle fortgerissen, erwiderten: »Es ist so, und wenn sie heiratet, wird sie der Familie ihres Gatten gewiss keine Schande bringen. Nebst allen Vorzügen, die sie jetzt entwickelt, versteht sie auch Blumenkränze um Fackeln zu winden und hat etwas Malen gelernt.« Da die Eltern während dieser Rede keinen geringen Hochmut zeigten, sagte der Prediger: »Das ist allerdings keine gewöhnliche Erziehung. Selbstverständlich versteht sie auch die Schultern und die Lenden zu reiben und hat die Shampoo-Kunst*) gelernt.«

Da brauste der Vater im Zorn auf und rief:

»Obgleich ich arm und niedrig geboren, bin ich doch noch nicht so tief gesunken, um meine Tochter die Shampoo-Kunst lernen zu lassen.«

Da erwiderte lächelnd der gelehrte Mann:

»Ich glaube, ihr bringt euch unnützerweise in Aufregung. Die Familie einer jungen Frau mag arm oder reich sein, so kommt es ihr doch zu, ihre Pflichten in ihres Mannes Haus zu erfüllen und ihre Schwiegereltern gleich ihren eigenen zu verehren. Wenn diese krank werden, so hilft es ihnen wenig, wenn die Schwiegertochter Blumenkränze zu machen, Bilder zu malen und Thee zierlich anzubieten versteht. Ihren Schwiegereltern aber so zu dienen, sie so zu pflegen, dass sie keiner Dienerin, keines Shampooer bedürfen, ist wohl die wahre Pflicht einer Schwiegertochter. Und ihr wollt euch ereifern, weil ich euch frage, ob euere Tochter die Shampoo-Kunst gelernt hat, ohne die sie nie eine pflichtgetreue Gattin werden kann?«

Nun entschuldigte der Herr des Hauses sich angelegentlich. Wenn auch das Spiel auf dem Ko-to oder Samisen recht empfehlenswert ist, so steht doch die Pflege der Eltern den Kindern weit besser an. Beherzigt diese Geschichte wohl und bedenkt, wo der richtige Weg liegt. Leute, die in der Nähe von Vergnügungsorten leben, werden leicht so zerstreuungssüchtig, dass sie ihre Töchter nur das Spiel der Tonwerkzeuge lernen lassen und sie eher zu Sängerinnen als zu pflichtgetreuen Kindern erziehen; diese entschlüpfen dann oft der Wachsamkeit ihrer Eltern und lassen sich entführen. Doch ist dieses weniger ihr eigener, als vielmehr der Fehler ihrer Eltern, welche sie in dieser Weise erzogen haben. Damit will ich nicht sagen, dass das Ko-to und der Samisen, die Dichtkunst und das Theater unnütze Dinge sind. Wenn man unsere Gedichte und Lieder genau betrachtet, so eifern sie alle zur Tugend an und verurteilen das Laster. So kommt z. B. in dem Gedichte: »Die vier Aermel« die Stelle vor: »Wenn die Menschen alle übeln Folgen voraussehen könnten, dann würden sie nicht so oft mit jungen Mädchen hinausgehen und die Blumen der Nacht bewundern.« Beachtet diese Dichtung wohl! Sie bedeutet, dass, wenn ein junger Mann und ein junges Mädchen ohne Zustimmung ihrer Eltern ein Liebesverhältnis anfangen, sie sich das gar herrlich denken, statt dessen aber sehr betrogen sind. Nur zu oft geschieht dergleichen. »Kennten sie diese traurige, elende Welt nur besser, so würden sie anders handeln.« Diese Stelle ist einem Gedichte »Ueber die Reue« entnommen.

Wenn ein junger Mann eine Ehe schliesst, so schätzt er sich glücklich, dass er nun selbständig sein Haus führen kann: aber ehe noch der Boden des Familienkessels berusst ist, wird er sich vorkommen wie einer, der in einem Felde schwimmt, seine Gedanken werden sich in seinem Kopfe verwirren, und die Freuden der Haushaltung sich bald in bittere Enttäuschung verwandeln. Betrachtet einmal solche Frau! Durch ihre Sorgen niedergedrückt, ist es ihr nicht möglich, auf ihre Kleidung die geringste Sorgfalt zu wenden. Mit zerzaustem Haar, ihre Schürze wie einen Gürtel umgeschlungen, ihr Kind in den Brustteil ihres Kimonos gesteckt, trägt sie in der Hand eine Tasse mit elender Bohnensuppe, die sie irgendwo gekauft hat. Welch' ein Geschöpf ist dies! So weit kommt es, wenn man den

---

*) Das in Japan vielfach geübte Kneten der Muskeln. Es ist dies vornehmlich eine Erwerbsquelle der Blinden.

Warnungen der Eltern kein williges Ohr leiht, die rechte Zeit nicht abwartet und einen Haushalt zu früh beginnen will. Wer trägt die Schuld? Blosse Leidenschaft, welche keine Ueberlegung zulässt. Es wird einem fünf- oder sechsjährigen Kinde nie einfallen, das Ko-to oder den Samisen zum Vergnügen spielen zu lernen. Was für ein zehn-, millionenfach elenderes Gebahren ist es, wenn Eltern ihren kleinen Mädchen ein Samisen in die Hand geben, welches gross genug ist, dass sie daran in die Höhe klettern können, und dazu ihre Lieder mit einer schrillen Stimme singen! Ich bitte euch, wohl achtzuhaben. Sobald ihr verabsäumt, ein scharfes Auge auf euere Kinder zu richten, werden diese, nur zum Spielen des Ko-to oder Samisen erzogen, euch verlassen und heimlich entfliehen. Ihr könnt sicher sein, dass jede Leichtfertigkeit und Oberflächlichkeit etwas Ungeheuerliches erzeugt. Der Verfasser der »Vier Aermel« betrachtet die Warnung vor dem Laster als überaus wichtig. Aber was helfen Theater und Lieder, wenn die Sittenlehre, die sie enthalten, missverstanden wird? Wenn ihr es auch ganz in der Ordnung findet, dass ein junges Mädchen bis zu seiner Verheiratung nur Ko-to und Samisen spielen lernt, sage ich euch doch, dass dieses falsch ist, denn wenn sie aus Liedern und Gedichten nicht die ihnen innewohnende Sittlichkeit lernt, läuft sie Gefahr, Neigung zu einem Manne zu fassen und mit ihm zu entfliehen. Bezüglich dieser Behauptung will ich euch eine lustige Geschichte erzählen.

Es geschah einst, dass ein Frosch, der in Kioto lebte, lange den Wunsch hegte, die Stadt Osaka zu sehen. An einem schönen Frühlingstage beschloss er, sich auf den Weg zu machen, Osaka und alle seine Merkwürdigkeiten zu besuchen. Mittels einer Reihenfolge von Sprüngen auf allen Vieren erreichte er einen Tempel gegenüber von Nishi-no-oka und kam auf dem Wege gegen Westen nach Yamasaki, von wo er die Besteigung des Berges Tenozan unternahm.

Nun hatte aber ein Frosch von Osaka denselben Plan gefasst und sich entschlossen, Kioto zu besuchen, weshalb er denselben Berg hinaufhüpfte und dort dem anderen Frosch begegnete; beide machten Bekanntschaft und teilten sich ihre Pläne mit. Sie klagten gegenseitig über die grosse Anstrengung, die ihnen die Reise verursacht hatte, und da sie erst auf der Hälfte des Weges angelangt, würden ihre Füsse und Lenden die ganze Reise kaum aushalten können. Aber sie standen ja jetzt auf dem berühmten Tenozan, von wo man beide Städte übersah. Wenn sie sich auf die Fussspitzen stellen, das Rückgrat etwas ausstrecken und sich so die Aussicht betrachten würden, sei eine Weiterreise nicht nötig, Kraftanstrengung und steife Beine erspart. Gesagt, gethan. Sie stellten sich auf die Fussspitzen, blickten um sich, und der Frosch aus Kioto sprach zuerst:

»In der That, wenn ich das berühmte Osaka betrachte, scheint es mir nicht im geringsten von Kioto verschieden zu sein. Ich werde meine Reise dahin aufgeben und lieber nach Hause gehen.«

Der Frosch von Osaka blinzelte bedeutungsvoll mit den Augen und sagte mit verächtlichem Lächeln: »Und ich habe dagegen von Kioto viel Rühmliches gehört, dass es ganz wie ein Blumengarten aussieht, ich finde es aber nicht anders als Osaka. Wir thun wirklich besser, heimzukehren.«

Und dabei verbeugten sich die beiden Frösche höflich gegeneinader und hüpften missvergnügt von dannen.

Obgleich nun diese kleine Geschichte recht heiter ist, werdet ihr doch die wahre Bedeutung nicht sogleich erraten. Die Frösche bildeten sich ein, vorwärts zu blicken; als sie sich aber aufrichteten, kamen ihre Augen rückwärts zu stehen, und so betrachtete jeder seine eigene Vaterstadt, war aber doch in der Meinung, die fremde zu sehen. Sie blickten freilich mit grösster Anstrengung in das Thal, aber sie waren nicht achtsam darauf, ob der Gegenstand ihrer Betrachtung auch der richtige sei, und daraus entstand ihr Irrtum. Beachtet wohl meine Worte. Ein gewisser Dichter sagt:

»Die Frösche sind wunderbar! Obgleich sie demütig auf vier Füssen hüpfen, sind ihre Augen doch in hochmütiger Weise aufwärts gerichtet.«

Ein herrliches Gedicht! Wenn auch die Menschen sprechen: »Ja, ja, eueren Wünschen soll Genüge geschehen, ihr habt Recht, es ist kein Zweifel«, so gleichen sie doch den Fröschen, und ihre Augen sind aufwärts gerichtet. Eitle Thoren! Sie fühlen sich jeder Verrichtung gewachsen, wenn sie auch über ihre Kräfte geht. Das ist die Bedeutung des Textes, wenn es heisst: »Ihr werft euer Herz von euch und wisst nicht, wo es zu suchen ist«. Wenn diese Menschen auch alles unternehmen wollen, so sind sie doch nicht Imstande, ihre Aufgabe zu erfüllen, und stellt man ihnen das vor, dann antworten sie: »Wir verdienen durch Arbeit unseren Unterhalt; was wir verzehren und geniessen, ist unser Werk. Wir sind dafür niemand verpflichtet. Wenn wir uns nicht auf uns selbst verlassen könnten, würde es uns schlecht gehen!« »Mein Vermögen beläuft sich auf 5000 Unzen Silber. Ich kann schlafen, essen, mich unterhalten, sollte ich selbst 500 oder 700 Jahre leben. Ich besitze fünf Vorratshäuser und fünfundzwanzig andere Gebäude; nebstdem besitze ich Wechsel, die 1600 Unzen Silber wert sind. So tanzt er einen Freudentanz und fürchtet nichts als die Armut, die über ihn kommen kann; sein Verstand gleicht dem jenes Frosches von Osaka, dessen Augen in der Mitte seines Rückens stehen. Thörichtes Geschöpf! Wie schwach ist diese Burg befestigt; wie wenig kann man einer solchen Sicherheit vertrauen! Und wenn diese Menschen auch ruhig schlafen, können sie nicht über Nacht in jene grossen Fackeln verwandelt, oder ihre Häuser durch ein Erdbeben erschüttert werden? Alles ist Zufall in dieser unsicheren Welt.

Bezüglich dieser allzugrossen Sicherheit will ich euch eine kleine Geschichte erzählen. Erwacht also aus eurer Schläfrigkeit und hört mir aufmerksam zu.

Der mächtige Stachelfisch, Sazaye, mit starken, festen Klappen versehen, pflegt bei einer nahenden Gefahr seine beiden Schalen mit starkem Geräusche zu schliessen und hält sich innerhalb derselben vollständig sicher. Von Neid erfüllt, sprachen eines Tages ein Tai und ein anderer Fisch die folgenden Worte zu ihm:

»Wie ist doch euer Schloss so fest, Herr Sazaye! Wenn ihr eure Klappen verschliesst, kann euch niemand von aussen etwas anhaben. Euer Aussehen ist in der That prächtig.«

Als der Sazaye dies hörte, strich er seinen Bart und erwiderte:

»Wohl, ihr Herren,! Obgleich es euch gefällt, mich glücklich zu preisen, so hilft doch das Prahlen nichts, wenn es sich um die persönliche Sicherheit handelt; dennoch muss ich bekennen, dass ich keine Sorge oder Angst fühle, wenn ich meine Schalen fest verschlossen habe«.

Doch kaum hatte er diese Worte mit jenem demütigen Dünkel gesprochen, welcher schlecht den Stolz verbirgt, da hörte man einen heftigen Lärm und starken Fall; aber der Stachelfisch schloss rasch seine Klappen und dachte nach, was dieser Lärm wohl bedeuten könne. Kam er von einem Netz oder einer Angelschnur? Wie ärgerlich, immer auf seiner Hut sein zu müssen! Vielleicht war wohl gar der Tai oder der andere Fisch gefangen! Er fühlte zwar etwas Mitleid für sie, aber dafür hielt er sich um soviel sicherer. So ging die Zeit hin, und als er meinte, alles sei ruhig, da öffnete er leise seine Klappen, steckte den Kopf heraus und blickte um sich. Aber es war doch nicht alles in Ordnung. Manches schien fremdartig; und siehe da, er befand sich auf dem Auslegbrette eines Fischers und auf der Schale klebte ein Marktzettel mit der Nummer 16.

Ist das nicht eine wunderliche Geschichte? Und so kann euch mit einem Schlage euer gerühmter Besitz von Waren- und Wohnhäusern, euere Geschicklichkeit, euer Talent, Rang und Macht entrissen werden. Armer Stachelfisch! Es scheint mir doch, als gäbe es in Japan oder China Leute, die ihm nicht ganz unähnlich sind. Wie schwer ist es, nur von sich allein abhängig zu sein. Ein sehr lehrreiches Gedicht sagt uns: »Man kann leichter den bewölkten Himmel mit einer Leiter erklimmen, als nur von sich allein abhängig sein.« Und das ist die Bedeutung des Textes: »Wenn der Mensch sein Herz von sich wirft, weiss er nicht, wo er es zu suchen hat!«

Wenn ich bei der kurzen Beschreibung der Nikkotempel und bei anderen Gelegenheiten den Buddhismus erwähnen musste, wenn ebenso in den folgenden Kapiteln vom »Erhabenen« die Rede sein wird, mag es auffallen, dass dessen Lehre in den verschiedenen Ländern sich nicht gleicht. Zur Erklärung dieser willkürlichen Unregelmässigkeiten möchte ich an dieser Stelle das Folgende einschalten.

Mit dem Namen Buddhismus bezeichnet man bei uns bekanntlich die religiösen Anschauungen und Verehrungsformen verschiedener Völker im Süden, im Osten und in der Mitte Asiens, sofern sie die Weisheit des indischen Prinzen Gotama zur Grundlage haben oder wenigstens zu haben vorgeben. Der sehr verschiedenen Bildung der einzelnen Völker entsprechend, sind die der ganzen Lehre ursprünglich zu Grunde liegenden Anschauungen mit der Zeit mehr und mehr eingeschränkt, teilweise selbst zur Nebensache gemacht worden. Während in den Ländern der südlichen Schule, in Ceylon, Birma und Siam, die alten Einrichtungen der in Indien, vornehmlich in Benares, entwickelten Lehre Buddhas sich einigermassen rein erhalten haben, ist die entartete Form der nördlichen Schule in Tibet und in der Mongolei zum Gegenteil dessen geworden, was der Stifter angestrebt hat. Bei den Japanern und Chinesen ist der Buddhismus förmlich auf deren ursprünglichen Götzendienst aufgepfropft worden. Somit musste die Form, welche er im Osten anzunehmen gezwungen war, ebenfalls stark von den ursprünglichen Anschauungen abweichen. Daraus erklären sich die früher erwähnten Götter der Städte, des Windes, der Feldfrüchte, der einzelnen Tiere u. s. w., die ja alle mit der reinen Buddhalehre nichts zu thun haben. Das vom »Erweckten« gegründete Mönchtum, wie es auf Ceylon, in Birma und Siam noch besteht, erkennt als gemeinsamen geistigen Mittelpunkt nur die in Schriften überlieferten Reden Buddhas, sofern sie in der vom Erleuchteten selbst geredeten Sprache niedergelegt sind, an. Dagegen ist es im Laufe der Jahrhunderte dazu gekommen, dass eine Religion, welche die Armut verherrlicht, in ihren äussersten Ausläufern eine Priesterherrschaft hervorgebracht hat, die nicht nur die Vertreterin der Religion selbst ist und ohne Vermittelung sogar angebetet wird, sondern auch alle übrige Macht in Händen hat. Das ist der Lamaismus in Tibet, auf den ich weiterhin zurückzukommen habe. — Der Buddhismus im Norden, im Osten und im Süden Asiens ist somit vollständig verschieden, mehr noch als das Christentum im Norden, Osten und Süden von Europa. Beide Religionen gleichen sich darin, dass von der ursprünglichen Lehre und den Absichten ihrer beiden grossen Begründer wenig übrig geblieben ist. — Auch um die Aufzeichnungen über die Weisheit des Gotama, im 1. Bande der Wanderjahre gehörig zu ergänzen, habe ich geglaubt, diese Erörterungen über die Buddhalehre einschalten zu dürfen. —

Die Aussichten für die Verbreitung des Christentums in Japan sind gering. Die religiösen Bedürfnisse der niederen Klassen finden Befriedigung in Händeklatschen und in einem kurzen Gebet vor den vergoldeten Altären, sowie in den geschickten, lebensklugen Predigten der Bonzen. Was die oberen und gebildeten Stände betrifft, so haben die vermehrten Kenntnisse der Neuzeit ihnen, ebenso wie den Europäern und Nordamerikanern, nur Zweifel und Widerwillen gegen Glaubenssätze gebracht, die einer inhaltlichen Zerlegung nicht standhalten. Ich kann mir auch nicht vorstellen, wie die in ihrer Gotteslehre so vielfach geteilten und sich befehdenden Missionsgesellschaften Erfolge erzielen sollen. Es giebt in Tokio nicht nur die auf Seite 110 aufgezählten christlichen Kirchen, sondern im ganzen sind es ihrer nicht weniger als 29, mit über 300 männlichen und weiblichen Missionaren. Würden die Sittenlehren der Bibel den Japanern in einem geordneten Werke mit Vorschriften und Gebeten dargeboten, so würden sie diesen wahrscheinlich willig ihr Ohr leihen. Inzwischen aber spricht alles dagegen, dass irgend ein Zweig des Christentums bei Gebildeten oder beim Volke zur Geltung gelangt. — —

Am Dienstag, den 25. August, wurde in Nagasaki, wenn ich nicht irre, zu Ehren des Gottes der Stadt, ein Drachenfest gefeiert. Männer und Knaben liessen Drachen fliegen, die aus zähem Papier und einem Rahmen aus Bambusrohr gefertigt, alle von rechtwinkliger Form und mit den Gesichtern geschichtlicher Helden geschmückt waren. Bei einigen hatte man eine Vorrichtung aus Fischbein angebracht, durch die ein summendes Geräusch hervorgerufen wurde. Der Wettstreit zwischen grossen und kleinen Drachen setzte die ganze Bevölkerung in Bewegung. Die Schnur jedes Drachens war etwa 8 m unterhalb des Rahmens mit grob zerstossenem Glas beklebt, und zwei Stunden lang bemühten sich die Fechtenden, ihren Drachen in eine solche Stellung zu bringen, dass durch die scharfen Splitter die Schnur eines der Gegner zerschnitten wurde. Endlich erreichte ein Knabe das ersehnte Ziel, wonach der abgeschnittene Drache sein Eigentum wurde und der Sieger mit dem Besiegten drei tiefe Verbeugungen austauschte. Vollkommen schweigsam hatte die Menge diesen aufregenden Wettstreit beobachtet. —

Schliesslich sei erwähnt, dass der Kirchhof bei Nagasaki der gewinnendste ist, den ich im Lande gesehen habe. —

Am Abend desselben Tages fuhr die Tokio Maru nach Wladiwostok; mit schwerem Herzen nahm ich vorläufig Abschied vom Lande der Märchen. Ich wusste, dass ich auf der Rückreise voraussichtlich nur wenige Stunden in Nagasaki zu verbringen hätte. Es war meine Absicht, wenn die Wladiwostoker Angelegenheiten Erledigung gefunden haben würden, Stellung in Shanghai zu suchen. Ich schied von Japan in der Ueberzeugung, dass seine Einwohner, ebenso wie andere Völkerschaften, ihre Mängel haben, unter denen Hang zur Unwahrheit und zum Uebermass des Geniessens die grössten sein mögen. Indessen haben die unvergleichlichen Naturschönheiten, die Fruchtbarkeit des Landes und eine natürliche Veranlagung die Japaner dahin geleitet, alle der Menschheit anhaftenden Gebrechen in ein Gewand zu kleiden, das diese Fehler bei ihnen leichter übersehen lässt, als bei jeder anderen Rasse.

Teil des Kirchhofs bei Nagasaki.

Die Klugheit der Japaner muss Fremde jeden Augenblick zu hoher Bewunderung zwingen. Alle Behauptungen der Europäer haben sie lächelnd zu widerlegen gewusst. Als man ihnen auf Grund ihrer kostspieligen Neuerungen einen das Geldwesen betreffenden Untergang voraussagte — gingen sie nach China und holten sich, was sie brauchten. Eine Möglichkeit, an die niemand gedacht hatte. Es ist meine Ueberzeugung, dass Japan nicht so bald aufhören wird, die Bewohner unseres Erdteiles in Erstaunen zu setzen. — Nichts scheint mir irriger, als die Voraussetzung unserer Gewerbetreibenden, dass es grosse Mengen ihrer Erzeugnisse aufnehmen kann, wenn erst das ganze Land dem freien und ungehinderten Fremdenverkehr erschlossen ist. Wer in Japan mit einiger Aufmerksamkeit reist, wird bemerken, dass wir zum wenigsten zehnmal mehr von der japanischen Bildung und Kunstfertigkeit übernommen haben, als das Inselreich im Osten von uns. Wie ausserordentlich viele unserer zur Verzierung dienenden Zeichnungen haben wir japanischen Vorlagen entlehnt! Dagegen hat dies begabte Volk einen viel zu bestimmten Geschmack, um nicht zu wissen, dass unsere Kunst ihm mehr schadet als nützt. Als einzige wesentliche Ausnahme möchte ich noch einmal die Hüte der Herren anführen. Die Japaner sind zu diesen gekommen, weil ihnen vor dem Verkehr mit Europa der Gebrauch einer Kopfbedeckung überhaupt fremd war. — Und schliesslich, wie viele der kleinen, eigentümlichen Männer hat man überhaupt in Europa gesehen? Ich meine, dass doch nur ganz vereinzelt Japaner zu uns gekommen sind, um, ohne jedes Aufsehen, unsere Kunstfertigkeit, soweit sie ihnen dienlich sein konnte, kennen und mustergültig nachahmen zu lernen.

Japan ist für Berufsgenossen, soviel ich nach einem kurzen Aufenthalt beurteilen kann, auch dann kein lohnendes Feld, wenn einmal der gegenwärtige bedenkliche Zustand im Handel besseren Zeiten Platz gemacht haben wird. China ist für uns ein viel günstigeres Gebiet, aber allen, die dies Land aufzusuchen gedenken, will ich empfehlen, den Weg, wenn irgend möglich, nicht durch das rote Meer, sondern durch die Vereinigten Staaten und Japan zu wählen, und ebenso von ganzem Herzen möchte ich allen Japanreisenden raten, nicht die landesübliche Strasse Jokohama-Hongkong oder umgekehrt zu nehmen, sondern einige Tage zu opfern und über Kobe-Iliogo, Nagasaki, Shanghai zu reisen. Der Anblick der Inland Sea allein macht diesen Umweg zehnfach bezahlt. — —

Am Morgen des 27. August fuhren wir an der Westseite der Insel Matsu-Shima vorüber und früh am 29. liefen wir im Hafen von Wladiwostok ein. Die Stadt liegt sehr hübsch und der Hafen würde ungefähr allen europäischen Flotten Aufnahme gewähren. Aber welch ein Unterschied zwischen dem Hauptorte des Amurkreises und Nagasaki! In nur dreimal 24 Stunden fühlte ich mich vom äussersten östlichen Asien nach Europa versetzt. Hier gab es keine fremdländischen Wohnungen mehr, sondern die einfachen Holzhäuser mit einem Vorbau an der Hausthür, der im Winter als Schneeschutz dient, wie ich ihn aus dem nördlichen Norwegen kannte. Die zahllosen Regierungsgebäude, die vielen Kasernen, Krankenhäuser und die Warenlager der bedeutenden Handelshäuser sind freilich aus Stein errichtet. Die Stadt mit der Slobodka*) zieht sich 8 km hart am Nordwest-Ufer der Bucht entlang, während Häuser auf den

---

*) Vorstadt.

Wladiwostok, d. i. Beherrscherin des Ostens.

Anhöhen hinter dem Ufer in schlecht angelegten Strassen mehr verstreut liegen.

    Herr Otto Spengler, Vertreter der väterlichen Handlung in Hamburg, empfing mich auf das Zuvorkommendste; ich habe bei ihm und seiner Frau vier Wochen so angenehm und freudenreich, wie nur denkbar verlebt. Herr Spengler vertritt uns erst, seit dem im März 1895 erfolgten Tode des letzten Bevollmächtigten. Alle seine Vorgänger hatten sich in Unregelmässigkeiten und Pflichtvergessenheit derartig überboten, dass es Herrn Spengler wünschenswert erschienen war, jemanden aus unserem Stammhause bei sich zu haben, um mit ihm zu beraten. Dazu hatte mein Vater mich bestimmt. Im Verlaufe weniger Tage wurde mir klar, dass im Zeitraum von 20 Jahren durch die liederlichste, gewissenloseste Wirtschaft ein Vermögen vergeudet war; auch der letzte, verstorbene, Bevollmächtigte hatte viele Gelder eingezogen, ohne die Beträge pflichtschuldig nach Hamburg zu überführen. Das Ergebnis eines unsererseits in Petersburg gewonnenen Rechtsstreites gegen den, der die väterliche Firma von 1879—1885 vertreten hatte, sollte aus dem mit unserem Gelde erworbenen Grundeigentum des Betreffenden in Wladiwostok, bezahlt werden. Indessen wusste ich, nachdem ich kaum eine Woche an Ort und Stelle gewesen war, dass Jahre vergehen würden, ehe der in Hamburg beabsichtigte Erfolg aus diesen Liegenschaften möglicherweise erzielt werden konnte, und somit blieb mir nur übrig, bald nach Hause zu telegraphieren, dass es mir unmöglich sei gleich etwas auszurichten und, dass ich sehr wahrscheinlich unverrichteter Sache wieder abreisen müsse. Das war sehr hart, zumal ich inzwischen erfahren hatte, dass drei Monate früher mein älterer Bruder ebenso ungünstige Verhältnisse in Neuseeland, über alles Erwarten vorteilhaft und schnell zum Abschluss gebracht hatte. Nur das eine Erfreuliche konnte ich nach Hause berichten, dass die Wahrung unserer Vorteile in keinen besseren Händen als in denen des Herrn Otto Spengler, eines rechtschaffenen, verständigen und thatkräftigen Deutschen, sein konnte. Mein Freund Otto Carlowitsch[*]) hatte über 20 Jahre in Wladiwostok gelebt und es durch unermüdlichen Fleiss zu grosser Wohlhabenheit und Ansehen gebracht; ich konnte demnach später die Stadt, wenigstens im Hinblick auf unsern Vertreter, ohne Sorge verlassen. —

    Unter den Geschäften in Wladiwostok nimmt das hamburger Welthaus Kunst & Albers die hervorragendste Stellung ein. Der am Ort ansässige Teilhaber, Herr Adolf Dattan, ist ein Kaufmann von aussergewöhnlicher geistiger Begabung und schöpferischer Kraft. Die Art, wie er die Handlung den ostsibirischen Verhältnissen anzupassen weiss, hat mich in hohem Grade für ihn eingenommen. Ich werde den Augenblick

---

[*]) Herrn Spenglers russischer Name: »Otto, Sohn des Karl«.

nie vergessen, in welchem ich ihm vorgestellt wurde. An seinen klugen Augen konnte ich unschwer erkennen, dass er in einer Sekunde über mich vollständig im Klaren war. Ich war weder im Stande, ihm zu nützen, noch konnte ich ihm schaden, somit war ich für ihn nicht vorhanden. Man lebt nicht in Wladiwostok, also am Ende der Welt, um sich mit fahrenden jungen Leuten zu befassen oder gar diese nach Kräften zu belustigen und zu unterhalten, sondern um zu erwerben, und wenn Herr Dattan diese Anschauung mir gegenüber verwirklichte, kann ich ihm auch dafür nur Bewunderung zollen.

Viele Freundlichkeiten sind mir in Wladiwostok nicht erwiesen. Ich wurde von der Mehrzahl meiner Landsleute wenig beachtet, da der allgewaltige Herr Dattan mich nicht in sein Herz geschlossen zu haben schien. Nur Herr Carl Klepsch vom Hause Kunst & Albers, erwies mir unausgesetztes Wohlwollen. Besondere Unfreundlichkeit dagegen hatte ich nur zu erfahren von — einer Dame, und zwar aus einem ganz natürlichen Grund: sie schuldete unserm Geschäft, ich wollte Geld haben, und sie hatte keins, — also blieb ihr nur das übrig, was auch manche andere Frau ohne Erziehung und Bildung als Zahlung angeboten haben würde — Grobheit. Mein Besuch bei dieser Dame wird mir noch lange in Erinnerung bleiben. Von dem Rechte, das man Frauen in vorgeschrittenen Jahren im allgemeinen einräumt, nämlich aller Reize bar zu sein, hatte die Betreffende den allerausgiebigsten Gebrauch gemacht; leider hatte ihre ungefähr 32 Jahre alte Tochter sich die Vorrechte der Mutter — wahrscheinlich wider Willen — zu eigen gemacht durch rote Haare, Sommersprossen und eine dürftige, in die Länge gezogene Gestalt, neben der, an hageren Armen indessen zwei recht hübsche Hände baumelten. Ich weiss nicht, was mich veranlasste, Mutter und Tochter aufzusuchen, um betreffs unserer Forderung vorstellig zu werden. Ich wusste vorher, dass mein Besuch keinen Nutzen haben würde; dennoch ging ich. Man liess mich ungefähr 20 Minuten warten, bis die Alte erschien, und zwar mit einem naturwidrig jugendlichen Hut, der à la diable auf schüttern Haare gestülpt war. Die niemals gerade aus, sondern immer zur Seite blickenden Telleraugen blitzten Zorn, aber es half alles nichts, ich wurde recht ernst, mit dem einzigen Erfolg, dass man mich ebenso bestimmt, wie wenig höflich ersuchte, weiterzugehen. Man meinte, ich sei nicht mündig, und somit würden meine Vollmachten nicht anerkannt. Als ich Otto Carlowitsch diese Begebenheit vortrug, brauchte ich natürlich für Spott nicht zu sorgen; er hatte mir vorher gesagt, dass alles ungefähr so und nicht anders kommen könne. —

Wenn in Wladiwostok auch vielerlei Volk zusammentrifft, wie neben Europäern: Chinesen, Japaner, Mandschuren, Koreaner, Giljaken, Tschuktschen, Jakuten u. a., so vergisst man doch keinen Augenblick, dass man in einer russischen Stadt ist. Troikas, an denen jedoch das rechtsseitige

Pferd zu fehlen pflegt, durchfahren die Stadt von einem Ende zum anderen, und
die Kutscher, Iswoitschiks, mit Vollbärten, sehen nicht übel aus. Sie tragen
einen kurzen, um den Leib durch einen Gurt, Riemen oder Strick zusammen-
gehaltenen Kaftan, und eine niedrige, pelzverbrämte Mütze, unter der die
langen Haare über den Kragen des Mantels, sehr zu dessen Nachteil,
herabhängen. Sie fahren in der Regel ganz kleine, offene, niedrige
Wägelchen, die nur für einen Fahrgast bestimmt sind; doch können auch

Wladiwostok. Männer aus sechs Volksstämmen des nordöstlichen Asiens.

zwei darin sitzen wenn sie schlank sind, und es ist dann ihre Sache, die
vier Beine in dem spitz zulaufenden Wagenkasten unterzubringen. Russischen
Admiralen, Generalen, Offizieren und Soldaten, russischer Sprache, russischen
Speisen, russischem Schnaps und russischem Fluchen begegnet man überall.

Selten sieht man Ainos. Es sind dies bekanntlich die Ureinwohner
der japanischen Inseln, die ungefähr vor 2500 Jahren von den jetzigen,
aus Korea stammenden Japanern nach Jesso und Sachalin zurückgedrängt
wurden. Zu meinem guten Glück hatten indessen zehn oder zwölf
dieser Leute, leider nur Männer, vorübergehenden Aufenthalt in Wladiwostok
genommen. Sie trieben im Norden einen selbständigen kleinen Handel

und waren vom unteren Sachalin gekommen, um sich mit Waren für den Winter zu versorgen.

Ich fand die Männer, die russisch verstanden und sprachen, einfältig, gutmütig und unterwürfig. Von den Japanern sind sie durchaus verschieden. In ihrer Gesichtsfarbe gleichen sie den Spaniern und Sicilianern. Ihre Züge, sowie ihre Umgangsformen erinnern eher an die Lappen im nördlichen Norwegen, als an die ostasiatischen Völker. Ihr Haar ist tiefschwarz, sehr weich und auf dem Scheitel besonders dicht, fast wulstig; bei einigen hing es herab, aber bei keinem fand ich es gekräuselt. Ihr Bart und die Augenbrauen sind stark und voll, und bei allen zeigt sich auf der Brust und auf den Armen ein reichlicher Wuchs von borstenartigem Haar. Der

Wladiwostok.
Handelnde Mandschuren.

Hals ist kurz, die Stirn hoch, breit und kräftig gebaut, die Nase platt, der Mund gross, aber gut gestaltet. Augen und Augenbrauen liegen gerade. Ihre eigene Sprache soll sehr einfach sein, sie haben keine Schriftzeichen, keine Geschichte, sehr wenige Ueberlieferungen und naturgemäss keine Erinnerungen von dem Lande, aus dem sie vertrieben wurden. —

In der kleinen, unschönen Kirche fiel mir die Frömmigkeit der Russen auf. Als ich mit Herrn und Frau Spengler das Gotteshaus betrat, wurde die gewöhnliche Messe gelesen; die Andächtigen gingen aus und ein. In bunter Folge traten in den geweihten Andachtsort: schmutzige Bettelweiber — wahrscheinlich zur Strafe nach Sibirien Geschaffte, oder verlassene Soldatenfrauen — reiche Kaufherren mit ihren Damen, Droschkenkutscher, Handwerker, hochgestellte Offiziere und Beamte, Arbeiter, Soldaten, kurz, alle Stände jeden Alters und beiderlei Geschlechts, soweit sie in Wladiwostok zu finden sind. Man liess sich vor einem der Heiligenbilder auf die Knie nieder und betete kürzere oder längere Zeit. Nie hatte ich solche inbrünstige Andacht gesehen; sie war den Betenden keine leere Förmlichkeit. Einige sprachen ihre Fürbitte mehr oder weniger laut murmelnd, andere leise, kaum die Lippen bewegend; wieder andere blieben ganz stumm und flehten nur mit den Augen. Ueberall drückte sich eine Glaubenszuversicht aus, die geradezu ergreifend war. Es mag den Thatsachen entsprechen, wenn man mir sagte, dass mancher vielleicht um das Gelingen eines Diebstahls, oder den Tod des Gegners flehte, aber er that es zweifellos in ehrlichem Glauben und in wahrer Verehrung. Ganz unwillkürlich muss man bekennen, dass doch eine ungeheure Kraft in diesem kindlich gläubigen Volke stecken müsse. —

Das russische alltägliche Leben hat mir durchaus zugesagt, und wenn ich meine nachsichtige Wirtin, Frau Spengler, ebenfalls als vortreffliche Gebieterin kennen lernte, deren ganzes Hauswesen und tadelloser Tisch in der Stadt als mustergültig angesehen wurden, so glaube ich, dass ich mich auch in minder vollkommen geleiteten Häusern recht wohl gefühlt haben würde. Das Spenglersche Heim war übrigens nicht nur durch seine

Wladiwostok.   Koreanische Kulis als Brennholzträger.

Küche berühmt. Die junge Frau spielte so vollendet Klavier, dass sie verwöhnten Freunden ihrer Kunst zu genügen vermochte; sie war an zwei europäischen Musikschulen ausgebildet. Ihre Wiedergabe der Chopinschen Impromptus war hinreissend. Mein guter Stern wollte, dass Frau Spengler mich erst nachdem ich sie gehört hatte, fragte, ob ich auch spiele; mit der grössten Unerschrockenheit antwortete ich: »Nein, ich habe niemals den Versuch gemacht.« Anders würde ich sehr wahrscheinlich auf die erste Aufforderung mich an den Flügel gesetzt haben, um von der gütigen Frau einigen Beifall zu ernten, der sich später und bei näherer Betrachtung als Mitleid erwiesen hätte. Uebrigens war bei Herrn und Frau

Spengler eigentlich stehend offener Abend. Die deutsche Gastfreundschaft in ihrer liebenswürdigen Form wurde, zumal von anderen unserer Landsleute, dankbar angenommen, sodass wir selten allein assen und die Abende fast niemals unter uns verbrachten — zu meinem Bedauern, denn am liebsten hörte ich Frau Spengler spielen, wenn Otto Carlowitsch und ich allein zugegen waren; nicht alle Hausfreunde wussten den meisterhaften Vortrag der talentvollen Frau gebührend zu schätzen. —

Hatte es auf der Reise von Nagasaki bis Wladiwostok unausgesetzt geregnet, so schien es während meines Aufenthalts in der Stadt nur noch in Strömen giessen zu wollen. Die schlechten oder garnicht gepflasterten Wege waren aufgeweicht und soviel die Regierung für Kasernen oder grossartige Gebäude ausgeben mag, für die Stadt als solche geschieht garnichts. —

Im Hafen lagen zwei der grössten und mächtigsten Schlachtschiffe der Welt, die »Rurik« und die »Nicolai«, neben denen das bald eintreffende deutsche Panzerschiff »Kaiser« und unsere Kreuzerkorvette »Irene« von 7650 bezw. 4400 Tons nur wenig Eindruck machen konnten. Zwei englische Kriegsschiffe wirkten ebenfalls nicht besonders Achtung gebietend auf den Beschauer. Auch das französische Panzerturmschiff »Bayard« konnte sich mit den beiden Russen nicht messen. Das Leben und Treiben von aller Fahrzeuge Mannschaften am Lande bot unausgesetzt ein recht lebhaftes und anziehendes Bild. —

Während der Tage, an denen es in der schmutzigen Hauptstrasse von Excellenzen, Admiralen, Generalen, Ministern und Gouverneuren förmlich wimmelte, folgte ein Fest dem anderen. Am Montag: grosser Ball im Marineklub, am Dienstag: Mittagstafel bei Herrn Dattan, am Mittwoch: Prunkmahl auf S. M. S. »Kaiser« und so fort. Unterbrechungen kamen nicht vor. Herr Dattan hatte natürlich alle Hände voll zu thun mit Ordenumhängen, dreieckigen Hut aufsetzen, Besuche auf den Schiffen machen und Gegenbesuche empfangen, Einladungen ausschreiben u. s. w.

Mit Orden scheint im russischen Reich nicht besonders gespart zu werden, wenigstens sah ich deren in Wladiwostok recht viele. Die Zahl der Sterne, durch welche Herr Dattan ausgezeichnet ist, war derzeit drei, indessen sagte man mir, dass der seit mehreren Jahren verstorbene Baron Lühdorff, ebenfalls ein Hamburger Kaufmann in Ost-Sibirien, ihrer noch mehr gehabt haben soll. —

Auf dem Ball im Marineklub, zu dem Herr und Frau Spengler mich gütigerweise mitnahmen, sah ich zum ersten Mal russische Damen tanzen. Die anmutige Begeisterung, das Feuer, der Schwung und zugleich die Zierlichkeit, mit der sie eine Masurka aufzuführen verstehen, stellt ziemlich alles, was ich bisher in dieser Beziehung gesehen habe, bei weitem in den Schatten. Natürlich versuchte ich mich auch an diesem Tanz und kann nicht leugnen, dass mein Entzücken an ihm keine Grenzen fand. —

Zu den russischen Unsitten zählt das Küssen unter Männern. Japaner küssen nie, weder der Verlobte seine Braut, noch Eltern ihre Kinder; Russen dagegen küssen immer, und es macht, wenigstens auf uns Deutsche, einen missfälligen Eindruck, wenn zwei grosse, bärtige Kerle sich um den Hals fallen und auf den Mund küssen; so sehr ich Herrn Dattan bewundert habe, wenn er alle russischen Gebräuche zu den seinigen machte — diese Gewohnheit würde ich mir nie angeeignet haben. Als Kaufmann verdient man gewiss gern, aber um keinen Preis der Welt würde ich einen General oder Admiral auf den Cigarrenmund geküsst haben, selbst nicht, um einen Auftrag von grosser Bedeutung zu erhalten. —

Der Handel in Wladiwostok sagte mir in mancher Beziehung zu. Ich glaube, dass Russland zu denjenigen Ländern zählt, in denen am leichtesten Vermögen zu erwerben sind, daneben glaube ich aber behaupten zu können, dass an russische Verhältnisse gewöhnte Deutsche, sich schwer wieder in unserem Vaterlande zurechtfinden können, und daher sollten Berufsgefährten sich zweimal überlegen, ob sie in Russland ihr Fortkommen suchen wollen. Herr Spengler meinte, die russische Dienerschaft sei unwissend, aber anhänglich, wenn sie gute Behandlung erfährt. Ebenso behauptete er, geht es mit dem Arbeiter, im Gegensatz zu den entsprechenden Verhältnissen bei uns. Die dienende Klasse in Deutschland soll möglichst viel lernen und viel wissen. Mädchen, die in der Volksschule Aufsätze über die Nilquellen schreiben, scheuern später die Treppen mit Unlust. Aus diesem Vielwissen des arbeitenden Standes ergeben sich unsere ganzen trostlosen sozialen Verhältnisse, stammt bei uns die Unzufriedenheit der Werkthätigen. Wer etwas gelernt hat, stellt später die angemessenen Ansprüche an das Leben, die in der Regel nicht annähernd befriedigt werden können. Anders ist es in Russland. Der gutmütige, unwissende Slave vergöttert seine Herrschaft, die so viel klüger ist, so viel mehr weiss als er, und dieser Zustand ist es, der dem Leben in Russland grossen Reiz verleiht.

Deutsche Berufsgenossen, die im unermesslichen sibirischen Reich ihr Glück versuchen wollen, werden ihr Schicksal bald entschieden sehen. Sie werden, nach Spenglers Ansicht, schnell zu Grunde gehen oder in verhältnismässig kurzer Zeit in eine glänzende Lage gelangen. Ein einfacher Freipass sein Glück zu machen, ist die Bezeichnung »ein Deutscher« freilich nicht mehr. Fleiss, Geschick, rechtschaffenes Leben sichern zwar unseren Handwerkern noch immer ein gutes Dasein, aber zum Reichwerden genügen diese Eigenschaften nicht. Dazu gehören noch: kecker Unternehmungsgeist, kaufmännische Veranlagungen und Anpreisungsgeschick im weitesten Sinne. Wer diese nicht sein eigen nennt, geht als Kaufmann wahrscheinlich unter, und manche der so Gescheiterten lassen sich in ihrem Missmut in politische Verbindungen ein. Diese, durch getäuschte Erwartungen halbwegs Verzweifelnden sind es, die von den Behörden verfolgt und ausgewiesen werden. Von ihnen geht der Ruf schonungsloser und gehässiger Unterdrückung der Unsrigen aus.

Deutsche Gewissenhaftigkeit und Redlichkeit sind, wie bemerkt, gerade in Russland noch immer mit der Wahrscheinlichkeit auf Gewinn zu verwenden und verbürgen dem Besitzer auf die Dauer mehr oder minder grossen Erfolg, aber alle diese Eigenschaften müssen, um zur Gewinnung von Reichtümern zu dienen — wiederum nach Spengler — durch eine unterstützt werden, die recht vielen unserer Landsleute zunächst abgeht: das ist die Fähigkeit, sich den volkswirtschaftlichen Eigentümlichkeiten russischer Verhältnisse anzupassen, den Geist der Russen zu verstehen und zu benutzen. Dazu wird man einen wohlberechneten Leichtsinn an den Tag zu legen haben. Viele Deutsche werden, wenn sie durch Fleiss und Ausdauer einige tausend Rubel ihr eigen nennen, den Schatz ängstlich hüten, um sparsam weiter zu leben. Das ist sehr ehrenwert, aber nicht der Weg zum russischen Wohlstande. Wer reich werden will, muss vor allem Geld auszugeben wissen. Hat man im Laufe der Jahre oder durch glücklichen Zufall 10,000 Rubel zusammengebracht, so sollen sie richtig als Jahreseinkommen ausgegeben werden, damit man, wenn nicht besonders unglückliche Umstände hindernd in den Weg treten, bei schlauer Umsicht im nächsten Jahre das Doppelte ausgeben kann. Hat der Betreffende es dahin gebracht, dass seine Stellung oder das jährliche thatsächliche Einkommen ihm genügen, dann erst soll er anfangen, zurückhaltender zu leben, um wirklich Ersparnisse zu machen. Mehr als in jedem Lande gilt in Sibirien der Schein. Man hat, was man zu haben vorgiebt. Das Geld hat wenig Wert, weil es von denen, die es verstehen, zehnmal leichter verdient wird, als bei uns. —

Leider hatten die, von 1869—1895 einander folgenden, Vertreter der väterlichen Handlung von diesen Grundsätzen sich nur das flotte Ausgeben des Vermögens zu eigen gemacht.

An dem einzigen Sonntage ohne Regen konnte ich mich an den Volkstrachten in des Statthalters Garten erfreuen, der an Sonn- und Feiertagen dem Besuche aller freigegeben ist. Zu den kleidsamsten Männertrachten, die ich auf meinen Reisen gesehen habe, zählt unstreitig die Grossrussische. Die Männer tragen rote Hemden mit einem Ledergürtel, ab und zu auch Westen aus schwarzem Sammt über den dunklen Pumphosen, die in hohen Stiefeln stecken und noch einige Centimeter über deren Kante hinüberfallen. Viele schneiden sich ihre dichten, blonden, über die Stirn fallenden Haare an dieser wagerecht ab. — Die Kleidung der Frauen ist weniger hübsch. Das braunrote Gewand fällt von der Schulter in gerader Linie herunter und ist am unteren Ende mit Reihen von Goldborden besetzt; es wird durch Achselbänder aus dem nämlichen Kleiderstoff gehalten. An den Schultern und Armen kommt das weisse, rotgestickte Hemd zum Vorschein; den Kopf schmückt ein breites, rotes Band oder der seit Jahrhunderten gebräuchliche, sogar in Petersburg bei Hoffesten verwendete Kokoschnik, eine Art Stirnreif aus Zeug, der reich mit grösseren Perlen besetzt ist. Um den Hals tragen Mädchen und Frauen lange Ketten aus bunten Perlen von 1—2 cm im Durchmesser.

— Die Russen sind bekanntlich ein kräftiger, grosser Menschenschlag, denen man ansieht, dass sie ungemein abgehärtet und ausdauernd sein müssen. Sie haben etwas Offenherziges und Ungezwungenes in ihren Bewegungen, etwas Selbstbewusstes in ihrer Haltung, ohne es anderen gegenüber in verletzender Weise geltend zu machen.

Wenn man diese Leute mit einiger Aufmerksamkeit betrachtet, kann man sich wohl das Verhalten der russischen Truppen im Schipkapasse vorstellen. Einzelne Compagnien schmolzen damals zusammen auf 21, 17, 11 Mann, nicht nur durch das Feuer der Türken, sondern ebensowohl durch Verhungern und Erfrieren; aber die Ueberlebenden wichen nicht und hatten trotzdem keine Ahnung von ihrer eigenen Tapferkeit. Der russische Soldat sollte nicht unterschätzt werden.

Auch während der letzten Woche meines Aufenthalts in Wladiwostok änderte sich in den Erfolgen meiner Thätigkeit wenig; ich musste abreisen, wie ich gekommen war; mit anderen Worten: ich kam — ich sah — und ich ging wieder fort. —

Meine Stunden in Sibirien waren schliesslich gezählt. Ueber das nächste Ziel meiner Reise, Korea, hatte ich mich nach allen Seiten unterrichtet, soweit sich Auskünfte von den in Wladiwostok ansässigen wenigen koreanischen Kaufleuten und zahlreichen Kulis, von russischen Beamten und Militärs erlangen liessen. Am Dienstag, den 22. September, begab ich mich an Bord der »Tsuruga Maru«. Spengler, Carl Klepsch und noch einige junge Leute aus dem deutschen Gesangverein brachten mich an Bord. Ich hatte alle Veranlassung, vornehmlich Frau Spengler, Otto Carlowitsch und auch Klepsch von ganzem Herzen für die Güte zu danken, die sie mir während meines Aufenthalts in der Stadt erwiesen hatten. — Am Nachmittage verliess ich Sibirien, um es voraussichtlich weder an diesem, noch am entgegengesetzten Ende wiederzusehen. —

XI. KAPITEL.

Gensan, Fusan, Shanghai.
Koreanische und Chinesische Eindrücke.

Die Tsuruga Maru ist ein prächtiges Schiff. Sie gehört wie die Tokio Maru der Nippon Jusen Kaisha*) in Tokio an. Es ist dies ein Unternehmen auf Anteilscheine, das ausschliesslich von Japanern geleitet wird. Die Flaggen der Gesellschaft zeigen drei weisse und zwei rote Streifen. Die N. J. K. arbeitet mit einem eingezahlten Vermögen von 25 000 000 Yen, und hat eine Flotte von ungefähr 60 Ozeandampfern. Also auch in der Reederei sind die Japaner auf der Höhe der Zeit.

Wir fuhren am 23. bei gutem Wetter an der koreanischen Küste entlang in einer Entfernung vom Land, die abwechselnd 3—10 km betragen mochte. Felsenartige Berge steigen hart am Ufer empor und 25—30 km landeinwärts erheben sich Ketten, die eine Seehöhe bis 1600 m erreichen mögen. Jede Erhebung zeigt einen wellenförmigen Umriss. Dörfer liegen nur ganz vereinzelt an der Küste und sind nicht ohne Glas zu erkennen, da sie dieselbe rötlich graue Farbe wie die Felsen haben. Während des ganzen Tages spielten Züge von 5—8 kleinen Walfischen zwischen unserem Schiff und dem Festlande.

Am Morgen des 24. waren wir in der Bai von Gensan angekommen. Die Tsuruga Maru lag in einem grossen, scheinbar von allen Seiten geschlossenen Becken; die es umgebenden Berge, steigen langsam von 50—200 m auf. Von einer eigentlichen Stadt war nichts zu sehen, nur am Lande, unweit unseres Schiffes, lagen ungefähr 50 europäisch aussehende Häuser und ebenso viele, die in japanischer Art errichtet waren. Zwölf weisse Flaggenstangen liessen auf ebenso viele Konsulate schliessen, indessen erfuhr ich bald, dass der Ort von Japanern erbaut und bewohnt sei und dass noch heute ausser diesen, kein Volk in Gensan vertreten ist.

*) Die bedeutendste japanische Dampfschiffahrts-Gesellschaft.

Mit zweien meiner Reisegefährten benutzte ich eine der ersten Sampans, um an Land zu fahren. Zuerst suchten wir die Niederlassung mit ihren ungefähr 1500 Einwohnern auf, wobei es mir sehr zu statten kam, dass einer der beiden Herren, denen ich mich angeschlossen hatte, ein Japaner war, der die englische Sprache vollständig beherrschte.

Ebenso wie in den Städten, die in Japan dem allgemeinen Verkehr erschlossen wurden, Angehörige fremder Völker auf Räume beschränkt sind, die ausserhalb der Orte liegen, müssen hier alle Japaner, auch nach

Korea. Hohe Beamte und reiche Kaufleute aus Gensan.

dem Kriege, auf einem 2 km von Gensan entfernten, abgegrenzten Landstücke leben. Von diesem aus betreiben sie einen ausgedehnten Handel mit Nord-Korea.

In einem kleinen, gewiss recht unbedeutenden, japanischen Warenlager zeigte man uns einen, augenscheinlich in einer Schale geschmolzenen, festen Goldklumpen, der nahezu $1/2$ kg wiegen mochte, und ausserdem ausgewaschenes Gold in groben Körnern, im Gewicht von etwa 400 g. Wie uns der Inhaber der Niederlage versicherte, soll das in den Bergen gefundene Gold nur einen Silberzusatz von 3 Teilen in 100 aufweisen.

Weiter gingen wir durch Reis-, Mais-, Hirse-, Salat-, Knoblauch-, Buchweizen-, Gerste- und Gurken-Felder. Die koreanische Hirse gleicht einer Maispflanze ohne Kolben. Die Frucht bildet sich an der Stelle, wo am Mais die männliche Blüte steht. Auf dem Wege begegneten uns zahlreiche Koreaner, unter denen die Mehrzahl in Weiss, einzelne in Hellblau gekleidet waren. Der Stoff wechselt nach dem Vermögen der Betreffenden von der billigsten Baumwolle bis zur rohen Seide. Die weissen Anzüge waren fast alle schmutzig und schienen getragen zu werden, bis sie in Stücke zerfallen. Die Beinkleider gleichen weiten Säcken und sind unterhalb der Wade zusammengebunden. Die Koreaner wickeln die Füsse in weissen Baumwollstoff, und darüber ziehen sie sehr einfache Schuhe; solche sind ohne alle Kunst aus einem einzigen Stück harten Rindleders gefertigt und werden mit beliebigen Schnüren oben zusammengehalten. Die Jacke ist unter dem Kinn mit einer Schleife zugebunden und fällt sackartig über die Hüften. Stirn, Schläfe und Hinterkopf sind eingezwängt von einem ganz eng anliegenden, aus Pferdehaar recht hübsch geflochtenen, schwarzen Gewebe, das oben einen Kreis, von der Grösse der geschorenen Platte eines katholischen Geistlichen, offen lässt. Durch diesen ragt ein spiralartig gewundener Haarwulst senkrecht empor, der bedeckt wird von einem, ebenfalls kunstvoll aus Pferdehaar geflochtenen, kleinen Hut mit unverhältnismässig breitem Rande; durch Bänder wird diese Kopfbedeckung unterm Kinn gehalten. Um sie vor Regen zu schützen, benutzen die Koreaner statt eines Schirmes eine spitze, gelbe Düte aus einem in Firnis getränkten Stoff, die sie über den Hut stülpen. Die Hüte sind schwarz, selten weiss oder grau und werden, je nach der Feinheit des Gewebes, mit 1—8 Yen bezahlt.

Gensan. Japanerin in der Kleidung einer Koreanerin.

Frauen und Mädchen kleiden sich mit einem kurzen Rock über den weiten Beinkleidern, die dieselbe Form wie bei den Männern haben, und mit einem Tuch um die verwahrlosten Haare. Häufig sieht man sie

Gefässe auf dem Kopfe tragen; aus dieser Gewohnheit ergiebt sich eine vorteilhafte Haltung ihres ganzen Körpers.

An der Strasse, unter der man sich einen äusserst schmutzigen, tiefen Lehmfeldweg vorstellen muss, wurden Birnen im Gewicht bis zu etwa 1 kg das Stück, von sehr hübschem Aussehen, im übrigen aber hart und ungeniessbar, Kastanien und sehr geringe Pfirsiche zum Verkauf ausgeboten. Als Last- und Reittiere sahen wir vornehmlich Ochsen und Kühe verwenden. Auf dem nicht selten hochbeladenen Tier sitzt, wie auf einem Kamelhöcker, der Reiter und lässt die Beine an beiden Seiten des Rinderhalses herunterhängen. Pferde sahen wir nicht und eine Art kleiner Ponies ganz vereinzelt.

Korea. Teil von Gensan.

Endlich erreichten wir das Dorf Gensan. Dicht beieinander stehen an der Landstrasse schmutzige, niedrige Lehmhütten urwüchsiger Art mit dickem Schilfdach, das durch einen, aus einer Art Stroh geflochtenen Strick auf die Wände förmlich gebunden ist. Die Dächer sind schräg und so niedrig, dass ich über den First der meisten hinwegsehen konnte. Die Hütten sind gegen Wind und Wetter durch pfahlwerkartig herumgebaute Strohmatten und das weit überstehende Dach geschützt. Im allgemeinen sind an Stelle der Thüren und Fenster nur Löcher gelassen. Hin und wieder hatte man versucht, das japanische Papierfenster nachzuahmen, doch machten die Ergebnisse dieser Bestrebungen den traurigsten Eindruck: man war augenscheinlich nie bemüht gewesen, Risse wieder auszubessern. Die Wohnungen der Indianer in Honduras fand ich viel vollkommener als die Häuser der Koreaner. In den Wohnräumen sah man kleine Kinder in unbeschreiblichem Schmutz kriechen. Nur einzelne Messingkummen in nicht ganz unschöner Form stachen von der sonstigen Aermlichkeit ab. Frauen und Mädchen verkrochen sich sowohl auf der Strasse, als auch in den Hütten vor unseren Blicken, denn kein Fremder, Chinese und Japaner nicht ausgenommen darf die Frauen der Koreaner sehen. Sie waren ganz bekleidet, nur Gesicht, Hände und merkwürdigerweise den Busen fanden wir unbedeckt. Auf vielen Dächern bemerkte ich Kürbispflanzen mit grossen Früchten. Nicht in jeder Hütte wurde gekocht, nur aus einzelnen Garküchen holte man sich Speisen von appetitlichem Aussehen. Als Haustiere liefen in den Strassen Hunde, Hühner und Schweine umher. Eine sehr angenehm schmeckende Frucht, in der Form einer Tomate ähnlich, gelb von Farbe, Kaki genannt, lernte ich kennen. Sie scheint ihres Mehl- und Zuckergehaltes wegen ein nicht unwichtiges Nahrungsmittel der Koreaner zu sein. —

Unser Erscheinen erregte, wie nicht anders zu erwarten war, Aufsehen. Nachdem wir uns ungefähr eine halbe Stunde im Dorf aufgehalten hatten, sahen wir uns von einer Menge Männer und Knaben umgeben, und da jene keineswegs freundliche Gesichter zeigten, hielten wir es für angebracht, recht schnell, aber anscheinend ganz unbefangen, unseren Rückweg anzutreten, auf dem wir nicht weiter behelligt wurden. —

Fast 24 Stunden lag die Tsuruga Maru schon in der herrlichen Bai, und noch war nicht ein einziges Frachtstück von der Ladung, die wir mit uns führen sollten, an Bord geschafft. Die wenigen Ochsen- und Hundehäute, die für unser Schiff bestimmt waren, hätten in 2 bis 3 Stunden übergenommen sein können, aber Japaner haben immer Zeit.

Somit fand ich Gelegenheit, am Morgen des zweiten Tages gleich nach dem Frühstück mit den anderen Herren noch einmal ans Ufer zu fahren, trotz einer Warnung des Schiffsführers, der mit den Offizieren den Dampfer nicht verliess. Am Lande angekommen, gingen wir durch die japanische Niederlassung, denselben Weg wie am Tage vorher, nach Gensan. Unterwegs fanden wir an einem kleinen Bach einen jungen Koreaner, der mit vielem Geschick kleine Fische harpunierte mit einer dreizackigen Gabel, die gross genug gewesen wäre, um Hechte daran aufzuspiessen. Es begegneten uns wesentlich mehr Männer als am ersten Tage. Alle sahen nichts weniger als freundlich aus und es währte nicht lange, bis wir ganz von ihnen umringt waren. Wir zeigten Gleichgültigkeit, nahmen den Leuten die Hüte ab und besahen ihre Haare und Kleidung, was ihnen Spass zu machen schien. Bei den gross gewachsenen Männern fanden wir merkwürdigerweise keine Muskeln. Dagegen schien ihnen die Kraft unserer Arme und Beine ebensoviel Bewunderung, wie Respekt einzuflössen. Während wir so leidlich vertraulich mit den Leuten verkehrten, ging ein Mann vorüber, der, seiner blauen Jacke nach, einer höheren Klasse angehörte als die uns umstehenden weiss gekleideten Männer. Er rief seinen Landsleuten einige Worte zu und an den Gesichtern der Koreaner glaubten wir zu erkennen, dass er etwa gesagt haben könne: »Was gehen euch Lümmels diese verwünschten Fremden an, warum schlagt ihr sie nicht tot?«

Wir hielten uns nicht weiter auf und gingen unbekümmert weiter nach dem Dorfe. Von einem an der Strasse sitzenden Manne kauften wir eine Anzahl der schönen, gelben Kakifrüchte, die wir den Umstehenden schenkten. Eine Frau kam des Weges, wie üblich eine Last auf dem Kopfe tragend. Sobald sie uns Fremdlinge erblickte, ging sie in weitem Bogen durchs Feld um uns herum, weil ein Gegenstand, hinter den sie sich hätte verbergen können, in unmittelbarer Nähe nicht zu finden war. Der Japaner versuchte ihr durch Zeichen begreiflich zu machen, dass er ihr einige Kaki schenken wolle. Sofort wurde er von drei Koreanern gepackt, die ihm durch nicht missverständliche Gebärden begreiflich machten, dass man der Frau den Kopf abschneiden würde, wenn sie aus der Hand eines Fremden Geschenke annähme. Nunmehr hielten wir es an der Zeit, unseren Rückweg anzutreten, und obgleich wir schon drei Viertel des Weges bis Gensan hinter uns hatten, zogen wir die Sicherheit unseres Lebens doch einem gewagten zweiten Besuch des Dorfes vor. Diese Koreaner sind eben Wilde, die sehr selten Europäer und von Fremden nur Japaner sehen; sie zeigen eine zähe Unduldsamkeit gegen alles Ausländische.

Uebrigens tragen nur die verheirateten Männer den wie ein Horn nach oben gedrehten Haarwulst, Knaben und Jünglinge dagegen erkennt man an lang herunter hängenden, schlecht gepflegten Haaren oder an Zöpfen. Weisse Kleider darf jeder Koreaner tragen; wer dagegen eine blaue Jacke anlegen will, hat sich das Recht dazu durch eine nicht unbedeutende Summe von der Regierung zu erwerben. Die Befugnis, sich mit einem roten Anzuge kleiden zu dürfen, wird noch höher bezahlt, und andere Farben sollen wiederum grössere Abgaben bedingen. —

Eine sonderbare Figur spielen die wie französische Infanterie gekleideten japanischen Polizisten in der Niederlassung. Die Umgebung des Hauses des Regierungsbevollmächtigten, eines grossen, weissen, zweistöckigen

Koreaner.
Jünglinge, Knabe, Männer.

Gebäudes mit vielen Fenstern von Glas, ganz in europäischem Stil errichtet, gleicht einer Befestigung, und Soldaten sind stets zum Schutze des hohen Beamten am Lande.

Am Abend gegen 5 Uhr verliessen wir die schöne Bucht von Gensan. Es scheint nur eine Frage der Zeit, wann Russland sie sich aneignen wird, um während des ganzen Jahres einen offenen Hafen am Grossen Weltmeere zu besitzen. Wladiwostok ist vom November bis Mai durch Eis geschlossen, somit liegt es auf der Hand, welchen Wert das in Russland »Port Lazareff« genannte Gensan für Ostsibirien haben muss. Die See ging ohne merklichen Luftzug sehr hoch; von dem Sturm, der sie aufgerührt hatte, waren wir im Schutz der Berge nichts gewahr geworden, ein Beweis, wie vortrefflich sich dieses Becken zum Hafenplatz eignet.

Wir fuhren an der stark gebirgigen Küste entlang, die indessen wenig Abwechslung bietet. Am Ufer mehrten sich die Dörfer und Flecken, je weiter wir uns der Südost-Spitze der Halbinsel näherten, und nach kurzer Zeit warfen wir in der Bai von Fusan wieder Anker. Diese, von kahlen, glatten Bergen umgeben, ist viel kleiner als die Gensan-Bucht.

Gleich nach dem Frühstück gingen wir bei der Siedelung an Land. Sie ist von etwa 6000 Japanern bewohnt, also wesentlich grösser als die Niederlassung bei Gensan. Auch mehrere Abteilungen Infanterie liegen dort. Ausser unserer Tsuruga Maru befand sich ein grösserer japanischer Kreuzer im Hafen, und während wir ans Land fuhren, sahen wir die Boote dieses Kriegsschiffes, unter Gewehr- und Kanonenfeuer auf der Bai und am Lande Uebungen vornehmen.

Kaum fühlten wir festen Boden unter unseren Füssen, so liefen hundert oder mehr Koreaner, selbstverständlich nur Männer, herbei und umlagerten uns. Als wir uns schliesslich auf den Balkon eines Theehauses flüchteten, blieb die Menge unten in der Strasse und war mit keiner Gewalt, selbst nicht durch Polizisten, zu vertreiben. Gefahr war nicht vorhanden, weil wir uns gewissermassen nicht unter koreanischer Herrschaft befanden, denn wie Hongkong eine englische Besitzung in China ist, kann Fusan nicht anders bezeichnet werden, als japanisches Gebiet auf Korea.

In diesem Theehause hatte ich Gelegenheit, eine Gruppe von drei Chinesen, drei Japanern und drei Japanerinnen zu beobachten. Die neun Asiaten knieten um ein Theebrett mit hohen Füssen, auf dem eine kurze, dicke Thonröhre mit glühenden Kohlen stand. Daneben lagen in flacher Porzellanschale Hühnereier, eine in ganz kleine Stückchen zerschnittene Ente, Salz, Knoblauch, Zwiebeln; Fläschchen mit Sake und Soja fehlten nicht, und von allen diesen Dingen thaten die Leute abwechselnd kleine Mengen in eine hübsche Eisenpfanne, die auf der Röhre ruhte. Von dem gewiss sehr schmackhaften Allerlei ass jeder mit seinen

Chopsticks aus der Pfanne. Dazu trank man fleissig Sake, und die sechs Männer spielten unter einander das Fingerspiel Ken, das ich von Jokohama und Kobe her kannte. Nach dem Essen rauchte man natürlich allgemein die japanische Pfeife, und dann sangen die Mädchen in näselnder Art zu ihren Samisen. Ich durfte dem ganzen Vorgange von Anfang bis zu Ende beiwohnen, ohne dass die an der Mahlzeit Beteiligten durch meine Gegenwart belästigt zu sein schienen. —

Nachdem wir zum Mittagessen an Bord zurückgekehrt waren, planten wir für den Nachmittag einen Ausflug nach einem südlicher an der Bai gelegenen koreanischen Dorf. Die japanischen Fischer, die uns von Bord holten, weigerten sich indessen, uns dahin zu bringen, sie setzten uns vielmehr auf halbem Wege an der Strasse zwischen der Niederlassung und den ins Auge gefassten Häusern ans Land. Wir fanden bald einen Weg und gingen auf das Dorf zu, durch Felder mit Reis und einer Art spanischem Pfeffer. Im Ort hüteten wir uns, den Frauen und Mädchen mit den Blicken zu folgen, sondern thaten, als ob wir sie nicht sähen, sobald sie sich versteckten. Wir bemerkten hier übrigens keine feindlichen Geberden seitens der Einwohner, kehrten aber doch vorsichtshalber um, als wir das Dorf hinter uns hatten, und schritten auf die Ansiedelung zu. Dicht vor ihr stiessen wir auf mehrere Koreaner, die mit Kochen beschäftigt waren. Sie hatten gebratenen Fisch, Kohl, Reis und Rindfleisch zusammengemischt; daneben stand in einem Krug ein Getränk, von dem ich kostete; es schmeckte wie saure Milch und war aus Sake und Gerstenschrot zusammengekocht. —

In Fusan haben die Koreaner um die Häuser nicht, wie in Gensan, Matten zu deren Schutz aufgepflanzt, sondern aus fetter Erde und Feldsteinen sind urwüchsige Mauern errichtet. Die Taifune sind in Fusan in den Herbstmonaten keine seltenen Gäste und es bedarf derberer Vorrichtungen, um die Häuser gegen sie zu wahren. —

Beim Besuch einer Schule in der Niederlassung fanden wir etwa 25 hockende Knaben in einem grossen Zimmer. An einer Ecke sass ein junger Mann und las vor. Jeden Satz wiederholten die Lernenden aus den vor ihnen liegenden Büchern. An einer anderen Ecke gab ein älterer Japaner Schreibunterricht. Ich liess mir von zwei Schülern ein eben beschriebenes Blatt geben. Die Grösse der darauf gemalten Buchstaben liess erkennen, dass die ungefähr zehn Jahre alten Knaben eben anfingen, sich mit ihnen bekannt zu machen. —

Am Abend spät kam ein zweites japanisches Kriegsschiff in den Hafen, dessen Mannschaften einen guten, hin und wieder besseren militärischen Eindruck machten, als die zuweilen zügellosen russischen Seesoldaten in Wladiwostok. — Unser Gefolge von Koreanern war auch am nächsten Tage sehr stark. Eine Cigarre, die einer unter ihnen von uns erhielt, wurde sofort angesteckt und machte die Runde unter allen Anwesenden, zwischen denen sich auch manche anscheinend wohlhabende Leute befanden. Das andächtige Gesicht des jeweilig Rauchenden liess auf grossen Genuss am Tabak in dieser ungewohnten Herrichtung schliessen. —

Ununterbrochen hörten wir an Bord das einförmige »Hoi-gi-a, Sa-ni-a!« der Koreaner, eine Art Gesang, der ihre Arbeit begleitete, während sie etwa 3000 Matten Bohnen und Erbsen für Kobe an Bord lieferten. Gegen 4 Uhr nachmittags war die Arbeit beendet und eine Stunde später lichteten wir die Anker, um nach Nagasaki weiterzufahren. — Koreanische Merkwürdigkeiten, ausser den eigenartigen Hüten, waren weder in Fusan, noch in Gensan zu kaufen. — Die Unterhaltung der Koreaner ist eigentlich ein fortwährendes Schelten; niemals habe ich gehört, dass zwei Männer anders als in gereiztem Tone mit einander verkehrten.

In Fusan bekamen wir fast bei jeder Mahlzeit den wohlschmeckendsten und hübschesten aller Fische, den Tai, dessen ich bereits früher Erwähnung gethan habe, vorgesetzt. Er scheint in den Gewässern südlich von der Halbinsel in Mengen zu leben. Seine Grösse ist die eines Karpfen, das feste Fleisch ist schneeweiss und vom Geschmack des Hummers, die Schuppen glänzen prachtvoll in roter Farbe, die durch hübsche blaue Flecke gehoben wird.

Sowohl in Fusan, als in Gensan befindet sich je ein japanisches Krankenhaus. Die Angestellten beider tragen auf den Aermeln ein weisses Kreuz in rotem Felde als Abzeichen. — In den Strassen sind Briefkasten wie in Europa angebracht. —

Was ich an der Nordost- und Südostküste Koreas zu sehen und zu erfahren Gelegenheit hatte, dürfte für die Beurteilung der Zustände des ganzen Landes nicht massgebend sein. Die Westküste mit der Hauptstadt Söul zeigt sehr wahrscheinlich ein anderes Bild als Gensan und Fusan. Die uralten technischen Fertigkeiten der Koreaner, die vor Jahrhunderten bereits einen weitgehenden Einfluss auf die Japaner und Chinesen ausübten, sollen dort wahrnehmbare Spuren hinterlassen haben. Gute Hafenanlagen finden sich dagegen an der schlammigen Westküste nicht; auch Chemulpo, der Landungsplatz der Hauptstadt, lässt viel zu wünschen übrig. —

Am Sonntag, den 27., war ich nach einer Abwesenheit von 33 Tagen wieder in Nagasaki angelangt, um sofort die alten Freunde, vor allen Herrn und Frau Boeddinghaus, Herrn Konsul Müller-Beek und die Herren Holme, Ringer & Co. aufzusuchen. Meine Freude, mich wieder in Japan zu wissen, war nicht gering. Wenn ich während der letzten Tage auch japanisches Leben gesehen und miterlebt hatte, so glichen die Tsuruga Maru, die Niederlassungen in Gensan und Fusan doch noch lange nicht dem eigentlichen Japan.

Teil des inneren Nagasaki.

Die Reize der Bucht wirkten auf mich nicht minder bestrickend als früher, und in der Stadt machte mir von neuem wieder viele Freude, was ich schon hundertfach im Lande gesehen hatte.

Die Reede von Nagasaki zierte die herrliche deutsche Kreuzer-Korvette »Prinzess Wilhelm«; ich hatte den Vorzug, von unserm Konsul, Herrn Müller-Beek, den Offizieren vorgestellt zu werden und mit diesen einen recht heiteren Abend im Theehause Fukuja zu verleben. Am nächsten Morgen kam die »Kobe Maru«, die mich nach China weiterbringen sollte, herein. Herr Boeddinghaus führte mich noch zum Abschied zu dem berühmtesten Schildpattwarenhändler der Welt, Ezaki, in dessen Laden ich allerdings Gegenstände, aus dem edlen Rohstoff verfertigt, sah, wie ich sie mir früher kaum vorgestellt hatte; da waren u. a. die grössten japanischen Kriegsschiffe bis in die kleinsten Kleinigkeiten mustergültig nachgebildet.

Am Nachmittag des 28. dampfte die Kobe Maru zur Nagasaki Bucht hinaus, und Japan lag endgültig hinter mir. —

Während des 30. ward das Wasser immer trüber und schmutziger: wir befanden uns im Bereich der Fluten »des Sohnes des Ozeans«, wie die Chinesen den Yang-tse-kiang nennen. Von den Ufern war aber vorläufig keine Spur zu sehen. Kleine Inseln hinter uns verschwanden allmählich und wir sahen bald nichts mehr als einem endlosen, einem Meere gleichenden, schmutzig gelbroten Wasserspiegel, der das Licht der Sonne blendend zurückwarf. Ein auf einer Sandbank vertautes Leuchtschiff ist dem Seefahrer der einzige Anhaltspunkt, um sich in der unübersehbaren Flussmündung, die indessen nur ungefähr 2 km breites Fahrwasser hat, zurechtzufinden. — Alles dieses erinnerte mich in mancher Beziehung an die Einfahrt in den Mississippi.

Wenn die Yang-tse-kiang Mündung auch nichts weniger als anziehend genannt werden kann, so gewährt es doch einen gewissen Reiz, in den Fluss einzulaufen, der der grösste Strom Chinas ist, dessen Quellen viele tausende Kilometer entfernt im Lande der Mongolen am Tibetanischen Hochland liegen. Dazu war bald das Leben auf ihm mit den chinesischen Dshonken, einzelnen aus- und einlaufenden Dampfböten — darunter die Mehrzahl unter englischer Flagge — recht unterhaltend. Die chinesischen Dshonken sind trotz ihres hohen Hecks weniger schwerfällig und seetüchtiger als die japanischen; sie sehen mit ihren in Puffen gezogenen Segeln recht malerisch aus. Erst weit oberhalb des Leuchtschiffes werden die Ufer sichtbar. Niederes, flaches, kaum über den Wasserspiegel sich erhebendes, üppig grün bewachsenes Land, ein Pagodenturm und einzelne höhere Bäume bilden hier die Merkmale für den Steuermann.

Gegenüber dem Ausflusse des Wusung in den Yang-tse liegt ein kleines, nach dem Fluss benanntes Dorf, neben dem die Chinesen mehrere recht ansehnliche Befestigungen errichtet haben, um durch sie gleichzeitig die Mündung des grossen Stromes, sowie die des Wusung zu beherrschen. Von hier mussten wir auf dem Nebenflusse eine Stunde lang stromaufwärts fahren. Bei der endlichen Ankunft war ich überrascht. Auf den ersten Blick gleicht Shanghai einer vornehmen europäischen Grossstadt. Auch das Bild auf dem Wasserlauf übertraf meine Erwartungen.

Am Lande wehten lustig von hohen Masten die Konsulatsflaggen der seefahrenden Völker. Das Fremdenviertel ist ungefähr zehnmal grösser als das in Jokohama, wie überhaupt alles in Shanghai einen ungleich grossartigeren Eindruck macht als in der Hafenstadt von Tokio — mit alleiniger Ausnahme der recht mittelmässigen Gasthöfe. — Meine Reisegefährten und ich wurden am Lande von einer Unzahl chinesischer Kulis umringt, die um das Recht unser Gepäck zu tragen, einen so ernsten Kampf unter einander mit ihren schweren Bambusstöcken begannen, dass ich fürchtete, es würden einige der Leute auf dem Platze bleiben. Das Dazwischentreten indischer Polizisten stellte die Ordnung wieder her, und ich begab mich in einer Ricksha in das »Hôtel des Colonies« im französischen Stadtteile. —

Shang-hai! Uns jungen Kaufleuten ist dieser Name ungefähr gleichbedeutend mit Seide und Thee; die Mengen, die von diesen beiden Erzeugnissen Chinas nach Europa gehen, werden, so viel ich weiss, vorzugsweise hier eingeschifft. — Blickt man von den Gipfeln der Dächer oder von den Wällen der Stadteinfassung um sich, so wird man nichts sehen, als flaches, angeschwemmtes Land, von dem jeder Zoll angebaut und benutzt ist. Die einzigen Erhöhungen in der unabsehbaren Ebene sind Grabhügel, die Mehrzahl der Einschnitte künstliche Wasserstrassen. Erst ungefähr 25 km in nordwestlicher Richtung von Shanghai steht die Long Pagode, und wenn man sich die Mühe nimmt, ihr oberstes Stockwerk zu ersteigen, kann es einem bei hellem Wetter gelingen, in nebelblauer Ferne die Shanghai Hills zu entdecken.

Die europäisch-amerikanische Niederlassung liegt nördlich von der Chinesenstadt, die von einer Zinnenmauer umschlossen ist. Eine breite Wasserrinne und der Fluss Su-tshon trennen hier wieder die Wohnstätten der Franzosen, der Briten und der Nordamerikaner. Das herrliche Gebäude des deutschen Konsulats liegt im amerikanischen Stadtteile, den öffentlichen Gärten am britischen Viertel gegenüber. Wie ein chinesisches Siegel, das der europäisch-amerikanischen Stadt aufgedrückt ist, liegt zwischen den vornehmen Gebäuden an der Strasse am Flusse das chinesische Zollhaus im ausgesprochensten Mandarinstil. Das Ufer ist während der Tagesstunden der Tummelplatz von Tausenden geschäftiger chinesischer Kulis, sonnverbrannter, kräftiger Gestalten, die auf den über die Achsel gelegten Bambusstangen die schwersten Lasten in schnellem Lauf hin-

Deutsches Konsulat.

Der »Bund« in Shanghai.

und herschleppen und dazu taktmässig fast stöhnende oder ächzende Laute ausstossen. Abends ist der Bund der beliebteste Spaziergang der europäischen Gesellschaft.

Den Gegensatz zu dem luftigen, prächtigen Stadtbezirk der Europäer und Nordamerikaner, zu den breiten, reinlich gehaltenen, rechtwinklig zu einander liegenden Strassen bildet die Chinesenstadt. Schon vor den Thoren beginnen die schmutzigen, niedrigen Buden, die so eng auf- und nebeneinander gebaut sind, dass man sich in den schmalen Gassen durch die Volksmenge förmlich hindurchwinden muss.

Shanghai. Grab einer wohlhabenden chinesischen Familie.

Wie Ameisen an ihrem Bau in langen Zügen dicht gedrängt, emsig und geschäftig aus- und einwandern, so strömt das gelbe Volk durch die engen Stadtthore. Von den Einwärtsziehenden mitgerissen, befindet man sich innerhalb der Mauer. Einer engen Strasse, kaum breit genug, dass zwei Rickshas sich ausweichen können, entsteigen alle denkbaren widerlichen Gerüche; dem Eintretenden starren, lang herabhängend, Hunderte von bunten Tafeln mit grossen, chinesischen Schriftzeichen in Gold, Schwarz, Blau und Rot entgegen. Man meint, auf einem Bühnen-Jahrmarkt zu sein, wenn man sich durch die engen Gänge der Verkaufsbuden schiebt. Die ganze Stadt Shanghai — wie so ziemlich alle übrigen chinesischen Städte, die ich gesehen habe — ist nichts anderes als eine Budenstadt, oder wie Hiogo, nur in allen Teilen anders geartet, ein grosser Jahrmarkt. Und wie bei einem solchen neben den Verkaufsverschlägen auf freieren, geräumigeren Plätzen die umfangreichen Zelte von Seiltänzern, Kunstreitern, Sammlungen lebender Tiere und Rundgemälde aufgeschlagen sind, so bekommt man auch hier, wenn man sich weiter durchdrängt, als besondere Merkwürdigkeiten die Wohnungen der Mandarinen, das Bankgebäude, ein öffentliches Versatzamt, ein Findelhaus, den Theegarten und — eine christliche Missionskirche zu sehen.

Mein Führer brachte mich zuerst nach dem Theegarten, um mir hier sowohl ein Bild von chinesischen Neigungen, als auch von chinesischem Volksleben zu zeigen. Ein solcher Theegarten, wie ihn jede chinesische Stadt ohne Ausnahme besitzt, ist nichts anderes als ein Münchener Oktoberfest ins Chinesische übersetzt, also ein öffentlicher Belustigungsort für die niederen Volksklassen. Die Anlage zeigt das nach unserem Geschmack Verzerrte und Wunderliche, aber nicht Unschöne des Chinesentums. Künstlich geschaffene Furchen und Teiche mit übelriechendem, grün überzogenem Wasser, in dem die Früchte der Lotosblume reiften, recht hübsche Zickzackbrücken mit geschnitztem Geländer, Inseln mit gemauerten Felsen, Grotten und unterirdische Gänge, Lusthäuser von allen Grössen und Formen, langhaarige weisse Ziegenböcke als Zierrat in den geschickt aufgebauten Kalkgebirgen, Verkaufsbuden jeder Art, Theehäuser an allen Ecken und Enden, Wahrsager, Sänger, Musikanten, Gaukler, Schauspieler, Possenreisser, Marktschreier, eine unaufhörliche Ebbe und Flut von Menschen, die Belustigung — von Bummlern, Dirnen und Spitzbuben, die Gewinn suchen — das sind die Bestandteile der chinesischen Oktoberwiese. Wenn man sieht, wie die Leute sich hier jederzeit drängen, so sollte man glauben, die Chinesen seien ein Volk, das den ganzen Tag dem Vergnügen nachläuft; aber in der Stadt sind wiederum vom frühen Morgen bis zum späten Abend alle Werkstätten voller fleissiger Arbeiter. Man begreift nicht, wo alle diese Menschen wohnen, wo sie herkommen und wo sie hingehen. Das chinesische Shanghai soll 450 000 Einwohner zählen, und doch halte ich die Stadt im Umfange für kaum so gross wie die ehemalige Vorstadt St. Georg bei Hamburg (275 ha).

Dicht neben dem Theegarten liegt ein Buddhatempel. An manchen Tagen sah ich die Leute dort im Hof stehen, Kopf an Kopf beieinander, und dann wurde — Theater gespielt. Auf einer hohen Plattform schreiten die aufgeputzten Helden und Heldinnen des Stückes würdevoll einher, sagen mit sonderbar singender Betonung ihre Selbstgespräche auf und das Volk steht, der glühendsten Sonnenhitze preisgegeben, lautlos gaffend vom Morgen bis zum Abend.

Aber der Tempel des Kung-fu-tse steht einsam und verlassen in einem entlegenen Winkel an der Stadtmauer, wenn nicht gerade Staatsbeamte religiöse Gebräuche ausüben.

Anregend fand ich die Arzneiläden mit ihrem Kräuter- und Pillengeruch, ihren Gewichten und Wagen, mit der kleinlich peinlichen Ordnung, die in all den reihenweis aufgestellten Büchsen und Schachteln, in den sorgfältig ausgezeichneten Schubladenreihen herrscht: das chinesische Ebenbild unserer Apotheke, nur werden in China ausser Kräutern und Pillen auch Tigerknochen und Versteinerungen um schweres Geld als Heilmittel verwogen. — Ein chinesischer Schriftenladen gleicht einer deutschen Buchhandlung mit gebrauchten Werken. —

Shanghai. Frau eines wohlhabenden Chinesen.

Der Chinese zieht, wenn er Kälte fühlt, immer kleinere Röcke über den ersten grösseren, um zuletzt eine reich gestickte Weste anzulegen. Sein Trauerkleid ist weiss, er setzt beim Gruss den Hut auf, weist einen Ehrenplatz zu seiner Linken an, schreibt von rechts nach links, macht also alles umgekehrt wie wir. Erwirbt er sich durch besondere Verdienste den Adelstand, so gilt die Ausfertigung für seine Vorfahren, aber nicht für seine Nachkommen. Ganz besonders aufgefallen ist mir die Eigentümlichkeit der Chinesen, mit Vorliebe alles im Winkel zu stellen, zu legen oder zu falten, wo wir möglichst gleichlaufende Linien und Lagen herzustellen bestrebt sind. Wenn z. B. ein chinesischer Kaufmann etwas einpackt, so wird er das Papier nicht nach der Länge nehmen, sondern faltet geschickt und zierlich »über die Ecken« ein. Noch in hundert anderen Zügen lässt sich diese Eigentümlichkeit nachweisen, bei Gartenanlagen, bei Verzierungen, im Schnitt der Kleider u. s. w. Es ist leicht begreiflich, dass diese Gegensätze der Hauptgrund sind, weshalb die Chinesen uns und wir den Chinesen sonderbar erscheinen. —

Ich habe früher erwähnt, dass bei Gelegenheit unserer Landung indische Polizisten unter den raufenden Kulis Ordnung herstellten. Ich war erstaunt, im britischen Stadtteile Sipahis zu finden, die ich nicht vor

Singapur erwartet hatte. Durch meine Freunde sollte ich indessen bald dahin aufgeklärt werden, dass auf Chinesen, als Beamte irgendwelcher Art, so wenig Verlass ist, dass man sich genötigt gesehen hat, indische Soldaten zu Polizistendiensten für die britischen Siedelungen in China heranzuziehen. — Es sei bei dieser Gelegenheit eine kurze, allgemeine Anmerkung über das chinesische Beamtentum und die Regierung, wie ich sie im ganzen Lande von Europäern schildern hörte, wiedergegeben.

Die kaiserliche Regierung ist eine asiatische Willkürherrschaft. Sie ist dem Namen nach unbegrenzt, thatsächlich aber durch die Macht der Beamten, durch die Einrichtungen und Sitten des Volkes so eingeschränkt, dass sie unter gewöhnlichen Umständen machtlos ist. Nur ausnahmsweise, wie z. B. in Kriegszeiten, erlangt ein Kaiser für seine Person und als Mittelpunkt der Regierung soviel Herrschaft, dass er selbständig einige Massregeln durchführen kann. Im allgemeinen bleibt in China indessen seit Jahrhunderten alles wie es war, und geht von selbst wie es geht. Das Volk zahlt seine Steuern und behilft sich soviel wie möglich ohne Regierung.

Habsucht, Neid und Feindschaft unter den Beamten verursachen in erster Reihe solche Zustände. Erscheint irgend eine Einrichtung als nützlich, zu der die Erlaubnis und die Anweisung der Mittel von einer vorgesetzten Behörde erforderlich sind, so reicht der betreffende Beamte ein Gesuch ein. Selbstverständlich hat er dabei seinen eigenen Nutzen im Auge und übertreibt Bedürfnis und Kosten. Andere Beamte, die ebenfalls in dem neuen Plane ihren Vorteil finden, unterstützen das Gesuch, eine feindliche Partei dagegen, die nichts Greifbares von der Sache ernten kann, stellt sie als bedenklich dar. Die Partei des Fortschritts widerlegt die Beschuldigung, die Gegenpartei den Einspruch — und so weiter bis ins Unabsehbare.

Wichtige und einschneidende Verbesserungen werden China durch den Verkehr mit den europäischen Staaten aufgedrängt. Der Zwang macht diese Neuerungen, wie die weisse Rasse, den Chinesen gleich verhasst. —

Bewundernswert ist die teilweise fabelhafte Thätigkeit und Ausdauer der chinesischen Kulis. Ich sah diese Leute, trotz ihrer Reisnahrung, das Doppelte und Dreifache dessen an [körperlicher Arbeit leisten, was unsere besten europäischen Arbeiter zu verrichten imstande sind; ich hatte mir chinesische Kulis, auf Grund ihrer mangelhaften Nahrung und vor allem unter dem Einfluss des Opiumrauchens, ohne Thatkraft und widerstandslos gegen äussere Einflüsse vorgestellt. Während meines ferneren Aufenthalts im Lande war ich ebenfalls erstaunt über das zum grossen Teil zufriedene, friedliche Aussehen der chinesischen Dörfer, über die reichen Erträge, die ihre Bewohner von den Aeckern des zum Teil unvergleichlich fruchtbaren Bodens ernten. Wo also war jene Geissel, die Folgen des Opiumgenusses, von der man bei uns und in Nordamerika soviel redet? Es ist nicht zu leugnen, dass das Opiumrauchen überflüssig ist. Vergleicht man aber seine Wirkung mit der der weingeisthaltigen Getränke in Europa, so kann der Vergleich nur sehr zum Nachteil der letzteren ausfallen. Wo das Opiumrauchen die Leute zu Hunderten zur Arbeit unfähig macht, zählt der Schnaps seine Opfer nach Tausenden, und die in allen europäischen Grossstädten so häufigen, abstossenden Auftritte von Trunkenheit sind in China ganz ausserordentlich selten. China ist ein Land, in dem jeder das gesetzliche Recht hat, seine Frau körperlich zu züchtigen, unter Umständen ihr selbst das Leben zu nehmen, und in diesem nämlichen Lande soll das Misshandeln der Frauen vollständig unbekannt sein, während man bei uns im Westen, wo die Leute sich für ein paar Pfennige die stärksten berauschenden Getränke verschaffen, von mitleidlosem Knechten der Frauen in jeder Zeitung lesen kann. Niemand hat in China je einen Betrunkenen durch die engen Gassen taumeln sehen. Die Leute sind nüchtern, friedfertig, fleissig, sie verabscheuen den berauschenden, zum Streit reizenden Reisbranntwein, den Samshui, und wenden sich zu der ihnen mehr zusagenden Opiumpfeife, die das erregte Gehirn besänftigt, Schlaf erzeugt und dadurch vielleicht auch den ermatteten Körper stärkt. Nur wenige Chinesen sind Freunde ihres Weines. In manchen Gegenden sollen die gut bezahlten Arbeiterkulis sehr stark rauchen, um jene Wunder der Ausdauer verrichten zu können, die man von ihnen verlangt.

Bei uns behauptet man, so viel ich weiss, dass Männer, die sich einmal dem Opium ergeben haben, von ihrer Gewohnheit nie wieder lassen können. Allgemein sagte man mir in China, dies sei mit Bezug auf das Rauchen irrig. Bis zu einem bestimmten Punkte darf jeder seine Liebhaberei ungestraft treiben; erst über diesen hinaus ist er freilich ein verlorener Mann. So scheint mir jeder Zweifel ausgeschlossen, dass es sich mit dem Genuss des Opiums auch in dieser Beziehung ungefähr ebenso verhält wie mit dem Trinken.

Opium soll ferner, nach unserer Ansicht, die sittlichen Eigenschaften derjenigen abstumpfen, die sich seinem Gebrauch ergeben, und das mag ebenfalls bis zu einem gewissen Grade wahr sein. Wollten indessen chinesische Kaufleute ihre Schreiber entlassen, weil sie mässige Raucher sind, so müsste dementsprechend bei uns jeder Handelsgehilfe fortgeschickt werden, der sich das Vergehen zu Schulden kommen lässt, täglich zwei Gläser Dreherschen Märzenbier zu trinken.

So, wie ich es hier niedergeschrieben habe, hörte ich allgemein von Europäern, die lange im Lande leben, über das Rauchen des Opiums reden, und wenn ich nach dem wenigen, was ich innerhalb einiger Wochen selbst gesehen habe, urteilen soll, so scheint mir das Berichtete den

Thatsachen zu entsprechen. Unwillkürlich aber erkundigte ich mich mehrfach, woher denn diese fürchterlichen Schreckensbilder stammen, die man sich bei uns von der Wirkung des Schlafmittels macht, und ich erfuhr, dass es wiederum meine alten Freunde, die Missionare, sind, welche diese Anschauungen geflissentlich verbreiten. Wenn sie in Nordamerika und England in ihrer Art die Ergebnisse der Opiumverwendung, sowie die daraus entspringenden Folgen für die unglücklichen, misshandelten Frauen schildern, fliessen ihnen Gelder in Strömen zu, während sie natürlich sehr wenig oder garnichts für ihre kleinen Kirchen und grossen Wohnhäuser erhalten würden, wenn sie der Wahrheit gemäss berichteten: Der Opium in China ist bei weitem nicht so verderbenbringend wie der Schnaps bei uns zu Hause. — Beispielshalber lasse ich einen bezeichnenden Auszug aus einem Briefe an die Times in Uebersetzung folgen:

»Dieses schreckliche Laster entzieht sich jeder Ueberwachung, des Staatsmannes sowohl als des Menschenfreundes, und nur die göttliche Kraft des christlichen Lebens vermag mit ihm zu ringen. Der Fortschritt wird zwar langsam sein, aber doch sicher. Die christlichen Missionen allein können den Opiumhandel bekämpfen, jetzt, wo er so riesenhafte Ausdehnungen angenommen hat, und die verachteten Missionare können eine Aufgabe lösen, die den Staatsmännern unentwirrbar erscheint. Diejenigen also, welche das Uebel des Opiumrauchens anerkennen, werden dieser Pest am wirksamsten Einhalt thun, wenn sie die christlich-protestantischen Missionen in China unterstützen.

Ergebenst
Ein alter Bewohner Chinas.

Shanghai, 5. Juli 1896.

Wo immer ich Missionare traf, haben sie auf mich einen abstossenden Eindruck gemacht. Ganz abgesehen von dem Eigennutz der Mehrzahl der geistlichen Herren, ist es, gegenüber dem Elend bei uns, widernatürlich, nahestehende, der Hilfe bedürftige Mitmenschen im Stiche zu lassen, um fremden Leuten, denen es ganz gut geht, Beistand aufzudrängen. Die Zahl der in China Hunger und Kälte Leidenden, ist verhältnismässig viel geringer als in England und im Staate Newyork. Die Frauen der arbeitenden Klasse sind in China weit besser daran als solche in Europa und in den nordamerikanischen Grossstädten, und sie sollen garnicht selten eine ebenso scharfe Zunge haben wie — — Mrs. Pratt in Tokio, die, wie ich erwähnte »would not mind to kick up the devil of a row.« »Charity begins at home«, und wer sich bei Nichtachtung dieser zweifellosen Wahrheit hinter eine zweifelhafte Glaubenslehre versteckt, verdient zum mindesten das ganze Misstrauen redlicher Leute von richtig christlicher Gesinnung. — Alle Menschen sind von oben gesehen so klein, dass es wenig darauf anzukommen scheint, in welcher Weise sie die Nächstenliebe üben. — Ich sah in einer französischen Apotheke einen katholischen Missionar, der so weit gegangen war, sich chinesisch zu kleiden und einen Zopf zu tragen. Natürlich soll dieser Aufwand auf die Landsleute in der Heimat wirken, dem Chinesen, selbst dem der niedrigsten Volksklassen, muss eine solche Thorheit ebenso lächerlich vorkommen, wie uns in Europa ein afrikanischer Negerkönig der sich mit einem hohen Hut, einem Schleppsäbel und roten Frack als Brite zu kleiden meint. — —

In Shanghai versuchte ich das Kanton-Englisch zu erlernen. Diese berühmte Sprache, ein wunderlich klingendes Gemisch aus dem Englischen, Portugiesischen und Chinesischen, ist dort ganz eingebürgert. In der seltsamen Mundart sind Worte gebildet, die der Chinese für englisch und der Engländer für chinesisch hält, wie »Tshin-Tshin«: ein allgemein

Shanghai. Compradores mit ihren Gehilfen beim Geschäft.

dankender Gruss; »Tshau-Tshau«: Essen, Esswaren; »Tsin-Song«: Theater, musikalische Unterhaltung. Besonders auffallend aber klingt das »ü« und das »lü«, das die Chinesen an viele englische Worte anhängen, und ihre Unfähigkeit das »R« auszusprechen. Die Compradores[*]) sind die vollendetsten Sprachmeister in dieser Mundart. Fast zu jeder Zeitangabe wird by and by, abgekürzt in: by 'n by, gebraucht. »By 'n by« heisst: sofort, dann, nachher, seit einiger Zeit, gelegentlich, vielleicht. Die Chinesen thun am liebsten alles gelegentlich. Genaue Zeitbestimmungen sind ihnen selten erwünscht. Sehr geeignet für das Englisch-Chinesische und oft angewandt ist das Zeitwort-für-alles »to get«. Ein chinesischer Gastwirt, bei dem zwei Herren und eine Dame abgestiegen sind, sagt: »Have got two piece gentlemen and one piece lady«, und

---

[*]) Chinesische Vermittler von Geschäften zwischen Europäern und Chinesen.

wenn S. M. der König von Portugal im ersten Stock bei ihm wohnte, würde er davon Anzeige machen durch die Worte: »Have got one piece king topside.« — »Can do« heisst: es genügt, ich bin einverstanden, die Sache ist abgemacht. »Master inside« bedeutet: der Herr ist zu Hause. »Inside spoiled«, sagt man von Waren, die durch und durch verdorben sind, oder von Leuten, die an einer innerlichen Krankheit leiden. »Topside spoiled« werden Waren genannt, wenn sie oben beschädigt, und Menschen, wenn sie betrunken oder geistig gestört sind. Zu etwas gehören, sich beteiligen an, wird durch das Zeitwort »belong«, ausgedrückt. »My belong Jesus Christ«, heisst also: Ich gehöre zur christlichen Kirche. Wilde und zahme Enten nennt man: »fly duck« und »walky duck«.

Zu den in China schwer erhältlichen Dingen gehört die Milch, weil Chinesen ihren Genuss für unrein halten. Bei einem der Hamburger Freunde fehlte die Sahne beim Kaffee. Er rief seinen Boy und fragte, weshalb keine Milch da sei. Der Diener antwortete: »How can, how can? That cow makee die: that sow and that woman — you no wont she.« Der »master« indessen wusste, dass es an Milch nicht fehlte und antwortete: »My saby (vom port. »saber«) more better; you belong large fool!« — —

War es mir schon auf der Reise von San Francisco nach Jokohama aufgefallen, dass unsere chinesischen Mitreisenden im Zwischendeck eigentlich unausgesetzt plapperten, so sollte ich im Lande selbst finden, dass diese Gewohnheit auch allen Dienenden, der arbeitenden Klasse und den Kulis eigen ist. Selten findet man Chinesen untergeordneter Stände bei einander, ohne dass alle zu gleicher Zeit reden, derart, als seien sie in ein sehr erregtes Gespräch verwickelt und fürchteten, es könne sein Ende erreichen, bevor sie ihre wichtigen Behauptungen gehörig begründet und dargelegt hätten. Ich vermochte mir nicht recht zu erklären, über welche Gegenstände diese unwissenden Leute überhaupt zu verhandeln vermögen, da doch im ganzen Lande der Gesprächsstoff deutscher Arbeiter, die soziale Frage, unbekannt ist, religiöse Gespräche keinen Reiz haben und der Mangel an Verkehrsmitteln die Neuigkeiten auf ein halbes Dutzend benachbarter Strassen in derselben Stadt beschränkt. Worüber reden also diese Kulis? Die Antwort ist: »Ueber Geld«. Sie reden, denken, träumen von nichts anderem; sie geben sich bis zum Ende ihres Daseins der Hoffnung hin, dass ihnen einst, wenn auch nicht Reichtum, so doch wenigstens bequemes Auskommen beschieden sein werde.

Und dabei soll mancher reiche Chinese keineswegs zu beneiden sein. Er wird von den Beamten als ihre rechtmässige Beute betrachtet und schwebt täglich in Gefahr, sich wegen einer beliebig erfundenen Anklage verantworten zu müssen. Die Ortsobrigkeit schickt ihm eine Liste zum

Unterzeichnen von Beiträgen, vorgeblich zu einem milden Zweck, zu dem Bau einer Brücke oder zur Instandsetzung eines Weges, und wehe ihm, wenn er nicht eine bedeutende Summe zeichnet, — er wird wegen einer geringfügigen Uebertretung vorgeschriebener Förmlichkeiten angeklagt, etwa, weil er ein grösseres Mittagsmahl veranstaltet oder die Vorbereitungen zur Hochzeit seines Sohnes getroffen hat, ehe die Trauerzeit für seinen Vater verstrichen ist. Nichts ist für die Krallen eines habgierigen Mandarinen oder Kwan zu unbedeutend, wenn er es mit einem wider-

Empfangszimmer eines reichen und vornehmen Chinesen.

spenstigen Millionär zu thun hat. Ist aber dieser Mandarin durch Altersschwäche gezwungen, sein Amt niederzulegen, so muss er seinerseits wieder einen Teil des unrechtmässig Erworbenen herausgeben. Die jungen Falken hacken dem alten ohne Gnade die Augen aus. Trotzdem also der Besitz von Geld mehr eine Quelle der Angst als des Glückes sein muss, wird die Sucht der Chinesen, soviel wie möglich zusammenzuscharren, dadurch nicht verringert. — Wie weit das Erpressungsverfahren der Beamten geht, lässt sich daraus erkennen, dass es den Unternehmungsgeist, der sonst ohne Zweifel herrschen würde, unterdrückt hat. Aber jedermann hat eine solche Furcht, mit den Gesetzen in unliebsame Berührung zu geraten, dass man Neuerungen lieber garnicht in Frage kommen lässt.

Auch soll man im häuslichen Leben des reichen chinesischen Kaufmannes nicht jenes heitere Geniessen seiner Schätze finden, wie doch bei manchen Wohlhabenden in unserem Erdteile. Der besitzende Chinese giebt, seinen Verhältnissen entsprechend, kostspielige Feste, aber selten versammelt er um seine Tafel Männer, die seine Freigebigkeit nur durch

Garten eines reichen Chinesen. Einblick.

ihren Witz und Verstand erwidern können. Er sucht sich vielmehr nur solche Freunde aus, deren Börsen ebenso schwer sind wie die seinige, oder solche, unter deren Töchtern er eine gut ausgestattete Frau für seinen vielleicht etwas tölpelhaften Sohn wählen kann. Er ist Liebhaber grosser Sammlungen von Kleidern aus Seide und Pelz, aber er kann schwerlich einen Abzug der Werke eines jener vielen mustergiltigen Schriftsteller und Weisen seines Landes zeigen. Solche Dinge werden von Gelehrten gesammelt, die nicht selten eine oder zwei Wochen hungern, um sich in den Besitz des gewünschten Stückes setzen zu können. Die Unterhaltung des reichen Kaufmannes dreht sich, wie die seiner ihm untergeordneten Landsleute, vornehmlich um einen Punkt: um das Geld. Dagegen sucht der gebildete und einigermassen vermögende Chinese immerhin seine Zerstreuungen und Unterhaltungen selten ausserhalb des häuslichen Herdes. Er ist derartig eingerichtet, dass er nicht gezwungen ist, hinter erkünstelten Vergnügungen herzulaufen, die nach seiner Ansicht nur ein Beweis sind, dass man sich zu Hause langweilt. In seinen Wohnräumen, mit mehr oder minder reichem Schnitzwerk, im Garten, mit

Garten eines reichen Chinesen. Ausblick.

künstlich verschrobenen Bäumchen, die in Blumentöpfen auf geschmackvollen Umzäunungen von Goldfischteichen stehen, findet er seine Freude. —

Am Chinesen ist fast alles dürrer Verstand. Einbildungskraft und Gemüt fehlen fast ganz. Während mich in Japan vom ersten bis zum letzten Tage überall ein frischer Hauch der Begeisterung anwehte, fand ich in China alles trocken, berechnend. Ich habe in China wohl schöne Bauwerke ausgeführt gesehen, manche Schnitzereien und andere Kunstwerke bewundert, aber wenig von alledem konnte auf mich den Eindruck machen, wie beispielsweise nur der Anblick eines der besseren Tempel in Tokio. Der Bücherreichtum des Landes soll ungeheuer sein, aber vergeblich sucht man nach vielen Werken von tieferem oder wissenschaftlichem Werte, wohl aber findet man eine übersichtliche Zusammenstellung über diesen oder jenen Gegenstand von mehreren tausend Bänden; daneben wertlose Erzählungen und Schauspieldichtungen soviel man will.

Keineswegs kann man jedoch den gebildeten Chinesen eine gewisse Liebenswürdigkeit, Anmut und Feinheit im Umgang absprechen. Ihre Töchter verraten unter der ausserordentlich kunstvollen Schmetterlings-Haartracht, unter der schneeweissen und rosenroten Schminke anziehende Gesichter. — Zumal im Norden, also in Shanghai, meine ich die Chinesen den Europäern gegenüber im allgemeinen freundlich und gefällig gefunden zu haben, während ich in Macao und Kanton später das Gefühl hatte, Beleidigungen ausgesetzt zu sein, sobald ich die Stadt in einiger Entfernung hinter mir haben würde. —

Entgegen meinen Erwartungen sind die Leute in China fast ebenso religionslos wie die Japaner: man nennt sich Anhänger des Kung-fu-tse, des Buddha, des Lao-tse*), des Mohammed. Jeder lobt die Religion, zu welcher er sich nicht bekennt, denn so will es die Höflichkeit, und zuletzt sagt man: »Die Religionen mögen verschieden sein, die Vernunft aber ist nur eine, somit sind wir alle Brüder.« Diese Formel tragen die Chinesen jederzeit auf den Lippen; sie sagen sich die Worte mit ausgesuchter Höflichkeit. In ihren Augen ist der Gottesdienst eine Sache des Geschmacks und der Mode, auf die man nicht grösseren Wert legt, als auf die Farbe seiner Kleider. Nur in der Verehrung ihrer Eltern und Ahnen sind alle sich gleich. Religiöse Einheit giebt es somit in China ebenso wenig, wie in Europa. Die Einigkeit scheint überhaupt ein so vollkommener Zustand, dass sie unter Menschen nicht zu finden sein dürfte. — — —

Vor Dunkelwerden macht der Bund in Shanghai einen ungemein reichen und vornehmen Eindruck mit seinen unzähligen herrschaftlichen Wagen und sorgfältig gekleideten Europäern, neben denen Inder und Parsen, dem Anscheine nach Kaufleute, auffallen. Dazwischen befinden sich, selbstverständlich in überwiegender Zahl, die Söhne des Landes.

Der Bund ist nach jeder Richtung so vorzüglich gehalten, wie in keiner der übrigen Städte des Ostens; wie ihn hatte ich mir die Promenade des Anglais in Nizza gedacht. Hinten an jedem herrschaftlichen Wagen war Raum für einen oder zwei bedienende Chinesen vorgesehen. Der früher erwähnte Lustgarten im englischen Viertel ist besonders hübsch angelegt. Beim Eingang, durch das prachtvolle Gitter aus Schmiedeeisen, erhält man während bestimmter Nachmittagsstunden ohne Kosten von einem Angestellten die sauber gedruckte Folge der Musikstücke überreicht, die

---

*) Die meistenteils den unteren Klassen angehörenden Bekenner des Lao-tse glauben an eine Seelenwanderung.

von einer Tagalenkapelle aus Manila regelmässig gespielt werden. Der ganze, nicht grosse Garten duftete von Blumen, die in allen möglichen Farbenabstufungen vertreten waren, dazwischen standen üppig gedeihende Palmen. Reizende Tuffsteingrotten, äusserst saubere, breite Wege und nach englischer Art kurz geschorene, dichte Rasen — auf denen nicht nur Bänke zum Ruhen standen, sondern die selbst als Teppiche dienten — thaten ein übriges. Die Mehrzahl der Besucher des Parks bestand in der Regel aus hübsch gekleideten, europäischen Kindern, meist mit ausgesprochenem britischen Gesichtsausdruck, in Begleitung ihrer chinesischen Kinderfrauen, den Amas*). Diese machen einen drolligen Eindruck mit ihren langen Beinkleidern aus einer Art schwarzem, Leinwand ähnlichen Baumwollenzeug. Zu meinem Bedauern hatte ich bei einem meiner vielfachen Besuche des Parks das Unglück, eine britische Kinderfrau in einer Grotte zu überraschen, als sie sich von einem Chinesen recht herzhaft küssen liess. —

Während man in japanischen Städten bestrebt zu sein scheint, in Sauberkeit, Zierlichkeit, Geschmack und Kunstfertigkeit bei jeder Gelegenheit das Aeusserste zu leisten, habe ich an Chinesen vielfach das Gegenteil bemerkt: Unsauberkeit, nüchternen Verstand, ohne Anflug eines zu Herzen gehenden Schönheitssinnes. — Von Frauen und Mädchen bewegen sich nur die unteren Klassen in den Strassen, während besser Gestellte sich in Sänften tragen lassen; Rickshas werden viel mehr von Europäern als von Chinesen benutzt. Die bekannten verkrüppelten Füsse scheinen nicht mehr dem Geschmack der Gegenwart zu entsprechen, wenigstens habe ich nur vereinzelt derartig entstellte Frauen und Mädchen gesehen. —

Als hochwichtige Thatsache will ich der Nachwelt nicht vorenthalten, dass ich im Hôtel des Colonies das französische Volksgetränk, den Absinth, trinken lernte. Die im Wasser hübsch grünlich, opalartig schillernde Flüssigkeit sagte mir in dem Masse zu, dass ich selten »les quatres heures« vorübergehen liess, ohne mir diese Erfrischung zu gestatten.

Im genannten Gasthofe lernte ich einen Mr. Stone kennen. Er lebte in Shanghai und es war mir in seiner Gesellschaft möglich, hin und wieder auch in Oertlichkeiten Zutritt zu finden, in denen Europäer im allgemeinen nicht gerne gesehen werden. In einer solchen konnte ich einem Vergnügen beiwohnen, das sich eine recht tiefstehende Klasse der Shanghaiansiedler allsonntäglich gestattet. Es handelte sich um Hahnenkämpfe, deren Schauplatz sich im englischen Stadtviertel befindet. — Gegen 2 Uhr nachmittags machten wir uns auf den Weg. Nachdem wir einige schmutzige Gassen durchwandert hatten, überschritten wir eine Holzbrücke und waren zur Stelle. Ein unternehmender Chinese war Besitzer

---

*) In Japan nennt man sie »Ubas«, im britischen Indien »Ayas«.

der Galliera, einer einfachen, ungefähr 500 Menschen Raum gewährenden Bude aus Bambusflechtwerk. Obgleich es noch früh an der Zeit war, hatte sich doch schon eine erlesene Gesellschaft versammelt: erlesen insofern, als nur die glatt rasierten Gesichter malaiisch-tagalischen Ursprungs vertreten waren. Ein Drittteil aller Anwesenden trug unter dem Arm einen gefiederten Kämpfer der bekannten, hochbeinigen, kammlosen Rasse. Da waren braune, gescheckte und weisse Tiere, starke und schwächere Hähne, mit herausforderndem oder bedrücktem Gesichtsausdruck. Nachdem uns Plätze angewiesen waren, begann eine der vielen Fehden. Zwei gefleckte Tiere sprangen gegeneinander. Die zarte Halsbefiederung sträubte sich gegen den Kopf wie ein Schild. Die spitzen Schnäbel gruben sich abwechselnd in den Teil der beiden Köpfe ein, den bei unseren deutschen Hähnen der Kamm ziert. Als der Boden anfing, sich rot zu färben, als Blut träufelte, jubelten die Malaien, wie Spanier bei Stiergefechten, wenn der Matador einen Toro abgefertigt hat. Noch einige schwache Versuche des unterliegenden Helden, den Angriff abzuwehren, und vorüber war es. Ein Hahn war tot. Er hatte für seinen Herrn ausgelitten ohne ihm zu einem guten Andenken Anlass gegeben zu haben, denn der Eigentümer hatte nicht nur sein Tier verloren, sondern musste auch noch zahlen. — Nach einer Pause von 5 Minuten wurde ein neuer Kampf vorbereitet. Zwei Malaien, wie alle übrigen in europäischer Kleidung, hatten sich geeinigt, ihre Hähne gegen einander zu erproben. Sie hockten auf ihren Absätzen einander gegenüber, hielten die Hähne zwischen ihren Händen am Boden und hetzten sie, indem sie die Vögel mit lauten Kriegsrufen aneiferten. Als die Hähne Miene machten, sich die Augen auszuhacken, zog man sie schnell zurück. Von den beiden Tieren, einem dunklen und einem hellen, war das weisse von stärkerem Wuchs. Beide trugen an den Sporen $3^{1}/_{2}$ cm lange, $^{1}/_{2}$ cm breite, an beiden Seiten haarscharf geschliffene Messer. Nun wurde gewettet. Leute, die darben, die monatelang mit 6 Dollar leben müssen, die in chinesischen Garküchen fast ungeniessbare Speisen, der Billigkeit halber, verzehren, setzen hier auf einen Hahn 20 oder 30 Dollar. Wenn berühmte Helden den Kampfplatz betreten, wagen reiche Malaien mitunter 100, ja 200 Dollar und mehr. Nur wenige Zuschauer wollten die Gefahr laufen, auf den dunklen Hahn zu setzen. Beide Kämpfer griffen gleichzeitig an; lautlose Stille begleitete anfänglich ihre Bewegungen. Lange war der Kampf unentschieden. Endlich wankte der dunkle Hahn. Blut bezeichnete seine bevorstehende Niederlage, schon ehe er fiel. Endlich schlug der weisse Sieger mit dem Sporn nach ihm, wählte jedoch eine unglückliche Richtung zum Todesstreich, kam mit dem Kopf unter das Sporenmesser und schnitt sich den Hals durch. Ein leidenschaftliches Gejauchze und Gejohle begleitete den unerwarteten Ausgang des Kampfes. Der dunkle Hahn hatte gesiegt, trotzdem er ermattet neben dem weissen, nur noch zuckenden Gegner lag. Der Besitzer des unterlegenen Tieres hob sein Eigentum mit wütender Geberde vom Boden auf, um die Wunde seines Hahnes auszusaugen; zu welchem Zwecke, ist mir unbekannt geblieben.

Nachdem wir eine Anzahl Gefechte gesehen, wanden wir uns aus der lärmenden und vom Spiel erregten Menge, und verliessen den Kampfplatz. Wahrhaft zärtlich behandelt der Malaie seinen Hahn, solange er in diesem die Quelle eines möglichen Gewinnes erblickt, und man sieht ihn häufig mit seinem Liebling auf dem Arm durch die Strassen schreiten. Ist das Kleinod aber gefallen, dann schleppt man den noch im Todeskampf zuckenden Hahn hinaus, rupft ihn und verkauft ihn an das erste beste Hökerweib. —

Fast drei Wochen blieb ich in Shanghai, und war während der ersten 14 Tage unausgesetzt bemüht, mir eine Stelle zu verschaffen. Ohne Zweifel wäre es mir geglückt, eine meinen Absichten entsprechende Beschäftigung zu finden, wenn sich meinem Bestreben nicht ein ganz unerwartetes Hindernis in den Weg gestellt hätte. In allen deutschen Geschäften fragte man mich: »Sind Sie Ihren militärischen Verpflichtungen nachgekommen?« Und wenn ich diese Frage verneinte, wurde bedauert, so aufrichtig, wie man ähnliche Ereignisse zu bedauern pflegt, dass man von meinem Anerbieten keinen Gebrauch machen könne. In französischen Handelshäusern hiess es: »Können Sie sich auf drei Jahre binden?« Und wenn ich auch diese Frage nicht bejahen konnte, zuckte man die Achseln, sodass ich am Ende dieser 14 Tage alle Hoffnungen aufgeben musste. Bei dieser Gelegenheit will ich einen Teil einer Unterhaltung, die ich mit dem Inhaber eines französischen Ausfuhrhauses hatte, anführen.

———————————————

»Pourquoi employez-vous tant d'Allemands dans vos bureaux?« fragte ich.

»Parce qu'ils parlent plusieurs langues.«

»Mais ne pourriez-vous pas trouver de jeunes Français ayant séjourné en Angleterre et en Allemagne?«

»J'en trouverais sans doute, mais je ne me fierais pas à eux. Il ne faut jamais perdre un Français de vue.«

»Allons donc! Est-ce là la confiance que vous avez dans vos compatriotes?«

»Je ne crois pas à la vertu d'un Français en Chine.«

»Matin! Vous ne vous fieriez pas à . . . «

»Je ne me fierais à aucun.«

»Quoi! pas même à un missionaire?«

»Pas même à un missionaire.«*)

»Et les Anglais?«

»Les Anglais ne travaillent pas. Ce qui est exact, c'est qu'ils s'occupent.«

Ich habe diese Unterhaltung am nämlichen Tage niedergeschrieben, um sie für meine Wanderjahre wörtlich verwenden zu können. Sie scheint für meine Gefährten von nicht zu unterschätzender Wichtigkeit, weil durch sie gezeigt wird, wie doch hin und wieder verständige Franzosen ausserhalb Europas gegenwärtig den bekannten Deutschenhass auffassen. Aber aus dieser Unterhaltung auf die Mehrzahl der Franzosen schliessen zu wollen, wäre wahrscheinlich grundfalsch. Daneben möchte ich darauf hinweisen, dass unsere vornehmste kaufmännische Tugend im Auslande die Kenntniss neuerer Sprachen ist. Ohne sie gelten wir nicht viel mehr als englische, französische oder amerikanische Handelsgehilfen. Also auch hier zeigt sich, dass »Le Latin ne remplit pas l'estomac!« —

Die Ansprüche, die in den Geschäften von Bedeutung sowohl in Shanghai, als in Hongkong an uns gestellt werden, sind nicht gering, obwohl die Zeit der täglichen Beschäftigung nur von kurzer Dauer ist. Wenn nach der Arbeit von $5^{1}/_{2}$ Tagen, die von morgens 9 bis 5 Uhr nachmittags, mit zwei Stunden Unterbrechung für den Tiffin**), andauert, der Sonntag heranrückt, so freut sich jeder der $1^{1}/_{2}$ tägigen Rast und sucht sich so gut er kann in der freien Zeit zu zerstreuen; Sonnabends schliessen alle Schreibzimmer bald nach Mittag. Eigentlich besitzt jeder gut gestellte Geschäftsmann in Shanghai eine Jacht, das sogenannte Hausboot, mit dem er in den Sommer- und Herbstmonaten die Stadt auf Tage verlässt, um »up country« zu jagen. Geschossen werden Fasanen, Schnepfen, Rehe und einzelne Hasen. Jüngere Leute, die dem Jagdvergnügen nicht nachgehen, benutzen den Sonnabend-Nachmittag und den Sonntag zu Ausflügen in die Umgegend, in der es an freundlichen Wirtschaften nicht fehlt. Für die sie Besuchenden ist dabei allerdings grundsätzliche Abneigung gegen Damen eine empfehlenswerte Eigenschaft.

An den Wochentagen nach dem Mittagsmahl, also gegen 8 Uhr, versammeln sich in den betreffenden Klubs die Mitglieder und vertreiben sich die Zeit mit Erörterungen der Tagesfragen, Zeitunglesen, Kegelschieben, Billard, Domino und Poker. In erster Linie sind es die Briten, die verschiedene Sport-Gesellschaften gegründet haben. Besonderer Gunst erfreuen sich die mehrfach im Jahre abgehaltenen Pferderennen, indessen sind diese mehr Geschäfte als Vergnügungen.

---

*) In unserer, dem Vorstehenden vorangegangenen Unterhaltung, hatte der betreffende Herr die französischen Missionen eines Jesuiten-Klosters verteidigt.

**) Das sehr umfangreiche, aus mehreren Gängen bestehende zweite Frühstück.

An einem der letzten Tage meines Aufenthalts in Shanghai hatte ich das Glück, von einem der gütigen, mir wohlwollenden Herren in der Eigenschaft als »bücherschreibender Reisender« keinem Geringeren als einem Mandarinen zweiten Grades mit blauem Knopf, Li-hoi-wan, vorgestellt zu werden. Mein Gönner und ich nahmen einen Gesprächsvermittler mit und liessen uns in Rickshas bis zur Wohnung des hohen Herrn fahren. Nachdem wir verschiedene Vorhöfe durchschritten hatten, gelangten wir an einen von Polizeisoldaten bewachten Eingang. Wir wurden angemeldet und alsbald von einem Diener aufgefordert, in ein Empfangszimmer zu treten. Nach kurzem Warten baten uns zwei andere Untergebene, ihnen in fernere Gemächer zu folgen. Die Einrichtung der Wohnzimmer, das prachtvolle Schnitzwerk in Ebenholz, mit dem der den Göttern geweihte Raum ausgestattet war, die Zierlichkeit der ganzen Anlage liessen auf einen Glanz, einen Aufwand und auf eine Prunkliebe, auf eine Ueppigkeit des Lebens der chinesischen Grossen schliessen, von welchen man sich in Europa keine richtige Vorstellung macht. Der Kwan.*), ein grosser, starker Mann, erschien, den Mandarinhut auf dem Kopfe, in langem, bis auf die Erde reichendem, blaugrauen Rock, und begrüsste uns freundlich, indem er beide geballten Hände vor die Brust hielt. Wir mussten auf den kostbar geschnitzten Stühlen Platz nehmen, und nachdem Cigaretten, Cigarren und Thee gebracht waren, konnte die Unterhaltung beginnen. Li-hoi-wan hörte aufmerksam die vom Vermittler übersetzten Erzählungen von meinen Reisen und deren Zwecken an. Unterdessen hatten Diener Süssigkeiten aller Art, Früchte und Heidsieck Monopol aufgetragen. Wir wurden aufgefordert, Tshau-Tshau zu nehmen: der Mandarin erhob immer wieder, sich feierlichst verneigend, sein Glas, und wir folgten nicht mehr als gern seiner Aufforderung nachzutrinken. Diese Sitte soll echt chinesisch, keineswegs eine Nachahmung britischen Tischgebrauchs sein. Nachdem Li-hoi-wan mir noch einige Höflichkeiten gesagt hatte, die ich selbstverständlich so gut wie möglich erwiderte, empfahlen wir uns.

Zwei Tage darauf liess uns der Kwan seinen Gegenbesuch ankündigen. Genau zur festgesetzten Stunde erklangen vor der Wohnung meines Freundes drei Gong-Schläge. Ein Polizeisoldat brachte eine karminrote Karte und wir eilten, Li-hoi-wan nach chinesischem Gebrauch unter der Thür des Hauses zu empfangen. Er erschien in schwerer seidener Kleidung, den Fächer in reich gestickter Scheide zur Seite und eine goldene Schlüsseluhr im Gürtel: er war bester Laune. Die schöne Einrichtung der reich ausgestatteten Zimmer schien ihm besonders zu gefallen. Wir mussten ihn die Stiegen auf und ab durch das ganze Haus

---

*) Kwan ist die chinesische Bezeichnung für Mandarin; das letztere Wort wird nur von Europäern und Malaien angewendet.

führen. Mein Gönner hatte, da dies bei keinem chinesischen Besuche fehlen darf, ein glänzendes Tshau-Tshau veranstaltet, bei dem aber diesmal mit chinesischen Weinen, weissem und rotem, zugetrunken wurde. Der Mandarin that sein Möglichstes uns zu veranlassen, ihn noch einmal zu besuchen und lud uns zu sich zum Mittagsmahl ein. Wir mussten uns indessen mit meiner Abreise am folgenden Tage entschuldigen und ich nahm daher, ihm auf das Verbindlichste dankend, für immer von diesem klugen, gebildeten, in jeder Beziehung angenehm berührenden Chinesen Abschied.

Am folgenden Tage, am Dienstag, den 20. Oktober, reiste ich mit dem P. & O.-Dampfer »Shannon« nach Hongkong ab. Wie könnte ich aber meinen Bericht über Shanghai schliessen, ohne meiner Landsleute zu gedenken und meinen innigen Dank auszusprechen, für mir erwiesene Freundschaft! Vor allen seien erwähnt, Herr Wasserfall, der Geschäftsführer des Hamburger Handelshauses Siemssen & Co.; Herr Otto Joost, Herr Hansen, beide aus Hamburg; die Herren Lieutenants v. Schoeler, v. Bodenhausen und v. Strauch, alle drei zur Zeit in chinesischen Diensten und Lehrer an der Artillerie-Schule in Wusung. —

XII. KAPITEL.

Hongkong, Kanton, Makao, Amoy.
China und die Chinesen.

Die Ordnung und Pünktlichkeit auf den Dampfern der Peninsular and Oriental Steam Navigation Company sind mustergültig.

Die Schiffsführer zeichnen sich dadurch aus, dass sie sich niemals um die Gesellschaft und die Vergnügungen ihrer Fahrgäste bekümmern, sondern ausschliesslich ihren seemännischen Pflichten obliegen. Die Küche ist gut — aber in dem Masse einförmig, dass viele Reisende bereits am dritten Tage die Esslust einbüssen. »Cold Mutton and Mint Sauce« erscheinen bei jeder Mahlzeit. —

Wir mochten die Mündung des Yang-tse kaum hinter uns haben, als ein junger Brite die masslose Unverschämtheit hatte, sich an das recht gute Klavier zu setzen, um die »Klosterglocken« zu spielen, jenen Matrosen-Gassenhauer der so unendlich weit hinter dem »Mann mit den Koks« zurücksteht. Ich hatte mir vorgenommen, unmittelbar nach ihm zu spielen. Aber daraus sollte nichts werden. Während der Brite sich noch quälte, hatte sich ein Herr aus Argentinien neben das Klavier gesetzt und sah dem Engländer unverwandt auf die Hände, als ob er niemals ein gleich schönes Spiel gesehen und gehört hätte. Als der Klang der wahrscheinlich geborstenen Glocken endlich verhallt war, erhob sich der Argentiner und sagte: »Apreciable Señor, V. ha tocado muy bien, parece V. tiene mucho talento y le deseo tenga mucha suerte. Su modo de tocar me ha encantado sumamente! Permiteme V. que me desquita?«*) Augenscheinlich war der Brite der spanischen Sprache nicht mächtig, während der Argentiner nicht englisch verstand, somit machte ich mich zum Vermittler und

---

*) »Mein Herr, Sie haben vorzüglich gespielt und scheinen viel Talent zu haben; ich wünsche Ihnen Glück dazu. Ihr Spiel hat mich in hohem Grade entzückt. Gestatten Sie, dass ich Ihre Güte erwidere.«

sagte dem Briten: »This gentleman means that he never heard such vile music in his life, and that the Cloches du Monastère are composed to make a greasy dog howl! He wants to show you some good music.«

Ich musste mir diese etwas freie Uebersetzung gestatten, wenn ich nicht Gefahr laufen wollte, »Le Reveil du Lion« und die »Prière d'une Vierge« folgen zu hören, durch deren Vortrag unsere Shannon in ernste Gefahr geraten wäre, das Gleichgewicht zu verlieren. Der Argentiner setzte sich ans Klavier und schwärmte zu meinem unausgesetzt wachsenden Erstaunen eine halbe Stunde lang auf den Tasten umher: Wagner, Beethoven, Schumann — so wundervoll, dass alle Fahrgäste in die Kajüte eilten, um lautlos der Musik zuzuhören.

Den Briten und den Herrn vom La Plata sah ich bis Hongkong kein Wort mehr mit einander wechseln.

Wenn junge Leute, die ins Ausland gehen, annehmen, mit wenig musikalischer Begabung und Kunstfertigkeit doch hin und wieder am Klavier Bekannte erfreuen zu können, so irren sie. Wohin ich gekommen bin, den Ballsaal in Tegucigalpa — im musikalisch anspruchslosen Lande Honduras — ausgenommen, fand ich überall vortreffliche Klavierspieler und -spielerinnen, sodass ich mit meiner mangelhaften Kunst niemals daran denken konnte, zum Vorschein zu kommen. Auch die Musik steht in überseeischen Ländern ganz auf der Höhe der Zeit. Nur wer Besonderes leistet, wird geduldet, alles Uebrige hat keinen Wert. Ich kann nach meinen Erfahrungen jungen Leuten, die fremde Länder aufsuchen, daher nicht empfehlen, Fleiss auf das Klavierspiel zu verwenden. Solcher macht sich nur bei natürlicher Veranlagung und regelmässiger Uebung bezahlt. Viel weiter kommt man in der Fremde mit der Guitarre und der Mandoline, an die man vorläufig bescheidene Ansprüche stellt, und die im Auslande mehr geschätzt werden, als in der Heimat. —

Bei günstigem Winde waren wir nach 54 Stunden in der Nähe von Hongkong angekommen. Eine Gebirgslandschaft lag an der Steuerbordseite neben uns, wie ich sie dort nicht vermutet hatte: Achtung gebietende, 1000 m hohe Felsen, die durch ihre merkwürdige Form auffielen. Hier sahen wir spitze, nadelförmige Zacken, dort steile Felskegel, daneben runde Kuppen und langgestreckte, von Schluchten durchrissene Bergrücken; sie alle stiegen fast senkrecht, unvermittelt aus dem Meere empor. Die Berge sind recht kahl oder zeigen nur einen Pflanzenwuchs von Gras und Busch. Kein Baum verdeckt oder verwischt die kräftigen Formen von Fels und Stein, und als die untergehende Sonne scharf gezeichnete Schatten warf, da war der Anblick überraschend grossartig. Wir ankerten um 9 Uhr abends im Hafen von Victoria. —

Wenige Stunden, bevor wir in Hongkong ankamen, ereignete sich indessen der folgende Zwischenfall:

Vier oder fünf unserer Herren hatten sich zum Poker vereint und dem Whisky recht fleissig zugesprochen. Eine sichtbare Wirkung dieses Genusses zeigte sich im gegenseitigen Beschimpfen zweier Spieler, die beide in Victoria lebten: Mr. Crocker und Mr. Rogers. Schliesslich wurde der Streit so erregt, dass man den Schiffsführer bat, einzuschreiten.

»What is the matter, Mr. Rogers?« fragte Capt. Griffith.

»Ich bedaure, Captain,« sagte Mr. Rogers, »auf Ihrem Schiffe einen Wortwechsel veranlassen zu müssen, allein ich muss diese Gelegenheit benutzen, um Mr. Crocker zu sagen, dass er kein Gentleman ist, and that he does not know of a Royal Flush*) as much as a cow!«

»Mir ebenfalls,« meinte Mr. Crocker, »würde es sehr leid thun, Captain, auf der Shannon einen Row zu verursachen, allein ich fürchte, ich werde mich in die Notwendigkeit versetzt sehen, Mr. Rogers über Bord zu werfen.«

»Was meinen Sie damit, Sir?« fragte Mr. Rogers.

»What I say, Sir!« erwiderte Mr. Crocker.

»Dann möchte ich doch sehen, wie Sie es anfangen: it ai'nt just as easy as it is for a cat to have twins, Sir.«

»You shall feel me do it in half a minute, Sir.«

»Ich bitte Sie um Ihre Karte, Sir.«

»Die bekommen Sie nicht, Sir.«

»Warum nicht, Sir?«

»Weil Sie dieselbe an Ihren Spiegel stecken und dadurch diejenigen, welche Sie besuchen, zu der falschen Ansicht bringen würden, es sei ein Gentleman bei Ihnen gewesen, Sir.«

»Sir, ich werde morgen früh einen meiner Freunde zu Ihnen schicken,« sagte Mr. Rogers.

»Ich bin Ihnen für diese Mitteilung sehr verbunden, Sir, und werde meinem Boy den ausdrücklichen Befehl geben, meine Löffel und Gabeln einzuschliessen,« meinte Mr. Crocker.

»I wish to see the propeler go down your throat, Sir.«

»And I shall ask the stewardess to spank you to sleep, Sir.«

Jetzt mischten sich der Schiffsführer und die übrigen Fahrgäste in den Streit und machten beide »gentlemen of great distinction« auf das Unziemliche ihres Benehmens aufmerksam, worauf Mr. Rogers um die Erlaubnis bat, versichern zu dürfen, dass seine Mutter eine ebenso ehrenwerte Frau gewesen sei, als Mr. Crockers Mutter. Mr. Crocker erwiderte, sein Vater sei in jeder Beziehung so »highly honourable,« als Mr. Rogers Vater. Es entstand ein lebhaftes Hin- und Herreden, in dessen Verlauf Mr. Rogers sich von seinen Gefühlen überwältigen liess und

---

*) Royal Flush sind die höchsten Karten im Poker.

bekannte, er habe eigentlich schon früher in Hongkong für Crocker eine aufrichtige Neigung gehabt. Crocker versicherte, Rogers sei ihm, wenn er die Wahrheit sagen solle, lieber als sein eigner Bruder. Man schüttelte sich die Hände, und alle Umstehenden sagten, der Streit sei auf eine Art geführt worden, die beiden Teilen zur hohen Ehre gereiche. —

Am nächsten Morgen war ich mit Sonnenaufgang an Deck. Wir hatten Tags zuvor an den Bergen und Felsen kaum Spuren menschlichen Lebens und Treibens entdecken können; um so auffälliger war jetzt der Blick auf das reizende Bild einer heimatlich aussehenden europäischen Stadt, einer Reede voller stattlicher Dampfer.

Hongkong. Beaconsfield Arcade in Victoria.

So wie Victoria hatte ich mir Gibraltar gedacht. Die Häuserreihen erheben sich stufenförmig über einander in langen Linien an dem steilen Gehänge der Granitgebirge. Die kaum 50 Jahre alte Stadt ist in der kurzen Zeit ungeheuer gewachsen, die zahllosen, teilweise palastähnlichen Gebäude sprechen deutlich genug für den Reichtum und die Wohlhabenheit ihrer Bewohner. Und vor der Stadt auf dem festen Lande lag noch eine zweite im Wasser, in Gestalt zahlloser chinesischer Sampans, auf denen unbemittelte Chinesen mit Frau und Kind, mit ihrer ganzen Familie jahraus jahrein leben. Die chinesischen Sampans sind lange, an beiden Enden spitze Boote mit einem kleinen Verdeck. Der Kiel scheint ungemein tief zu sein, und unter dem Schiffsboden ist noch Raum für den Kochherd, einen Götzen und — die Kinder. Es soll vorkommen, dass

Hongkong. Feierlicher Aufzug im chinesischen Teile von Victoria.

in diesen Sampans fünf Menschengeschlechter ihr Dasein gleichzeitig verbringen. Ich fuhr mit einem solchen Fahrzeuge an Land und war nicht wenig erstaunt, als der Schiffer die Planke aufhob, die ich für den Boden des Schiffes gehalten hatte und drei oder vier, wie Heringe zusammengepackte Kinder zum Vorschein kamen; zwei grössere hatten unter den Sitzbänken Platz gefunden. An anderen Fahrzeugen sah ich, dass vielfach die Mutter der Familie das letztgeborene Kind auf dem Rücken trägt, während sie das zweitjüngste im Arme hält und dabei ein grosses Ruder schraubenartig

Hongkong. Aufgang zu den Botanischen Gärten bei Victoria.

dreht, um das Boot vorwärts zu bringen und gleichzeitig zu steuern. Die Kinder selbst fangen an zu rudern, sobald sie das 4. Lebensjahr zurückgelegt haben. Den Knaben befestigt man bald nach der Geburt einen, die Stelle des Rettungsgürtels vertretenden Schlauch um den Hals, die Mädchen dagegen überlässt man ihrem Schicksal. Ich hatte bemerkt, dass an allen Sampans, ohne Ausnahme, an jeder Seite vorn kunstlos ein Auge gemalt war. Auf meine Frage, was diese Augen zu bedeuten haben, antwortete der Schiffer:
»If sampan no eye, sampan no sabe look see!« —

Der Duft des ganzen Dunstkreises, das Singen der Grillen in dichtbelaubten Bäumen, der herrliche Pflanzenwuchs in den Gärten, die Eigenart der Früchte, die in den Strassen feilgeboten werden, das alles erinnert den Ankommenden daran, dass er sich im Bereiche des heissen Erdgürtels befindet.

Hongkong zeigt das Bild rastloser Thätigkeit. Es ist der Knotenpunkt für den Verkehr nach dem Norden Chinas; fast alle Schiffe, die von Europa mit Bestimmung nach den chinesischen Gewässern und Häfen

Hongkong. Teil des Kirchhofs »Happy Valley«.

kommen, laufen zunächst in Victoria an, und obschon die Stadt selbst nur geringen Eigenhandel hat, geht doch der grösste Teil des Verkehrs durch ihre Hände.

Während der Tagesstunden fand ich es, trotz der vorgeschrittenen Jahreszeit, doch noch recht warm. Gegend Abend belebten sich die Strassen, die dem Meere entlang oder die Höhen sanft hinaufführen, mit Spaziergängern. Herren und Damen lassen sich in Sesseln tragen, um die frische Abendluft zu geniessen. Nach Dunkelwerden pflegt man sich in den offenen Hallen auf den bekannten Kanton-Sesseln niederzulassen, um zu warten, ob nicht vielleicht die kühlere Nacht auch einen leichten Seewind bringt.

Das Leben und Treiben in den Gassen ist bunt und lärmend genug, wenn auch die Europäer sich wenig in ihnen zeigen; die Chinesenstadt schliesst sich unmittelbar an die europäischen Strassen an, und wo ungefähr 175 000 Chinesen wohnen, fehlt es an Thätigkeit und Rührigkeit nicht. Zahlreiche Läden mit den verlockenden Erzeugnissen des Kunstfleisses der Kantonesen reihen sich in der Hauptstrasse Queens Road, aneinander. In den meisten handelt man mit fein bemaltem Reispapier, hübschen Fächern, fein geschnitzten Sandelholzkästchen, Elfenbeinwaren, Crêpe-Shawls, Bildern, Lackwaren, Porzellan u. s. w.

Hongkong. Die Praia (das Meerufer) in Victoria.

Wohin man sieht, macht die Stadt den Eindruck grossen Reichtums. Jede Strasse, jede Einrichtung, jedes Haus, der herrliche botanische Garten, die unvergleichlich hübsch angelegten Friedhöfe, die Rennbahn, die Zahnradbahn, die auf die Spitze des Peak führt — alles legt Zeugnis davon ab, dass die Briten nicht nur den Handel, sondern auch das Siedlungswesen verstehen. Man fühlt sich auf Hongkong ungezwungen, frei, unter dem Schutze europäischer Rechtssatzungen. Ueberall sieht man Pracht und Herrlichkeit, und im Gefühl der Freiheit mag man vom ersten Augenblick an in Victoria eine gewisse Berechtigung fühlen, Anteil zu haben an all diesem Ueberfluss.

Rickshas giebt es in Victoria nicht viele. Man geht entweder zu Fuss oder lässt sich in Sänften tragen. Diese sind aus Bambus in Form eines Sessels geflochten. Zu jeder gehören zwei Chinesen als Träger. Die ganze Lage der Stadt macht begreiflicherweise die Rickshas ziemlich überflüssig. Die einzelnen am Peak gelegenen europäischen Wohnhäuser sind eines entzückender als das andere. —

Meine Bemühungen, in Victoria Thätigkeit zu finden, waren, aus den nämlichen Gründen wie in Shanghai, erfolglos. In den englischen Handelshäusern war für Deutsche überhaupt keine Möglichkeit vorhanden, Anstellung zu erhalten. Die Briten hatten das Vorgehen unserer Regierung zu Anfang des Jahres in Südafrika derartig übel vermerkt, dass sie, wie auf Verabredung, keinem Deutschen bei sich Aufnahme gewährten. Der Vorteil, den unsere Regierung sich von der Freundschaft mit den Boers verspricht, muss allerdings ausserordentlich sein, wenn sie, ganz abgesehen von allem anderen, uns junge Kaufleute, die wir in den englischen Siedelungen nach Tausenden zählen, derartig blossstellt.

Chinesische Dshonken auf dem Pearl River.

Wenn englische Handelshäuser unter gewöhnlichen Umständen gern mit deutschen Kräften arbeiten, ist der Gewinn auf beiden Seiten. In der Heimat, zumal unter Gelehrten und Zeitungsschreibern, die Deutschland kaum verlassen haben, mag die Ansicht herrschen, dass wir seit 1870/71 überhaupt von keinem anderen Volk lernen können. Ich glaube, man würde den, der im Vaterlande Gegenteiliges behauptet, einen Verräter an der eigenen Sache nennen, aber wer in fremden Welttheilen vorurteilsfrei die vornehmsten englischen Hafenplätze kennen gelernt hat, wird anders denken. Wir können von den Briten im Handel noch recht viel lernen und jedem jungen deutschen Kaufmanne wird es von grossem Nutzen sein, wenigstens während einer gewissen Zeit, unter britischer Aufsicht und Anleitung gearbeitet zu haben. Um so schlimmer ist es, wenn die deutsche Regierung uns die Möglichkeit zu dieser Bereicherung der Kenntnisse genommen hat, um so schlimmer, nicht nur für uns Anfänger, sondern für das ganze Vaterland. Wollen wir uns von England unabhängig machen, so müssen wir zunächst dort in die Schule gehen und wir dürfen, nach meinem Dafürhalten, gern noch ein Jahrzehnt damit fortfahren, bis wir diese Lehranstalt entbehren können. Vorläufig fahren noch achtmal mehr Schiffe unter englischer als unter deutscher Flagge durch den Suezkanal. Wenn das Verhältnis umgekehrt sein wird, dann, und nicht viel eher, mag gewichtiges Selbstbewusstsein gegenüber dem britischen Handel am Platze sein. —

Ein Ausflug nach Kanton war durchaus lohnend. In der Lin-tin-Bai und auf dem Pearl River entfaltet sich unausgesetzt abwechselungsreiches Leben. An den Ufern sieht man Pagoden und Dörfer. Kanton

Pagode am östlichen Ufer des Pearl River.

selbst ist unendlich fesselnd, mehr als Shanghai, und wie man mich in Hongkong allgemein versicherte, selbst anziehender als Peking. Hier, im südlichen Teile des Reiches hat die uralte chinesische Bildung ihre höchste Blüte erreicht. Alles, was Reichtum und Kunstfertigkeit in China hervorgerufen, hat in dieser Stadt seinen Ursprung, und wenn die Geschicklichkeit der Kantonesen sich dem Reisenden auch in keiner Weise aufdrängt, wenn sie vielmehr gesucht werden will, so bekunden doch der Gesichtsausdruck der Bevölkerung und das Aeussere der Stadt, dass man sich im chinesischen Paris befindet. — Eine 6 m dicke und 7—13 m hohe, ungefähr 10 km lange Mauer umgiebt die Stadt, die bei einer gleichen Einwohnerzahl wie Tokio auf einem Fünftel des Raumes, den dieses einnimmt, zusammengedrängt steht.

Die Strassen sind zwar eng, nur 1—2 m breit, aber nicht so unsauber wie die in Shanghai, und in den heissen Sommermonaten mag es eine Wohlthat sein, dass sie nicht weiter angelegt sind, da anders die Hitze ein Verlassen der Wohnungen nahezu unmöglich machen würde. Die bedeutenderen Geschäfte sind zum Teil hübsch und einladend; sie werden nicht selten durch Oberlicht erhellt. Der ganze Raum ist in solchen Fällen bis zum Dache frei, und Rundgänge führen an den Wänden entlang. In vielen Vorratshäusern fand ich einen wahrhaft verschwenderischen Reichtum an vergoldetem Schnitzwerk, namentlich um die Bilder der Hausgötter, vor denen eine hängende Lampe brennt und Gefässe mit Räucherwerk, Leuchter und Blumen aufgestellt sind. Die Kantonchinesen sollen durchgängig tüchtige Kaufleute sein, vertrauenswürdig, und, weil sie ihren eigenen Vorteil kennen, sowohl zuverlässig in der Ausführung geschlossener Abmachungen, als auch im Empfang der bestimmt gekauften Waren, — kurz, Leute, mit denen man geschäftlich gern verkehrt. Diese Händler sind meist vermögend und unternehmend, rasch entschlossen zu geben oder zu nehmen. Langes Feilschen kennen sie nicht. Sie sind bündige, wohlüberlegende Geschäftsmänner, an bedeutende Umsätze und glatte Behandlung im Verkehr gewöhnt; sie haben in diesen Dingen eine unleugbare Aehnlichkeit mit den britischen Kaufleuten. — Japaner habe ich anders gefunden. — Die Gabe schnellen Rechnens soll dem Chinesen abgehen, jedoch ersetzt er diesen Mangel durch ein aussergewöhnlich gutes Gedächtnis. Die Kaufleute in Kanton haben häufig Zweigniederlassungen oder Verbindungen an der ganzen chinesischen Küste, in Singapur, Batavia, Manila, San Francisco und Sydney; ohne jede Dazwischenkunft von europäischen Handelshäusern machen sie Geschäfte in grossem Umfange, mieten auch nicht selten zu ihren Verschiffungen europäische und namentlich deutsche Fahrzeuge.

Alle europäischen Häuser in China haben Kanton-Chinesen als Compradores und Shroffs[*]), durch die sie ihre sämtlichen Geschäfte am Platze vermitteln, da sich andere Chinesen weniger dazu eignen. Den Bewohnern der nördlichen Bezirke gehen die Kenntnisse der verschiedenen chinesischen Sprachen und Mundarten, das Verständnis für chinesisches Buchhalten und auch die Warenkunde, kurz kaufmännisches Wissen, sowie Zuverlässigkeit und Pünktlichkeit ab, während in Kanton und Hongkong die jungen Chinesen reichlich Gelegenheit finden, sich für das

---

*) Cassierer.

Kanton. Der Hinrichtungsplatz.

Kanton. Teil des Tempels mit 500 Buddhas.

wichtige und einträgliche Geschäft der Vermittelung zwischen den europäischen Kaufleuten und den übrigen Chinesen auszubilden. Diese Compradores und Shroffs müssen eine Art Bürgschaft stellen und sind für alles übrige Dienstpersonal in der Handlung verantwortlich. —

Ich habe während der wenigen Tage in der Stadt hunderterlei Dinge gesehen, unter denen viele mir neu waren. Aufgeführt seien Elfenbeinschnitzereien, Seidenspinnereien, die Herstellung von Thonwaren und von Porzellan, das Schnitzen von schwarzen Holzmöbeln, manche Art von Tempeln, buddhistische Klöster, und die Herstellung von Götzenbildern. Ich besuchte die Hallen und Höfe, in denen Gelehrte gewissen Prüfungen unterzogen werden und, last not least, den zweckwidrigen Platz, auf dem Hinrichtungen garnicht selten stattfinden und an dem in einer Art steinernem Bottich ungefähr 15 Menschenschädel zu sehen waren, die kaum 24 Stunden in ihrer damaligen Verfassung gelegen haben mochten. Im Tempel mit 500 goldenen Buddhas befindet sich unter diesen, unerklärter Weise, das Standbild von Marco Polo. Ich beobachtete ferner die Darstellung von Lackwaren, das Strassen- und das Familienleben, und das Schnitzen einer Art grünen Specksteines (Jade). Ich stattete verschiedenen Stickern einen Besuch ab und sah den Yamun*), an dessen äusserer Umwallung Uebelthäter teils in Ketten, teils mit hölzernen Halskragen oder in Käfigen ausgestellt waren.

Der Tempel der Schrecken führt seinen Namen mit Recht, denn eine Anzahl von Gemächern, die drei Seiten eines grossen Hofes einfassen, enthält entsetzliche Darstellungen. Auf einem Bilde sieht man, wie ein Verbrecher in Oel gesotten wird; auf einem zweiten sind vier Männer beschäftigt, einem andern gleichzeitig beide Arme und die Beine abzusägen. Im Hofe selbst drängte sich eine bunte Menge von Wahrsagern, Zauberern, Bettlern und Krüppeln, deren Anblick ebenfalls recht abstossend war. — In einem Laden kaufte ich Stäbe, die, langsam verbrennend, die Zeit angeben. Diese merkwürdigen Stundenmesser sind sehr billig, dabei aber zuverlässig und werden, wie man mir sagte, seit Jahrtausenden von den Chinesen benutzt.

Manche Wohnsitze reicher Kantonesen stehen den fremden Besuchern zur Besichtigung offen. In Fati, einem grossen Dorf, oder besser einer Vorstadt Kantons, sah ich schöne Gärten, deren geschmackvolle Anlagen mich überraschten, wenn es auch an wunderlichen Einzelheiten nicht fehlte. In den grossen Teichen mit abgeblühtem Lotos wimmelte es von Gold- und Silberfischen. Chinesen haben noch viel mehr als Japaner eine besondere Vorliebe für diese Tiere. Man trifft solche in den verschiedensten Arten, gestreift, gefleckt und mit zwei, drei oder vier

---

*) Das Amts- und Regierungsgebäude.

Schwänzen. Herrliche Gruppen der verschiedensten Palmenarten, kurz geschorene Rasenplätze, Beete mit Blumen, auf Säulen ruhende Gartenhäuschen mit zeltartigem Dach und offene Säulengänge inmitten oder an den Ufern der kleinen Seen — das alles vereinigte sich zu einem anmutigen Ganzen, dessen Einheitlichkeit kaum dadurch beeinträchtigt wurde, dass hier und da wiederum künstlich verkrüppelte Bäumchen in grossen Töpfen standen oder Pflanzen zu wunderlichen Tiergestalten um Drahtgeflechte gezogen waren. —

Eine der Sehenswürdigkeiten Kantons sind die bekannten Blumenschiffe, die indessen zu den vielen Dingen zählen, die ich an Ort und Stelle so ganz anders fand, als ich sie schildern gehört hatte. Die meisten Reisenden scheinen sich grundlos in den Kopf gesetzt zu haben,

Kanton. Chinesische »Recreation Houses« im Vorort Whampoa.

die »flower boats« seien Stätten der Ausschweifung. Es ist ein Lieblingsvergnügen der chinesischen Jugend, Abends Ausflüge auf dem Wasser zu veranstalten, und zwar in Gesellschaft von Mädchen, die musikalisch und teilweise auch geistreich sind; nur derartig begabte Mädchen ladet man ein. Wer eine solche Wasserfahrt unternehmen will, findet an Bord Karten, auf denen der Betreffende nur seinen eigenen Namen, den der Künstlerin und die Zeit der Zusammenkunft auszufüllen hat. Ich kann mir wohl vorstellen, trotzdem die Sitte uns so ganz fremd ist, dass solche Ausflüge eine angenehme Art sind, sich die Zeit zu vertreiben. Man findet auf den Schiffen alles, was ein an Wohlleben gewöhnter Kantonese sich wünschen mag, und die Gesellschaft der Mädchen, deren, nach chinesischem Geschmack ansprechende Stimmen, in Verbindung mit den wohlklingenden Tonwerkzeugen, bei einer Tasse köstlich duftenden Thees,

Kanton. Blumenschiff.

die Abendfrische beleben, kann nicht wohl als eine nächtliche Ausschweifung betrachtet werden. Die Einladungen gelten für eine Stunde. Man mag die Zeit länger ausdehnen, wenn das oder die Mädchen nicht anderweitig verpflichtet sind, in welchem Falle die Vergütung für die Leistung natürlich verdoppelt werden muss. Diese Frauen üben keinen anderen Beruf aus, als den der Künstlerinnen und Gesellschaftsdamen, und man lohnt sie für ihre Dienste, wie man einen Arzt oder einen Advokaten bezahlt. Sie sollen in der Regel recht gebildet und auch nicht selten schön sein. Diejenigen, welche Anmut und Talent miteinander vereinigen, sind natürlich sehr gesucht. Der Reiz ihrer Unterhaltung wird ebenso hoch geschätzt wie ihre Kunst; man plaudert mit ihnen über die verschiedenartigsten Gegenstände, welche dem Urteil eines Mädchens überhaupt unterbreitet werden können. Man soll selbst Verse an sie richten, und manche von ihnen sind, wie man behauptet, gebildet genug, um selbst auf die dichterischen, zarten Aufmerksamkeiten und Schmeicheleien von Gelehrten in gleicher Weise zu antworten.

Wenn man von diesen Zusammenkünften etwas anderes behauptet, als ich hier zu schildern versuchte, so entspricht das den Thatsachen nicht. Fremde, welche entgegengesetzt berichten, haben statt der Nachtmusik und Ständchen, von denen sie nichts verstehen, einfach das geschildert, was sie nach europäischen Begriffen zu sehen erwarteten. Der Globetrotter giebt sich allerdings nicht die Mühe, sich in Verhältnisse hineinzudenken, oder solchen nachzuforschen, die ihm von Hause aus fremd und nicht so ohne weiteres fasslich sind. —

Das von einem Portugiesen in der Fremdensiedlung auf der Insel Shamin unterhaltene »Hotel Shamin« fand ich klein, aber reinlich und nicht hoch gestellten Ansprüchen für die Dauer eines kurzen Aufenthalts genügend. — Am Mittwoch, den 28. Oktober reiste ich den Fluss wieder hinunter nach Macao.

Noch ehe man die Häuser der Stadt deutlich unterscheiden kann, gewahrt man, von Kanton kommend, die Schiffe, die auf der Reede liegen. Grosse Fahrzeuge müssen 6—8 km von der Stadt entfernt ankern, fast in offener See, und somit nahm es mich nicht Wunder, hier nur ungefähr zehn Schiffe zu zählen, während in dem vortrefflichen Hongkonghafen einige hundert lagen. Der gut geschützte kleinere, sogenannte Innere Port an der Westseite der schmalen Landzunge, auf der Macao liegt, ist nur für kleine Schiffe und Dshonken zugängig und war von solchen Booten freilich dicht bevölkert.

Die Stadt erinnerte mich an Tegucigalpa. Schmale, schlecht gepflasterte Strassen, schmutzige Stirnseiten der Häuser, eine träg umherlungernde Bevölkerung aus dem Südwesten Europas, mit stark ausgeprägtem Selbstbewusstsein, an den vergitterten Fenstern sitzende Señoritas: das alles machte auf mich einen eigenartigen Eindruck und weckte Erinne-

Kanton. Fünfstöckige Pagode auf den Stadtwällen.

rungen an Dinge, die zwar nie vergessen, aber während der letzten Monate zurückgedrängt waren. Am Wasser liegt die Praia Grande, die vornehmste Strasse mit dem Wohngebäude des Statthalters. An ihrem nördlichen Ende befindet sich die kleine Festung, in der man die Schilderhäuser auf der Erde liegen sehen kann, und in der die sechs verrosteten kleinen Kanonen nicht bewacht werden, weil man recht wohl zu wissen scheint, dass sie sich der Mühe des Stehlens nicht lohnen. Die ganze Stadt macht den Eindruck des Verfalls.

Macao ist berühmt wegen seiner Spielhöllen, die die Regierung gegen ungefähr 100 000 Dollar jährlicher Abgaben duldet. Das einzige, vorkommende Spiel, Fan-tan, wird ehrlich, aber nach unserem Geschmack langweilig, von Chinesen betrieben.

Macao. Die Praia Grande.

Die Haupt- oder einzige Sehenswürdigkeit Macaos ist die Camões-Grotte. Zu meinem Erstaunen hörte ich nicht nur in Macao, sondern auch auf Hongkong, dass der grosse portugiesische Dichter, »nach Macao verbannt, dem vom Liebesschmerz verwundeten Herzen in den herrlichen Stanzen seines grossen Gedichts Luft machte«. Mit dem grossen Gedicht waren natürlich die Lusiadas gemeint. Ich hörte diese Erzählung so allgemein, als ob alle sie aus einer und derselben Quelle geschöpft hätten, während nach Brockhaus, dessen ich mich in Victoria bedienen konnte, der Zusammenhang von Camões und Macao ein ganz anderer gewesen ist. Der vielgereiste Dichter hat hier keineswegs als Verbannter gelebt. Er hat vielmehr von 1556—58 dort den einträglichen und behaglichen Ruhe gönnenden Posten als Oberverwalter der Güter verstorbener und abwesender Portugiesen bekleidet. In dieser Zurückgezogenheit konnte er die ersten sechs Gesänge der Lusiaden beenden. — Ein reicher Portugiese hat den Platz in eine grossartige, gegenwärtig allerdings recht verkommene Park- und Gartenanlage umgewandelt, und dem Dichter in der von Granitblöcken natürlich gebildeten Grotte ein Denkmal errichtet, mit Inschriften aus dessen Gedicht. Den Eingang zieren chinesische Sinnbilder und die oberste Felsplatte trägt ein Lusthäuschen mit herrlicher Aussicht auf die Stadt und deren inneren Hafen. Das Ganze liegt versteckt zwischen hohen, schattigen Ficusbäumen, und besonders hier, in diesen grossartigen, mit viel Geschmack ausgeführten Anlagen war es, wo Vernachlässigung und offenbarer Verfall mich an vergangene, glänzendere Zeiten von Macao

Macao. Ueberreste der durch Feuer und Taifune zerstörten São Paulo Kirche.

erinnern musste. Indessen passt vielleicht das geheimnisvolle Halbdunkel des verwilderten Pflanzenwuchses, der schlüpfrige Moosüberzug der Wege, der Schutt verfallener Mauern gerade am besten zu der Stimmung schwärmerischer Seelen, die zu dem Dichterdenkmal wallfahren. —

Am Donnerstag, den 29. Oktober, traf ich nach einer Abwesenheit von fünf Tagen wieder auf Hongkong ein.

Als wir auf der Reise mit der »White Cloud« ungefähr Zweidrittel der Entfernung von Macao nach der britischen Siedlung zurückgelegt hatten, musste der Dampfer angehalten werden, weil ein Chinese über Bord gefallen oder wahrscheinlich gesprungen war. Der Schiffsführer liess eines der Rettungsboote hinunter, und alles was möglich war, den Unglücklichen zu finden, wurde versucht: leider ohne Erfolg. Wahrscheinlich hatte er in Macao gespielt und sein Vermögen verloren, und da dieser Umstand unter den Chinesen für eine Schmach gehalten wird, suchen die Männer, denen solches widerfahren ist, nicht selten lieber den Tod, als dass sie weiterleben. Die übrigen Chinesen, die sich an Bord befanden, schienen in hohem Grade erstaunt, dass der Schiffsführer sich die Rettung des einen Mannes so angelegen sein liess, und wahrscheinlich würde der Betreffende selbst sehr wenig Gefühle des Dankes empfunden haben, wenn er wieder an Bord gezogen worden wäre. —

Es war meine Absicht gewesen, von Hongkong nach Singapur weiterzureisen, indessen erfuhr ich bei meiner Ankunft in Victoria, dass am selben Abend die »Diamante« über Amoy nach Manila abfahren würde, und schnell entschlossen, löste ich eine Fahrkarte, in der Hoffnung, dass mein gutes Glück mir nach kurzem Aufenthalt in Manila Gelegenheit nach der malaiischen Halbinsel bescheren würde. Somit verabschiedete ich mich von den Hamburger Freunden Carlos Sackermann, Adolf Pinckernelle, Kennedy und Sander, denen an dieser Stelle nochmals für die mir bewiesene Freundschaft, Nachsicht und Güte gedankt sei.

Am Abend des 30. erreichte unser Dampfer die Amoy-Bucht. Bald nach Dunkelwerden entlud sich in westlicher Richtung ein schweres Gewitter; unser Schiffsführer benutzte den Umstand, nach Sonnenuntergang näher an die Stadt zu fahren, als er beabsichtigt hatte. Die Blitze erleuchteten die Umgebung unseres Dampfers unausgesetzt derart, dass wir neben manchen gefahrdrohenden Felsen unbesorgt vorüberfahren konnten. Bald nachdem wir das auf einer Klippe in der Bucht gelegene Amoy-Leuchtfeuer zur Linken gelassen hatten, warfen wir indessen Anker, jedoch nur so weit von der Stadt entfernt, dass wir deutlich die Lichter in den Strassen, und in diesen erleuchtete Fenster sehen konnten. Am Morgen des 31. setzten wir die Reise fort, und nachdem wir fernere 4 km zurückgelegt hatten, waren wir am Ziele, zwischen der Stadt und der Insel Kulong-sen, angelangt. Die Lage von Amoy erschien recht ansprechend. Im Norden zieht sich eine Gebirgskette an der Bucht entlang, deren einzelne Felsen ich bis auf 1000 m Seehöhe schätzte, während die reizende Insel Kulong-sen mit hübschen Wohnungen von Europäern besäet ist. Ein Ausflug auf diese Insel mit der ersten besten Sampan verschaffte mir mancherlei Genüsse. Herrliche Bäume und Sträucher mit Blüten in leuchtenden Farben zierten die hübschen, wenn auch steif angelegten Gärten der europäischen Häuser. Saubere Strassen führten über die ganze, hügelige Insel. Alle Gärten sind von weiss angestrichenen Mauern umgeben, deren geringe Höhe immerhin einen Einblick in die herrlichen Anlagen gestattet. Die Insel war belebt von Singvögeln aller Art, die ich in Japan vermisst hatte. Ich sah zum erstenmal den Banianenbaum, der mir mit seinem verschlungenen

Stamm, seiner Riesenkrone, seinen mit Schmarotzerpflanzen bewachsenen Aesten und den vielen zur Erde strebenden Luftwurzeln — ein wahres Urbild der schöpferischen, sich ewig erneuernden Naturkraft — einen Vorgeschmack der asiatischen Tropen gab. In den Gärten unterschied ich vornehmlich Bananen, Oleander, verschiedene Zierpalmen, einzelne Aloës und die mir aus Honduras bekannten Agavenhecken.

Nachdem ich in einem recht guten Gasthofe bei einem Deutschen gefrühstückt hatte, nahm ich einen Führer und begab mich an die östliche

Teil der Insel Kulong-sen bei Amoy.

Seite der Bucht, in die Stadt Amoy, die ungefähr 400 000 Einwohner zählt. Ich fand die Strassen noch enger als in Shanghai und Kanton; das Leben und Treiben in ihnen erinnerte wieder an Ameisenhaufen oder Bienenstöcke. Wir wanderten durch ein Gewirre solcher Strassen, unter denen keine breit genug war, um mir zu gestatten, meine Arme gleichzeitig auszustrecken, ohne beide Häuserreihen zu berühren. Weder in Shanghai noch in Kanton habe ich in den Strassen eine gleiche Unordnung, eine ähnliche Anhäufung von Unrat und Schmutz bemerkt. Ueberall trieben sich schwarze, fuchsartige Hunde, Hühner, Enten, Schweine und schwarze Ziegen in grosser Zahl umher.

Unter vielem Sehenswerten begegnete uns ein ungefähr 15 oder 16 Jahre zählendes Mädchen mit stumpfsinnigem Gesichtsausdruck, hinter dem das Elternpaar wanderte. Das Mädchen war auffallend gekleidet. Sie trug bis an die Knie reichende, rosenfarbene Hosen, die hellgrün eingefasst waren, und eine hellblaue Jacke; sie war weiss geschminkt und ihr Haar sorgfältig geordnet. Mein Führer erklärte diesen Aufzug dahin, dass augenscheinlich die Eltern arme Landleute seien, die ihre Tochter zum Verkauf in die Stadt brächten. — Zu den Merkwürdigkeiten, die mein Leiter mir unter allen Umständen zeigen wollte, zählte ein

Strassenbild in Amoy.

schwebender Felsen, der nach seiner Angabe $1^1/_4$ Millionen Kilo schwer sein musste und der auf einem anderen Felsen ruht, derart, dass ein einzelner Mann den im Gleichgewicht verharrenden Steinriesen durch einen, freilich etwas anstrengenden Druck, in leise schaukelnde Bewegung setzen kann. —

Am 1. November gingen wir nach Manila in See.

Ich war 31 Tage in China gewesen. Dass meine Beschreibungen von Land und Leuten nach diesen wenigen Wochen Aufenthalts in fünf Küstenstädten nicht umfassend sein können, ist selbstverständlich. Wenn sie scheinbare Widersprüche enthalten, so dürften solche dem Leser keinen

Anlass zum Tadel geben. Dass in einem Volk von 350 000 000 bis 400 000 000 Seelen nicht alle nach einem und demselben Vorbild geschaffen sind und dennoch in innerem Zusammenhange stehen, scheint mir naturgemäss. Wer es sich zur Aufgabe macht, eine eingehende Abhandlung über China und die Chinesen zu schreiben, sollte ein Menschenalter zur Lösung dieser Aufgabe verwenden. Man müsste die schwierigen Sprachen von Grund auf beherrschen lernen, um die Ueberlieferungen des Volkes würdigen zu können. Man müsste als Mandarin mit den Mandarinen, als Gelehrter mit den Gelehrten, als Arbeiter mit den Arbeitern, überhaupt als Chinese mit den Chinesen leben, um solcher Aufgabe gewachsen zu sein.

Wer indessen an der chinesischen Küste auch nur wenige Tage mit einiger Aufmerksamkeit gereist ist, den muss es Wunder nehmen, dass die Männer der Wissenschaft im Westen das Land zu eingehenden Forschungen durchgehends für zu gering schätzen und dass die geschichtlichen Urkunden Chinas bei uns weniger gelten als die Rätselschrift der Aegypter. Es kann keinem Zweifel unterliegen, dass die Grundsätze der chinesischen Weisen denen der grossen Gelehrten Griechenlands zeitlich vorangingen, dass chinesische Kunst blühte, als Athen noch seiner Gründung harrte, und dass die gegenwärtige chinesische Regierungsform schon in Kraft war, bevor die Pharaonen herrschten. Das allein sind Thatsachen, die mir wohl geeignet erscheinen, die Aufmerksamkeit in hohem Grade zu erregen.

Was kann es Anziehenderes geben, als die Vorstellung von einem Volke, das vier Jahrtausende in Frieden in einem Winkel der Erde sich auf natürlichem Wege fortentwickelt hat! Vier Jahrtausende suchten die Chinesen ihre Hilfsquellen in sich selbst, ohne daran zu denken, die Grenzen, in denen sie lebten, zu überschreiten; denn sie vermeinten eine von der übrigen verschiedene Welt zu bewohnen. Wenige europäische Forscher werden dieses Volk richtig zu beurteilen verstehen, weil es in der Menschheit, soweit wir deren Geschichte zu folgen imstande sind, ein einzig dastehendes Urbild vorstellt. Aber soviel ich weiss, würden unsere westlichen Professoren die Nase rümpfen, wenn man an sie die Zumutung stellen wollte, sich zu beschäftigen mit jenen Spassvögeln, die einen Zopf tragen, die Daumen in die Luft strecken und mit dem Kopf nicken. Sie kennen von der Chinesin die verkrüppelten Füsse und nicht viel mehr. Aber nicht nur die höchst mangelhaften Kenntnisse, die unsere Forscher im besonderen vom fernen Osten haben, auch unser allgemeines Wissen von den Chinesen ist viel zu dürftig. Während jeder gebildete Europäer von dem Leben der griechischen Frauen vom Argonautenzug bis Demosthenes mehr oder minder unterrichtet sein muss, haben wir von der Stellung der chinesischen Frauen die irrigsten Begriffe. Ich glaube, man nimmt in Europa an, die chinesische Frau sei ein lächerliches, wunderliches Wesen ohne Einfluss, lediglich dazu geschaffen,

Kinder in die Welt zu setzen. Die chinesische Frau gleicht der des Abendlandes gewiss nicht, aber immer ist sie eine Frau mit all ihrem geheimnisvollen Zauber und der angeborenen Neigung, die Herren der Schöpfung zu beherrschen. Chinesen behaupten, die Frau brauche sich nicht zu vervollkommnen, sie werde vollkommen geboren, und in der Wissenschaft würde sie niemals weder die Anmut, noch die Herzensgüte kennen lernen. Daher sei die tiefere Wissenschaft eine unnütze Last für die Frau. Chinesinnen sollen in manchen sehr wichtigen Beziehungen viel selbständiger sein als die Frauen des Westens. Das Gesetz gestattet ihnen, zu kaufen, die gemeinschaftlichen Güter zu veräussern, Handelsgeschäfte abzuschliessen, die Kinder zu verheiraten und ihnen eine beliebige Mitgift zu bewilligen; mit einem Worte, sie sind frei, freier als unsere Frauen. Allerdings ist trotzdem ihr persönliches Selbstbewusstsein nicht in dem Masse entwickelt, wie das der Letztgenannten. Die Liebe zu den Blumen und deren Pflege ist ihr Zeitvertreib. Das Familienleben erhält durch die chinesische Frau seine Gestalt, und ihr einziges Streben ist darauf gerichtet, genügende Kenntnisse zu haben in der Wissenschaft, eine Familie zu führen. Sie leitet die Erziehung der Kinder, sie ist zufrieden, für die Ihrigen leben zu können.

Und gerade die Familie, das Familienleben ist die Grundlage, auf der das ganze gesellschaftliche Leben Chinas sich aufbaut. Sie gleicht gewissermassen einer religiösen, Gesetzen unterworfenen Ordensgemeinschaft. Wird ein Mitglied der Familie krank, so erhält es den Beistand, dessen es bedarf; verliert ein anderes seine Arbeit, sodass seine Mittel nicht mehr ausreichen würden, ihm ein standesgemässes Dasein zu sichern, alsdann steht ihm die ganze Familie zur Seite, sei es, um die Unbilden des Schicksals auszugleichen, sei es, um die Leiden und Entbehrungen zu lindern, welche das Alter mit sich bringen. Ich habe auf den Rat mir wohlwollender Freunde in China häufig durch meine jeweiligen Führer anfragen lassen, wem dieses oder jenes Haus gehöre, und erhielt, wie man mir vorhersagte, nie eine andere Antwort als die, dass das Grundstück Eigentum von der und der Familie sei. Die ganze chinesische Erziehungsart ist auf das Ziel zugespitzt, in erster Linie Liebe zur Familie einzuflössen. Wie uns zuvörderst die 10 Gebote als Grundlage zu allem Ferneren gelehrt werden, so beginnt man in China mit den 5 Hauptgrundsätzen, welche mit Hilfe der Erziehung die Familienverehrung schaffen. Es sind dies: die Treue gegen den Landesherrn, die Ehrfurcht vor den Eltern, die Einigkeit zwischen Ehegatten, die Eintracht unter Brüdern und die Beständigkeit in der Freundschaft. Diese Grundsätze sind das Wesen der Erziehung.

In China verheiratet man seine Kinder früh. Nicht selten sieht man 16 jährige Jünglinge Mädchen von 14 Jahren freien, und mit 30 Jahren sind diese oft Grossmütter. Man würde die Veranlassung zu dieser Sitte vergebens in den Verhältnissen des Erdstrichs suchen; im Norden, wie im Süden Chinas, das heisst in der sibirischen Kälte, wie in der heissen Zone sind diese Sitten die gleichen. Sie sind ein Glied in der Familieneinrichtung und der Elternverehrung. — Der alte Junggeselle und die alte Jungfer sind in China unbekannt; den Lebensgebräuchen der Chinesen ist diese Art des Daseins zuwider. — Ueber die verkrüppelten Füsse der Chinesinnen und den Zopf der Chinesen abfällig zu urteilen, steht uns Europäern wohl kaum an, die wir so herrliche Dinge, wie das Korsett, den Frack und den schwarzen hohen Hut unser eigen nennen. In der Erziehung sucht der Chinese die Seinigen vor allem zu guten Arbeitern zu machen, während bei uns, wie man in China sagt, das Wort mehr gilt als die Sache. In erster Reihe ist man darauf bedacht, in den jüngeren Lebensjahren die Aufmerksamkeit zu wecken und schlechte Gewohnheiten zu bekämpfen. Unter letzteren versteht man im besonderen: »mit dem Munde zu wiederholen, während der Geist an etwas anderes oder garnichts denkt.«

Die Anzahl der Menschen im weiten chinesischen Reich, welche lesen und schreiben können, soll bedeutend sein. Fast alle Einwohner Chinas haben Unterricht genossen und doch leben sie in Frieden. Ebensowenig wie sie das Pulver gebraucht haben, um die Welt in die Luft zu sprengen, haben sie die Buchdruckerkunst missbraucht, um die Denkkraft irre zu leiten und unnütze Leidenschaft zu erregen. Man sagt im Lande allgemein, es ist millionenmal besser, der Mensch ist stumpfsinnig und unwissend, als falsch unterrichtet oder schlecht erzogen, und ein chinesisches Sprichwort geht so weit, zu behaupten: »Besser ein Hund und in Frieden, als ein Mensch und in gesetzlosem Zustande leben.« —

Ich habe einen Teil der vorstehenden Bemerkungen einem umfangreichen Buche von Tsheng Ki Tong: »La Chine et les Chinois«, entnommen. Der Verfasser war Oberst und Militär-Attaché bei der Kaiserlich chinesischen Gesandtschaft in Paris, und leitet sein Werk mit den Worten ein:

»... Ce livre n'a pas d'autre prétention que d'être une causerie en réponse aux questions qui m'ont été si souvent adressées...«

Ich möchte demselben Buche noch zwei chinesische Strophen und einzelne Sprichwörter entlehnen, die mir unter vielen anderen besonders beachtenswert erschienen:

»Vor dem Thore der Stadt im Osten
Sieht man zahllose schöne Frauen,
Welche den Wolken gleichen;
Doch ob sie auch den Wolken gleichen,
Sie sind nicht der Gegenstand meiner Träume;
Viel teurer ist mir meine Gefährtin,
In ihrem einfachen, weissen Kleide.«

»Rings ausserhalb der Mauern der Stadt
Sieht man anmutige, schlanke Frauen,
Die den Blumen des Feldes gleichen.
Doch ob sie auch den Blumen des Feldes gleichen,
Sie können meine Liebe nicht erringen,
Denn das weisse Kleid und die rosige Haut
Meiner Frau sind mein einziges Glück.«

1. Es ist leicht, ein Vermögen zu erwerben, aber schwer, es zu erhalten.
2. Echtes Gold fürchtet das Feuer nicht.
3. Eine gute Biene setzt sich nicht auf eine verwelkte Blume.
4. Das Leben des Greises gleicht der Flamme einer Kerze im Luftzuge.
5. So hoch der Baum auch ist, seine Blätter fallen immer zur Erde.
6. Auch der vom Zufall gepflanzte Baum giebt oft Schatten.
7. Man muss selbst gelitten haben, um die Leiden anderer zu kennen.
8. Der Baum mit tiefgehender Wurzel fürchtet den Wind nicht.
9. Es ist eine Kleinigkeit, Soldaten auszuheben, aber es ist schwer, einen General zu finden. — — —

Japan und China scheinen mir zu den lehrreichsten Ländern der Erde zu zählen, und wenn die Männer unserer Hochschlulen sich von den alten Griechen und Römern nicht zu trennen vermögen, so empfehle ich doch meinen Berufsgefährten China als das Land, in dem nicht nur vorsichtiges und emsiges Arbeiten leicht zu Vermögen führen kann, sondern das daneben noch eine unendliche Fülle des Sehenswerten in sich birgt. Wir wollen doch nicht nur verdienen, sondern soviel wie möglich auch neben diesem Ziel unseres Gewerbes geistige Anregung suchen. Wem sich Gelegenheit bietet, Anstellung in China zu finden, der ergreife sie mit beiden Händen. Es findet sich unter diesen Heiden eine solche Menge unverfälschten Christentums, reiner Nächstenliebe, wie wir sie im christlichen Europa kaum noch treffen. —

Je länger ich gereist bin, je mehr ist in mir die Ueberzeugung zur Reife gelangt, dass die Menschen überall dieselben sind. Sie sind in einem Lande nicht besser und nicht schlechter als im anderen. Ihre Sitten sind verschieden, und diese lassen sich, nach meinem Dafürhalten, nicht vergleichen.

XIII. KAPITEL.

Manila.

An Bord der Diamante befanden sich ausser mir keine weiteren Fahrgäste als Mr. und Mrs. Weston, junge Nordamerikaner, die in Shanghai lebten und einen Ausflug nach Luzon planten. Mr. Weston mochte 35, seine Gemahlin ungefähr 20 Jahre zählen; weder er, noch sie zeichneten sich durch besondere Liebenswürdigkeit aus. Da wir indessen auf einander angewiesen waren, wurde bald eine gewisse Reisefreundschaft hergestellt; wir verabredeten, von Manila gemeinsam den Pasigfluss hinaufzufahren und die sehenswerte Umgebung der Laguna de Bay kennen zu lernen. Mrs. Weston war eine auffallend stattliche und sehr schöne, blonde Frau. Sie war auf das reichste, vornehmlich in Spitzen, gekleidet, liess es dagegen an weiblicher Sittsamkeit, ja an Anstand, in einer mir bisher noch nicht vorgekommenen Art, fehlen.

Während der Vormittagsstunden des 4. November liessen wir die Halbinsel Bataán zur Linken und ungefähr um Mittag bogen wir in die Bai von Manila ein. Den erloschenen Feuerberg Sierra de Mariveles hatten wir an der Backbordseite und die kleine Isla del Corregidor zur Rechten; vor uns öffnete sich ein Binnenmeer, zu meinem Erstaunen von solcher Weite, dass sich die Stadt Manila noch während der nächsten Stunde unterhalb des Gesichtskreises befand. Des Aufstandes halber war der Diamante nicht gestattet, in Manila anzulegen, wir mussten vielmehr auf der Reede der südlich gelegenen Kriegshafenstadt Cavite vor Anker gehen. Diese ist Festung, Zeughaus und Schiffswerft; sie liegt auf einer schmalen, weit in die Bai sich erstreckenden Landzunge. Erst am Morgen des 5., nachdem man sich gehörig über die Zwecke von Weston's und meiner Reise unterrichtet hatte, wurde uns gestattet, mit einem kleinen Frachtdampfer nach Manila zu fahren. In erster Linie machten uns die Zollbeamten Schwierigkeiten; man wollte sich überzeugen, ob wir nicht mehr als je 10 mexikanische Silberthaler bei uns hatten. Der Dollar hat gesetzlich auf den

Philippinen einen höheren Wert als in Hongkong, sodass sich dessen Einfuhr in grossen Mengen lohnen würde, aber selbstverständlich sind solche Geschäfte untersagt, wahrscheinlich, um von den zuständigen Beamten um so ausgiebiger betrieben zu werden. Zwischen der Bucht von Cavite und Manila lagen eine Anzahl Kriegsschiffe zum Schutz der Europäer und ihres Eigentums in der Stadt. Die deutsche Kreuzerkorvette »Arcona« von 2370 t wurde täglich erwartet; sie wird nach ihrer Ankunft einen unbedeutenden Eindruck gemacht haben neben den beiden schon an-

Manila. Negritos unter Aufsicht eines Tagalen.

wesenden englischen Panzerkreuzern »Variant« von 6710 t und »Australia« von 5600 t. Die Namen der beiden spanischen Panzerfregatten und des französischen Panzerschiffes, die neben und vor den Engländern lagen, sind mir nicht erinnerlich.

Uebrigens möchte ich gleich hier bemerken, dass es nicht meine Absicht sein kann, über den gegenwärtigen Aufstand auf den Inseln zu schreiben. Wenn diese Blätter der Oeffentlichkeit übergeben werden, ist die ganze Erhebung voraussichtlich noch längst nicht beendet; aber alles, was ich aufzeichnen könnte, wird durch andere Ereignisse überholt und veraltet sein. Ueberdies habe ich nicht mehr, vielleicht viel weniger vom Aufstand erfahren, als deutsche Zeitungen berichten können. —

Der Pasig zeigt schon dadurch ein ganz anderes Bild als die chinesischen Flüsse, dass die zahlreiche Bevölkerung auf ihm und an seinen Ufern aus einer anderen Menschenrasse, den Indern oder Tagalen, besteht. Diese sind ein aus Hinter-Indien eingewanderter, malaiischer Stamm, der die ursprüngliche Bevölkerung der Philippinen, die Negritos, bis in die Berge zurückgedrängt hat. Auch die Fahrzeuge der Tagalen fand ich abweichend von den chinesischen und japanischen Dshonken; die langen, aus einem Baumstamm gezimmerten »bancas«, sowie die umfangreichen Frachtkähne sind einzig in ihrer Art. Der Fluss war unterhalb der Stadt zu beiden Seiten dicht mit grossen und kleinen Segel- und Dampfschiffen besetzt, und die Aufgabe, durch das Gedränge der vielen kleinen Bancas in die Mitte des Stromes zu gelangen, mag für den

Manila. Der Pasig oberhalb der Stadt.

Steuermann unseres Dampfers keine Kleinigkeit gewesen sein. — Nachdem Westons und ich über mehrere grosse Schiffe geklettert waren, standen wir auf dem Festlande, am linksseitigen Ufer des Pasig, in der Stadt Manila.

Der Fluss scheidet das eigentliche Manila von der Schwesterstadt Binondo. Zwei stattliche Brücken, eine altertümliche, aus Steinen gebaute und eine neuere, grossartige Hängebrücke, verbinden beide Orte. Manila, mit Festungsmauern und Gräben, die zwar einen malerischen Anblick bieten, aber in Wirklichkeit nicht viel bedeuten, ist eine altspanische Stadt. Eine tiefe Stille herrscht in den engen, grasbewachsenen Strassen, zwischen den schwarzen Steinmassen von Palästen, von Klöstern, Kasernen und Kirchen. Nichts zeugt von frischem Treiben und Fortschritt, und der neuangelegte bunte, heitere Blumengarten auf dem Palastplatz vor der Hauptkirche nimmt sich aus wie ein Bild aus dem Leben unter ernsten, geschichtlichen Gemälden. Innerhalb der Mauern dieser Stadt dürfen nur Leute von rein castilischem Blute wohnen. Binondo, am rechten Pasigufer, ist deshalb die eigentliche Handels- und Geschäftsstadt. Hier wohnen Europäer, Chinesen, Malaien und ihre Mischlinge in Eintracht neben einander, und eine bunte Menge wogt vom Morgen bis zum Abend in den Strassen geschäftig auf und ab. Trotz der verschiedenen Rassen trägt Binondo unter allen Städten im Osten das ausgesprochenste europäische Gepräge. Man sieht es dem ganzen Leben und Treiben an, dass hier der Europäer sich mehr mit den Eingeborenen vermischt hat, als in anderen indischen Städten, von denen in späteren Kapiteln die Rede sein wird, und dass die Eingeborenen mit der Religion auch ein gutes Teil europäischer Sitten angenommen haben.

Auf drei Calesas fuhren wir über die Steinbrücke nach der Fonda Lala Ary. Die Calesa ist ein für die Tropen geeignetes Fuhrwerk; das Gefährt ist klein und schmal. Ein Verdeck fällt tief genug herab, um das Innere gegen die Sonnenstrahlen zu schützen. Wenn es niedergeschlagen ist, streckt der hintensitzende Kutscher den Kopf durch ein für diesen Zweck im Leder angebrachtes Loch. — Schon auf dem Wege musste uns der Unterschied zwischen spanischem und britischem Siedlungswesen auffallen. Während Hongkong gleich von vornherein den Eindruck vornehmen Reichtums macht, sieht man in Manila nicht viel mehr, als Unordnung und veraltete Gebäude. —

Nicht das spanische Schwert, sondern das spanische Kreuz hat die Philippinen an die Krone von Castilien gebracht. Augustinermönche haben das Land fast ohne Blutvergiessen erobert. Spanische Mönche haben es erhalten, und spanischen Pfaffen gehörte es auch noch bis vor wenigen Jahren. Die Eingeborenen sind nur spanisch-katholische Christen, nicht spanische Unterthanen geworden. Die Philippinen sind keine spanische Siedlung, noch weniger ein Teil des castilischen Königreichs. Sie waren bis vor kurzem die reichen Pfründen spanischer Klöster, der sichere Zufluchtsort spanischer Mönche. Es giebt einen Generalgouverneur der Philippinen nur so lange, als es den Dominikanern, Augustinern und Franziskanern beliebt, und bei dem gegenwärtigen Aufstande, durch den man bezweckt, das spanische Joch abzuschütteln, steht ohne Frage eine Mönchskutte an der Spitze der aufrührerischen Haufen. — Die katholische Kirche hat alle Ursache, auf eine Eroberung, wie die der Philippinen, stolz zu sein. Es giebt kein Land auf der Erde, in dem die Geistlichkeit unbeschränktere Macht über die Bevölkerung ausübt, und in dem diese der Kirche und deren Gebräuchen inniger anhängt, als auf dieser schönen Inselgruppe. Das Vermögen mehrerer Kirchen in Manila und in den einzelnen Landschaften soll sehr bedeutend sein. Die Gewänder der Heiligen, die bei den häufigen Aufzügen umhergetragen werden, starren von Gold, Juwelen und Perlen, und der Bischof von Iloilo trägt angeblich in seiner Bischofsmütze einen Diamanten, der dem Orlow in der Spitze des russischen Scepters an Wert nicht nachstehen soll.

Franziskaner und Dominikaner üben auf ihre Beichtkinder einen solchen Einfluss, dass die Beamten der Regierung ohnmächtig sind, sobald die Geistlichkeit ihnen entgegenarbeitet. Soviel muss indessen anerkannt werden, dass das Volk der Tagalen sich bei der Religion, die es angenommen hat, glücklich fühlt, dass diese seinen Bedürfnissen und seinen Neigungen angemessen erscheint.

Wollte man fragen, was die spanische Regierung für die Philippinen bis 1884 gethan hat, so glaube ich, würde man um die Antwort verlegen sein. Dann allerdings sandte sie den General Weyler, mit dem Auftrage, durchgreifende Verbesserungen einzuführen. Zu Anfang der achtziger Jahre führte nur eine Strasse auf Luzon von Manila aus durch die reichen, angebauten Gegenden im Norden. Was abseits lag von jenem Wege, war unbekannt, und so wenig erstreckte sich und erstreckt sich noch heute Kenntnis und Bildung, dass auf dem nächsten Gebirgsstock bei Manila, in der schon erwähnten Sierra de Marieveles, noch halbwegs unbekannte Nigrito-Stämme in Urwäldern hausen können.

Der General Weyler baute zwei Eisenbahnen, die im Jahre 1891 dem Verkehr übergeben wurden. Er schränkte die durch die Pfaffen begünstigten Hahnenkämpfe ein, die eine ausserordentlich grosse Rolle im Leben und Denken der Tagalen spielen. Es schien ihm Ernst mit der Ausführung der in Madrid geplanten Verbesserungen zu sein, und ein Teil des Erfolges — ist der gegenwärtige Aufstand. Die Philippinen sollen aufhören spanisch-katholisch zu sein; die im stillen herangewachsene, durch General Weyler geförderte, tagalische Geistlichkeit will sie tagalisch-katholisch machen, d. h. die reichen Pfründen sollen aus den Händen der spanischen Priester in die der tagalischen Pfaffen übergehen: das ist der eigentliche Kern der Erhebung. — —

Vor der Fonda liegt ein viereckiger, nicht grosser Platz, an dem einige armselige tagalische Buden stehen. Auf diesem Platze pflegte vom Morgen bis zum Abend die bewaffnete Macht zu verkehren. Der Gasthof selbst war jedenfalls ursprünglich nicht gebaut, um Reisende aufzunehmen, er schien vielmehr vor 100 bis 150 Jahren errichtet, um in einigen unverhältnismässig grossen Zimmern und vielen kleinen Zellen Mönche oder Nonnen zu beherbergen. In Ermangelung anderer Reisenden während der Zeiten der Erhebung, waren sowohl Westons, als ich glücklich genug, je eines der grossen Zimmer für unseren Aufenthalt angewiesen zu erhalten. Die spanischen Offiziere lebten alle in der Festung am anderen Ufer des Pasig. — Da in ganz Manila keine Glasfenster vorhanden sind, konnte unser Gasthof selbstverständlich keine Ausnahme von dieser Regel machen. Statt der Scheiben benutzt man bis zum Durchscheinen ge-

schliffene Muscheln, die groben Perlmutterschalen gleichen; sie sind
in Schiebefenstern, in zolldickes Holzgitterwerk eingelassen. Diese Muscheln
ertragen die von Zeit zu Zeit sich wiederholenden Erdstösse besser als unsere
Glasfenster, und haben ausserdem vor diesen den Vorzug, den Sonnenstrahlen den Eingang zu verwehren, eine in den Tropen nicht zu unter-
schätzende Eigenschaft. Im Hotel Lala Ary konnte man an diesen kleinen
Scheiben Forschungen über Jahrzehnte alten Schmutz anstellen, und daneben über einen kläglich fadenscheinigen, aber dennoch in die Augen
fallenden Glanz der ganzen Einrichtung des Hauses. Nie habe ich bis

Manila. Die Escolta.

dahin ähnlich verrottete, verlumpt-europäische Verhältnisse an einem Gasthofe beobachtet, wie an der Fonda Lala Ary in Manila! Teppiche oder
Matten sind in der ganzen Stadt unbekannt. Die breiten Dielen aus
festem dunklen Holz in meinem Zimmer fand ich so spiegelglatt, dass
ich sehr bald der Länge nach zur Erde fiel. Als ich mich wieder aufgerichtet hatte, sah mein weisser Flanellanzug aus, als ob ich soeben
einer Gosse entstiegen wäre. In dem Wasser, das man mir zum Waschen
bereit stellte, schwammen Dutzende kleiner Tierchen, und die Seifenschale war seit Jahren augenscheinlich nicht gereinigt. Kleider, um mich
umzuziehen, hatte ich nicht, mein Koffer befand sich noch im Zollhause;

Manila.
Vornehmes Tagalenmädchen.

also dürftig gewaschen, im beschmutzten Anzuge, ging ich gutes Mutes zum Tiffin.

Anders als ich, schien indessen Mrs. Weston zu denken. Als ich mein Zimmer verliess, musste ich über den Rundgang an der Stirnseite des Hauses an dem Wohnraume des jungen Paares vorübergehen. Da stand die schöne Frau im Hemd, das aus dem feinsten indischen Musselin und einer Fülle, wahrscheinlich echter, Spitzen hergestellt schien. In diesem Aufzuge ging sie auf mich zu, um zu schluchzen, dass es Steine erweichen musste. »I left a beautiful home, with all comfort on earth: I had anything I possibly might desire, and now I am here! The Spaniards are the most dirty people in the world! It is to become insane over it!!« — Da Mrs. Weston der Begriff der Schüchternheit ganz unbedingt fremd war, ich meinerseits hingegen das Gefühl hatte, dass ein hoher Grad von Erröten ihrem Aufzuge gegenüber durchaus am Platze sei, schämte ich mich an ihrer Stelle ganz fürchterlich. Ich erlaubte mir, zu fragen, wie lange sie verheiratet sei. »One month!« sagte sie in einem, allen Jammer der Welt ausdrückenden Tone.

Da meine Reise nach Manila nicht vorgesehen war, konnte ich niemanden um Rat und Beistand für meine harmlosen Forschungen bitten, obgleich sich derzeit wahrscheinlich mehr als ein Hamburger in der Hauptstadt befunden haben wird. Ich beabsichtigte also, auf mein gutes Glück hin die Apotheker aufzusuchen, in der Voraussetzung, unter ihnen doch zum wenigsten einen zu finden, der mit der Drogenabteilung unseres Hamburger Geschäftes in Verbindung stand. Leider erfuhr ich indessen bei allen, dass sie zwar regelmässig die Preislisten unseres Hauses empfingen, aber keinen Briefwechsel mit ihm unterhielten. Doch wurde ich in zwei der grösseren Boticas, die sich im Besitz von Deutschen befinden, gütig aufgenommen, sodass ich mir in beiden manche Belehrungen und Aufschlüsse verschaffen konnte.

Manila.
Reiches Mestizenmädchen.

In der Escolta, der Hauptstrasse von Binondo, befindet sich an einer der beiden Brücken, die von Manila herüber führen, ein Café, in dem ich mich gern nach längeren Wanderungen zum Ruhen niederliess, um die Vorübergehenden zu beobachten. Man trank hauptsächlich Limonade, hin und wieder aber auch deutsches Bier. Tagalen in weissem Hemd und Beinkleidern von derselben Farbe bedienten; la camisa wurde, wie überall bei den Indern, über den Hosen getragen.

Die Tagalinnen fand ich durchschnittlich gut gewachsen, mit üppigem schwarzen Haar und grossen dunklen Augen. Den oberen Teil des Körpers hüllen sie in einheimische, oft kostbare Stoffe von durchsichtiger Feinheit und tadelloser Weisse: »las camisas de las señoritas«; von der Hüfte abwärts fällt das weite Kleid, die »saya«, die bis unter das Knie durch ein dunkles Tuch, den »tapis«, so fest zusammengehalten wird, dass die reichen, bunten Falten der Saya daraus wie die Blätter einer Riesenknospe hervorbrechen. Durch diese Kleidung sind Frauen und Mädchen gezwungen, nur ganz kurze Schritte zu machen, ein Umstand, der ihnen in Verbindung mit den niedergeschlagenen Augen einen sittsamen Anstrich giebt. An den nackten Füssen tragen sie gestickte Pantoffeln, die »chinelas«, die so schmal sind, dass die kleine Zehe nicht Platz darin hat, vielmehr den Pantoffel von aussen festhalten muss.

Die Mestizinnen*) tragen ausserordentlich weite, breitgestreifte Röcke, an deren grelle Farben man sich zu gewöhnen hat, ehe sie gefallen können. —

Zwischen der Festung und dem Meere liegt die Calzada, ein prächtiger Platz, 1 km lang, 200 m breit, der den Bewohnern bei gutem Wetter zum abendlichen Spazierenfahren und -reiten dient; er hat in der That schwerlich in Ostasien seinesgleichen. — Ueberraschend ist die Zahl der herrschaftlichen Wagen von Spaniern und Mestizen. Reiche Kleidungen der nachlässig in den Kutschen ausgestreckten Besitzer, prachtvolles Geschirr, Diener mit Tressen und farbigen Aufschlägen an den Röcken bemerkt man bei den Rundfahrten, während derer die Militärkapellen im Freien spielen. Wenn die vornehme Welt, sei es in ihre Wagen gelehnt oder am Meeresufer auf und abwandelnd, bald den brandenden Flutwellen, bald der Musik lauscht, ist das Bild teilweise so blendend, dass es selbst in Europa vielleicht nicht zu übertreffen sein würde. — Als ich in einer der beiden genannten Apotheken meine Verwunderung über den auf der Calzada zur Schau getragenen Reichtum äusserte, zuckte der Besitzer die Achseln und meinte, äusserlich mögen die Leute reich erscheinen, aber in den vier Wänden fallen ihre Kinder nackt von den zerbrochenen Stühlen auf den schmutzbedeckten Fussboden. —

---

*) Mischlinge von Europäern oder Chinesen und Tagalinnen.

Bei dem nämlichen neuen Bekannten hatte ich Gelegenheit, mich über die Gewinnung des Ylang-Ylang-Oeles zu unterrichten. Obgleich der Betreffende in jedem Jahre wenigstens 100 kg herstellt, waren seine Vorrichtungen zur Gewinnung des kostbaren Stoffes nach meiner Ansicht doch recht dürftiger Art. Die Blüte, welche in Sternform aus sechs langen, unschönen, grünlichen Blättern gebildet ist, wächst an Bäumen von der Grösse und dem Kronenumfang unserer Linden; sie duftet erst, wenn man sie trocknen lässt oder sie in den Fingern reibt. Die Feinheit des Oeles wird dadurch bedingt, dass man die Blüten möglichst frisch gepflückt

Manila. Das Trocknen von Zucker.

in den Kolben zum Abziehen bringt. Der Ylang-Ylang-Baum wächst überall auf der Insel Luzon und ist in der Umgegend von Manila nicht seltener als unsere Kastanien in der Heimat. —

Neben der Escolta, in der viele europäische Luxusgegenstände zu erhalten sind, verdient die Calle Rosario Erwähnung, weil in ihr ausschliesslich Chinesen ihre kleinen Läden und vollgepfropften Buden aufgeschlagen haben.

In nördlicher Richtung von der Stadt liegt der Vorort San Miguel und in ihm die Calle General Solano. In diesem Stadtteile, und hauptsächlich in der genannten Strasse, wohnen die vornehmsten und reichsten Leute Manilas. Die hübsch angelegten Gärten sind aber nicht zu vergleichen mit denen, die ich in Honolulu in der Pali Road gesehen habe. Sehr vorteilhaft für meinen Aufenthalt in Luzon war der Umstand, dass ich gegen Ende der Regenzeit eintraf. Es hatte in den letzten Wochen viele Niederschläge gegeben; dadurch waren die Wärmegrade heruntergegangen und alles prangte in neuem Grün.

Einer der Apothekergehilfen wollte es sich nicht nehmen lassen, mich bei seiner »Frau« einzuführen. Sie wohnte in einer nett eingerichteten Hütte, die auf vier Pfählen 1 m oberhalb der Erde aufgerichtet war. Trotz ihrer 20 Jahre fand ich die Señora alt und hässlich. Sie war nicht imstande, mehr als ungefähr 30 Worte der spanischen Sprache zu verstehen und zu sprechen, während der Gemahl sich fliessend in der Sprache seiner besseren Hälfte, also tagalisch, unterhielt. Als Holsteiner von Geburt hatte er seiner Frau die Worte beigebracht »Wo geit di dat, min Jung?« und ich war nicht wenig überrascht, in dieser germanischen Art von einer Inderin begrüsst zu werden. Das 50 Wochen alte Töchterchen war ein auffallend niedliches Kind. Vor einem Jahr war der Pharmaceut auf sechs Monate nach Hause gereist. Beim Abschiede hatte die Gattin ihn versichert, dass sie, solange sie lebe, jeden Tag alle Heiligen anflehen würde, ihn mit keiner der ihr bekannten Höllenqualen nach seinem Tode zu verschonen, wenn er in Europa bleiben und eine andere heiraten sollte. —

Als ich an meinem ersten Abend in Manila in die Fonda zurückkehrte, war ich nicht wenig überrascht, in dem geräumigen Innenhof ein Pferd während einiger Sekunden kerzengerade aufgerichtet stehen zu sehen. Im Sattel sass in tadellosem Reitkleide — Mrs Weston. Die Art und Weise, wie sie mit dem einigermassen unbändigen Pferde umzugehen verstand, liess mir keinen Zweifel, dass diese Frau einst Kunstreiterin gewesen sei. —

Während der folgenden Nacht ging es in meinem Zimmer recht lebhaft zu. Ich hatte mir auf dem Markte Bananen, Ananas und einen Pomolo*) gekauft, um sie bis zum Morgen inmitten meines Zimmers auf einem grossen Tische zu verwahren. Die Ratten hausten indessen derartig zwischen diesen Früchten, dass bei Sonnenaufgang nichts mehr davon übrig war. Nicht nur polterten die Tiere mit ihrer Beute durch das Zimmer, auch von meiner Bettdecke musste ich sie mehrfach verjagen. Dass Ratten überhaupt Früchte fressen, hatte ich bis dahin nicht gewusst. —

In der Umgebung Manilas fehlt es nicht an schönen Punkten; sie zu besuchen gehört aber nicht zu den Gewohnheiten der »Oberen Vierhundert«, da Kleiderschau, nicht Naturgenuss Zweck des Spazierengehens und -fahrens zu sein scheint. Namentlich der Weg nach dem Vororte

---

*) Eine grosse Orange, die man auch Pampelmus nennt. Sie enthält in den Zellen eine Fülle erfrischenden Saftes, der sie in den heissen Himmelstrichen besonders begehrenswert erscheinen lässt.

Manila. Teil von Santa Ana.

Santa Ana ist lohnend, und es gewährte mir eigenen Genuss, auch einmal in später Stunde aus diesem Flecken nach der Stadt zurückzukehren. Der Himmel war bewölkt. In einiger Entfernung lag mir zur Linken die Bai, und man hörte das Rauschen ihrer Wogen. Häufiges Wetterleuchten erhellte das abendliche Dunkel. In den Wohnräumen der Tagalen sah ich überall Licht; aus den Hütten klangen hin und wieder die Töne von Guitarren. Die Strassen waren belebt, und im Dorfe Paco zeigten sich im seltsamen Scheine einer Fackel, Murillosche Kindergestalten um eine Fruchthändlerin geschart. Vornehmlich fesselte mich an jenem abend-

Teil von Paco, zwischen Manila und Santa Ana.

lichen Ausfluge das Glühen von Tausenden kleiner Leuchtkäfer in mächtigen Baumkronen. Die Insekten scheinen bestimmte Pflanzen zu lieben, und hatten sich wahrscheinlich aus dem Grunde in grosser Anzahl nur auf einzelnen Bäumen niedergelassen. — Santa Ana war der äusserste Punkt, bis zu dem man sich derzeit nach 6 Uhr abends von Manila entfernen durfte. —

Der botanische Garten befand sich in verwildertem Zustande und machte den Eindruck, als ob er auch in Zeiten des Friedens sich niemals einer besonderen Pflege zu erfreuen gehabt hätte. Wie anders zeigte sich die gleichen Zwecken dienende Anlage in Hongkong! —

An jedem Abend fiel mir die schöne Sitte auf, dass mit Sonnenuntergang, beim Läuten des Angelus, alles Leben, alle Bewegung für einige Augenblicke ruht. Die Kutscher halten die Pferde an, alle Menschen im Felde und auf der Strasse stehen stille, Männer entblössen ihr Haupt und alles wendet den Blick dem scheidenden Gestirn des Tages zu; jedermann scheint zu beten. Man mag denken wie man will: diese sinnige Sitte hat etwas Ergreifendes. —

Von Tag zu Tag schwand die Möglichkeit, einen Ausflug nach der Laguna unternehmen zu können, mehr und mehr. Niemand hatte die Erlaubnis, den Pasig weiter als bis an die Mündung seines Nebenflusses, des Rio de San Mateo, zu befahren, und von dort bis an die Laguna war der Fluss noch 5 km lang. Mrs. Weston hatte den U. S. Konsul bestürmt, uns die Erlaubnis zu verschaffen — umsonst. Drei Wochen früher hatte man vier Männer, welche in einer Banca die San Mateo-Mündung überschritten, ohne weiteres auf dem Flusse erschossen. Während unserer Anwesenheit in der Stadt wurden zwei angebliche Ausflügler, die in Manila photographische Aufnahmen gemacht hatten, ebenfalls standrechtlich hingerichtet, und an einem Morgen um 7 Uhr hörte ich Gewehrfeuer, das keinem anderen Zweck diente, als dreizehn Aufständische an der Playa, zwischen dem Meer, der Calzada und der Festung, zu erschiessen. Also soviel war sicher, Spass verstand der General-Statthalter Sñr. Blanco nicht. Somit entschlossen wir uns bald, wohl oder übel unsere Pläne aufzugeben, und meine Bancafahrten auf dem Strome wollte ich lieber allein, als in der Gesellschaft des mir wenig zusagenden Westonschen Ehepaares unternehmen.

Bei diesen Ausflügen sassen hinten im Fahrzeuge zwei, vorn drei »banqueros«, d. h. rudernde Tagalen. Diese kurzen Abstecher liessen mich doppelt schmerzlich empfinden, dass ich vom Innern der Insel nichts sehen sollte.

Der Pasig bildet einen etwa 25 km langen, nicht mehr als 60 m breiten Wasserweg zwischen der Laguna und der Bai von Manila. In unmittelbarer Nähe der Stadt liegen am Ufer Eisengiessereien, Cigarren-, Zucker- und Tauwerkfabriken. Weiterhin befinden sich Landhäuser reicher Europäer und Mestizen, sowie der Palast des Gobernador-General.

Die Ufer bis an den Rio de San Mateo sind niedrig und vielfach mit Reis oder Zuckerrohr bepflanzt; überall, wo Gestein zu Tage tritt, zeigt es sich in Form von aschgrauen Tuffbänken, die den Baustoff für beide Städte liefern.

Aber auch niedliche Bretterhäuser und Bambushütten, von üppiger Laub- und Blütenfülle umgeben, gruppieren sich malerisch mit Arekapalmen, Bananen, und hohem gefiederten Bambus am Ufer. Die Ranken, kleine Lauben sowie die Gehänge der Schlingpflanzen waren durch bunte

Blumen geschmückt. Hier leuchtete ein Strauss wie eine kleine Feuergarbe, und dort wieder stand eine dunkle Wand mit Hunderten von hellen, sternförmigen Passionsblumen durchwirkt; wo solche Blüten prangten, fehlte es nicht an Gästen, an dem bunten Volke der Falter und an fröhlichen Sängern des Waldes, deren liebster Tummelplatz der von Lianen durchflochtene Waldrand am Wasser zu sein scheint. Zuweilen reichen die Zäune, welche das Land neben den Hütten begrenzen, in den Fluss und schliessen grosse oder kleine Ecken zur Entenzucht oder zum Baden ab. Der Saum des Wassers ist von Kähnen, Senknetzen und anderen Fischereiwerkzeugen eingenommen. Kleine Nachen schiessen von einem Ufer zum anderen, zwischen Gruppen von Badenden hindurch.

Ein hübscher Anblick war es, wenn Männer, Frauen und Kinder im Schatten von Palmen sich im Wasser tummelten und scherzten, wenn andere ihre Gefässe füllten, Krüge, die auf dem Kopf getragen wurden, oder wenn die Knaben auf dem breiten Rücken der Kerabaus*) aufrecht stehend, diese ins Wasser ritten. Der »carabao«, das Lieblingshaustier des Tagalen, das er vorzugsweise zum Feldbau zu benutzen pflegt, liebt es, sich im Schlamm zu wälzen und ist nicht tauglich zur Arbeit, wenn er sich nicht häufig baden kann. Hin und wieder stieg ich ans Land und liess mir von den Indern Kokosnuss- oder Kerabaumilch geben; die letztere schmeckt ausgezeichnet und scheint einen reichen Fettgehalt zu besitzen. Als ein Malaie mich das klare, süssliche Wasser von sechs jungen Kokosnüssen hinter einander trinken sah, meinte er: »Arao-arao mannhao rao!« Die »banqueros« übersetzten diese Worte in: »Todo el dia tiene mucho sed!«**) —

Der eben und bisher mehrfach erwähnte Bambus scheint mir wichtig genug, um hier eine auf ihn Bezug habende Stelle aus den Reiseschilderungen von F. Jagor wiederzugeben. Der Verfasser schreibt:

»Die Natur hat den Bambus, diese herrliche Pflanze, die vielleicht alle anderen auch an Schönheit übertrifft, mit so vielen nützlichen Eigenschaften ausgestattet, und liefert sie dem Menschen so fertig zum unmittelbaren Gebrauch in die Hand, dass meist einige kecke Schnitte genügen, um die mannigfaltigsten Geräte daraus herzustellen. Der Bambus hat eine, im Verhältnis zu seiner Leichtigkeit, ausserordentlich grosse Festigkeit, bedingt durch die Röhrenform und die in angemessenen Abständen vorhandenen Zwischenwände. Wegen des Parallelismus und der Zähigkeit seiner Fasern ist er leicht spaltbar; gespalten aber von ausgezeichneter Biegsamkeit und Elastizität. Dem Reichtum an Kieselerde verdankt er grosse Dauerbarkeit und eine harte, glatte, stets reine Oberfläche, deren Glanz und schöne Farbe im Gebrauch zunehmen. Von besonderer Wichtigkeit endlich für Völker mit geringen Verkehrsmitteln ist der Umstand, dass der Bambus in Fülle auf sehr verschiedenen Standorten, in allen möglichen Dimensionen von wenigen Millimetern bis zu zehn, fünfzehn Centimetern und mehr, ausnahmsweise sogar von doppeltem Durchmesser, angetroffen wird, und überdies

---

*) Eine Büffelart mit sehr langen und weit auseinanderstehenden Hörnern, die auf den Philippinen und den Sundainseln heimisch ist.
**) Den ganzen Tag hat er solchen Durst.

wegen seiner unübertrefflichen Flössbarkeit selbst in jenen strassenarmen, aber wasserreichen Ländern mit grösster Leichtigkeit fortgeschafft werden kann.

Ein Schlag mit dem Waldmesser reicht gewöhnlich aus, um ein starkes Rohr zu fällen. entfernt man die dünnen Zwischenwände, so hat man Röhren, deren Enden ineinander geschoben werden können. Durch einmaliges Spalten erhält man Rinnen, Tröge, Dachziegel; durch mehrmaliges Spalten Latten, die wiederum bis in die feinsten Streifen und Fäden, zur Anfertigung von Rahmen, Gestellen, Körben, Stricken, Matten und feinen Geflechten zerlegt werden können. Zwei Schnitte in die Seite geben ein rundes Loch, in welches ein Halm von entsprechendem Durchmesser fest eingepasst werden kann. Macht man solchem Ausschnitt gegenüber einen zweiten, so kann ein Halm durchgesteckt werden, auf diese Weise werden Thüren wagerecht oder senkrecht verschiebbar, oder um eine senkrechte oder wagerechte Axe mit oder ohne Reibung drehbar, hergestellt.« — —

Auch eine Nachtfahrt auf dem Pasig wagte ich zu unternehmen, hielt es indessen für richtig mich nicht weit von Manila zu entfernen. Ich fuhr an einem hellen Abend am nördlichen Ufer des Flusses entlang und liess die Ruderer unter Baumgruppen und Schlingpflanzen, die von blendendem Mondlicht übergossen waren, Halt machen. Wie in einer Feenwelt hingen die Lianen, die ein leiser Abendwind hin und her bewegte, über der Banca; es war eine zauberische Nacht. In den Dörfern blieb alles wach, und im Freien wurde, trotz Aufstand und eiserner Gesetze, gesungen und gespielt. Die Tagalen geniessen mit kindlichem Sinne die hellen Nächte und ziehen es, wie die Indianer in Honduras, vor, während der heissen Mittagsstunden dem Schlafe seine Rechte einzuräumen. —

Einem günstigen Zufall hatte ich es zu verdanken, am Sonntag, den 8. November, auf einen Mestizenball zu geraten, auf dem ich mich mit einiger Dreistigkeit selbst einführte. Die Caballeros trugen weisse Hosen und die übliche, über diese fallende, Camisa; die Señoritas waren in europäische Gewänder gekleidet, bei deren Zusammenstellung sich wieder der lebhafte Farbensinn der südlichen Völker zeigte. Sie machten einen um so angenehmeren Eindruck, als die Mestizen in ihrer Tracht, wie auch in der Pflege ihres Körpers musterhaft reinlich sind. Man tanzte Walzer, Polka und recht häufig die Française, in welcher alle Einzelheiten besonders genau und pünktlich ausgeführt wurden; zumal in diesem Tanze war das Nachschleifen der Pantöffelchen auffallend bemerkbar. — Dass ich mich einer gewissen Beliebtheit unter den Tanzenden zu erfreuen hatte, kann ich nicht behaupten. Herren und Damen schienen mich mit Misstrauen zu beobachten. —

Wenn auch öffentliche Hahnenkämpfe, wie ich sie früher zu beschreiben versuchte, nur noch vereinzelt stattfinden, so ist die Freude an den »correrias de gallo« unter den Tagalen doch immer noch ausserordentlich gross. Jeder dritte Inder in den Strassen schleppt seinen »gallo« unterm Arm und halb geheime »correrias« kann man täglich sehen. —

Leider hatte ich während des Besuches der Messe in der Iglesia de Binondo, nahe der Fonda, das Unglück, ausgewiesen zu werden. Als ich von meinem Zimmer aus bemerkte, dass Tagalen die Kirche in der einfachsten Kleidung besuchten, gestattete ich mir, in Nachthose und Pantoffeln das Gotteshaus zu betreten, indessen wurde mir in gutem Spanisch begreiflich gemacht, dass derartige Freiheiten zwar Eingeborenen, aber nicht Europäern gestattet seien. — Uebrigens machte es einen ergreifenden Eindruck, die Inder und Mestizen in der Kirche tief andächtig auf ihren Knien zu sehen. —

Einer der erwähnten deutschen Apotheker war gütig genug, mich aufzufordern, ihn in seiner Wohnung an der Bai, im Vorort Malate,

Manila. Vorbereitung zu Hahnenkämpfen in den Strassen.

zu besuchen. Während wir in einer Art Laube nahe dem Strande sassen, machte der freundliche Herr mich auf seinen Nachbar und dessen Familie aufmerksam. Ein Tagale hatte 4 Pfähle in die Erde gerammt, auf diesen ein einfaches Strohdach befestigt, und fertig war sein Haus. Mit Frau und Kindern lag er vom Morgen bis zum Abend nichtsthuend und scherzend im Sande. Brauchte er Nahrung, so lieh er sich ein Boot, fuhr auf die Bai, fischte und brachte regelmässig soviel Beute mit nach Hause, dass er diese gegen Reis eintauschen konnte, der für eine Woche oder mehr, zur Befriedigung der Bedürfnisse der Familie, reichte. Kam der Steuereinnehmer, um Abgaben zu erheben, war selbstverständlich kein Geld vorhanden, und der Tagale hatte infolgedessen einige Tage in Haft zuzubringen. Solche Zeiten waren für ihn ein Fest, denn erstens brachten sie Abwechslung in sein einförmiges Leben, und zweitens erhielt er während dieser Zeit bessere Nahrung, als sie ihm bei den Seinen vorgesetzt werden konnte. — —

Am Dienstag, den 10. November, sollte der Messageriedampfer »Saigon«, die gleichnamige Stadt und Bangkok anlaufend, nach Singapur in See gehen. Günstigere Gelegenheit, mein vorläufiges Reiseziel an der südlichen Spitze der malaiischen Halbinsel zu erreichen, konnte ich so leicht nicht finden. Die Reise war nicht teuer, weil die Saigon, ein älteres Schiff, kaum für Fahrgäste eingerichtet war. Jedenfalls hoffte ich durch Cochinchina und Siam reichlich für die Laguna entschädigt zu werden. Westons wollten mit der Diamante nach Shanghai zurückfahren.

Mein Wunsch, Manila zu verlassen, begegnete fast noch grösseren Schwierigkeiten, als die fünf Tage früher erfolgte Landung, und würde ohne meinen Pass kaum möglich gewesen sein. Die Saigon lag ebenfalls auf der Reede von Cavite. —

XIV. KAPITEL.

Saigon und Bangkok.

Die Reise nach Saigon liess viel zu wünschen übrig; wir hatten schlechtes Wetter und nur die vortreffliche französische Küche und der liebenswürdige, feingebildete junge Schiffsarzt machten sie erträglich. Mit einer Momenthandcamera wusste er nicht ungeschickt umzugehen; in meinem ganzen übrigen Leben bin ich kaum so häufig photographiert worden, wie während der wenigen guten Stunden an Bord unseres Dampfers.

Nach einer Fahrt von drei Tagen kamen wir an der Mündung des Saigonflusses an. Bis an ihr linkes Ufer erstreckt sich von Nordosten aus eine Kette unbedeutender Berge, die nach Aussage unseres Doktors unter französischen Jägern durch ihren Reichtum an Tigern berühmt sind. Fünfzehn Kilometer hatten wir auf dem Saigonflusse durch angeschwemmtes Deltaland in langsamer Fahrt zurückzulegen. Während der ersten beiden Stunden war rechts und links nichts anderes wahrnehmbar, als Busch- und Schilfdickicht, das aus einer hässlichen, kleinen, strauchartigen Palme, allen möglichen niedrigen, tropischen, unschönen Bäumen und Schlingpflanzen gebildet wird. Das Ganze ist ein undurchdringliches Gebüsch, in dem zweifellos Schlangen aller Art, Kaimane und Nashörner zahlreich vertreten sind. Indessen gelang es mir nicht, mehr von diesen Bestien als einen ungefähr 5 m langen Alligator zu sehen, der auf einer Sandbank lag und sich sonnte. Nachdem wir Zweidrittel des Weges von der Mündung bis zur Stadt zurückgelegt hatten, änderte sich die Landschaft; wir fuhren durch angebaute Gegenden, und an beiden Seiten des Flusses zeigten sich Reisfelder von ungeheurer Ausdehnung sowie einzelne Häuser und Dörfer. Grosse und kleine Dshonken mit ihren aus Stroh geflochtenen Segeln kreuzten auf dem Strome und in den Feldern machten sich starke Völker von Pelikanen zu schaffen. Endlich wurde die Hauptkirche der Stadt, bald zur rechten, bald zur linken Seite, in der Ferne sichtbar, und nachmittags gegen 4 Uhr landeten wir im Hafen. Unser Schiff war alsbald umschwärmt von kleinen Booten der Annamiten. Diese scheinen eine Kreuzung von Chinesen und Malaien zu sein; auch gleichen sie den letzteren darin, dass sie das Betelkauen leidenschaftlich betreiben. Die Betelnuss ist die Frucht der Katechupalme, kleine Stücke werden mit Kalk und Gewürz vermengt, in Blätter des Sirihpfeffers gewickelt und gewohnheitsmässig von allen Völkern malaiischer Abstammung als Genussmittel gekaut. Die Blätter der rankenden Sirihpflanze haben einen scharfen, aber süsslichen Geschmack und einen angenehmen Geruch. Durch — diesen

Saigon und Singapur. Tika-ghari.

Gebrauch wird nicht nur der Speichel, sondern werden auch die Zähne rotbraun gefärbt, sodass der ganze Mund dauernd ein unsauberes Aussehen erhält. Die Malaien besitzen im Betelkauen ein Mittel gegen die Langeweile, gegen die Müdigkeit und wahrscheinlich gegen das, bei den Witterungsverhältnissen des Landes sehr häufig auftretende, Sumpffieber. —

Ich stieg ans Land und fuhr in einem jener auffälligen hinterindischen Mietswagen, die ich später in Singapur als »tika-ghari«*) wiedersehen sollte, durch die Stadt. Es war mir nicht möglich, mich anders mit meinem Kutscher zu verständigen, als hin und wieder anhalten zu lassen und

---

*) Hindustanisch: Mietswagen.

einen der Polizisten zu beauftragen, dem Annamiten meine Wünsche darzulegen; der Rosselenker verstand nicht ein Wort der französischen Sprache. Die Strassen sind recht gefällig angelegt. Zu beiden Seiten der prächtigen, glatt gewalzten Fahrwege stehen schöne Bäume; manche Häuser liegen innerhalb hübscher Gärten. Das ganze Pflanzenleben Saigons zeigt naturgemäss ein mehr tropisches Gepräge als das in Manila. Riesenhafte Gummibäume, Cacao und manche andere Pflanzen, die ich auf Luzon nicht bemerkt hatte, sind in Saigon prachtvoll entwickelt, und wie auf den Philippinen, prangte alles zur Zeit meiner Anwesenheit in Cochinchina, also am Ende der Regenzeit, in frischem Grün.

Saigon. Rue des Saints Pères.

Der Kutscher fuhr mich nach den botanischen Gärten. Sie sind nicht gross, aber um so geschmackvoller sind die gut gepflegten Bäume und Pflanzen zu Gruppen vereint. Besonders gefiel mir ein Teich, in dem sich ein ihn umsäumender Kranz von Edelpalmen spiegelt. Ein aussergewöhnlich schöner, erst kurz zuvor eingefangener und besonders unbändig erscheinender Tiger lag wohlverwahrt in seinem Käfig unter dem Schatten eines Gummibaumes. Am Kerker des riesigen Tieres war mit Bleifederstrichen ein »calembourg« recht überflüssig angebracht. Man hatte an die Wand gekritzelt:

Cet animal est très-méchant,
Quand on l'attaque il se défend!!

An den Zweigen eines Bananenbaumes hingen 100 Körbe mit ebenso vielen, von einander verschiedenen, durch Namen ausgezeichneten lebenden Luftorchideen; leider blühten davon nur vier oder fünf. An einem Pompelmusbaum schienen die Früchte, mit einem Durchmesser von 15 cm, der Reife entgegen zu gehen; ich empfand ein Gefühl der Achtung und Teilnahme, als ich hier zum erstenmal sah, wie der verhältnismässig kleine Baum sich in einer wahrhaft aufopfernden Weise mit der Erzeugung der zahlreichen, schweren Früchte abmühte. In hübschen Behältern waren einheimische, bunte Vögel zur Schau gestellt. Der Geschmack, die Sorgfalt, mit der man das Ganze angelegt und durchgeführt hatte, war bewundernswert, derartig, dass meine gewiss nicht unverwöhnten Augen sich kaum satt sehen konnten. Endlich brach ich auf nach dem Palaste des Statthalters, den die Oeffentlichen Gärten umgeben; beide sind sehenswert. -- Ich schloss meine Fahrt mit einer Besichtigung der sehr zweckdienlich eingerichteten Kasernen, sowie der Wasserwerke und war gegen $6^{1}/_{2}$ Uhr zum Mittagsmahl auf die Saigon zurückgekehrt. Der

Saigon. Teil der Oeffentlichen Gärten.

Vorsicht halber ging ich am Abend indessen wieder an Land, weil auf dem Flusse Milliarden von Mosquitos schwärmten, sodass an ein Schlafen kaum zu denken gewesen sein würde. In einem der zahlreichen Cafés in der Stadt fand ich dagegen recht gutes Unterkommen und ein Mosquitonetz ohne Löcher. Das Leben in den Strassen am Abend war selbstverständlich durchaus nach französischem Zuschnitt. Neben der wohlklingenden amtlichen Sprache hörte ich natürlich auch annamitisch und chinesisch reden. —

Auf den Rat meines Wirtes unternahm ich am nächsten Tag eine Eisenbahnfahrt nach Mytho. Fort ging es in den prachtvollen, sonnenhellen Tropenmorgen; die vorhergehende Nacht hatte es gegossen. In meinem Wagen sassen einige aus Montpellier und Cette geburtige Herren,

Saigon. Palast des Gouverneurs.

Saigon. Empfangs-Saal im Palast.

mit denen ich mich unschwer befreunden konnte, und die mir während der 71 km langen Strecke, die wir in 3 Stunden zurücklegten, vielerlei von Land und Leuten erklärten. Die Ebene zu beiden Seiten der Bahn war durch Flussanschwemmung gebildet, und stand zum grossen Teil unter Wasser; sie lieferte somit die schönste Gelegenheit zum Reisbau; entsprechende Felder dehnten sich bis an den Gesichtskreis in ununterbrochener, glatter Fläche aus. Die ungefähr 70 cm hohen Pflanzen mochten vor einem Monat ausgesetzt sein; ihr gleichmässiges Grün bot ein einförmiges Bild, das nur durch zahllose weisse und farbige Kraniche, die in den Feldern standen und in Schwärmen über sie hinzogen, einige Abwechslung erhielt. Meine französischen Reisegefährten machten mich ferner aufmerksam auf andere, weniger in die Augen fallende Vögel, unter denen eine Art Schnepfe mit gebändertem, lichtbraunem Gefieder mir am zahlreichsten vertreten zu sein schien; aber auch strahlend blaue und papageigrüne Vögel konnte ich unterscheiden.

Saigon. Annamitin.

Unter den Fahrgästen der II. Klasse befand sich ein Chinese mit seiner sehr niedlichen annamitischen Gemahlin. Sie sass mit heraufgezogenen nackten Füssen in ihren langen schwarzseidenen Beinkleidern recht eigentümlich da; die Schuhe standen unter der Bank. Goldene Reifen schmückten Hände und Füsse; vergoldete Perlen zierten den Hals. Diese junge Eingeborne und andere sah ich die Brüste in feuchte Tücher packen, weil man sich dadurch, wie mir gesagt wurde, eine straffe Büste zu erhalten vermeint. Ich habe diese Art der Eitelkeit bei keiner anderen Völkerschaft wahrnehmen können.

Auch in Cochinchina scheinen die Franzosen die Jagd zu lieben, wenigstens bemerkte ich in den Feldern vielfach Herren mit Doppelflinten und Hunden — aber ohne Jagdbeute. — Recht anziehend waren die annamitischen Dörfer, an denen der Zug hin und wieder vorüberfuhr, und neben denen vielfach Haltestellen errichtet waren. Die Hütten dieser Dörfer gleichen denen der Tagalen insofern nicht, als sie nicht wie diese auf Bambusstelzen stehen, sondern unmittelbar auf die Erde gebaut sind. Es scheint zur Behaglichkeit des Annamiten zu gehören, dass nicht nur Schweine, Enten und Hühner, sondern zu Zeiten auch Wasserfluten in seiner Hütte ein- und auslaufen. — Während die unendlichen Reisfelder durch keinen Baum und keinen Stein unterbrochen werden, sind die Dörfer, und in ihnen jedes Haus, von Anpflanzungen aller Art umgeben.

Man sieht Bananen, Kokos- und Arekapalmen, sowie Pompelmusbäume, daneben Pfeffer, der sich an den Palmen hinaufwindet. Das Arbeitstier im unteren Cochinchina und wahrscheinlich auch im Norden ist mein alter Bekannter aus Manila, der Kerabau. Zu Hunderten sah ich die Tiere teils bei der Arbeit, teils, von nackten Knaben geritten, das wenige Gras zwischen den einzelnen Feldern abweiden. Der auf ihm sitzende Junge hat Acht zu geben, dass der Büffel nicht in die Reisfelder gerate.

Neben dem Schienenwege läuft von Saigon bis Mytho eine vortrefflich gehaltene, gewalzte Fahrstrasse. Diese und die Bahn schienen mir zum wenigsten in einer Beziehung den Beweis zu liefern, dass die Franzosen

Mytho. Kokoswaldung.

im Siedelungswesen nicht ganz ungeschickt sind. Immerhin ist es auffallend, wie wenige Franzosen bis jetzt als grosse Kaufleute in Ostasien zu treffen sind. Engländer, Deutsche, Nord-Amerikaner und Schweizer sind es, die an der Spitze aller hervorragenden Verkehrshäuser stehen, und selbst in Saigon ist der Handel vornehmlich in Händen der Chinesen. —

Bei der Ortschaft Benluë überschreitet die Bahn einen der zahlreichen Flussarme des Me-kong auf einer 388 m langen Brücke, die vor 20 Jahren mit einem Kostenaufwande von drei Millionen Francs hergestellt worden ist.

Mytho war ein grosses annamitisches Dorf, das durch das Errichten eines Regierungsgebäudes, die Erbauung einer Kirche, das Anlegen ausgedehnter, wundervoller Kokosbaumgänge, durch Handel in Kokosnüssen und Kokosöl, von den Franzosen zur Stadt gemacht wurde. Die jungen Messieurs du Midi, mit denen ich reiste, behaupteten, höhere und schönere Kokospalmen als in Mytho gebe es auf der ganzen Welt nicht. Ich kann dem nur hinzufügen, dass ich weder früher, noch später herrlichere Bäume dieser Gattung gesehen habe. In den erwähnten Baumgängen sind sie sichtlich mit Sorgfalt gepflegt. — Erst fünf Stunden nach meiner Ankunft fuhr der Zug zurück. Ich benutzte 240 überflüssige Minuten, um im Café du Chemin de Fer, einer erbärmlichen, von einem Chinesen unterhaltenen Höhle, zu frühstücken. Nachmittags 6 Uhr war ich, ziemlich unbefriedigt von den Ergebnissen des Ausfluges, in Saigon zurück; von 12 Uhr ab hatte es wie aus geöffneten Schleusen geregnet. Vom Bahnhof fuhr ich an den Landungsplatz der Messagerie, und am nächsten Morgen 5 Uhr verliessen wir den Liegeplatz. —

Die Veranlassung zur Besitzergreifung des heutigen französischen Cochinchina gab der Krieg gegen das Kaiserreich Annam, zu dem jenes Land früher bekanntlich gehörte. Die Feindseligkeiten entstanden infolge schlechter, teilweise auch grausamer Behandlung, welche französisch-katholische Missionare von der annamitischen Regierung erfuhren. Diese hatte allen Europäern gegenüber strenge Absperrungsmassregeln angenommen, und vornehmlich allen christlichen Sendboten den Eingang in das Reich untersagt. Damit übte sie nur ein Recht aus, das man wohl keinem Staate absprechen kann. Die katholischen Bekehrer übertraten aber die Landesgesetze, indem sie sich nicht nur einschlichen, sondern sich in politische Aufstände mischten, und hatten, sobald man sie entdeckte, die harten Strafen zu erdulden, mit welchen man ihnen drohte, und die sie sehr wohl kannten. Unzweifelhaft müsste jeder redlich und unbefangen Denkende im europäisch-annamitischen Streite für die in ihrem Rechte bedrängten Asiaten Partei nehmen, und die Handlungsweise Napoleons III. verurteilen, wenn nicht zur Genüge bekannt wäre, dass lediglich auf diesem Wege die europäische Gesittung sich ein Gebiet nach dem andern zu erschliessen gewusst hat. Wir Europäer sind gewohnt die Verbreitung unseres Wissens, unserer Denkweise, unserer Anschauungen und Einrichtungen als eine segensreiche, fremde Völker beglückende That zu preisen — mit welchem Recht muss einigermassen fraglich erscheinen. Eine grosse Zahl von Völkern ist an den ihnen aufgenötigten Segnungen unserer Bildung körperlich und geistig zu Grunde gegangen. Wer sich selbständige Rechtlichkeit zu bewahren wusste, wird in der Ausbreitung der europäischen Gesittung in den meisten Fällen thatsächlichen Gewinn nur für uns zu erkennen vermögen. Auf Beispiele vom Gegenteil komme ich indessen in den Kapiteln über Java und Indien zurück.

Siam. Königliches Lusthaus im Menam.

Bekanntlich sind es in der Regel die Missionare, denen Unduldsamkeit und Starrsinn die Kraft verleihen, den mannigfachen Gefahren Trotz zu bieten, die das erste Eindringen in fremde Gebiete mit sich bringen mag. Sie sind die Vorläufer jener Handelsleute, welche unter geschäftlichen Vorwänden die ahnungslosen Kinder einer niedrigen Bildung mit Netzen umschlingen, deren Maschen sie im Laufe der Zeit immer fester zu einem unzerreissbaren Gewebe zusammenziehen. Darum findet das Missionswesen nicht nur die Billigung der Gläubigen, sondern auch die Unterstützung der Regierungen; gern lassen diese ihren Schutz den kühnen Gottesstreitern zu teil werden, die im fremden Lande vollbringen, was zu Hause als ein frevelhafter Eingriff in die Rechte des Staates oder als strafwürdiges Verbrechen geahndet würde.

Um vor Jahren ihre Missionare für wohlverdiente Strafen, die sie bei Kaiser Theodoro und König Koffi erdulden mussten, zu rächen, schlugen die Briten das abessinische Reich in Trümmer, begruben den Aethiopienkaiser unter den Ruinen von Magdala und zündeten dem Aschantifürsten, mit der Bibel unterm Arm, seine Hauptstadt Kumassie über dem Kopf an. Diese beiden Beispiele kennzeichnen das englische Missionswesen vielleicht am besten. Aehnliche Fälle bietet unser Jahrhundert jedoch viele. —

Im Meerbusen von Siam machte der Schiffsführer mir die Mitteilung, dass unser Dampfer von Bangkok nicht nach Singapur, sondern nach Saigon fahren würde, und dass es in meinem Belieben stände, von Siam mit anderer Gelegenheit nach dem Süden zu reisen oder mit ihm nach Cochinchina zurückzukehren und auf einem der grossen Messageriedampfer, die bei Gelegenheit der Heimreise von Hongkong Saigon anlaufen, weiterzureisen. Ich behielt mir die Entscheidung bis nach der Ankunft in Bangkok vor. --

Am Abend des 17. November kamen wir auf dem Flusse Menam an und warfen Anker, als das Dunkelwerden uns an der Fortsetzung unserer Fahrt hinderte. Der Dshangal an den Ufern dieses Stromes wird von allen erdenklichen Palmen und anderen tropischen Baumarten gebildet und sieht stellenweise malerisch aus. Nähert man sich dem Delta und blickt eine der unzähligen schmalen Wasserstrassen hinauf, so gewahrt man eine überaus üppige Pflanzenwelt; man bemerkt die herrlichsten Gruppen von Palmen, Schlinggewächsen, Brotbäumen und riesenblättrigen Bananen. An beiden Ufern stehen Hütten, die jedoch mehr im Wasser als am Lande und in dessen urwaldartigem Dshangal gebaut sind. Die Mehrzahl dieser Hütten schwimmt auf dem Strome; sie sind mit Stricken an Pfählen befestigt, derart, dass sie bei Ebbe und Flut sinken und steigen.

Sehr hübsch, gleichsam zum Empfange der Ankommenden, steht 1 km oberhalb der Mündung des Flusses in seiner Mitte ein schneeweisses, mit Gold verziertes Lusthaus des Königs. Am Morgen des 18. erreichten wir Bangkok.

Bangkok. Der Menam. Landungsplatz an den Königlichen Schlössern.
Königliche Lustjacht. Wat Tshang.

Der Blick auf die Stadt vom Flusse aus, sowie das sich jederzeit darbietende Schauspiel auf dem Menam selbst sind ansprechend. Mitten aus dem breiten, tiefen Strome ragen die Masten und Schornsteine, meistens englischer Dampfer empor. Am Ufer entlang liegen in fünf oder sechs Reihen nebeneinander die Boote der Siamesen. Die erste der Ketten ist am Lande verankert und die übrigen hängen durch aneinander gebundene Bambusrohre, die als Verbindungsbrücken dienen, mit jener zusammen. Die Schiffskoje ist mit einem halbkreisförmigen Dache versehen, und unter ihm haben der Besitzer des betreffenden Fahrzeuges und seine Familie ihr Heim. Ueber diese Boote hinaus erstrecken sich auf beiden Ufern die schrägen Dächer der Häuser, deren Einförmigkeit in kurzen Zwischenräumen durch die schimmernden Tempeltürme und Pratshedihs*) unterbrochen wird. Am sonnigen Morgen des 18. November war die Wirkung dieser Türme, deren viele bis zur Spitze vergoldet sind, unvergleichlich grossartig.

Auf dem Flusse selbst fahren kleine Kähne umher, die von einer oder zwei Frauen geleitet werden. Die Gesichter sind unter den breitrandigen Hüten aus Palmblättern oder Stroh kaum zu sehen. Ihr lautes Plappern jedoch vernimmt man überall, wenn sie mit den Kunden handeln, um Früchte, Gemüse, Feuerholz und andere Waren zu verkaufen. Hier und da treiben schwimmende Garküchen umher, in denen ein Chinese für wenige Pfennige ein Mahl von Gewürzreis, gekochtem Gemüse, Hühnerfleisch oder getrockneten Fischen feil hält.

---

*) Die Zinnen königlicher Paläste.

Bangkok hat eine gewisse — aber auch nur eine gewisse — Aehnlichkeit mit der Dogenstadt: die Verkehrsstrassen sind zum grossen Teil Kanäle. Hunderte von Gondeln und Barken jeder Grösse und Gestalt bewegen sich auf dem Strom und seinen netzartigen Verzweigungen. Selbst die Form der Schiffe rechtfertigt den vielleicht etwas sonderbaren Vergleich, und die seltsamen, langen, an den vorderen und hinteren Enden mit kühnen Bogen aufwärts strebenden Fahrzeuge, mit ihrem verdeckten Sitz und reichen Schnitzwerk, erinnern an die venezianische Staatsgondel. Aber während an der »Laguna viva« stolze steinerne Paläste aus den Fluten emporragen, ist hier wenig von massivem und zusammenhängendem Bauwerk zu sehen. Nur die eigentümlichen Tempel erheben sich mächtig aus dem Wirrwarr unansehnlicher Holzhäuser und Hütten, die zwischen dichten Bäumen und Laubwerk versteckt liegen. Ein seltsam asiatisches Aussehen erhält die Stadt durch diese buddhistischen Gotteshäuser, deren Giebel, hervorragende Dachspitzen und schlanke Türme, die Höhe von 30—40 m in mehreren stufenförmigen Absätzen erreichen. Alle diese Erhebungen und Zinken sind übertrieben mit vergoldetem Schnitz- und Bildhauerwerk verziert, die Dachziegel aber mit grünlichem Schmelz überzogen.

Die Ausdehnung der Stadt ist bedeutend. Mit Ausnahme weniger langer Fahrstrassen, bilden schmale, erhöhte Fussgänge die Verbindungen zu Lande. Selbst der nächste Nachbar ist oft nur auf dem Wasserwege zu erreichen. Daraus ergiebt sich, dass alt und jung, selbst Kinder von 3 bis 4 Jahren, in ihren kleinen Böten sitzen, als ob sie mit ihnen verwachsen wären. Die schwimmenden Häuser auf den Kanälen unterscheiden sich von den oben beschriebenen im Hauptstrome dadurch, dass sie auf grossen Schichten von Bambusstämmen ruhen, die, mit einander verbunden, tiefgehende Flösse bilden und vor Anker liegen.

Bangkok. Nebenarm des Menam.

Noch ehe ich die Saigon verlassen hatte, sah ich kleine Schiffe vorübergleiten, in denen die wohlbekannten Gestalten der Chinesen sassen; in anderen hatten Araber oder die gelb gekleideten Buddhapriester Platz genommen, und auf einem umgestürzten Kahne spielten die nackten, braunen, niedlichen Kinder einer siamesischen Familie. Mann und Frau sind in ihrer Kleidung kaum zu unterscheiden. Sie tragen das schwarze Haar auf der Höhe des Nackens abgeschnitten, sowie ein um die Hüften geschlungenes Tuch von farbiger Baumwolle, das fast bis auf die Füsse reicht. Beide Geschlechter kauen leidenschaftlich Betel, und wenn Siamesen und Siamesinnen den Mund öffnen, glaubt man in das Reich des Hades zu

Siamese.   Siamesinnen.

blicken. Im ganzen fand ich sie, trotz schlanken, kräftigen Körperbaues, unschön, mit Gesichtszügen, die jedes edlen Ausdrucks bar sind. Nur ihre Kinder sind hübsch mit den braunen kleinen Körpern, mit allerliebsten, wohlgeformten Gliedmassen, glänzenden, feuchten, schwarzen Augen und einem lebhaften, schelmischen Gesichtsausdruck. Aber von all den Reizen dieser anmutigen Erscheinungen ist wenig mehr übrig, wenn die Jahre der Kindheit entschwunden sind; namentlich die Mädchen altern früh. —

Eins haben alle Siamesen gemein: das ist neben dem Betelkauen das Tabakrauchen; Männer sah ich häufig mit einer ungeheuren Papiercigarre hinter dem Ohr.

Ungemein zahlreich sind in Bangkok die Chinesen vertreten und man versicherte mich, dass sie die Hälfte der Einwohnerschaft von

300 000 bis 500 000 Seelen bilden; dagegen wohnen kaum mehr als 250 Europäer in der Stadt.

Das Leben am Platze ist einförmig. Die Witterungsverhältnisse sind uns nicht zuträglich, und die Aussichten, im Handel ein Vermögen zu erwerben, möchte ich als sehr zweifelhaft bezeichnen. —

Vom Bord der Saigon liess ich mich nach einem Gasthofe rudern, der mir von unserem Schiffsführer empfohlen war. Das mir angewiesene

Bangkok. Eingang zum Wat Poh.

Zimmer entsprach indessen meinen Erwartungen doch nicht so ganz. Nicht allein, dass es hin und wieder in Strömen durch das dünne, mit den Blättern der Nipapalme gedeckte Dach regnete, befanden sich im Fussboden lange Löcher, die mir die Unterhaltung mit einem Nordamerikaner, Mr. Hawks, der ein Zimmer unter dem meinen bewohnte, sehr erleichterte. Während der Nächte störten mich nicht nur Insekten aller Art, sondern auch grosse und kleine Eidechsen trieben Kurzweil an den Wänden, an, in und auf meinem Mosquitonetz. —

Mein erster Weg führte mich zu den Tempeln oder Wats. Auf der Fahrt dahin konnte ich mich überzeugen, dass von den vielen Städten, die ich bis soweit gesehen hatte, keine annähernd so schmutzig ist wie Bangkok. Schweine und Hunde sind in den meisten Stadtvierteln buchstäblich die einzigen Geschöpfe, die allen Unrat von der Strasse holen. Jeder beliebige Unrat wird unter die zum grössten Teil auf Pfählen gebauten Häuser geworfen. Befindet sich an solchen Orten Wasser, so trägt dieses den Schmutz fort; im anderen Falle fressen ihn die erwähnten Haustiere.

Die Tempel, deren Mehrzahl eine durch hohe Mauern eingeschlossene Stadt bildet, müssen einst wunderbar schön gewesen sein; grosser Fleiss, echt asiatische Geduld sind auf sie verwendet. Und diese Kunstwerke befinden sich in einem unbeschreiblichen Zustande der Verwahrlosung. Man watet in ihrer nächsten Umgebung knietief im Morast. Ueberall wuchert Unkraut; umgestürzte Figuren werden nicht wieder aufgerichtet, einfallende Dächer nicht ausgebessert. Eine genaue und eingehende Beschreibung von Bangkoks Tempeln mit ihrer Geschichte würde mehrere umfangreiche Bände füllen. Ich werde mich daher auf den Versuch beschränken, zwei der hervorragendsten Wats flüchtig zu schildern.

Der grösste Tempel ist das Wat Poh, in dem ein ruhender Buddha ausgestellt ist. Der Erhabene ist liegend, sich auf den rechten Arm stützend, aufgebaut; die ganze Gestalt ist etwa 45 m lang; sie ist von Ziegeln gemauert, die ein dicker, vergoldeter Lacküberzug umschliesst. Zur Vergoldung des Erleuchteten sollen 10 bis 15 kg Gold verwendet worden sein. Der Durchmesser der Oberarme beträgt mehr als 2 m und die beiden Fusssohlen sind je durch 120 18 cm lange, 8 cm breite Felder geziert; jedes einzelne ist ein Kunstwerk von Perlmuttermosaik. Alle 240 Abteilungen zeigen verschiedene Bilder, die Vorgänge aus dem Leben des Weisen darstellen.

Die Malereien an den Wänden der vielen grossen und kleinen Tempel, die reizende Art, wie man ursprünglich kleine, aus Stein gehauene Tiergestalten um geschmackvoll angelegte Teiche gruppierte, geben einen Begriff von ehemaliger Kunst und gewesenem Ueberfluss in diesem Lande. Jeder Teil der Tempel, der nicht aus Porzellan oder Steingut besteht, ist vergoldet oder kunstvoll bemalt — und all diese Herrlichkeit, diese märchenhafte Pracht verkommt buchstäblich! —

Eine andere geweihte Stätte, das Wat Tshang*), ragt am rechten Ufer des Menam hoch über das niedere Häusermeer empor und gleicht vom Strome aus einem grossen, köstlichen Kunstwerke, zu dessen äusserem Schmuck schöne Steinmetzarbeit, zarte Malerei oder Mosaik und unzählige kostbare Steine verschwendet worden sind. Das gewaltige Bauwerk erhebt sich Stock um Stock, Absatz um Absatz, Linie um Linie, in

---

*) Tshang heisst Elephant.

mählicher, schön abgestufter Verjüngung, bis sein flacher Gipfel eine Höhe von mehr als 30 m über dem Erdboden erreicht. Die Verzierungen ragen weit hervor und heben sich infolge der klaren Beleuchtung mit wunderbarer Deutlichkeit von dem dunkeln Schatten der tief zurücktretenden Teile ab. Hat man etwa 20 Absätze, einen nach dem andern mit wachsendem Staunen betrachtet, so wird der Blick durch die Darstellungen dreiköpfiger Elephanten gefesselt, die etwas über die Linie der sie umgebenden Pfeiler hervorspringen. Diese tragen je ein anmutiges Türmchen, aus deren Mitte der Hauptdom sich erhebt.

Bangkok. Wat Tshang.

Prüft man die Bestandteile dieses gewaltigen Baus, so muss es wahrhaft überraschen, dass etwas derartig Wundervolles mit dem dazu verwendeten Stoff erreicht werden konnte. Die Hauptmasse des Gebäudes besteht aus Ziegelsteinen, aber aller Zierat ist zusammengesetzt aus Stücken zerbrochener Teller, Gläser, Tassen und Schalen, kurz, aus jeder Gattung von Töpfereiwaren-Scherben. Dies Gebäude ist ohne Zweifel auf dem ganzen Erdenrunde einzig in seiner Art. — —

Für zwei Salyn*) hatte ich mir einen aus Thon dürftig hergestellten, unecht vergoldeten Buddha erstanden. Als ich ihn im Gasthofe Mr. Hawks zeigte, fragte mich dieser sehr erregt:

»Where did you get that?«

*) 4 Salyn = 1 Bat oder Tikal = 2 M.

»I bought it,« antwortete ich.
»Did'nt you steal it?«
»Not that I know of.«
»How much did you pay?«
»Half a bat.«

Er holte einen Gautama aus seinem Koffer, der dem Meinen durchaus glich. Jetzt war die Reihe an mir zu fragen:
»Where did you get it?«
»I stole it,« antwortete Hawks.
»— — — — — —?«
»For five bat!«
»Where?«
»In a Wat.«
»Is it your first theft?«
»Thanks God it is!«
»Are you not ashamed of yourself, to begin stealing in a temple?«
»Not a bit, but I am furious to be robbed of four bat and a half by a d . . . . . priest.«

Der Sachverhalt war ungefähr dieser:

Der Bonze, welcher Hawks durch ein Wat führte, machte meinen Freund aufmerksam auf ein, in einer kleinen Nische stehendes, heiliges und wunderthätiges Götzenbild. Den folgenden Auftritt schilderte Hawks etwa so:

»And the feller turned his back to the blessed figure, with a face to say: »Put it into your pocket old man, and I'll be d . . . . . if I have seen it!« I gave the cur 5 ticals which he took without a smile.«

Ich war voller Bewunderung für diesen Bonzen; wenn täglich nicht mehr als drei Besucher in sein Wat kommen und er jedesmal einen 1 Mk.-Buddha für 10 Mk., in geschilderter, nachahmenswerter Redlichkeit, veräussert, muss man ihn als einen recht einsichtsvollen Priester schätzen!

An meinem zweiten Nachmittage in Bangkok wohnte ich der Hinrichtung dreier Mörder bei. Von der Hauptstrasse am linksseitigen Ufer des Menam führt ein schmaler Steg unter Bananen, Palmen, Schlingpflanzen und Bambus landeinwärts. Mr. Hawks und ich waren bis an diesen Steg gefahren, an dessen Mündung in die Hauptstrasse, sich ein chinesisches Theater befand. Wir gingen den schmalen Fussweg hinauf, wateten durch knietiefen Schmutz und gelangten über kleine Brücken an eine Art Scheune, deren Seitenwände aus einfachen Holzgittern bestanden. Durch die Menschenmenge, die sich gaffend gegen diese Gitter drängte, blieb uns bestätigt, dass wir an Ort und Stelle angekommen seien. Uns, den Weissen, wurde der Zutritt nicht nur gewährt, sondern angeboten, während von den Eingeborenen nur diejenigen Erlaubnis erhielten näher zu treten,

Bangkok. Teil des Aufgangs zum Wat Tshing.

die sich durch unverschämtes Vordrängen vor den übrigen auszeichneten. Das Gebäude ist eine den Priestern gehörende und von diesen geweihte Halle. Ein widerwärtiger Geruch in ihr entstieg zwei grossen und drei kleinen Kisten, die menschliche Leichen enthielten. Der Inhalt schien in Verwesung übergegangen zu sein, wenigstens sickerte zwischen den Brettern der Kisten eine übelriechende Flüssigkeit hervor. Auch im übrigen war in diesem Gebäude jede Art von Schmutz, die sich denken lässt, vorhanden. Die Hitze war erdrückend — in der feuchten Luft der Regenzeit selbst unerträglich.

Die Uhr zeigte auf Drei. Am Boden lagen die Verbrecher. Hände, Füsse und Kopf waren gefesselt; zwölf Soldaten mit nackten Beinen und verrosteten Gewehren bewachten sie. Alle rauchten unförmlich dicke, grosse Cigarren. Auf die gleiche Weise beschäftigten sich vier oder fünf Polizisten, die noch kläglicher aussahen als die Soldaten. Zwölf in Gelb gekleidete Bonzen, mit frisch rasierten Schädeln, betraten durch eine Hinterthür die Halle. Man rüttelte die Verbrecher auf und bedeutete ihnen, sich vor die Priester zu setzen. Einem der Mörder steckte eine grosse Cigarre hinter dem Ohre. Die Priester liessen sich auf eine ungefähr 30 cm hohe, $1^{1}/_{4}$ m breite Bank nieder, die sich um den ganzen inneren Raum des Gebäudes zog; sie sangen während einer halben Stunde eine Art Liturgie in hindostanischer Sprache. Danach predigte einer unter ihnen eine fernere halbe Stunde in der Mundart des Landes, und sodann trat eine Pause ein. Wie ich später erfuhr, soll der Redner die Uebelthäter recht geschickt auf das Wandelbare alles irdischen Glückes aufmerksam gemacht, und ihnen Trost durch den Glauben an die Wiedergeburt zugesprochen haben. Man gab den Dreien zu trinken, wusch ihnen die Gesichter, liess sie rauchen und Betel kauen. Die weissen Hemden der Verbrecher zeigten auf dem Rücken Blutspuren; man hatte die Frevler am Morgen gepeitscht. Nach der Pause wurde ihnen das Unterkleid bis auf die Hüften heruntergezogen, man liess sie aus ihrer hockenden Stellung aufstehen, öffnete die Thüre, und nun wurden die Verbrecher unter Bewachung der Soldaten und der Polizisten — von denen ein Teil den gezogenen kurzen Säbel in der linken, ein anderer ihn in der rechten Hand hielt — ins Freie geführt. Die rauchende, kauende bewaffnete Macht hinterliess in der That den denkbar erbarmenswertesten Eindruck. Unmittelbar hinter ihr folgten wir anwesenden Europäer, dann, in wüstem Gedränge, die im Gebäude und vor diesem versammelten Siamesen und Chinesen. Auf dem ungefähr 250 m langen Wege zum Richtplatz hatten wir an den in Verwesung begriffenen Leichnamen zweier Pferde vorüberzugehen. Der Geruch in der feuchten Hitze war derartig, dass ich, nach dem ermüdenden Aufenthalt in der Halle, während eines Augenblickes mich dem Schwinden aller Kräfte nahe fühlte.

Der Zug war in keiner Weise geordnet. Die Mörder in Ketten, Soldaten, Neugierige, Polizisten liefen durcheinander. Der Richtplatz ist ein kleiner, runder, an einer Seite von prachtvollem tropischen Pflanzenwuchs begrenzter Grasplatz, der indessen von Schmutz und

Bangkok. Wat Kao.

Kot starrte. Auf diesem Rasen lag dreimal je ein Bananenblatt, auf welche Unterlage die Mörder sich, 2 oder 3 m von einander entfernt, setzten, nachdem man ihnen vom Hals und von den Händen die Fesseln gelöst hatte. Hinter jedem stand ein niederes, in die Erde gerammtes

Kreuz, an das man mit Stricken die wenig zurückgezogenen Ellenbogen des Betreffenden fesselte; die so geschaffene Körperstellung glich dem bekannten Sitz unserer Schneider. Nach endlosem Hin- und Herversuchen, ob die Haltung die richtige, ob die Ellenbogen festgebunden seien, wusch man den Leuten noch einmal die Gesichter und gab ihnen wieder zu trinken. Verwandte steckten ihnen einige wenige Blumen in die Hände, die mit gegeneinander gelegten Fingerspitzen vor der Brust gehalten wurden. Dann erschien ein Kerl in zerlumptem, scharlachrotem Aufzuge, unterhalb der Kniee mit nackten Beinen und Füssen, und verstopfte jedem der Verbrecher die Ohrmuscheln mit Lehm, damit sie nicht hören sollten, wenn der Scharfrichter sich ihnen von hinten nahe. Sodann wurden die Köpfe nach unten sanft gegen die Brust gebogen, und mit Lehm hinten am Genick die Stelle bezeichnet, welche das Schwert zu treffen hatte, und nun sah man acht Scharfrichter in roten Gewändern, mit messerartigen Säbeln in der Hand, zehn Schritte hinter den Unglücklichen Stellung nehmen.

Soweit war alles gut gegangen. Der vor mir stehende Hawks wandte sich um und ich sah an seiner Leichenblässe und den Schweissperlen auf seiner Stirn, dass er ungefähr wie ich fühlen musste. Er flüsterte: »For the allmighty Gods sake, let me have a drop of brandy!« Ich hatte nichts derartiges, konnte ihm also nicht helfen; aber wenn ich eine Halbeflasche gehabt hätte, ich glaube, ich wäre imstande gewesen, ihm auch dann nichts zu geben, um die Menge bis auf den letzten Tropfen selbst hinunterzugiessen.

Am Morgen hatten wir die ganze Angelegenheit, wie ich zugeben will, sehr leichtfertiger Weise, als »a capital thing« aufgefasst, aber 100 Dollar und mehr würde jeder von uns willig gegeben haben, wenn es uns möglich gewesen wäre, den Platz zu verlassen. Die Hitze in der Regenzeit, die verpestete Luft und die wachsende Aufregung während der letzten Stunde liessen in mir das Gefühl aufkommen, auf der Stelle ernsthaft krank werden zu können. — Neben dem Amerikaner, links vor mir, stand ein ungefähr elf Jahre alter siamesischer Knabe. Ich sah eine Schlange an einem seiner Beine heraufkriechen, und in der Unkenntnis, ob sie giftig oder nicht giftig sei, machte ich den Jungen auf das Tier aufmerksam. Das Kind war dermassen von den Erscheinungen vor uns erregt, dass es dem ganz ansehnlichen Gewürm keinerlei Beachtung schenkte, die Schlange vielmehr, fast ohne hinzusehen, mit der Spitze seines Regenschirms von seinem nackten Beine streifte.

Plötzlich erschienen weitere drei bühnenartig rot gekleidete Scharfrichter. Wie Tigerkatzen schlichen sie sich, mit ihren Säbeln in der Luft umher hantierend, jeder hinter sein Opfer. Ich schloss die Augen und hörte die Säbel in das menschliche Fleisch eindringen — nicht drei mal — ich zählte fünf Streiche. Als ich wieder aufsah, rollten drei Köpfe im

Schmutz. Man löste die Körper von den kleinen Kreuzen, schlug den Leichnamen mit kurzen Messern noch die Fersen ab, um die engen Fesseln von den Füssen ziehen zu können, spiesste die drei Köpfe auf ebensoviele aufrechtstehende Bambusstäbe hinter den Leichen — und alles war zu Ende. Auf dem Rückwege durch den engen Steg schlotterten uns Weissen die Arme am Leibe, aber niemand hatte bemerkt, dass an den Mördern bis zum letzten Augenblick auch nur eine Muskel gezuckt hatte. Ihr Glaube an eine sofortige, ihre Lage verbessernde Wiedergeburt, musste unerschütterlich gewesen sein.

Vierundzwanzig Stunden nach der Hinrichtung besuchten Hawks und ich den Platz noch einmal. Acht oder zehn neugierige Siamesen betrachteten die drei Köpfe, die noch genau im selben Zustande wie tags

Bangkok. Verbrennen der Leiche eines Unbemittelten.

zuvor verharrten. Zwei der Leichname waren unversehrt, der dritte dagegen von Aasgeiern, Hunden und zwei Schweinen, die übersättigt in seiner Nähe mit weit aufgesperrten Rachen im Schmutze ruhten, halb aufgefressen. — —

Noch muss ich eines Besuches gedenken, der dem Verbrennungsplatze für die Toten der Stadt galt. Es ist dies eine wahre priesterliche Schmutzhöhle. Ich sah in engen, von Kot starrenden Gärten, inmitten tropischen Waldes auf kleinen Holzfeuern die Ueberreste dreier menschlicher Körper ohne jegliche Vorrichtung verbrennen. Daneben standen Särge mit halb verwesten Leichnamen, lagen 100—120 menschliche Schädel und entsprechende Knochenmengen; Hunde, Schweine, Raben und Aasgeier frassen die hingeworfenen Körper. Dies »Wat Sikhet« ist der Bestattungsplatz der in Bangkok gestorbenen mittellosen Siamesen. Begraben werden nur die an der Cholera Verendeten; alle anderen Leichen werden verbrannt oder von Tieren verzehrt.

Uebrigens sah ich auch die sterblichen Reste eines, wahrscheinlich wohlhabend gewesenen alten Weibes, unter einiger Feierlichkeit in einem mit Tapetenpapier beklebten, offenen Sarge verbrennen. Die Verwandten schritten auf mich zu und baten mich, das Feuer anzuzünden. Neben dem Leichnam lag im Sarge ein grosses Stück weissen Baumwollstoffes, das die bedienenden Bonzen sich aneigneten. Darauf gab man mir eine kleine brennende, Wohlgerüche verbreitende Fackel in die Hand, und ich setzte thatsächlich den neben der Leiche im Sarge befindlichen Brennstoff in Flammen. Es war kein schöner Anblick, zu beobachten, wie die braune Haut auf den dürren Beinen mählich anfing, sich in Falten und dann in Blasen zu ziehen. — Auf diesem Bestattungsort sitzt eine Menge bettelnder, nackter, hochbetagter Weiber, nur um dort zu sterben. In hohem Grade abstossend ist der Anblick dieser vertrockneten, halbtoten Gestalten. — Aber hiermit hatten die Schrecken Bangkoks ihr Ende noch nicht erreicht.

Bei meinen Wanderungen durch die Stadt sah ich in unmittelbarer Nähe des königlichen Palastes zwanzig Verbrecher in Ketten, je zwei und zwei zusammengeschlossen, die der Prügelstrafe warteten. Während zehn an die für solchen Zweck dauernd vorhandenen Vorrichtungen aus Bambusstäben gefesselt wurden, sassen die mit diesen zehn durch Eisenketten Verbundenen auf der Erde daneben und sahen zu, wie ihre Gefährten unter der Strafe litten, in dem Bewusstsein, dass es ihnen eine Viertelstunde später ebenso ergehen würde wie den Genossen. In Anwesenheit einer gaffenden Menge erhielt die erste Folge von zwei Seiten je 30 Rohrstockhiebe über den nackten Rücken. Das Geheul der Gezüchtigten war so furchtbar, ihre Gesichter waren so entsetzlich verzerrt, die zerfetzten Rücken sahen so grauenerregend aus, dass ich, nachdem die erste Gruppe ihre Stockstreiche erhalten hatte, bald das Weite suchte. —

Wenn Hinrichtungen und Auspeitschungen in Siam auch nicht zu den Seltenheiten gehören, so sind sie, wie ich mir sagen liess, doch nicht an der Tagesordnung. Der Zufall, dem ich es zuzuschreiben hatte, Zeuge derartiger Dinge gewesen zu sein, ist folgender.

Einem königlichen Prinzen — es giebt deren im Lande unzählige — war die Beaufsichtigung der Gefängnisse übertragen. Er hatte diese Stellung dazu benutzt, seine Schutzbefohlenen nächtlicher Weile auf Raub, der unter Umständen auch zu Mordthaten führte, ausgehen zu lassen. Das über Nacht Erbeutete hatte man ihm abzuliefern, und die Verbrecher führten zur Belohnung in dem betreffenden Gefängnisse ein üppiges Leben. Lange war dies Geschäft zu Gunsten des Prinzen unbemerkt und mit Erfolg betrieben worden. Diebstahl und Tötungen mehrten sich in der Stadt, aber niemand kam auf den Gedanken, dass diese Verbrechen in den Gefängnissen ihren Ursprung hatten. Endlich wurde alles aufgedeckt. Der König, der ein gerechter und achtbarer Mann sein soll, war über die Handlungen seines Halbbruders erbost. Er soll diesem Bösewicht gesagt haben, dass nur sein königliches Blut ihn vor der Hinrichtung bewahre. Statt seiner wurden alle beteiligten 23 Gefangenen zum Tode verurteilt, 20 unter ihnen indessen zur Prügelstrafe begnadigt. — Wenige werden imstande gewesen sein, sich von den Qualen zu erholen, obgleich ihre Schlächter nach der Handlung alles aufboten, das von den Rücken

Bangkok. Der Palast des Königs.

in Fetzen hängende Fleisch mit den nackten Fusssohlen in seine vorherige Lage zurückzubringen. Dieser Samariterdienst der Peiniger schien ihren Opfern wohl zu thun. —

Bangkok zählt zu den ungesundesten Aufenthaltsorten für Europäer, die ich kennen gelernt habe. Ruhr und Cholera wüten in der Stadt unausgesetzt. —

Ausser der Belustigung an Hahnenkämpfen und dem leidenschaftlichsten Glücksspiel, ergötzen die Siamesen sich am Streit der Kampffische. Sobald man zwei dieser Tiere von der Grösse unseres Stichlings nahe aneinander bringt und reizt, beginnen sie sich wechselseitig mit aufgerichteten Flossen anzugreifen. In

Goldenes Wat.

Bangkok. Die Königlichen Wats.

Bangkok. Inneres eines Königlichen Tempels.

der Hitze des Kampfes verändern sie schnell ihre Farbe vom unscheinbarsten Graugrün zum glänzenden Rot und Blau. Es ist nicht einmal nötig, sie in einen Raum zusammenzubringen, um ihre Streitlust zu erwecken. Setzt man beispielsweise zwei Glasbehälter, in denen sich je ein solcher Fisch befindet, nahe zusammen, so schwimmen sie sofort wild umher und versuchen, aneinander zu geraten. Diese Fische sollen in keinem anderen Flusse als im Menam leben. — —

Der Palast des Königs und die dazu gehörenden Tempel sind recht beachtenswert. Die weissen Elefanten Sr. Majestät, das heisst, gewöhnliche Tiere mit thalergrossen hellen Flecken an den Ohren, stehen jedes in einem erbärmlichen Stall für sich. Wir sahen sie derartig gefesselt, dass in einem gesitteten Lande Tierschutzvereine eingeschritten sein würden. In Lumpen gekleidete Männer warteten und fütterten die Dickhäuter. —

Die Beleuchtung der Stadt und des Flusses an des Königs Geburtstag und bei Gelegenheit anderer Festlichkeiten muss überaus grossartig sein und mag nicht ihresgleichen finden. Leider hatte ich keinen Anlass, mich selbst davon zu überzeugen.

XV. KAPITEL.

Ueber Singapur nach Batavia.
Ausflug in das Innere Javas.

Ungefähr 24 Stunden nach Ankunft unserer Saigon in Bangkok ging die »Hecate« der Blue-Funnel-Line nach Singapur in See. Innerhalb der nächsten 14 Tage fand sich keine Gelegenheit, geradeswegs nach der Südspitze von Malakka zu gelangen; ich fuhr daher am 20. November nach Saigon zurück. Wir erreichten die Stadt rechtzeitig, um die »Salazie« vor ihrer Abreise nach Singapur zu treffen. Das Leben auf ihr liess, einige empfindliche Regenschauer abgerechnet, nichts zu wünschen übrig. Die Reize einer Seereise werden gehoben, wenn man weder für erhaltenen Wein, noch für genossenes Bier im besonderen zu zahlen oder eine Empfangsbescheinigung zu unterschreiben hat. Auf den Dampfern der Messagerie Maritime ist den Reisenden dieser Vorzug eingeräumt, und ich habe nie bemerkt, dass solche Freiheit missbraucht worden wäre.

Zwei Herren aus Shanghai, Mr. Miller und Mr. Delbate, wussten mir soviel Anziehendes von Borneo zu berichten, dass ich, bevor wir am 24. in Singapur landeten, einen kurzen Abstecher nach Serawak plante. Beide Herren kannten Mrs. Weston, — nur wollten sie nichts von der »jungen Frau«, sondern ausschliesslich von »the flaxen-haired Addy« wissen. — Sie zählt zu den berühmtesten Halbweltdamen Shanghais. Freilich war sie bis vor drei Jahren Kunstreiterin in Nordamerika gewesen.

Am 27. September hatte ich in Nagasaki zuletzt Briefe aus Hamburg erhalten. Nicht ohne Bangen nahm ich somit in Singapur bei der »Hongkong and Shanghai Banking Corporation« meine Briefe und Zeitungen entgegen. Ehrlich gestanden, hatte ich kein ganz gutes Gewissen. Mein Vater hatte mich beauftragt, im Falle ich in Japan nicht Beschäftigung finden könne, mich in Shanghai, Hongkong und in Singapur nach einer Stellung umzusehen, und falls meine Bemühungen auch hier ohne Erfolg sein sollten, in Kalkutta den letzten Versuch zu

wagen. Sparsames Leben war mir dringend anempfohlen worden. Statt
dessen hatte ich recht ansehnliche Summen verbraucht, war ohne jeden
Auftrag nach Manila, Saigon und Bangkok gegangen und hatte die Absicht, dies planlose Reisen auch nach Borneo auszudehnen. — Indessen
ging alles gut. Mein Vater ahnte zwar noch nichts von meinen Irrfahrten,
sprach sich in seinen Briefen über meine Erfolglosigkeit in Wladiwostok
durchaus milde aus, war zufrieden mit meinen Leistungen und hoffte,
demnächst telegraphisch zu erfahren, dass ich in China Stellung gefunden hätte.

Singapur. Zwischen Stadt und Bungalows.

Was soll ich, nach kurzem Aufenthalt in Singapur, schreiben von
dieser Stadt an den Thoren des Ostens mit einem wahrhaft babylonischen
Völker- und Sprachen-Gewirre? Neben dem seiner Zeit allein herrschenden Batavia ist das merkwürdige, freihändlerische Singapur entstanden
und gewachsen. Als im Jahre 1819 Sir Stamford Raffles, der gewesene
Statthalter von Batavia, nach der Zurückgabe von Java an die Niederländer, mit richtigem Scharfblick Singapur als den günstigsten Platz für
einen britischen Weltmarkt in den malaiischen Gewässern auswählte, da
wehte die englische Flagge auf einer Seeräuberinsel. Singapur war ein
armseliges malaiisches Dorf mit 200 Menschen, die Insel eine mit Dshangal
bewachsene Wildnis. Heute strömen hier Europäer, Amerikaner und

Singapur. Hauptstrasse der Eingeborenen und Chinesen.

nicht weniger als 27 verschiedene asiatische Völkerstämme zusammen, um Handel zu treiben. Schwarze, weisse, braune und gelbe Menschen, Barbaren, Halbbarbaren und gebildete Völkerschaften, Heiden und Christen, Gauner und Ehrenmänner — alle verkehren mit einander, einträchtig und friedlich, von dem einen grossen Zwecke beseelt — Geld zu machen. Sieben Achtel des Grundeigentums gehören Chinesen.

Fast alle grossen Kaufleute bewohnen Häuser vor der Stadt auf dem Wege zu den botanischen Gärten. Diese Bungalows zählen zu den angenehmsten und zweckdienlichsten, die ich in Ostasien kennen gelernt habe. Sie sind meistens nach dem gleichen Vorbilde, auf dem Gipfel eines Hügels, errichtet. Der leitende Gedanke ist der, die bewohnten Räume auf allen Seiten von Luft umkreisen und durchdringen zu lassen, damit die Sonnenglut weniger fühlbar werde.

Bungalow bei Singapur.

Die Lebensweise der reichen Europäer ist recht behaglich und, mit Ausnahme der viel zu ausführlichen Mahlzeiten, auch zweckmässig. Der niedrige Preis der Häuser, billige Dienerschaft und wohlfeile Pferde erlauben es, mit nicht allzu hohen Kosten einen vornehmen Haushalt zu führen. Man steht gewöhnlich vor Tagesanbruch auf, und nach dem Bade macht man einen weiten Spaziergang oder belustigt sich mit Tennis. Das Lawn-tennis-Spiel regt den ganzen Körper in demselben Masse an, wie der Curry den Magen. — Zwischen den spielenden Europäern, die mit ihren gewandten Bewegungen ein hübsches, lebhaftes Bild darbieten, laufen die braunen, halbnackten Diener hin und her, welche die niederfallenden Bälle mit Geschick auflesen und den »Sahibs, Mam Sahibs und Miss Sahibs« reichen. Nicht nur in dem »compound«*) fast jeden euro-

---

*) Die ausgedehnten Gärten neben dem Wohnhause.

päischen Bungalows ist jetzt ein Lawn-tennis-Platz hergerichtet, auf dem sich die Bekannten einmal in der Woche eine halbe Stunde vor Sonnenuntergang in ihren weissen Flanellanzügen, den Lawn-tennis-Schläger in der Hand, einfinden; auch von den beiden Gasthöfen, dem Offizierverein und anderen Gemeinschaften werden solche Plätze unterhalten. Nach einem einfachen Frühstück um 9 Uhr fahren die Herren zur Stadt, arbeiten bis 4 Uhr in ihren meistenteils sehr geräumigen und luftigen Schreibzimmern und kehren nach Hause zurück. Bei der Ankunft bietet der erste der eingeborenen Diener Sherry an und berichtet, ob etwas vorgefallen; dann folgen Bad, Ausfahrt im geschmackvollen, herrschaftlichen Wagen — gegen 7 Uhr Hauptmahlzeit. Nach Tisch wird gelesen, geplaudert und in den

Singapur. Teil der Botanischen Gärten.

Vereinshäusern Billard gespielt. Mit Sonnenuntergang wird der Bungalow verschwenderisch, vielfach mit Gasglühlicht, erleuchtet. Der Tiffin von drei oder vier Gängen wird zwischen 12 und 1 Uhr in der Regel im Klub eingenommen. —

In Europa würde man sich kaum ohne Widerwillen Eidechsen in Wohnräumen denken. Es ist indessen bemerkenswert, wie schnell man sich in Indien daran gewöhnt, sie überall im Hause zu sehen. Jede Wandlampe hat ihre besondere Eidechse, die sich tagsüber verborgen hält, aber sobald das Licht angezündet ist, hervorkommt, um die durch den Schein angelockten Insekten zu erhaschen. In solchen Fällen sollte unser Mitgefühl billiger Weise auf Seiten der letzteren sein; indessen ist das Gegenteil der Fall, und häufig sah ich, wie Leute beim Essen mit erhobener Gabel regungslos sassen, um mit Spannung das planmässige Verfahren zu beobachten, mit dem die Eidechse an einen Mosquito schleicht. Verstohlen nimmt sie an der glatten Wand mehrmals einen Anlauf, um plötzlich bewegungslos zu stehen; sie wagt eine neue Vorwärtsbewegung, bis sie etwa noch einen Fuss von ihrem Opfer entfernt ist, dann kriecht sie ein paar Centimeter näher, schiesst urplötzlich wie ein Pfeil auf ihre Beute — und die Mücke ist verschwunden. —

Die botanischen Gärten sind die schönsten, die ich bis dahin gesehen hatte. In mehr als hundert Arten vertreten fand ich unter vielem anderen die wundervollen, buntblättrigen Crotonsträuche*). Besonders anführen möchte ich daneben den Muskatnussbaum, den ich in diesen Anlagen zum erstenmal bemerkte. Die Mehrzahl der Bäume, wie ich sie hier,

Singapur. Teil der Botanischen Gärten.

und später auch auf Java und Sumatra gesehen habe, mochten 20 m hoch sein. Einzeln sind sie achtunggebietend und gleichen vornehmlich unseren Walnussbäumen; ganze Pflanzungen hingegen haben ein einförmiges Aussehen. Die Frucht sieht einer Aprikose ähnlich, doch läuft das Ende, an welchem der Stiel sitzt, spitz zu, wie bei einer Birne. Ist der Kern reif, so springt die Schale auf wie bei unseren Walnüssen; man sieht dann im Innern hinter einem karminroten Netzwerk, der Muskatblüte oder Macis, die glänzend schwarze Hülle der Nuss. Erst durch Trocknen über schwach glimmendem Feuer schrumpft das eigentliche Innere soweit zusammen, dass seine Bedeckung, die ihre ursprüngliche Grösse beibehält, durch vorsichtiges Klopfen zersprengt und abgelöst werden kann. Die Muskatblüte wird an der Sonne getrocknet und gepresst; sie wechselt dadurch ihre Farbe in das bekannte Gelb. —

*) Nach der Angabe in den Gärten: Codiaeum chrisosticum Sp., Heimat: Molukken.

Britische Orchideensammler von der Ostküste der Halbinsel Malakka, hatten das Ergebnis ihrer mühevollen, monatelangen Arbeit an eigens für ihre Zwecke hergerichteten Teilen der Gärten zur Abhärtung ausgepflanzt. Nach einem Aufenthalt von 3—4 Monaten in dieser neuen Heimat sollten die kostbaren Pflanzen nach London weiterbefördert werden.

In Raffles Hotel lernte ich, neben der schönsten aller Ananas, auch die Königin der Früchte, die Mangostane, kennen; sie hat ungefähr die Form eines mittelgrossen Apfels. Eine rotbraune, lederartige, 2 cm dicke Schale umgiebt das Fleisch; entfernt man die eine Hälfte der Umhüllung, so ragt aus deren hellroter Schnittfläche ein schneeweisser, schön gewölbter Hügel hervor, den ein Dichter, der zur Abwechslung eine Honduras-Mula statt des üblichen Pegasus bestiegen hat, eine in Rosen badende Venus nennen könnte. Das äusserst zarte Fleisch umschliesst einige schwarze

Singapur. Palast des Statthalters.

Kerne. Ich finde in unserer Sprache keine Bezeichnung für die Geschmackseindrücke, die diese Frucht hinterlässt. Sie zerschmilzt wie Schnee auf der Zunge und ist der Inbegriff einer süss-säuerlichen, würzigen und leicht aromatischen Kühlung. — Die Ananas, malaiisch Nanas, von Singapur übertreffen an Wohlgeschmack die auf den Philippinen, in Cochinchina, Siam und auf Java gewachsenen Früchte und sollen an Duft selbst hinter den in europäischen Treibhäusern gezogenen nicht zurückstehen. —

Mit meinem ehemaligen Schulgefährten Martin Pickenpack, dem Sohne des siamesischen Konsuls in Hamburg, konnte ich manche fröhliche Stunde in Singapur verleben. Er war 14 Tage früher als ich eingetroffen, um mit nächster Gelegenheit nach Bangkok weiter zu gehen. —

Am 26. November reiste ich mit dem kleinen Dampfer »Penang« nach Batavia ab; Sarawak musste ich aufgeben, weil ich durch die mangelhafte Verbindung zwischen Borneo und Singapur hier zu einem Aufenthalt von mehr als 24 Tagen gezwungen worden wäre, wenn ich meine Zwecke erreichen wollte.

Obgleich die Penang der unbedeutendste Dampfer war, auf dem ich bis soweit gefahren, gestaltete der Ausflug nach Java sich doch recht unterhaltend. Als einzigem Fahrgast in der Kajüte räumte der freundliche englische Schiffsführer mir alle möglichen Freiheiten ein. Ein gewisses Sichgehenlassen auf See unter der Linie, gehört ohne Frage zu den schönsten Reisegenüssen. Während des ersten Tages unserer Fahrt trug ich, ausser den Pyjshamas, Stiefel und Strümpfe, später ging ich barfuss, und wenn die Mannschaft das Deck mit dem grossen Wasserschlauch reinigte, entkleidete ich mich vollständig, um einiger wohlthuender Uebergüsse teilhaftig zu werden — zum grossen Vergnügen unserer malaiisch-chinesischen Männer und Frauen im Zwischendeck. Unter diesen befanden sich einige beachtenswerte Erscheinungen. Während ein Araber auf einem gewöhnlichen verbrauchten Brüsseler Bettvorleger, mit dem Blick gegen Nordwesten, kniete, und unter Berühren des Bodens mit der Stirn sein Gebet verrichtete, stand neben ihm ein Chinese mit türkischem Fez, hinter ihm malaiische Frauen mit braunroten Lippen und Zähnen, und dergleichen Gestalten mehr. Der Araber handelte mit allen erdenklichen Sachen. Recht drollig schien er mir, als er eine nicht gehende goldene Damenuhr, die in Deutschland neu und in bestem Zustande vielleicht 60 Mk. gekostet haben würde, als etwas ganz Vorzügliches für 170 Mk. anpries. Ohne Zweifel hätte er den wertlosen Gegenstand für 10 Mk. abgegeben. — Konnte auch unter solchen Leuten keine Reinlichkeit am Verdeck aufrecht erhalten werden, so waren unser Esszimmer und unsere Kajüte um so behaglicher. Der Tisch liess nichts zu wünschen übrig, obgleich »the everlasting fowl«, das mich seit Shanghai bei jeder Mahlzeit heimgesucht hatte, auch auf der Penang niemals fehlte.

Trotzdem das ganze Schiffsdeck mit einem zeltartigen Dach gegen die Sonnenstrahlen geschützt war, fühlte ich mich unter diesem doch wie in einem Backofen; kurze Regenschauer konnten der Hitze nichts anhaben. In der Bangkastrasse sahen wir vor unserm Schiff unausgesetzt, ungefähr 1 m lange, hellgelbe Schlangen, wahrscheinlich eine Art der Wassertrugnatter, die sich offenbar an der Oberfläche der See sonnten; sobald unser Dampfer sich ihnen näherte, zogen sie sich in die Tiefe zurück.

Nach einer langsamen Reise von $3^{1}/_{2}$ Tagen gingen wir am Morgen des 30. November auf der Reede von Batavia zu Anker. In blauer Ferne, hoch über dem Flachland, das die Nordküste von Java bildet, sah man mächtige Bergmassen mit wohlgeformten Spitzen. Den dreigipfeligen Bergkegel im Westen bezeichnete der Schiffsführer als den Gunong Salak.*) Er nannte ihn das ausgebrannte Gerüst eines Feuerberges.

---

*) Guuong ist das malaiische Wort für Berg.

Später erfuhr ich, dass aus ihm zuletzt, im Jahre 1699, ungeheure Massen von Sand und Schlamm, begleitet von Blitzen, Feuerstrahlen und gewaltigem unterirdischem Donnern, hervorgebrochen waren. Als Schlammströme rissen sie Hütten, Baumstämme, Leichen von Menschen und Haustieren mit sich fort, bis sie sich bei Batavia in das Meer ergossen und die Mündungen von Flüssen abschlossen bezw. verlegten. Seitdem steht dieser Berg, zerrissen und zerborsten bis ins Innerste, tot da, und üppiger Urwald bedeckt die Abhänge. Oestlich vom Salak erhebt sich das an Umfang und Höhe um vieles bedeutendere Gedeh-Gebirge. Sein

Batavia. Strasse in Weltevreden.

höchster Punkt ist der mehr als 3000 m hohe, schlanke, regelmässige Kegel Gunong Pangero; neben ihm konnten wir in der ersten Morgenstunde die nackten Felswände des ebenso hohen, thätigen Kraters Gedeh erkennen, aus dem wir leichte Dampfwolken aufsteigen sahen. Um 10 Uhr lagern sich um ihn luftige Gipfelwolken, die sich gegen Mittag anhäufen, und um 3 Uhr nachmittags hängt ausnahmslos ein schweres Gewitter an den Bergen, dessen Blitze noch in später Abenddämmerung die Reede von Batavia erleuchten. — Erst gegen Mittag liefen wir in den neuen Hafen, Tandjung Prink, ein. —

Der äussere Glanz der vornehmen Hauptstadt Javas entspricht vollständig dem unermesslichen Naturreichtum der herrlichen Insel. Keine

Stadt des Ostens, die ich gesehen habe, zeigt ein so geschmackvolles und geputztes Aeusseres wie die neuen Stadtteile Batavias: Weltevreden und Reijswijk; das alte, ganz untropisch angelegte Viertel, wird gegenwärtig nur von Chinesen und Malaien bewohnt. Portugiesen, Holländer, Chinesen, Araber und Javanen haben mit einander gewetteifert, um es möglichst garstig und den Witterungsverhältnissen unangemessen aufzubauen. Die Häuser sind 2—3 stöckig und an einander gemauert; enge winklige Strassen ziehen sich zwischen ihnen hin. Das einzige Achtung gebietende Gebäude ist das Stadt- oder Gerichtshaus. — Derjenige Teil des alten Viertels, der hauptsächlich die Schreibzimmer und Lager der europäischen Kaufleute enthält, ist dagegen recht ansehnlich.

Java. Holländerinnen in Sarong und Kabaja.

Im neuen Batavia steht jedes grössere, von Europäern bewohnte Haus für sich allein etwas von der Strasse entfernt, in einem durch niedrige Mauern oder Gitterzäune abgeschlossenen Raume. Obgleich alle diese von Oleandern, Rosen und Granatbäumchen umgebenen Landhäuser einstöckig sind, so gewähren sie doch, oder gerade deshalb, einen entzückenden Anblick, besonders am Abend, wenn die offenen Hallen mit ihren sauberen Säulenreihen durch Gas-, teilweise auch elektrisches oder Glühlicht erleuchtet sind.

Nirgends ist mir so sehr eine steife und förmliche Feinheit der Kleidung, zumal bei den Herren, aufgefallen wie hier in den Abendstunden. Jedenfalls steht sie in grellem Widerspruch zu den unter tropischem Himmel höchst bequemen, indischen Hausanzügen der allereinfachsten Art, in denen man Männer und Frauen den Tag über in den offenen Rundgängen der Häuser sieht. Solcher Anzug der Damen besteht in Sarong und Kabaja; jenen tragen sie statt eines Rockes. Er ist nichts anderes als ein sehr weiter, oben und unten offener Sack von farbigem, eigenartig gemustertem Baumwollstoff. Beim Anlegen wird die überflüssige Weite vorn straff in eine Falte gelegt und dann der obere Rand etwa eine Hand breit über den Hüften nach aussen geschlagen, wodurch er sich von selbst festhält. Die Kabaja dagegen ist eine lose, hemdartige Jacke, die am Halse offen ist, jedoch auf der

Brust durch drei Knöpfe geschlossen wird. Die einzige Fussbekleidung sind Pantoffeln ohne Hinterleder mit hohen, vergoldeten Absätzen. Die Haare werden nach dem Baden eine Zeit lang offen, hernach ohne irgend welche Kunst aufgebunden getragen. Neuangekommenen Damen soll es zu Anfang einigermassen peinlich sein, sich in dieser Morgenkleidung zu zeigen.

Unter den Holländerinnen, die ich gesehen habe, fand ich keine von gefälligem Aeusseren. Sie alle hatten grosse, bleiche Gesichter, einen grossen Mund mit wenig gewölbten Lippen, grosse Hände mit dicken Fingern, gelbe Haare und breite Hüften.

Die Abendstunden von 5 bis 7 Uhr, in welchen Batavia im glänzendsten Lichte erscheint, sind die Besuchsstunden. Alle Häuser sind verschwenderisch erleuchtet, zierliche herrschaftliche Wagen mit Fackelträgern fahren durch die Strassen, die Sterne funkeln in südlichem Glanz, und ferne Blitze am Gesichtskreis erhellen zauberisch auf Augenblicke die Areca-Palmen in den anmutigen Gärten, welche die Hallen umgeben. Batavia ist als Hauptstadt der Sitz eines mächtigen und einflussreichen Beamtentums. Der ganze Ort soll an äusserer Pracht in den letzten Jahren zugenommen haben, aber als Welthandelsstadt nicht mehr das sein, was er in der ersten Hälfte des Jahrhunderts bedeutete. —

Die Frohnarbeit, wie sie auf Java nicht durch die Niederländer eingeführt ist, sondern vielleicht vor 1000 Jahren schon bekannt war, besteht darin, dass der Eingeborene für die Regierung zu den von ihr festgesetzten Preisen arbeiten muss. Diese Löhne sind nach europäischen Begriffen verschwindend klein. — Nur die Regentschaften Buitenzorg und Preanger habe ich aus eigener Anschauung einigermassen kennen gelernt; ihre Bevölkerung, Sundanesen, die als Gebirgsvolk von den Javanen des Ostens verschieden sind, gilt für die unverdorbenste auf der ganzen Insel. — Ich habe die Gewaltherrschaft der niederländischen Regierung oberflächlich beobachten können, und ebenso die der eingeborenen Herrscher. Die holländische Staatskunst hat das wohl gegliederte Ganze, das sie unter den malaiisch-javanischen Stämmen vorfand, in milderer Form beibehalten. Ich bin überzeugt, dass trotz einer Bevölkerung, die dichter ist als die Belgiens[*]), jedermann zu leben hat. Selbst in den entlegensten Gebirgsdörfern der genannten Regentschaften konnte ich nur zufriedene, heitere Gesichter und wohlgenährte Gestalten finden. Bei den geringen Bedürfnissen, die der Eingeborene hat, bei der reichen Tropennatur, die ihm ohne viele Mühe das Notwendige spendet, ist es auch begreiflich, dass eine ganze Familie sich mit 14 Pfg. täglich ernähren kann. Weder Haus, noch Ofen, noch wollene Kleider sind nötig. Bananen, Brotfrüchte und vieles andere Obst wächst, einmal gepflanzt, ohne ferneres Zuthun, und selbst die Kokos-

---

[*]) Java 207 E. auf 1 qkm. Belgien 206 E. auf 1 qkm. Preussen 86 E. auf 1 qkm.

palme bedarf nur für kurze Zeit der Pflege. Der Reis allein muss bestellt, und das Tuch, mit dem man seine Blösse bedeckt, gekauft werden. Es ist jedoch eine allgemeine Eigenschaft aller tropischen Völker, dass sie nicht mehr arbeiten, als sie durchaus müssen, um leben zu können. Die notwendige Folge freier Arbeit würden höhere Arbeitslöhne sein, und diese machen den Eingeborenen des tropischen Landes nicht reicher, sondern fauler.

Java hatte vor 120 Jahren nicht viel mehr als 2 000 000 Einwohner. Heute leben auf der Insel 24 000 000 Eingeborene, 300 000 Chinesen, 50 000 Europäer, 15 000 Araber, 4000 Hindu. Aus diesen Zahlen mag man entnehmen, wie weit die niederländische Regierung der Bevölkerung genützt hat. Durch die jahrhundertlange Berührung und teilweise Verschmelzung mit den Malaien und Javanen haben sich die Niederländer in das Wesen dieser Völkerschaften hineingelebt, und in solcher Kenntnis der Volkseigentümlichkeit, sowie in der Stellung, welche sie den einheimischen Fürsten einräumen, liegt das Geheimnis der holländischen Herrschaft auf Java, sowie die Möglichkeit, mit geringer thatsächlicher Machtentfaltung, lediglich durch geistiges Uebergewicht, eine so ausgedehnte Besitzung dauernd zu behaupten.

Ob wir mit unserem A und Z, mit dem »Abiturium« und dem »Langsamen Schritt«, jemals Aehnliches erreichen können, scheint mir zweifelhaft. Siedelungen allein thun es nicht; man muss auch verstehen, sie zu verwalten!

Für eigentlichen Volksunterricht geschieht auf Java noch immer wenig oder nichts, ebenso wie durchaus keine Anstrengungen gemacht werden, die Javanen zum Christentum zu bekehren; beides scheint mir verständig. Sobald die Eingeborenen den Längen- und Breitegrad der Quellen des Orinoko kennen, werden sie aufhören glücklich zu sein und als mohammedanische Diener und Arbeiter sind sie williger und treuer, als sie es unter dem Einflusse von Missionaren sein würden. —

In Batavia sollte ich, nicht zum erstenmal seitdem ich das elterliche Haus in Hamburg verlassen hatte, Reis und Curry essen, indessen weiss man dies herrliche Gericht in Indien doch vorzüglicher herzurichten als in Europa und China. Die Europäer haben von den Eingeborenen den Genuss von Reis als Hauptnahrungsmittel angenommen und befinden sich wohl dabei; zwischen den Wendekreisen ist es zuträglich, sich vorherrschend der Pflanzenkost zu bedienen. Die sogenannte Sambal-Dose, welche bei keiner Reismahlzeit fehlen kann, enthält 10 bis 12 kleine Teller mit ebenso vielen Gerichten von Fischen, Geflügel, Gemüse und Früchten, sauer oder süss, gedörrt oder in frischem Kokosöl gebraten, alles mehr oder weniger vermischt mit Lombok[*]), die auch auf einer Platte für sich angeboten wird.

[*]) Auf der Sundainsel gleichen Namens gewachsene Paprika.

Das Kokosöl ist als feines, in der Küche statt der Butter zu verwendendes Fett, nur in ganz frischem Zustande zu gebrauchen, da es nach 48 Stunden schon einen ranzigen Geruch annimmt. Man kocht daher in jedem Hause täglich den frischen Kern mit Wasser aus, wodurch sich das Oel abscheidet.

Rindfleisch ist auf Java schlecht und Kalbfleisch unbekannt, deshalb bildet das Geflügel, neben vorzüglichen Fischen, die hauptsächlichste Fleischnahrung. Uebrigens werden alle möglichen Dauer- oder Büchsenspeisen aus Europa eingeführt, und man erhält nicht selten Berliner Erbsensuppe, Hamburger Rauchfleisch, Lübecker Spargel, Magdeburger Sauerkraut und Münchner Bier.

Eine eigentümliche Frucht ist die Duriom, d. h. Dornenfrucht. Sie wächst an prächtigen hohen Bäumen, ist von länglich runder Form und hat die Grösse einer mässigen Melone. Die ziemlich dicke, hornartige Schale ist mit kurzen, vierkantigen Dornen dicht besetzt. Das Innere enthält 5 bis 6 längliche Fächer; nussartige, aber ungeniessbare Kerne sind in weichem, gallertartigem Fleisch eingebettet, das von vielen hochgeschätzt, von anderen dagegen verabscheut wird. Eine Frucht reicht hin, um ein ganzes Haus mit einem knoblauchartigen Geruch zu erfüllen und nervenschwachen Frauen einseitige Kopfschmerzen zu verursachen. Wenn man aber die Nase verschliesst oder auf Anraten leidenschaftlicher Duriomesser das Wagestück mit frischem Mute unternimmt, wird das Opfer, das die Geruchsnerven immerhin noch bringen müssen, am Gaumen zehnfach vergolten. Eine Tasse Milch genügt übrigens, um dem Atem nach dem Duriomgenuss seine frühere Frische wiederzugeben. —

Häufig hört man auf den Sundainseln Europäer unter sich oder mit Chinesen, die malaiische Mundart reden. Sie ist leicht zu erlernen, da sie wenig ausgebildet, ohne Abwandlungen und Abweichungen ist. Um solche zu ersetzen braucht man Umstandswörter, so z. B. heisst:

Gehen: Pigi.
Ich gehe: Saja pigi.
Ich bin gegangen: Saja suda pigi, (suda = schon).
Ich werde gehen: Saja nauti pigi: (nauti = hernach).

Bei all ihrer Einfachheit ist die Sprache wohlklingend, so dass man sich ihrer bei manchen alltäglichen Begrüssungen gern bedient.

»Slamat pagi, njonja: begimana, njonja ada baai?« würde heissen: »Guten Morgen, Mynheer, befinden Sie sich wohl?«

Wie alle Völker des Ostens sprechen auch die Javaner gern in Bildern. Die Sonne heisst z. B. Mata hari, · d. h. das Auge des Tages. Neben der malaiischen Sprache herrschen auf Java Sundanesisch und Javanisch vor. —

Flusslandschaft neben einer Eisenbahnbrücke zwischen Batavia und Buitenzorg.

Auch hier halten alle Europäer zahlreiche Dienerschaft. Wer vier Pferde hat, ist gezwungen, gleich viele Burschen zu ihrer Pflege anzunehmen. — —

Bald nach dem Tiffin im Hôtel des Indes fuhr ich, nachdem ich mich fast mit Gewalt von einer Schar chinesischer und indischer Händler losgemacht hatte, auf der Eisenbahn nach Buitenzorg. Ich reiste in einem Wagen I. Klasse, der ebenso schwerfällig und unzweckmässig gebaut war, wie die der 2. und 3. Abteilung. Mir gegenüber sass ein Chinese in Gesellschaft seiner Gattin und seines Sohnes. Der Mann sah recht aufgeweckt aus und mochte 30 Jahre alt sein; seinem fünfjährigen Kinde war das Gesicht weiss bemalt. Es trug eine hellgelbe, seidene Jacke mit reich gesticktem rosa Kragen. Der Rock des Knaben war aus geblümter, golddurchwirkter Seide angefertigt; goldene Spangen zierten die Aermchen. Die hässliche, gleichgültig aussehende Frau trug am Finger und an den Ohrläppchen drei haselnussgrosse Brillanten und an jedem Knopf ihrer hellblauen Seidenjacke einen kleinen Stein derselben Art. Unter dem Rock von grünem und goldenem Brokat sahen die unverstümmelten Füsse hervor. — So also hatte der Chinese die Frau und den Sohn aufgeputzt, nur für sich allein, denn mit anderen kommen die Seinen nie in Berührung!

An beiden Seiten des Weges breiteten sich sehenswerte Zucker-, Kaffee- und Ananasfelder aus. Die Reisernte schien in der Ebene beendet; die Felder standen unter Wasser, und Kulis waren beschäftigt, den Boden umzuhacken. Die Kerabaus unterschieden sich von denen auf Luzon und in Cochinchina nicht; wo immer der Schienenweg über grössere oder kleine Flüsse geleitet war, konnte man zu beiden Seiten der Brücken einzelne der mächtigen Tiere im Wasser stehen sehen. —

Nach einer Fahrt von zwei Stunden kamen wir an Ort und Stelle an; ich stieg im Hôtel Bellevue ab; die Aussicht, die ich vom Rundgange an der hinteren Seite des Gasthauses hatte, rechtfertigte dessen Namen in jeder Beziehung. Ich glaube kaum jemals Schöneres gesehen zu haben, zum wenigsten ist der landschaftliche Zauber von Nikko so anders geartet, dass man ihn mit der majestätischen Erscheinung des Gunong Salak, der hier in seiner ganzen Herrlichkeit vor mir lag, nicht vergleichen kann.

Noch spät am Nachmittag ging ich in die unweit gelegenen botanischen Gärten. Als ich das Eingangsthor hinter mir hatte, stand ich, einige Regentropfen nicht achtend, vor einem wundervollen, langen Baumgange herrlicher, tropischer Riesen, zwischen denen prächtig gepflegte Lianen rankten. Plötzlich glaubte ich, die Erde unter meinen Füssen oder der Himmel über mir sei im Begriff zu bersten. Ich stürzte zu Boden; in der Zeit einer halben Minute war ich durchnässt; der Himmel schien alle Schleusen geöffnet zu haben. Das Donnern von hundert Kanonen, Peitschenknallen,

Gewehrgeknatter meinte ich zu vernehmen. Und das alles schien nicht aus den Wolken zu kommen, sondern sich aus den Kronen der Bäume zu entwickeln. Ein Wasserstrom warf mich sechs oder acht Schritte weit den Baumgang hinunter, bis es mir gelang, wieder auf die Füsse zu kommen. Dann rannte ich den kurzen Weg nach Hause und war darauf gefasst, jeden Augenblick zum zweitenmal umgeworfen zu werden. Aehnliches hatte ich nicht erlebt. Ich habe mir niemals träumen lassen, dass ich Furcht vor einem Gewitter haben könne, aber dies Naturereignis übertraf denn doch alle meine bisherigen Erfahrungen. Eine volle Stunde

Buitenzorg. Auffahrt zum Palast des Generalstatthalters.

mochte das, vom Hause aus beobachtet, wahrhaft grossartige Schauspiel anhalten — dann erleuchteten Millionen von Sternen die wunderbare Landschaft. —

Der Garten von Buitenzorg ist, vom wissenschaftlichen Standpunkte betrachtet, der wertvollste der Welt. Die lebhafteste Einbildungskraft kann sich kaum einen schöneren Flecken Erde denken, als diesen umfangreichen Park, in dem Natur und Kunst sich vereinigt haben, ein irdisches Eden zu schaffen. Alle auf der Indischen- und auf der Südsee-Inselwelt gedeihenden Pflanzen, ferner die Gewächse, welche von der Tropenzone des asiatischen Festlandes, der afrikanischen Küste und von dem Norden Südamerikas durch den Fleiss und den wissenschaftlichen Eifer der Reisenden hierher gebracht sind, vermehren sich in reicher Mannigfaltigkeit und in prachtvollem Farbenschmuck. Alles wächst im Freien; alles findet hinreichende Wärme und steht nicht, wie bei uns, in kümmerlicher Zwerggestalt innerhalb enger Treibhausmauern.

Die Auffahrt zum Palast des Statthalters ist durch hohe Tamarindenbäume begrenzt. Etwas weiter zur Linken stehen kleine Wäldchen von Muskat- und Nelkenbäumen, deren Wohlgeruch sich weit verbreitet, und vom Zimtbaume finden sich mehrere Arten.

Schon die Wahl des Platzes auf 270 m Seehöhe, also im Grenzgebiet der tropischen Wärme, wo Pflanzen verschiedener Zonen zugleich gedeihen können, beweist die Einsicht und Kenntnis des Begründers, des deutschen Professors Reinhard. Im Jahre 1820 begann dieser im Auftrage des Statthalters, Baron van der Kapellen, den Park anzulegen.

Ich sah die wundervollsten Sammlungen tropischer Gewächse; eine Palmengruppe enthielt sämtliche Vertreter ihrer Familie. Ferner waren da künstliche Gräben mit Lotosblumen von dunkelroter und blassblauer Farbe, Sammlungen von allen erdenklichen Kakteen, von Gummi- und Banianenbäumen, unter denen einzelne vielleicht 2000—3000 Menschen in ihrem Schatten aufnehmen konnten. Neunhundert verschiedene Luft- und Erd-Orchideen hingen an ebenso vielen, eigens für den Zweck gepflanzten, Bäumchen, doch nur 60 oder 80 waren in Blüte. Aber diese wenigen Blumen genügten, um zu zeigen, wie täuschend einzelne unter ihnen die Form gewisser Insekten annehmen können. Manche sahen wie Schmetterlinge aus, andere wie Fliegen, Bienen oder selbst wie kleine, buntgefärbte Vögel mit ausgebreiteten Flügeln. Die Eigentümlichkeiten fielen noch mehr auf durch die wunderbar leuchtenden Farben, die wohl in keiner anderen Pflanzenfamilie in so grosser Mannigfaltigkeit zu finden sind.

Wenn die gleichen Anlagen auf Hongkong und in Singapur sich indessen auch nicht annähernd mit den 9 km im Geviert grossen Gärten in Buitenzorg messen können, so waren sie als solche — in Victoria in ihrer Stufenform, in Singapur in ihrer parkartigen Beschaffenheit — doch dem Buitenzorger botanischen Walde überlegen. Hier sind die Wege vernachlässigt, Gras und Unkraut wucherten an manchen Stellen, vertrocknete Blätter waren nicht überall entfernt; nur in der Nähe des Palastes des Statthalters sah man geschorenen Rasen. In Buitenzorg scheint man es vornehmlich auf den wissenschaftlichen Wert, in Hongkong und in Singapur auf die malerische Wirkung abgesehen zu haben.

Die holländische Sprache ist nicht schwer zu verstehen. Ich hörte, wie ein kleiner Junge im Park zu seinem Vater sagte:

»Ik weet, wat soort boom dat is.«

»Welnu, welken boomsoort is dat?«

»Dat is en brotboom.«

Von der offenen Halle vor meinem Zimmer sah ich auf einen schmalen Fluss, den Tshiapus, hinab. An seinen beiden Seiten konnte ich die ganze, üppige Tropenpflanzenwelt mit ihren bezaubernden Reizen gewahren, während im Hintergrunde der 700 m hohe Gunong Salak aufstieg. Und am Abend tönten die Metallklänge des unentbehrlichen Gamelang[*]) aus den zwischen Palmen versteckten Hütten im Thale des Flusses, durch die nach dem Gewitter balsamische Tropen-Nacht zu mir herauf. Im Hintergrunde schloss, wie bemerkt, die finstere Masse des Salak, mit den im

Buitenzorg. Gunong Salak und Tshiapus.
Vom Hôtel Bellevue gesehen.

Dunkeln rotglühenden Dämpfen seiner Krater, dies entzückende Bild ab, das auf unserer Erde nicht viel ihm Ebenbürtiges haben dürfte.

Am Donnerstag, den 3. Dezember, fuhr ich auf der Bahn nach Soekaboemi ab; ich hatte einen kurzen Ausflug tiefer in das Innere Javas ins Auge gefasst. Die Fahrt war wundervoll. Zu beiden Seiten des Schienenweges zeigte das vulkanische Gelände die Spuren vielfacher Erdbeben. Zucker-, Kaffee-, Thee-, Kakao-, Reis- und Ananas-Pflanzungen wechselten mit einander; unsere kostbaren Garten- und Treibhausblumen wucherten an den Böschungen als Unkraut. Kleine Papageien, Gesellschaftsvögel und Zebra-Finken in grossen Mengen waren nur dem aufmerksamen

[*] Der Gamelang ist die javanische Zither.

— 310 —

Beobachter erkennbar. Merkwürdigerweise gewahrte ich auf verschiedenen Feldern Reis von ganz kleinen, jungen Pflanzen bis zu hohen, fruchttragenden Halmen. Im Schatten von Palmen, von 8 m hohen Baumfarnen, und zwischen Bananen stehen die kleinen Hütten der Eingeborenen, die aus Bambus und Strohmatten hergestellt sind. Recht hübsch fand ich die über die Ströme und Bäche gebauten, anmutigen Bambusbrücken; sie machen den Eindruck, als seien sie für Elfen bestimmt, während ich starke Männer, Lasten tragend, über sie hinschreiten sah. An den verschiedenen Haltestellen boten Kinder den Reisenden allerlei Nüsse, Früchte und gekochte Maiskolben an. Ein anziehendes Bild zeigten die 14 bis 15 Jahre alten Mütter, jede mit ihrem Kinde rittlings auf der Hüfte, wenn sie, vor den Hütten stehend, mit dem üppigen, schwarzen Haar, mit den hübschen Rehaugen den Zug neugierig vorüberfahren sahen. —

Gegen 11 Uhr vormittags verliess ich in Soekaboemi die Bahn, um mit Pferd und Wagen die Reise fortzusetzen. Ich wusste, dass meine nächste Haltestelle Tjiandjoer hiess und stieg in einen mit zwei ganz kleinen Ponyhengsten bespannten Karren, d. h. in ein zweirädriges Gefährt mit Sonnendach. Ich sagte dem Malaien »Tjiandjoer«, er wiederholte »Tjiandjoer«, nickte mit dem Kopf und »off we went«.

Ich mochte auf dem recht gut gewalzten Wege eine Stunde durch dicht bevölkerte Gegenden mit lebhaftem Verkehr gefahren sein, ohne einen Europäer gesehen zu haben, als mir einfiel, dass ich mich hier ebensowenig verständlich machen könne, wie unter den Eskimos. Mich mit einigem Geschick meiner wenigen Habseligkeiten halber umzubringen, konnte für meinen Kutscher vermutlich keinerlei missliche Folgen nach sich ziehen. — Schliesslich kamen wir an ein grösseres Dorf, in dem unter der malaiischen Bevölkerung auch einige Chinesen ihren Handel trieben und wo ich u. a. auch europäische Wohnungen zu Gesicht bekam. Aus der von meinem Führer an mich gerichteten längeren Ansprache glaubte ich schliessen zu können, dass wir an Ort und Stelle angekommen seien, und dass er mich fragte, wo er halten solle. Ich antwortete kurz »Sindanglaja!« Er hatte mich verstanden und verschaffte mir anderes Fuhrwerk; mit seinen beiden Zwerghengsten hatten wir 20 km in 2½ Stunden zurückgelegt.

Der fernere Weg führte über einen Bergrücken; dieser bildet die Grenze zwischen den Regentschaften Batavia und Preanger und zugleich die Scheide zwischen malaiischer und sundanesischer Sprache, die aber für mich nur insofern von Bedeutung war, als ich von hier ab, statt durch das Wort »Api« Feuer zur Cigarre zu verlangen, die beiden Silben »Sono« sagen musste. —

In Tjiandjoer sah ich eine Hütte von einer grossen Zahl Eingeborener umlagert; ohne Frage musste drinnen etwas Aussergewöhnliches vor sich gehen: eine Malaiin nähte auf der »Original-Singer«. —

Sindanglaja liegt fieberfrei auf 1000 m Seehöhe; es wird daher als ein Zufluchtsort der vielen Kranken aus den Niederungen an der Nordküste der Insel geschätzt. Im Ort selbst machte ich die Bekanntschaft eines nicht nur liebenswürdigen, sondern auch in hohem Grade gebildeten Landsmannes, des Herrn Fugger, der nach seiner Aussage Mitglied der berühmten Augsburger Familie ist. Nach vielen Schicksalen war er auf dem Punkte angekommen, auf dem man in Sindanglaja Kartoffeln zu bauen pflegt.

Am folgenden Morgen, noch vor Sonnenaufgang, ritt ich aus meinem Gasthof zu einem mit Herrn Fugger verabredeten Stelldichein. — Wir nahmen einen Feldweg, bis wir am Fuss des Gedeh, dessen Krater zur Zeit stark rauchte, ankamen. Auf dem Steige fielen mir grosse Mengen 2 m hoher Verbenen auf. Neben Kaffeepflanzungen sahen wir auch Kaffeebaumschulen, in denen die kleinen Bäumchen aufgezogen wurden. Der Ritt machte mir ausserordentlich viel Vergnügen. Die Witterungsverhältnisse auf dieser Höhe von 1000 m sind die denkbar schönsten. Man lebt das ganze Jahr im Frühling und wird nur durch überreichlich viele Regen- und Gewitterschauer hin und wieder in dem Wahne, im Elysion zu wohnen, gestört. Auch der Weinstock würde auf dieser Höhe vortrefflich gedeihen, indessen ist es nicht erlaubt ihn im grösseren Massstabe anzupflanzen, damit dem Handel, der gegenwärtig von den Holländern nach den Sundainseln mit französischen Weinen betrieben wird, kein Abbruch gethan werden kann.

Nicht weit vom Dorfe Tjibodas sah ich 5 m hohe Gebüsche von Fuchsien und Heliotropen; Erdbeeren standen in Blüte. Wir gaben im Orte selbst unsere Pferde zwei Malaien zur Aufsicht und begannen in den nahen Urwald einzudringen. Wir mochten nicht viel mehr als eine halbe Stunde umhergeklettert sein, als meine Kleidung, Stiefel eingerechnet, Gesicht und Hände von Dornen und Gestrüpp aller Art zerrissen waren.

Unter den Bäumen bemerkte ich die riesige indische Eiche, den Teakbaum. Trotz seiner ungeheuren Grösse ist er von schlanker Gestalt, und Fugger machte mich auf Stämme, die 400—500 Jahre alt sein sollten, aufmerksam. Die Malaien verwenden nicht nur das dunkelbraune, dichte, schwere Holz, das jedem anderen für Bauzwecke vorgezogen wird, sondern auch die Blüten und Blätter in der Heilkunde und in der Färberei.

Das Ziel unserer Wanderung, ein tiefes, grünes Wasserbecken, war endlich erreicht. Der kleine, geheimnisvolle, der Sage nach unergründliche, kreisrunde See, liegt zwischen einem kraterähnlichen Wall von Lavablöcken. Ringsum steht der üppigste Tropenwald, durch Schlinggewächse dicht verwobene Riesenstämme. Ueber dem grünen Seebecken hängend, spiegelt sich der Urwald darin und bildet eine dunkle, schattige Einfassung. Grosse braune Früchte glaubte ich von den Gipfeln der Bäume herabhängen zu sehen, und lautlose Stille herrschte; nur dann und

Java. Dorf am Fusse des Gunong Pangero.

wann liess sich eine Vogelstimme und das ferne Rollen des Donners vernehmen. Als Fugger aber seinen Revolver abfeuerte, da wurde es lebendig an allen Ecken und Enden. Kreischend und schwirrend flog und flatterte es durcheinander. Hunderte von Wasservögeln, die im Schatten am Strande verborgen gesessen hatten und Tausende der riesigen Fledermäuse, der bekannten fliegenden Hunde, hatte der Schuss aufgescheucht; die letzteren waren die vermeintlichen grossen Früchte, die von den Bäumen herabgehangen hatten. Diesen See hatte Fugger mir durchaus zeigen wollen; wenn die alten Griechen ihn gekannt hätten, würden sie ihn zweifellos für einen ferneren Eingang zum Hades gehalten haben.

Auf dem ungebahnten Wege hatten wir nicht selten bis oberhalb der Knice im Morast gesteckt. Nach ferneren 40 Minuten mühseliger Arbeit kamen wir wieder ans Tageslicht, und nachdem wir uns gegenseitig überzeugt hatten, dass weder an Fugger, noch an mir Blutegel hängen geblieben waren, bestiegen wir die Ponys und ritten einen anderen Weg zurück, als wir gekommen waren. Er führte uns über eine nicht sehr grosse Pflanzung, deren Besitzer ausser Wurzeln, Kartoffeln, Spargel, Radieschen, Salat und Kohl auch Cinchona-Bäume zog. Diese waren vor 19 Jahren gepflanzt und bildeten einen ansehnlichen Wald von zierlichen, hübschen Bäumen, deren Blätter auf der Unterseite rot gefärbt waren. Sie sind in den Frühlingsgegenden der Tropenländer heimisch. Aus diesem Grunde und wahrscheinlich auch, weil die Pflanze nur bei einem geringen Luftdrucke gedeihen kann, findet man sie in der Seehöhe von 1000—2000 m; aber ausser dem Wärmestande, dem Luftdruck und den Bodenverhältnissen hat man beim Pflanzen des Cinchonabaumes ebenfalls auf die Menge des fallenden Regens und die Summe der bewölkten Tage zu sehen. Daneben ist der Chinabaum eine Waldpflanze, die nur in zahlreicher Gesellschaft mit ihresgleichen gedeiht. —

Auf dem schmalen Feldwege begegneten uns mehrfach Herden von Kerabaukühen, die mit ihren langen, schon früher beschriebenen Hörnern nicht ungefährlich sind. Endlich kamen wir wieder in Sindanglaja an. Um 9 Uhr war meine Karre mit drei Pony's bereit und Fugger begleitete mich in ihr auf dem 500 m ansteigenden Weg bis nach Tjihandjawar. Die Strasse befand sich in so elendem Zustande, dass wir mehrfach aus Mitleid mit den Pferdchen vorzogen, neben dem Wagen einher zu marschieren. Endlich angekommen, nahmen Fugger und ich Abschied von einander; er ritt wieder nach Sindanglaja, während ich, unausgesetzt zu Thal fahrend, 22 km bis Buitenzorg zurückzulegen hatte. Mit jedem Kilometer fühlte ich, wie die angenehme Kühle des Gebirges mählich der Hitze in der Ebene wich. —

Kinder bis zum 13. Jahre gingen unbekleidet; bei ihnen bemerkte ich fast ausnahmslos runde harte Bäuche, die Trommeln glichen. Solche

Zustände an ihren Kleinen finden die Malaien schön und nennen sie Zeichen von Kraft. Wenn es vorkommt, was nicht selten ist, dass dieser oder jener Stammhalter keinen Reis mehr essen mag, so nimmt die sorgsame Mutter den Sprössling heran und stopft ihn mit der Halmfrucht voll, in der Art, wie man bei uns Gänse zu nudeln pflegt. Daher mag es kommen, dass man selten Malaien mit reinem Athem findet, welcher Umstand wieder das Kauen der Betelnuss und Sirihblätter zur Folge hat.

Von Durst gequält, versuchte ich mich in einer Hütte dahin verständlich zu machen, dass mir Kaffee sehr willkommen sein würde. Man gab mir eine Schale mit gebrannten, zwischen Steinen geriebenen Bohnen auf die man heisses Wasser goss. Mit siegesgewisser Miene brachte man mir einige Kuchen als etwas ganz Besonderes. Ihrem Aeusseren nach schienen sie vor dem französischen Kriege angefertigt zu sein, und wenn mein Geruchsinn mich nicht trog, mussten sie einige Monate in pennsylvan. Erdöl gelegen haben; sie trugen den Stempel »Hamburg«. Leider vermochte ich mit dem einzigen mir bekannten sundanesischen Worte »Sono« dem Eingeborenen nicht begreiflich zumachen, dass man in der Regel nicht von Deutschland über Puerto Cortez, Honolulu, Wladiwostok, Bangkok nach Batavia reist, um des Vergnügens teilhaftig zu werden, einen Biskuit von Langnese essen zu dürfen. — Ich fuhr an einer Wohnung vorüber, neben der ausserordentlicher Lärm vollführt wurde. Man hämmerte auf gespannte Kalbfelle, auf Kessel und Glocken, liess überhaupt nichts unversucht, um ein so gewaltiges Getöse, wie nur möglich, zu machen. In der Hütte sassen drei kleine Mädchen, deren Haar man mit vielem Goldflitter ausgestattet hatte, die Gesichter waren mit Curcuma gelb gefärbt und über die Stirn hatte man einen dicken schwarzen Strich, mit weissen Punkten darin, gezogen, während auf den Backen dunkle Flecken angebracht waren. Diese von Weibern und Kindern umgebenen Mädchen sollten eine Hochzeit verschönern helfen. — Alle Bewohner des westlichen Java sind Mohammedaner, aber weder ist mir auf diesem Ausfluge eine Moschee, noch ein Minaret zu Gesicht gekommen.

Gegen 5 Uhr nachmittags kam ich wieder im Hôtel Bellevue in Buitenzorg an und war aufs neue begeistert von dem unvergleichlich schönen Blick vor und unmittelbar unter der Halle. —

Gleich nach meiner Rückkehr besuchte ich den Vorsteher des botanischen Gartens. Er sprach fliessend deutsch, empfing mich sehr gütig und willfahrte sofort meiner Bitte, mich für den Vormittag des 5. Dezember durch einen Unterbeamten im Garten umherführen zu lassen. Ich suchte früh am Abend mein Lager auf und als ich den nächsten Morgen 5½ Uhr in die offene Hallen hinaustrat, sassen schon alle Damen mit blossen Füssen, im Sarong, Kabaja und Goldpantöffelchen auf den Rundgängen, während die sie und ihre Kinder bedienenden Malaiinnen an den Thüren kauerten. — Wie besprochen stellte ich mich um 6½ Uhr im Garten ein, wo Herr Grosskreuz, ein Frankfurter Kunstgärtner, mich erwartete. Der Genuss, von diesem gebildeten Manne Erklärungen all der Tropenwunder, die der Garten umfasst, zu empfangen, war unvergleichlich. Er zeigte mir: die Kampfer-, Guttapercha-, Muskat- und Nelkenbäume, Tapioca- und Cassiasträucher, Vanilleranken, die Sagopalme, das Patschulikraut, den Upas oder Giftbaum und 100 andere, bei uns unbekannte, dort vermittelst sorgsamer Pflege zur Vollkommenheit gezogene Pflanzen. Durch Bambushaine, an Victoria-Regia-Teichen vorbei, neben Palmen mit 1000, zu einem Irrgarten zusammengewachsenen Wurzeln, am heiligen Baume der Buddhisten vorüber, durch einen Park mit Hirschen und einzelnen Elefanten, führte mich Herr Grosskreuz, indem er mir hier ein wunderbares Blatt, dort eine eigentümliche Frucht erklärte. Bananen waren durch einige fünfzig verschiedene Arten vertreten, die mit einander ein Gebüsch bildeten, dessen breite, schirmartig herabhängende Blätter angenehmen Schatten spendeten. Im Umsehen war es 9 Uhr; die Zeit war gekommen, in der ferneres Gehen, der Hitze halber, nicht mehr ratsam erscheint.

Zum Schluss hatte Herr Grosskreuz mir eine grosse Sammlung hochstämmiger europäischer Rosen von vorzüglichem Aussehen, und Erfurter Gartenblumen, die dagegen einen kümmerlichen Eindruck machten, gezeigt. —

Die holländischen Kinder im westlichen Java sehen alle mit einander bleich aus. Ihr Haar ist von so heller Farbe, wie ich es in Europa nie bemerkt habe. Rote Backen sollen bei den Kleinen ein Zeichen von misslichem Befinden sein, und Erwachsene nehmen eher die gelbbraune Farbe der Eingeborenen an, als dass sie unter den Strahlen der Sonne einbrennen.

Die Hitze wirkt auf Geist und Körper um so nachteiliger, je länger man ihrem Einfluss ausgesetzt ist. Die Körperkräfte sinken und auch die Denkweise soll sich verändern. Die Eindrücke der Aussenwelt sind dem Geiste nicht mehr fasslich: kühl, gefühllos und gleichgültig sehen die meisten Europäer in Batavia nach kurzer Zeit auf die Natur, die sie bei ihrem ersten Anblick unwiderstehlich bezaubert hatte. Naturgemäss sehnt man sich nach dem Wechsel der Jahreszeiten. —

Nachdem ich vom botanischen Garten wieder zurückgekehrt war, forderte ein mir unbekannter Holländer im Gasthof mich auf, mit ihm nach dem benachbarten Dorfe Kota Batoe zu fahren. Wir benutzten einen recht hübschen Karren und kamen durch manche Dörfer. Der ganze Weg lag unter dem Schatten von Bananen, Sago- und Kokospalmen.*) Die einzelnen kleinen Strohhütten waren mit Kaffeesträuchern umpflanzt und

---

*) Man schätzt die Zahl der früchtetragenden dieser Bäume in Java auf 35 000 000 Stück.

diese wieder umgeben von Ananasheeken, deren junge, brennend rote Früchte aus dem stacheligen Busch hervorstanden. Auch diese Spazierfahrt war wieder ein herrlicher Genuss. Wenn die Luft auch weniger rein und kühl war, als ich sie 2 Tage früher in den Bergen atmen konnte, liegt Buitenzorg doch immer noch soviel höher als Batavia, dass man dort die eigentliche Tropenhitze nicht empfindet. — In Kota Batoe angekommen, badeten der Holländer und ich in dem berühmten Teich, der kristallklares, nur 12° warmes Wasser aus einer unterirdischen Quelle erhält. Es mag dies Bad wohl das angenehmste und erfrischendste gewesen sein, das ich jemals genommen habe. Der Teich ist umgeben von Palmen mit 10 m langen Blättern. Der Niederländer war in dem Grade angeregt, dass er sich von einem Chinesen, der eine kleine Wirtschaft im Ort unterhält, eine halbe Flasche Moët & Chandon geben liess; da er sie freundlicherweise mit mir teilte, konnte ich nicht wohl umhin, seine Güte in der nämlichen Art zu erwidern. Uebrigens sei bemerkt, dass nicht jeder die Kälte des Wassers im Teich in den javanischen Witterungsverhältnissen zu ertragen vermag. Bei der Mehrzahl der Badenden sollen sich unmittelbar nachher Erbrechen und Fiebererscheinungen einstellen.

Im Dorfe selbst hatten wir Gelegenheit, uns mit einer eingeborenen Familie in eine Unterhaltung einzulassen; mein Niederländer redete die malaiische Sprache leidlich. Der Vater fragte mich, ob ich seine Tochter nicht kaufen wolle; sie koste $3^{1}/_{2}$ Tientjes*) und kaue keinen Betel. Diese Eigenschaft machen die Europäer zur Bedingung, wenn sie malaiische Mädchen erhandeln. Niemals vergesse ich den Blick, mit dem das kaum 14jährige Mädchen mich ansah, als sie mir gewissermassen als Ware angeboten wurde; in den schönen Augen lagen tausend ernste, angstvolle Fragen. Ich liess dem Mann sagen, dass ich bald 20 Jahre alt sei, somit längst verheiratet wäre. Der Alte schüttelte den Kopf und meinte, ich sehe aus, als ob ich Geld genug hätte, um für mehrere Frauen und deren Kinder Reis zu kaufen.

Am Nachmittag desselben Tages fuhr ich nach Batavia zurück. Hier stieg ich im Marine-Hotel ab, das mir besser zu sein schien als das Hôtel des Indes, in dem ich bei meiner Ankunft im Lande einige Stunden gewohnt hatte. Aber auch in diesem ging es mir, wie in jedem anderen Gasthause auf Java. Niemand empfängt den Ankommenden; man hat sich an einen Malaien zu wenden, der nur die eigene Sprache versteht. Nach endlosen Zeichen holte der Eingeborene den Wirt, der natürlich mehrere europäische Sprachen verstand, sich aber sehr wunderte, dass man ihn hatte rufen lassen. Er wies den Malaien an, mir ein Zimmer zu geben, und dann sass ich wieder hilflos da. — Der Tisch in allen Gasthäusern lässt zu wünschen übrig; zum wenigsten entsprechen gekochter Fisch mit Karotten

---

*) 1 Tientje = 10 niederl. Gulden.

und dem Aehnliches nicht so ganz der Hamburger Küche. Dabei habe ich das Reisen an keinem Platz der Welt so teuer gefunden wie in Niederl. Indien. Beispielsweise kostet eine Fahrt auf einem Karren durch die Stadt nicht weniger als 8 Mark nach unserm Gelde. Ueberall berechnen die Niederländer Unsummen, ohne an Gegenleistungen zu denken. Sie sind in mancher Beziehung das kleinlichste, engherzigste Volk, das mir vorgekommen ist!

Neben mir im Gasthofe wohnten Mr. und Mrs. Seymour aus New-Port R. I. Das junge Paar hatte weder den Niagara noch Yosemite, weder Nikko, die Inland Sea, noch Buitenzorg besucht, sondern nicht viel mehr als San Francisco, Jokohama, Hongkong und Batavia gesehen, wo es seit zwei Monaten lebte und gehöriges Fieber hatte. Mit welchen Absichten reisen solche Leute eigentlich um die Welt?

Der zoologische Garten ist nicht bedeutend. Vier Orang-Utans hatte ich bis jetzt allerdings noch nicht bei einander gesehen, und ausserdem konnte ich meine Sprachkenntnisse erweitern, wenn ich mir merkte, dass das Stachelschwein auf niederländisch: »Stekelvarken« heisst. — Zu den Vorteilen Batavias gegenüber englischen Städten im Osten zählt, dass die Kirchen sich hier nicht so unchristlich breit machen wie dort.

Als ich die vier grossen Apotheken der Stadt aufsuchte, erging es mir nicht besser als in Manila. Man kannte unser Hamburger Haus, ohne mit ihm zu arbeiten. Indessen war einer der Herren, wenn ich nicht irre, nannte er sich Clarus, so freundlich, mich auf den Nachmittag zu einer Kaimanjagd einzuladen. Um $2^1/_2$ Uhr holte ich ihn verabredetermassen ab, und wir fuhren an dem Delta entlang, das zwischen der Stadt und dem Meere liegt. Selten haben Europäer bis jetzt eine Nacht auf diesem angeschwemmten Land zugebracht, ohne solchen Leichtsinn mit dem Leben zu bezahlen; die Fiebererreger in den Sümpfen sind tödlicher Art. Das Delta im Nordwesten der Stadt wird von zwei Flüssen durchzogen, und einer von ihnen, der Angké, sollte unser Jagdgebiet werden. Wir bestiegen ein Boot, das den Bancas in Manila glich, in dem wir beide uns mit den Büchsen in der Hand auf den Boden setzten. Ganz hinten hockte ein Malaie und schaufelte das Fahrzeug, das in jenem Lande »Prau« genannt wird, vorwärts. Herr Clarus und ich waren beide in Pydshamas gekleidet; Stiefel und Strümpfe hatten wir abgelegt, denn wenn der angeschossene Kaiman sich auf das Boot wirft, heisst es schwimmen. Ehe wir abfuhren, tranken wir beide ein halbes Bierglas Cognac, um während der Fahrt zu schwitzen; die Sümpfe sollen ebenfalls unter den Tagesstunden so gefährlich sein, dass man ohne diese Vorsichtsmassregel unbedingt schweres Fieber von der Jagd mit nach Hause bringen würde. Möglichst lautlos fuhren wir am Schilfe entlang; ich war in dem Masse erregt, dass ich auch ohne den Cognac fürchterlich geschwitzt haben würde. Plötzlich hörte ich einen sehr grossen Körper ins Wasser fallen, sah indessen nur wie dieses hoch aufspritzte. »Da geht einer hin,« flüsterte mir Herr Clarus zu. Wir waren etwas weiter gefahren, als die Büchse meines Begleiters neben mir krachte; unmittelbar nachher sah ich einen kleinen, kaum 3 m langen Kaiman aus dem Wasser ans Land kriechen. »Schiessen Sie doch!« brüllte Clarus, aber der Kaiman war verschwunden, ehe ich zum Schuss kommen konnte. — Im ganzen kamen sechs Alligatoren vor; darunter mochten drei die ansehnliche Länge von 6 bis 8 m messen. Von allen konnten wir jedoch nur zwei anschiessen; wir sahen den Erfolg unserer Kugeln daran, dass die Bestien hoch aufsprangen. Beute konnten wir leider nicht machen, weil die krankgeschossenen Krokodile in den Sumpf liefen; nicht besser ging es uns mit zwei Leguanen. Trotz unseres geringen Erfolges wäre die Jagd ungemein spannend gewesen, wenn ich nicht hin und wieder an die Krankheitserreger, in deren Bereiche wir uns befanden, hätte denken müssen. Am nämlichen Abend ging ich mit Fieber auf mein Zimmer; 3 gr Chinin machten aber alles wieder gut.

Seit acht Tagen trieben zwei Tiger ihr Unwesen am Ende des Vororts Meester Cornelis. Sie hatten sechs Kühe und zwanzig Ziegen zerrissen, ohne dass sich jemand um sie kümmerte. Soweit ich die Briten kenne, würden die Katzen in einer englischen Siedelung nicht viel weiter als bis zu den ersten beiden Opfern gekommen sein; man würde sich darum geschlagen haben, an einer Hetze teilnehmen zu können. — Uebrigens ist es der Mühe wert, gegenüber der wirklich vorhandenen Gefahr durch Tiger ihre Nichtachtung, wie ich solche auf Java und Sumatra verbreitet fand, zu erwähnen. Damen fahren auf beiden Inseln mit ihren Kindern ohne allen Schutz und ohne alle Furcht in kleinen offenen Ponywagen vor Tagesanbruch und nach der Dämmerung spazieren, während zu beiden Seiten der dichte Wald, in dem die Raubtiere thatsächlich vorhanden sind, hart an die Strasse tritt. Die Ueberzeugung von der Feigheit und Menschenfurcht dieser Katzenart ist bei allen fest eingewurzelt. Neuangekommene und Fremde sind die einzigen, die, wenn sie von ihren ersten Ausflügen heimkehren, mitunter »nicht ganz sicher sind, aber kaum zweifeln«, dass sie im Dickicht ein paar grosse Tigeraugen sahen. Für derartige Berichte ernten diese Einwanderer indessen selten mehr als mitleidiges Lächeln. —

Die Rückreise von Batavia nach Singapur legte ich auf dem kleinen Dampfer »Amboina« zurück; ich hatte nur wenig von der Perle der Sundainseln sehen können. Der bei weitem merkwürdigste Teil des herrlichen Eilands liegt weiter östlich zwischen Semarang, Soerakarta und Djokjokarta. Dort in Boro-Budur befinden sich Reste brahmanischer Tempelbauten; sie stammen aus dem 14. Jahrhundert, aus der Blütezeit der javanischen Stämme und des sundanesischen Kaiserreichs, aus der Zeit, in der der Mohammedanismus noch nicht seinen Einzug auf der Insel gehalten hatte. —

Von den im Lande beliebten javanischen Erzählungen und Gedichten neueren Ursprungs, die mir in unserer Sprache vorgekommen sind, möchte ich je ein Beispiel einschalten.

Ein überall bekanntes, harmlos-einfaches Märchen heisst:

Jowar Manikam.

Treue Liebe macht das Herz schwer. Da war eine Jungfrau, die glänzte wie ein Edelstein unter allen Weibern und ihr Name war Jowar Manikam. Ihr Vater war ein sehr frommer Mann und von ihm hatte sie die Reinheit und Keuschheit des Gemütes geerbt. Ihre Schönheit war über alles Lob erhaben, alle Männer bewunderten sie und schauten sie lieber an, als Berg und Thal, Fluss und See. Sie lebte gleich einer Heiligen und alle bösen Gelüste blieben ihr fremd; allein Gott in der Höhe war der Gegenstand ihrer Verehrung. Aber ist es nicht ein Unglück, dass ein so herrliches Geschöpf ohne Gatten dasteht? Und wenn ein solches Mädchen einen ganz für sie geeigneten edlen Mann findet, ist es da nicht, als ob Milch und Zucker sich mischen? Als nun ein Priester einen Angriff auf ihre Tugend machte, da rief sie erstaunt: »Warum handelst du wie ein Dieb? Ist es dir nicht verboten, solches zu thun? Vergisst du dein Gelübde und die Furcht vor Gott? Denkst du nicht an dich selbst? Ist deine Aufführung nicht abscheulich? Da ich Gott fürchte und die Strafen des Himmels, so kann ich niemals deinen Begierden nachgeben. Ich werde den Vorschriften des Propheten Gehorsam leisten und die Laufbahn seines Kindes Fatime wandeln. Wie kommt es, dass du so Uebles an mir vollbringen willst? Wahrlich, wenn mein Vater dieses wüsste, würde er dich nicht hart bestrafen? Da der Priester auf diese Weise abgewiesen war, schrieb er aus Rache einen Brief an den Vater der Jowar Manikam, worin er sie anschuldigte, dass sie ihn habe verführen wollen. Der betrübte Vater verurteilte seine Tochter nun zum Tode und trug ihrem Bruder die Hinrichtung auf. Als dieser aber das Schwert zum verhängnisvollen Streiche erhob, traf er einen Hirsch statt der Schwester, die unbeschädigt in die Wälder entfloh. Unter einem breiten Waringinbaume fand sie Schutz und Obdach, und wenngleich dessen Früchte noch nicht reif waren, so zeitigten sie doch, um ihr als Nahrung dienen zu können. Alle Blumen öffneten ihre Kelche und strömten Wohlgeruch auf sie aus; eine that es darin der anderen zuvor. Die wilden Tiere des Waldes, der Tiger, der Büffel, das Nashorn kamen zu ihr und legten sich als treue Wächter lautlos um sie herum. Und als nun die Prinzessin durstete, da betete sie zum Himmel um Wasser; sogleich that sich der Boden auf und ein frischer Quell sprudelte hervor, auf dem Wasserrosen erblühten. Ihr Herz ward nun leicht, sie badete im Bächlein und betete zu Gott. Der Vater entdeckte unterdessen die Schändlichkeit des Priesters und holte seine Tochter wieder, die glücklich an einen Prinzen verheiratet wurde.

Und hier noch ein Gedicht:

Sun amurva langit inggil	Hoch ist der Himmel
Dadalan iku pan dawa.	Und der Weg dorthin ist weit.
Chok juranga pasti ledok	Jedes Thal ist flach
Lumrahi gni apanas.	Und das Feuer ist von Natur heiss.
Sanadyan lawe petak	Der weisse Zwirn wird schwarz
Yen winedel dadi wulung	Sobald du ihn mit Kohle färbst,
Yeng mahidu ayonana!	Glaubst du's nicht, dann versuche es!

XVI. KAPITEL.

Ein Abstecher nach Sumatra. Penang. Reise nach Kalkutta. Rangun.

Die Amboina legte ungefähr 6 km in der Stunde zurück. Es war mir ein neues Zeichen von dem Geiste der Engherzigkeit, der die Niederländer beherrscht, dass sie einen schadhaften Dampfer, der in Singapur ausgebessert werden sollte, als Postschiff laufen liessen; dabei musste ich für die Reise ungefähr ebenso viel zahlen wie seinerzeit für die Fahrt von Bremerhaven nach Newyork. — Indessen kann ich nicht in Abrede stellen, dass ich mich bei den Niederländern trotz schlechter Küche, trotz ihrer vielen mir nicht zusagenden Eigenschaften mehr heimisch fühlte als z. B. bei den tadellosen Briten in Shanghai.

Den elenden Einrichtungen auf der Amboina entsprechend, hatte ich es nicht der Mühe wert erachtet, mich vor der Mittagsmahlzeit abends $6^1/_2$ Uhr, anzukleiden, bis der Schiffsführer mir sagen liess, dass es auf seinem Dampfer nicht üblich sei, sich in Pydshamas zum Tiffin zu setzen, eine Mitteilung, die ich mir hinter beide Ohren schrieb.

Wenn ich etwas älter gewesen wäre, hätte ich dem vortrefflichen Manne indessen entgegnen lassen, dass mein Erscheinen in der Nachthose mit der Gewohnheit seiner malaiischen Boys, im Esssaal die Stiefel zu putzen, im Einklang stehe.

In Singapur erkundigte ich mich nach Briefen und atmete erleichtert auf als ich erfuhr, dass keine angekommen seien. Es konnte keinem Zweifel unterliegen, dass durch die nächste mir zu Händen kommende Post mein planloses Reisen einer recht scharfen Beurteilung unterzogen werden würde, und dennoch dachte ich nicht daran zu bedauern, diese Abstecher gemacht zu haben. Ich war vielmehr überzeugt, dass mein Vater meine Unternehmungen billigen würde, wenn ich ihm mündlich auseinandersetzen konnte, was ich gesehen und beobachtet, welche Erfahrungen ich

Singapur.
Geldwechsler.

mir in den verschiedenen Ländern gesammelt hatte. Von Mitte September bis Anfang Dezember, also seit meinen letzten Tagen in Wladiwostok, hatte ich Ainos, Mandschuren, Koreaner, Japaner, Chinesen, Tagalen, Mestizen, Negritos, Annamiten, Siamesen, Malaien und Javanen; russische, englische, portugiesische, spanische, französische und niederländische Siedelungen beobachten können. Lässt sich eine anregendere Reise denken? Wo auf unserer Erde findet man so viele von einander grundverschiedene Völkerrassen wie im östlichen und südöstlichen Asien? Ist doch die Entfernung von der Südwestspitze Koreas bis Manila nicht grösser als der Abstand von Stockholm bis Paris. Der Zwischenraum von Manila bis Bangkok »as the crow flys«, ebenso die Entfernung von Bangkok bis Batavia gleichen der von Korea bis Manila, und welche Abwechselung bieten wieder beide Strecken gegen die zuerst erwähnte, nördlicher gelegene!

Die »Rajpootana«, die mich von Singapur nach Kalkutta bringen sollte, wurde erst in 7 Tagen erwartet. Ich hatte also Zeit, mit der am Tage nach meiner Rückkehr von Batavia, nach Deli abgehenden »Hebe« einen Ausflug nach Sumatra zu machen und die Rajpootana später in Penang zu treffen.

Am Bord der Hebe, die noch unbedeutender war als die Penang, fand sich eine recht lustige Gesellschaft zusammen. Herr Wohlfahrt war am 8. Dezember aus Deli in Singapur angekommen. Seine Braut aus Berlin traf von Bremen einen Tag später ein. Am 10. hatte der deutsche Konsul beide ehelich verbunden und das junge Paar beabsichtigte in Deli dauernden Wohnsitz zu nehmen. Herr Wohlfahrt war Angestellter auf einer der holländischen Tabakpflanzungen. Ein Franzose, ein Holländer, zwei junge Deutsche, der englische Schiffsführer, seine Frau und ich, das war unsere Gesellschaft. Zu meinem Bedauern unterhielt man sich indessen meistens in malaiischer Sprache, sodass ich nicht imstande war, mich an den allgemeinen Gesprächen zu beteiligen, ich musste mich vielmehr darauf beschränken, mit den einzelnen Mitreisenden hin und wieder zu plaudern. — 14 Stunden nach unserer Abreise langten wir in Malakka an. Es ist dies die langweiligste Stadt, die ich in Südasien gesehen habe. Sie liegt unmittelbar am offenen Meere an der nach ihr benannten Strasse. Im Ort leben wenige Europäer und sehr viele Chinesen, darunter manche, die dem Anschein nach Besitzer grosser Reichtümer sein

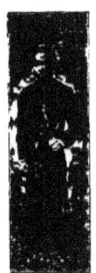

Singapur.
Reicher
Malaie.

müssen. In der Stadt befinden sich noch zahlreiche Nachkommen der Portugiesen, die sich dort vor 200 Jahren niedergelassen haben. Durch ihre im Laufe der beiden Jahrhunderte stattgehabte Kreuzung mit den Malaien, ist von portugiesischem Gepräge nichts mehr übrig geblieben und von der Sprache hört man kaum mehr als das Wort ›Senhor‹. —

Nach einem Aufenthalt von 2 Stunden wurde die Reise nach Deli fortgesetzt. In keinem anderen Meere wie in der Malakkastrasse habe ich so wunderbar schöne und ausserordentlich grosse Quallen und Polypen gesehen. Sie sind nicht allein in ihren Formen hervorragend, sie übertreffen vielmehr auch durch die matten, dennoch prachtvollen Farben und die rankenartigen Zeichnungen alle Weichtiere ihrer Art in anderen Meeren. —

Von der Mündung des Deliflusses aus bemerkten wir in weiter Ferne eine Kette mächtiger Berge, die der Erklärung Wohlfahrt's zufolge ungefähr 60 km von dem flachen Ufer entfernt sein mochten. Ganz vereinzelt sollen Europäer diese Berge besucht haben, die von den Battackern, einem menschenfressenden Volksstamme, bewohnt sind. Vor den Höhen dehnt sich das ganz flache Deli aus. —

Nachdem wir uns von dem Schiffsführer und seiner Gattin verabschiedet hatten, mieteten Wohlfahrts und ich zwei Sampans. In der ersten nahmen wir drei Reisegefährten Platz, während in dem zweiten unser Gepäck folgte. Das junge Ehepaar liess den eigentlichen Vorrat, die Hausstandseinrichtungen, noch am Bord der Hebe; darunter befand sich auch ein Klavier; ob Schlittschuhe mitgebracht waren, weiss ich nicht, jedenfalls wären sie in Deli eher am Platz gewesen als das Tonwerkzeug. Die Flut begünstigte unsere Fahrt stromaufwärts, sodass wir in 2$^1/_2$ Stunden die ganze Reise bis Laboean zurücklegen konnten. — Wir mochten 200 m von der Hebe entfernt sein, als sich an der rechten Seite unseres Schiffes, in einem Abstand von kaum 10 m zwei mittelgrosse Kaimane zeigten, derartig, das man nur die oberen Teile der Köpfe, der Rücken und der Schwänze sah. Das genügte, um die reizende kleine Berlinerin in Todesangst zu versetzen. Je weiter wir den Fluss aufwärts fuhren, desto schneller verengerte er sich. Der ganze Pflanzenwuchs an beiden Ufern bestand aus nicht viel anderm als aus einer Art Ficussträuchen, die weit über den Strom hinausragten. Ausser drei oder vier mittelgrossen gelben Affen und einem Leguan belebte nichts die recht einförmige Landschaft. Laboean zählt zu den gesundheitschädlichsten unter allen, von Europäern bewohnten, Plätzen der Welt. Fieber, Ruhr und Cholera herrschen eigentlich ohne Unterbrechung in der ganzen Landschaft Deli, aber nirgends gleich verheerend wie in der Hafenstadt. Als wir ans Land stiegen, machte Laboean insofern einen günstigen Eindruck, als es unter den Einflüssen der Flut zur Hälfte im Wasser versenkt erschien. In ganz Deli fand ich weder Eis noch

Pankhas*); was das besagen will, bei einem Wärmestand von + 28° R. und mehr, kann nur der beurteilen, der in den Tropen gereist hat. Aber die dickköpfigen Holländer behaupten, durch den Wind, den der Pankha hervorruft, werde der Haarwuchs gefährdet! In Deli habe ich eigentlich niemals frische Speisen, sondern nur Lübecker und Braunschweiger Dosenwaren auf der Tafel gesehen; beiläufig bemerkt, kostet in Laboean eine halbe Flasche Bier 2 M.

Bald nach unserer Ankunft gedachten wir auf der Bahn von der Hafenstadt nach dem Hauptorte Medan weiterzureisen. Auf dem Wege zur Haltestelle liess ich meine Karretje**) vor dem Posthause halten, um meine seit Singapur geschriebenen Briefe aufzugeben. Ich erbat mir am Schalter entsprechende Freimarken, aber anstatt mir solche ohne weiteres zu verabfolgen, meinte der gemütliche holländische Postbeamte: »Kom toch effentjes

Sumatra. Die Hafenstadt Laboean am Deli River zur Zeit der Flut.

binnen en drink een glaasje bier met mij!« Natürlich gab ich dem freundlichen Herrn keine Veranlassung, seine Aufforderung zu wiederholen, war vielmehr sofort an seiner Seite. Während des ersten Jahres meiner Lehrzeit in Hamburg habe ich so manchen Brief auf die Post gebracht, so viele Male Freimarken gekauft, aber ich entsinne mich wahrhaftig nicht, dass mir jemals in meiner Vaterstadt eine ähnliche gütige Einladung am Postschalter zu teil geworden ist, wie hier in der Fremde!

Die Bahn führt durch einzelne der vornehmsten Tabakpflanzungen des Landes. Da die Ernte lange vorüber war, sahen wir nur noch ein Nachknospen des kostbaren Gewächses, gewissermassen den zweiten Schnitt. Die Anpflanzungen haben nicht die entfernteste Aehnlichkeit mit euro-

---

*) Der Pankha besteht aus einem von der Zimmerdecke herabhängenden Holzgestell, das mit Stoff überzogen ist. Vermöge eines Strickes wird der Pankha durch eingeborene Diener zur Kühlung des Raumes in Bewegung gehalten.

**) Niederländische Bezeichnung für die auf den Sundainseln gebräuchlichen Karren.

päischen Landgütern oder mit unsern Rübenfeldern. Ein Fremder, dem die Tropen noch neu sind, wird eine »Estate«, mit welcher englischen Bezeichnung man die Pflanzungen in Deli benennt, für einen Dshangal halten. Ich will versuchen, den Tabakbau auf Sumatra kurz zu schildern.

Der Pflanzer erhält von dem betreffenden Sultan ein Stück mit Urwald bewachsenen Landes auf eine Reihe von Jahrzehnten in Pacht. Darauf mietet der Tabakbauer eine Anzahl chinesischer Kulis — auf einzelnen Estates sind 2000 und mehr beschäftigt — und beginnt den sechsten Teil seines erworbenen Bodens urbar zu machen. Er errichtet Bauten für die Leute, und Scheunen, in denen die Blätter getrocknet und später aufeinander gepackt werden, damit in den gepressten Schichten die erforderliche

Sumatra. Tabakfeld in Deli vor dem Schnitt.

Gährung vor sich gehen kann. Sodann wird das erste Sechstel bepflanzt. Im zweiten Jahre geht es mit dem zweiten Teile ebenso und so fort, bis der Pflanzer im siebenten Jahre wieder bei dem ersten Stück, das also fünf Jahre brach gelegen hat, angelangt ist. Mittlerweile ist auf dem Anfangsabschnitt wieder ein starkes Dshangal angewachsen; die vor sechs Jahren angelegten Wege sind nicht mehr vorhanden und der Pflanzer hat genau dieselbe Arbeit wie beim Urbarmachen des ersten Jahres. Nur auf einem in dieser Weise vorbereiteten Boden gedeiht der Deli-Tabak wie er wachsen soll. Die für die Estates zur Bewachung der arbeitenden Chinesen angestellten jungen Leute nennen sich Assistenten. Sie bewohnen einfache Häuser aus Palmblättern und Bambus inmitten des bebauten Landes und teilen ihre Wohnung in der Regel mit einer jungen Malaiin. Eine gewisse Befähigung, die vorliegende Arbeit unter den Kulis zu verteilen, sowie die Leute zum Gehorsam zu zwingen, ist für den Assistenten durchaus erforderlich. Dazu muss er die malaiische Sprache beherrschen, weil sie die allein gebräuchliche ist. Zu seiner Bedienung steht ihm ein kleiner Hofstaat zur Verfügung. Er gebietet in der Regel über einen chinesischen Wasserträger, zwei hindostanische Pferdeknechte, einen malaiischen Koch und einen chinesischen Boy. Von diesen Dienstboten hat jeder einzelne seine Familie. Indessen ist bei der Hitze und Einsamkeit das Leben eines Assistenten, nach meiner Ansicht, recht trostlos. Arme, arme Frau Wohlfahrt! Ihr frisches, rundes Gesichtchen hatte sich am zweiten Morgen in Medan schon wesentlich in die Länge gezogen. Die Augen verrieten eine thränenreiche Nacht und die bis dahin unverwüstlich gute Laune des Gemahls schien fernere Dienste versagen zu wollen. Er hatte nur eine Assistentenstelle mit 110 Dollar monatlich, also wenn sie beide täglich 2 Flaschen Bier trinken wollten, so war schon mehr als die Hälfte des ganzen Einkommens durch die Gurgel geflossen, und wie lange mochte es währen, bis die Geisseln des Landes, die drei genannten Krankheiten, der kleinen Berlinerin ihre Empfangsbesuche abstatteten! —

Sumatra. Atchinesin.

Auf der Reise nach Medan sah ich vielfach den Lalang, ein hohes schilfartiges Gras, das den Boden aussaugt. Man hat in der Mehrzahl der Estates angefangen, auf dem brachliegenden Land Bananenwälder anzulegen, unter deren Schatten der Lalang nicht wachsen kann, während die Bananen, am Ende der Ruhezeit untergepflügt, den Boden für Tabakbau verbessern.

Einen eigenartigen Eindruck machten die Telegraphenstangen. Der wahrscheinlich übermässig fruchtbare Boden, in den man sie gerammt hatte, gab ihnen Veranlassung, noch einmal wieder üppige grüne Zweige zu treiben. Einzelne Reisfelder lagen zu meinem Erstaunen trocken, während ich den Reis bisher nur als Wasserpflanze gesehen hatte. In allen Feldern schwärmten Reisvögel zu Tausenden.

Medan selbst bietet nichts Erwähnenswertes. Die Mehrzahl der Einwohner sind wiederum Chinesen. Pflanzer und Assistenten kommen hin und wieder nach der Hauptstadt, um Einkäufe zu machen; unter diesen Umständen ist die Unterhaltung beschränkt auf Kuliaufstände, Flurschaden durch wilde Elefanten, Tigerjagden, Mordthaten der Atchinesen, die neuesten Todesfälle durch Fieber und Ruhr, die Güte frisch aufgemachter Estates, das Ersaufen zum Schnitt reifer Felderzeugnisse und die Erfolge alter Pflanzer. Viele Besitzer von Estates, die von Haus aus weder Verstand noch Arbeitslust, vielleicht auch Unglück mitbrachten, sind zu Grunde gegangen. Die Mehrzahl aber hat ungeheure Erfolge aufzuweisen, derartig, dass wenn sie in einem Jahre an Auslagen für die unglaublich niedere Pacht, für Löhne an Europäer und Kulis, für Baukosten zum Errichten von Wohnhäusern und Scheunen zusammen 300,000 Mk. ausgegeben hatten, sie durch den Verkauf der Ernte 450,000 bis 650,000 M. einnahmen. Dabei ist der Deli-Tabak geschmacklos und eignet sich nur seines gefälligen Aussehens, seiner edlen Blattbildung und der handschuhlederartigen Geschmeidigkeit halber zum Deckblatt der Cigarren. —

Der Gasthof war überfüllt. Ich konnte daher nur in einem Anbau eine recht trostlose Kammer erhalten. Zur Beleuchtung dienten einige

Sumatra. Bungalow in Deli.

zusammengedrehte Haare der wilden Baumwolle, die in einem schmutzigen, gegossenen Bierglase auf übelriechendem Sonnenblumsamenöl schwammen. Mit dieser Lampe in der Hand sass ich die halbe Nacht aufrecht im Bett; ich war erfolglos bemüht, Mosquitos zu fangen, die den Weg durch die zahlreichen Löcher in mein Netz gefunden hatten.

Am nächsten Morgen fuhr ich auf der Bahn weiter bis Mabar: von der Haltestelle konnte ich in wenigen Minuten nach dem nahen Dorf gelangen. Ich liess mir einen Wagen geben, um auf die Estate eines Herrn Eckels zu fahren, dessen Liebenswürdigkeit und Gastfreundschaft man mir in Medan allgemein gerühmt hatte. Kaum sass ich in der Karretje, als diese auch schon zusammenbrach; auf einer zweiten gelangte ich in 25 Minuten an das Herrenhaus. Wie man mir vorhergesagt hatte, wurde ich auf das zuvorkommendste aufgenommen und man stellte mir frei, solange zu bleiben, wie es mir gefalle. Herr Eckels war z. Z. nicht anwesend; der deutsche Verwalter, Herr Willers, war während der kommenden Tage unermüdlich, mir alles den Tabakbau Betreffende zu zeigen und zu erklären. Der ganze Bungalow ist aus Palmenblättern und Bambus recht einfach, ohne Verwendung eines Nagels, errichtet; Rohr und Blätter sind durch kunstlos gedrehte Stricke mit einander verbunden.

Unter einem Palmblattdach stehen Wände aus gleichem Baustoff, die hin und wieder durch einen Münchener Bilderbogen geschmückt waren. Von diesen Zimmereinfassungen reichte keine bis an das Dach des Hauses, vielmehr glichen alle aus Schilf gefertigten, geraden Setzschirmen.

An einem der Abende unternahmen wir eine Ausfahrt unter sternenhellem Himmel. Dshangal und Urwald, im Westen die Umrisse des 3000 m hohen Gebirges und viele Tausende umherfliegender Glühkäfer waren indessen so ungefähr alles, was ich wahrnehmen konnte. Der Verwalter machte mich darauf aufmerksam, dass die Möglichkeit einem auf nächtlichem Raubzug umherstreifenden Tiger zu begegnen, gering sei. Als gewiss könne ich dagegen annehmen, dass die Bestie im selben Augenblicke, in dem sie uns bemerke, auch das Weite suchen werde; der Tiger sei feige und greife niemals Europäer an. Der Fall, dass er schlafende Kulis hole, komme dagegen vor, und auf allen Estates seien Hunde von Tigern geraubt worden. Bei Eckels brannten nachts in den Ställen Lampen, um durch deren Licht alle Arten Raubtiere zu verscheuchen. Jedenfalls kamen wir von unserer schönen, wenn auch halsbrecherischen Fahrt nach Hause, ohne unterwegs belästigt worden zu sein. Bedrohlich schien sie nur insofern, als Eckels Dogcart auf den unbeschreiblichen Wegen wie ein Schiff auf hoher See schwankte.

Während der Abendstunden war das Haus regelmässig von allen Seiten in Qualm eingehüllt. Herr Willers erklärte mir, die Verbrennung von Tabakstengeln werde gegen Dunkelwerden vorgenommen, um Mosquitos von den um das Haus führenden Rundgängen fern zu halten. Als ich mich während einiger unbewachter Augenblicke aus diesem lästigen Rauch entfernte und mich an die Strasse setzte, rief Willers mir bei seinem Wiedererscheinen zu, sofort auf den Balkon zurückzukehren, weil es waghalsig sei, nach Sonnenuntergang im Freien zu sitzen; Fieberanfälle würden die Folge sein.

Neben Eckels Haus, wie bei der Mehrzahl aller Wohnungen von Europäern die ich gesehen habe, standen zahlreiche Melonenbäume; sie gleichen den Palmen. Die geraden, schlanken, nur 30 cm dicken Stämme steigen astlos in die Höhe und bleiben bis an die schöne, breite Krone ohne Blätter. Die Frucht hat das Ansehen einer Melone, obgleich sie deren volle Grösse nicht erreicht. Sie besitzt rötlich gelbes Fleisch, eine harte, orangenfarbene Schale und eine grosse Anzahl runder, dunkelgrüner Samen, die wie Kapern aussehen, wie Kresse riechen und geschmacklos sind. Der Saft des Inneren sagte mir nicht besonders zu; er kühlt aber immerhin und ist mit Zucker genossen keineswegs fade. Der Melonenbaum wächst schnell; er hat nach 3 Jahren seine volle Höhe erreicht und stirbt im 4. oder 5. Jahre ab.

Die Wohnungen und das Krankenhaus von Eckels 1000—1200 Kulis waren verhältnismässig luftig und ordentlich eingerichtet, indessen zählt es nicht zu den Seltenheiten, dass totkranke Männer nachts das Lager verlassen, um im nächsten Kampong, wie man auf Sumatra ein Dorf nennt, Hühner und Holz zu stehlen und das sich widerrechtlich Angeeignete im zweiten Kampong zu verkaufen. Eckels Scheunen an einander gestellt, würden zusammen eine Länge von 7 km haben. Ich verabschiedete

Sumatra. Zwei Melonenbäume auf der Estate Mabar.

mich nach drei Tagen, mit aufrichtigen Danke für mir erwiesene Gastfreundschaft sowie für vielfache Belehrung und reiste nach Medan zurück.

Hier sollte ich am nächsten Morgen Zeuge sein, wie man in der Hauptstrasse der Stadt einen Chinesen aus seiner Wohnung auf die Strasse warf; augenscheinlich war der Mann von der Cholera ergriffen. Er schleppte sich einige Schrite weiter, um am Rande eines Grabens zusammenzubrechen. Es war 8 Uhr vormittags; vier Stunden später ging ich durch dieselbe Strasse, und der Mann lag noch da, wo ich ihn morgens geschen hatte. Um mich zu überzeugen, dass der Kuli im Begriff sei, an der schlimmen Seuche zu verenden, ging ich auf ihn zu und zog die Haut unmittelbar oberhalb des Knies in eine Falte. Als ich los liess, blieb die so geschaffene Unebenheit stehen; es konnte nach diesem untrüglichen Zeichen keinem Zweifel unterliegen, dass der so schwer Heimgesuchte nicht mehr lange leiden würde. Er lag ohne Schutz unter den Strahlen der Sonne, in denen nach meiner Schätzung der Wärmemesser + 40° R. zeigen mochte. Der Kopf mit den grossen, rollenden Augen hing in den Graben. Jeden Vorübergehenden bat der Aermste erfolglos um Opium. Als ich um 4 Uhr nachmittags desselben Weges ging, war er eben gestorben; eine Stunde später holte man die Leiche von der Strasse. — Ob der Paria während dieser qualvollen acht Stunden, von allen verlassen, an eine heitere, glückliche Kindheit, und, als Sonne in ihr, an eine liebevolle, sorgsame Mutter zurückgedacht hat? —

Deli-Sumatra. Battacker.

Die Battacker aus den Bergen kommen hin und wieder in die Ebene, um ihre hier vielfach Verwendung findenden Ponys gegen Nahrungsmittel oder Kleider einzutauschen. Es ist kein Geheimnis, dass sie ihre Gefangenen oder ihre hingerichteten Verbrecher fressen. Fragt man indessen in Deli einen unter ihnen, ob er wisse, wie Menschenfleisch schmecke, wird er entsetzt sagen: »Nein!« schwört aber zu wissen, dass die Männer, welche eine Woche früher in der Ebene waren, noch vor vierzehn Tagen gefressen hätten. —

Als ich mit einigen Landsleuten bei einem Glase Whisky und Soda an deren Stammtisch im Gasthofe sass, setzte ein Niederländer sich zu uns und berichtete auf Malaiisch, vor ungefähr vier Stunden in einem Dshangal eine Herde von ungefähr fünfzehn Elefanten erst gehört und dann gesehen zu haben. — Ein Nashorn war im November drei Kilometer von Medan von einem Eingeborenen erschlagen worden. —

An Handelsreisenden fehlte es selbst in Medan nicht. So suchte mich ein Brite aus Penang in meiner Kammer auf und brachte sechs ungeheure Flinten mit sich. Er war bestrebt, mich für die Elefantenjagd zu begeistern, um mir eines der riesigen Geschütze gegen dessen zwanzigfachen Wert zu verkaufen. Wäre ich auf seine Pläne eingegangen, würde mir wahrscheinlich grössere Gefahr durch die Waffe als durch die Dickhäuter erwachsen sein; die Flinten schienen sich in einem Zustande zu befinden, der ihr Zerschellen bei der ersten Berührung mit Pulver wahrscheinlich machte. —

Am Nachmittag des 20. Dezember trat ich meine Rückreise nach Laboean an. Ich hatte eines der gebräuchlichen, aus einem Baumstamm geschnittenen, ungefähr 6 m langen und in der Mitte 2 m breiten, ganz flachen Boote gemietet. In ihm sollte ich den Delifluss hinunter gleiten. Vorn und hinten im Kahn stand je ein Malaie mit einem langen Bambus, um damit die Prau im Fahrwasser zu halten.

Da es den Pflanzern von Anfang an untersagt gewesen ist, an den Ufern der Flüsse die Axt an den Urwald zu legen, hatte ich die Freude, stundenlang durch den, wenn auch an beiden Seiten nicht tiefen, doch unvergleichlichen Sumatra-Urwald zu fahren.

Der ungefähr 12 m breite Fluss schlängelte sich fort unter dem von den Strahlen der Sonne kaum zu durchdringenden Laubdach hundertstämmiger Banianenbäume, von deren Kronen an zarten Fäden längliche Vogelnester und lebende Stricke und Seile in allen Stärken herabhängen. Rechts und links standen Bäume mit glatter, makelloser Rinde und andere mit zerrissener, narbiger Borke, die mit Schmarotzerpflanzen aller Art bedeckt waren. Die langen, schmalen Blätter hochstämmiger Pandaneen spiegelten sich im Wasser, und bunte Schmetterlinge flatterten an Bambusgebüschen. Eine schraubenförmig gewundene Riesenranke zog sich in hohem Bogen über den Fluss; sie war umhängt von hundert grünenden und blühenden andern, gleich ihr, ungebetenen Gästen. Zu einem undurchdringbaren Ganzen wurde die Pflanzenwelt hin und wieder vereint durch unzählige, endlose Lianen.

Affen vieler Arten und jeden Alters sassen auf den Aesten der Bäume und verzehrten scharlachrote, einer spanischen Zwiebel gleichende Früchte, die sie an bestimmten Bäumen reichlich finden konnten. Unter den wilden Pompelmus beobachtete ich grosse Krabben mit brennend roten Scheren an den hübschen dunkelblauen Körpern; sie schienen ihren Löchern in der Erde zuzueilen, und Eidechsen lugten neugierig aus dem dürren Laub. Ueber uns, in den Kronen der Bäume, zirpten Schwärme von Cikaden; Vögel in allen Farben, in allen Grössen, vornehmlich grüne, rotwangige Papageien flogen kreischend von Baum zu Baum und hin und wieder ertönte der tiefe Lockton einer grossen blauen Waldtaube. Das alles zusammengenommen bot in der Wirklichkeit einen Anblick, wie man ihn aus den Ausschmückungen einer Bühne ahnen mag. Beschreiben lassen diese Hunderte von Bildern sich nicht, und kaum durch die Kunst des Malers wäre eins oder das andere wiederzugeben.

Nur ausnahmsweise sah ich Affen eine gewisse Beweglichkeit verraten. So beobachtete ich eine Alte, mit dem Jungen an der Brust, wie

Sumatra. Fährboot mit einer Karretje am Deli River.

sie von einem ungeheuren Eisenholzbaum auf die 12 m niedrigere Kokospalme in die Tiefe sprang; mit anmutiger Behendigkeit ergriff sie ein Blatt, um sich daran in die Krone zu schwingen. Affenfamilien kamen aus dem Dickicht an den Fluss, um vom Wasser zu nippen. Eine angenehme Abendkühle war mählich an die Stelle der drückenden Mittagshitze getreten; es war eine wundervolle Fahrt! Hin und wieder glitt die Prau über Stromschnellen, und ein anderes Mal mussten die beiden Malaien den Nachen kunstvoll zwischen kleinen Sandbänken hindurch leiten. Zu Zeiten hingen die Baumäste und Schlinggewächse von beiden Ufern so weit nach der Mitte des Flusses herüber, dass ich wie unter einem Laubengange der köstlichsten tropischen Gewächse fuhr. Viel zu schnell lief mir der Kahn; ich hätte gern an einzelnen, besonders schönen Punkten verweilen mögen! In langen Zwischenräumen fuhren wir an Kampongs vorüber, deren männliche und weibliche Bewohner im Flusse badeten; alle waren schicklich mit dem Sarong bekleidet.

So rückte der Abend heran und mit ihm zeigten sich ab und zu an den Ufern betende Männer, die andächtig das Gesicht nach Mekka richteten. Ein prachtvolles, durch die Baumzweige und Aeste leuchtendes Abendrot beschloss diesen unvergleichlichen Nachmittag, um bald gänzlicher Dunkelheit zu weichen. Ich hatte noch drei Stunden zu fahren. Gegen 7 Uhr ging die volle Mondscheibe auf. Konnte ich jetzt auch keine Vögel und Affen mehr unterscheiden, so traten die Palmen und Lianen um so feenhafter hervor. Die zirpenden Heimchen und kleinen Grashüpfer, schienen sich zu verzehnfachen, aber mit ihnen stellten sich die Mosquitos ein, um mir meine Märchenwelt zu verleiden; ausserdem fror mich bei + 22° R., dass die Zähne gegen einander schlugen. Meine Flanellkleider fühlten sich an, als ob sie feucht geworden seien: so kommt das Fieber geschlichen. Auch durch die beiden Bootsleute wurden die Reize der Fahrt beeinträchtigt, durch ihre misstönenden Laute wurde die Ruhe der nächtlichen Tropenlandschaft unschön gestört. Sie sangen seit Dunkelwerden aus Furcht, und es war mir weder durch gute Worte noch durch Fluchen in spanischer, englischer oder deutscher Sprache möglich, sie für längere Zeit als fünf Minuten zum Schweigen zu bringen. Ich fuhr unter einer Anzahl der früher geschilderten, luftigen Bambusbrücken hindurch, von welchen manche förmlich auf die Einbildungskraft eines geistvoll kecken Bühnenmalers hinwiesen, und traf um 9½ Uhr

Sumatra. Deli River Landschaft.

in Laboean ein; schwefelsaures Chinin verfehlte auch diesmal seine Wirkung nicht. —

Am folgenden Morgen unternahm ich eine Sampanfahrt in die Umgebung der Stadt. Bei dieser Gelegenheit entdeckte ich zwei ans Land getriebene, aus dünnstem Holz leicht gezimmerte, nunmehr zerbrochene Särge mit den Leichen von Chinesen. Ohne Zweifel waren auch sie an der Cholera gestorben; man hatte sie, der Einfachheit halber, ins Wasser geworfen. Neben diesen beiden Särgen, welche langen Apfelsinenkisten glichen, machte sich ein Leguan zu schaffen. Auch die dreizehige Spur des Nashorn konnte ich am Ufer unterscheiden. — Später nahm ich die Gastfreundschaft eines Herrn Friedrichs in Anspruch; während ich bei ihm ass, erzählte er, dass er sich 1877 in unserm Geschäft um eine Lehrlingsstelle beworben hatte, aber nicht angenommen wurde, weil mein Grossvater ihn für körperlich nicht genügend entwickelt hielt. Gegenwärtig ist er Geschäftsführer eines deutschen Hauses in Laboean. Unser Mittagsmahl liess in keiner Weise zu wünschen übrig, war aber von der Suppe bis zum Nachtisch bei Paul Erasmi & Co. in Lübeck bereitet.

Am nächsten Morgen fuhr ich auf einem kleinen Flussdampfer an die Mündung hinunter, um mit der »Ha-kwai« meine Reise nach Penang fortzusetzen. Die Ladungsvorrichtungen am Ausfluss des Deli-River machten den Eindruck, als ob Sumatra seit nicht viel mehr als einem Vierteljahr im Besitz einer europäischen Völkerschaft sei, wie sich auch im ganzen Deli eine recht mangelhafte holländische Wirtschaft zeigt. Klugheit und Verständnis für das Siedelungswesen gehen in Niederländisch-Indien mit einer aus Gewinnsucht entspringenden Nachlässigkeit und Engherzigkeit Hand in Hand. —

An Bord der Ha-kwai befand sich unter den Mitreisenden ein 74 Jahre alter Franzose; Fieber und Ruhr hatten ihn vor drei Jahren aus Cochinchina vertrieben. Er war thörichterweise nach Deli geflüchtet und befand sich auf der Fahrt nach Penang in einem Zustande, der es mir zweifelhaft erscheinen liess, ob er die Insel überhaupt lebend erreichen würde. Ferner reiste ein alter Chinese mit seinen Söhnen und deren chinesisch-malaiischen Frauen ebenfalls nach Penang. Dieser betagte Herr hatte ein feines, geistvolles Gesicht und liess seine Umgebung erkennen, dass er es im Leben zu etwas gebracht hatte. Er selbst trug am Finger einen ins Gelbliche schimmernden Brillanten von der Grösse einer kleinen Wallnuss. Seiner sechs Jahre alten Enkelin waren um die Handgelenke schwere goldene Spangen gelegt, deren Wert ich auf je 400 Mark schätzte. Die Schwiegertöchter, aussergewöhnlich hässliche Frauen, trugen ebensolche Reifen an Hand- und Fussgelenken und ausserdem vier oder fünf lange, goldene Nadeln im Haar. Im übrigen war die Kleidung dieser Leute aus wohlfeilem Stoff und ohne Kunst angefertigt.

Den folgenden Tag verlebte ich in Penang: Die Stadt auf der gleichnamigen hügeligen, teilweise bergigen Insel macht mit ihren wenig wohnlichen Häusern einen ziemlich herabgekommenen Eindruck. Die hübschen Besitzungen in der Umgebung der Stadt sind das Eigentum von Chinesen. Ich liess mich an das Hôtel de l'Europe fahren, um dort zu essen; der Anblick des Gasthofes veranlasste mich jedoch, an diesem Tage ohne Frühstück zu bleiben.

Malakka. Der Wasserfall bei Penang.

Auf einer hübschen, gut gehaltenen Landstrasse fuhr ich unter Kokospalmen nach dem 4 km entfernten, sehenswerten Wasserfalle, und am Nachmittag liess ich mich auf das Penang gegenüber liegende Festland rudern. Ich machte hier einen herrlichen, wenn auch anstrengenden Spaziergang zwischen den Hütten von Eingeborenen und Chinesen, die unter Kokospalmenwaldungen anmutig versteckt liegen.

Wie schnell lernt doch auch der flüchtige Reisende diese vollkommenste aller Palmenarten schätzen! Als ich ermattet und schweisstriefend aus der schwülen Luft der Wälder zu den von erfrischendem Winde durchstreiften Stämmen am Strande kam, und die sonst so trägen und bewegungslosen Malaien flink wie Katzen zum Wipfel der hohen

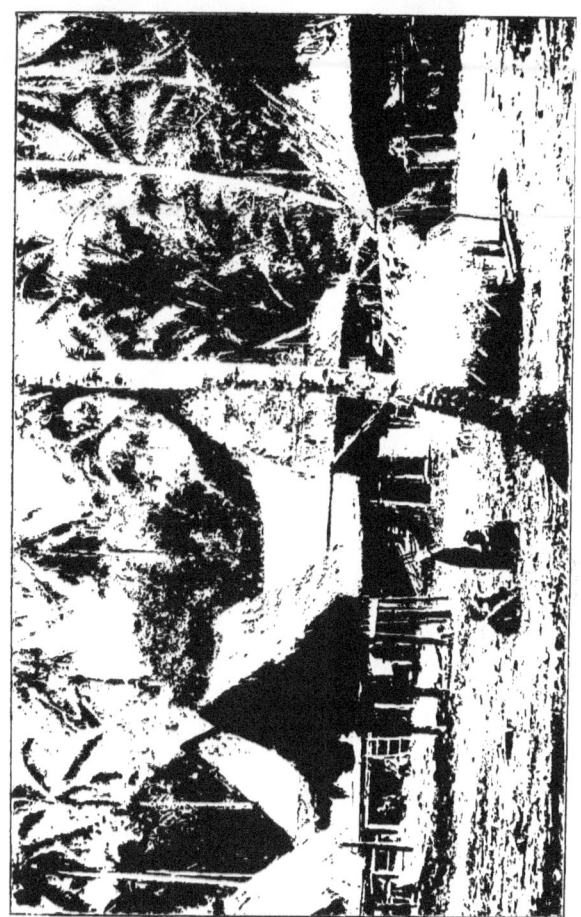

Malakka. Dorf auf dem Festlande bei Penang.

Bäume kletterten; als dann die schweren Nüsse zur Erde fielen und in freier Hand durch einen sicher geführten Hieb mit der starken Klinge, einer Art Sichel, geöffnet mir dargereicht wurden — wie erquickend und labend war da der kühle Trunk des Wassers aus der jungen Frucht, und wie appetitlich zugleich aus dem natürlichen Becher von zartem, weissem Fleisch mit grüner Umhüllung! Wem so die unreife Nuss, frisch vom Baume gebrochen, in tropischer Sonnenglut zur Labsal gedient, nur der kennt den Wert dieser Frucht, die in Europa von allen, mit Ausnahme der nachsichtigen Strassenjugend, als fade und geschmacklos verächtlich zurückgewiesen wird.

Malakka. Besitz eines reichen Chinesen bei Penang.

Nachmittags 4 Uhr am 23. Dezember ging die Rajpootana über Rangun nach Kalkutta in See. In Penang hatte ich mich mit dem in Vorder-Indien gebräuchlichen »shola-topi«*) versehen; von Honduras bis hier musste ein Panamahut mit breitem Rande mir gute Dienste leisten.

Wenn während der Reise von Shanghai nach Hongkong die britischen Herren auf der Shannon, einige 30 an der Zahl, sich durch recht mangelhaftes Benehmen hervorgethan hatten, wenn sie es unter anderem nicht für der Mühe wert erachteten, ihnen fremden Frauen und Mädchen

---

*) Hut von Shola, dem Mark eines Baumes. Das gäng und gäbe »Solar-topi« ist unrichtig.

auch nur die entferntesten Aufmerksamkeiten zu erweisen, wenn sie kaum so viel Höflichkeit und Zuvorkommenheit gegen Mitreisende kannten, wie man sie in Nordamerika von jedem Hausknecht erwartet, so traf ich auf der Rajpootana eine recht erlesene Anzahl von englischen und nordamerikanischen Damen und Herren. Auf der langen Reise fanden abends nicht selten Bälle und andere gesellige Vergnügungen statt, welche Gelegenheit die Frauen und jungen Mädchen regelmässig benutzten, schon zum »dinner« in vorteilhaftester Kleidung zu erscheinen, während die Herren den Frack erst nach Tische anlegten.

Das waren herrliche Tage zwischen Penang und Kalkutta, und schon vormittags fingen wir an mit allen erdenklichen Belustigungen, wie z. B. »Potato races«, »buckets«, »three legged races«, »cock fighting«, »are you there Jonny?« »tilting at the ring« u. s. f. Weiter als bis zu zwei 3. Preisen konnte ich es indessen während der Fahrt nicht bringen.

Sechs oder siebenmal wurde auch »Blinde Kuh« gespielt, aber merkwürdigerweise war entweder Mr. Erskine oder Miss Balmain der oder die Blinde und — noch eigentümlicher — man konnte beiden in die Arme laufen, ohne von ihnen bemerkt zu werden, während sie sich gegenseitig recht häufig fingen. Wenn sie ihn oder er sie erwischt hatte, dann kannte die Erregung der oder des Blinden keine Grenzen. Mehrfach befürchtete ich, eines würde das andere zerdrücken und wunderte mich sehr, dass Miss Balmain, unter diesen Zeichen der leidenschaftlichen Liebhaberei des Blinden für das harmlose Spiel, nicht laut aufschrie. Sie schrie aber garnicht. Nach einer solchen Unterhaltung war Mr. Erskine dermassen zerstreut, dass er noch nach Verlauf einer Stunde meinen Whisky-Soda trank, in der Meinung, es sei der seine, obgleich er sein Glas längst geleert hatte. Selbstverständlich vermerkte ich diese Zerstreutheit äusserst übel; nichtsdestoweniger blieben Erskine und ich auf der ganzen Reise die besten Freunde.

Während des zweiten Tages nach unserer Abfahrt hatten wir unter den Mittagsstunden von grosser Hitze zu leiden. Miss Balmain lag unter dem Sonnensegel auf ihrem langen Bambusstuhl ausgestreckt, sodass zwei reizende, über smaragdgrüne, durchbrochene Strümpfe gezogene Bronzeschuhe sichtbar waren; die rechte Hand hing mit einem Buche von Bret Harte zur Erde, und träumerisch blickte das junge Mädchen auf das Meer. Unsere ganze übrige Gesellschaft ruhte, jeder in seinem Stuhl, mehr oder minder nahe dieser bezaubernden Erscheinung. Niemand empfand Lust, zu reden oder sich zu beschäftigen; nur Mr. Erskine hatte sich wenigstens soweit ermannt, auf die blonden Haare, welche über seine Lippe fielen, zu beissen, und als er meinte: »The wind has made my moustache taste quite salt«, sagte Miss Balmain, die mit ihren Gedanken noch immer abwesend zu sein schien: »I know it.« Als einzelne Damen und Herren aus mir unbekannten Gründen über diese harmlose Bemerkung lächelten, errötete »the pretty girl« bis zu den Haarspitzen und äusserte: »It is absurd to laugh at nothing!« Alle stimmten ihr bei.

Im übrigen war dieser Tag für mich im ganzen kein fröhlicher; wir schrieben den 24. Dezember. Die Sehnsucht nach der Heimat ist ein eigentümlicher Zug bei allen Deutschen, die in fernem Lande leben, am Weihnachtsabend aber verdoppelt sich jene Empfindung. Auf der Rajpootana war an jenem Abend eine kleine Festlichkeit geplant. Mrs. Harris gab eine »tea-party«, zu der ich indessen erst spät erschien. Ich sass auf meinem Verdeckstuhl einsam und dachte an die Heimat, dachte an den letzten 24. Dezember bei Herrn Streber in Tegucigalpa. Nach 10 Uhr ging ich hinunter, und unter den liebenswürdigen Engländerinnen und Amerikanern war das Heimweh bald vergessen.

Der 25. Dezember wurde natürlich zu einem grossen Festtage gemacht. Unsere Damen hatten es sich nicht nehmen lassen, den Pudding zu rühren. Wir Herren schmückten uns mit den Federn der »turkeys« und der Jubel, die fröhliche Stimmung nahmen während des ganzen Tages kein Ende. Als wir nach dem Tiffin auf Deck kamen, hängte der Schiffsführer, Capt. Lymond, in den Mittelpunkt des Sonnensegels mit eigener Hand einen grossen, wirklichen Mistletoe, und dieser veranlasste ein allgemeines, recht ergötzliches Gedränge. Mitten in dieser Verwirrung nahm Capt. Lymond mit einer Anmut, die einem spanischen Granden Ehre gemacht haben würde, die alte Mrs. Downing bei der Hand, führte sie unter den geheimnisvollen Zweig und küsste sie »with all respects«. Die alte Frau unterwarf sich dieser Artigkeit mit der Würde, wie die wichtige und ernste Feier sie erforderte, aber die jüngeren Damen, die der Meinung waren, der Wert eines Kusses werde bedeutend erhöht, wenn es einige Mühe koste, ihn zu erlangen, kreischten und verteidigten sich, liefen an das Railing und thaten alles mögliche zu ihrem Schutze; nur den Platz unter dem Sonnensegel mit dem Mistletoe verliessen sie nicht. Erst als einige der weniger verwegenen Herren im Begriff waren, von ihrem verlangten Rechte abzustehen, fanden es auf einmal alle jungen Mädchen zwecklos, ferneren Widerstand zu leisten, und unterwarfen sich der Notwendigkeit gutwillig. Perry küsste Miss Kirby mit den schwarzen Augen, Mr. Marshall küsste Miss Egerton und ich, der ich als Deutscher die Bedeutung des Mistletoe durchaus nicht kennen wollte, küsste Miss Balmain und die übrigen jungen Damen, wo ich sie gerade erhaschen konnte. Capt. Lymond hatte die Hände tief in die Taschen geschoben und übersah das ganze lebende Bild mit den Anzeichen des höchsten Vergnügens.

Das Mittagsmahl verlief herrlich mit Tischreden, zu denen im allgemeinen so viele sich berufen fühlen und so wenige auserwählt sind. Nur zum Schluss bat uns Capt. Lymond, nachdem unsere Damen schon an Deck gegangen waren, auf das Wohl der fernen Freunde zu trinken. Das geschah in feierlicher Stille, die einige Minuten anhalten mochte. Jeder verweilte mit sich selbst und seinen Gedanken noch eine kleine Weile bei den Angehörigen in der Heimat. —

Am 28. Dezember kamen wir in Rangun an. Die Stadt verrät beim ersten Anblick ihre Geschichte. Aus einem in Halbschlaf versunkenen Wallfahrtsort ist eine lebhaft thätige Handelsstadt geworden. Zu beiden Seiten der Iravadimündung sieht man inmitten eines dürftigen Pflanzenwuchses noch die alten birmanischen Holzhäuser, doch die vor ihnen befindlichen neueren Landungsplätze mit ihrem Waren- und Bootsverkehr, die zahlreichen rauchenden

Rangun. Strasse und Anlagen am Flusse im europäischen Viertel.

Schornsteine der Reis- und Sägemühlen, die herrlichen Anlagen und geschmackvollen Bauten neueren und neuesten Stils am Flusse, strafen das ländliche Aussehen dieser wenigen Hütten Lügen.

Auch bei näherer Betrachtung behält man den Eindruck, dass Rangun ein rasch aufblühender Hafenort sei. Lange, gerade und breite Strassen werden rechtwinklig von engeren Gassen durchschnitten. Europäische Kaufhallen und Warenniederlagen, Bazars von Eingeborenen, chinesische Läden sieht man überall; elektrische Strassenbahnen, Fuhrwerk aller Art und eine dicht gedrängte, geschäftige Menge vervollständigen den Eindruck reger Geschäftigkeit. Die Trachten und Gesichtsbildungen der Bevölkerung konnten mich, nachdem ich schon so mancherlei gesehen hatte, natürlich nicht in dem Masse fesseln, wie sie andere, die von Westen kommen,

Männer mit birmanischem Tonwerkzeug aus Rangun.

anregen müssen. Neben dem mandeläugigen, bräunlichen Birmanen und der kleinen viel helleren Birmanin, mit den Blumen im gefällig aufwärts gekämmten Haar, sieht man Inder und Chinesen, diese indessen doch schon weniger als in Penang und Singapur. Mohammedaner, Parsen, Brahma-Verehrer, Buddhisten, Christen und Juden laufen in buntem Durcheinander am Hafen umher. Die Witterungsverhältnisse scheinen den Bauten nachteilig zu sein, denn trotz aller Regsamkeit in den Strassen machten viele Steinhäuser den Eindruck der Vernachlässigung, wenn nicht des Verfalls. — Wie es mir in Siam schwer wurde, die Männer von den Frauen zu unterscheiden, weil beide gleich kurzes Haar tragen, so hatte ich in Birma fast dieselbe Schwierigkeit, diesmal aus entgegengesetzter Ursache: bei ziemlich gleicher Kleidung beider Geschlechter tragen Birmanen und Birmaninnen langes, oben am Hinterkopf zusammengeknotetes Haar. —

Der Glanzpunkt Ranguns ist die Shwai-Dagon-Pagode. Sie ist die grösste und schönste im ganzen Asien und zählt zu den besuchtesten Wallfahrtsorten der birmanischen Buddhisten. Eine der elektrischen Bahnen führt bis an den Fuss des Tempelhügels, dessen Abhänge mit reichem Laubbaumwuchs bedeckt sind. Zwei 12 m hohe Ungetüme aus Mörtelwerk in sitzender Stellung mit weit geöffnetem Rachen, stehen zu beiden Seiten des gedeckten Stiegenaufganges; wahrscheinlich sollen sie Hunde vorstellen.

Rangun. Händlerin aus den Bazars.

Erwähnen möchte ich, dass ich auf der langen Strecke von der
Stadt bis zur Pagode eine ausserordentlich zweckentsprechende Dampf-
walze die Strasse glätten sah. Ich entsinne mich nicht, in meiner Vaterstadt, dem grössten Handelsplatz auf dem europäischen Festlande, Aehnliches wie in diesem entlegenen Erdenwinkel gesehen zu haben, vielmehr

Rangun. Die Shwai-Dagon-Pagode.

meine ich, dass man sich bei uns statt des »steamrollers« einer mit vier Pferden bespannten anmutigen Walze aus der Zeit Ludwigs des Frommen bedient.

Der Aufgang zur Pagode erweist sich bei näherer Untersuchung als ein durch steile Treppen mit einander verbundenes Gefüge von 12 schräg über einander liegenden Tempeln. Sie müssen bessere Tage gesehen haben; viele Reste kostbarer Schnitzereien, Mosaiken, Vergoldungen und

Rangun. Teil der Plattform der Grossen Pagode.

Malereien deuten auf eine einst vorhanden gewesene, morgenländische Pracht hin. Rechts und links von der Treppe befinden sich Verkaufsläden, in denen die verschiedensten Gegenstände feilgeboten werden. Räucherkerzen, stark duftende Opferblumen, kleine Zettel mit darauf gedruckten Gebeten, Früchte, Näschereien, heilige Bücher und Kinderspielzeug, frische Blumen, darunter Ylang-Ylang-Blüte, echtes und unechtes Blattgold, Lichte, bunte Papierfähnchen und tausenderlei Kleinigkeiten mehr, harren in buntem Durcheinander der Käufer. — Während ich die 12 Treppen hinaufstieg, wurden in der unweit gelegenen Kaserne in langen Zwischenpausen von der Artillerie Ehrenschüsse abgegeben für einen am Tage vorher am

Sumpffieber gestorbenen, höchstkommandierenden General. — In diesem gedeckten Stiegenaufgang ist auch für Hungernde und Durstende gesorgt; Reis, eingemachte Gemüse, Thee sind überall zu erhalten. Eine hockende kleine Birmanin, mit einer ungeheuren Cigarre im Munde, war hinter ihrem mit Esswaren bedeckten Tischchen von einer Menge von Käufern umringt, die indessen wahrscheinlich mehr durch die hübsche Gestalt hinter der Tafel, als durch die zum Verkauf angebotenen Waren herbeigelockt waren.

Endlich kam ich oben auf der Plattform an, und vor mir zeigte sich die ganz über alles Erwarten grossartige, Staunen erregende, im Morgenlicht glänzende Pagode. Der hübsche, anmutige Aufbau ist 123 m*) hoch und von unten bis oben echt vergoldet; indessen ist das edle Metall im Laufe der Jahre an einzelnen Stellen fadenscheinig geworden. Ueber die Spitze ist eine vergoldete birmanische Krone gehängt. Die Zahl der kleinen Pagoden und Tempel, der aus Stein gehauenen Tiere und Gestalten, welche dieses wundervolle Werk asiatischer Baukunst umgeben, zählen nach Hunderten, wenn nicht nach Tausenden. Um die Stämme der Bäume, die sich auf der Plattform befinden, sind ebenfalls kleine Pagoden gebaut mit Zellen, in denen je ein vergoldeter Buddha sitzt. Durch die Zahl der geheiligten Gebäude in unmittelbarer Nähe der Pagode glaubt man sich in eine Stadt des Märchenlandes versetzt. Welcher Fleiss, welche Ausdauer, welche Geduld müssen an den aussergewöhnlich prächtigen Holzschnitzarbeiten am Aeusseren und im Innern einzelner Tempel verschwendet sein! Und in diesen sieht man nicht selten 12 oder 18 schmutzstarrende Petroleumlampen hängen, an denen ungestört Sperlinge nisten. Die Zahl der 50 cm bis 2 m hohen Holz-, Marmor-, Bronze-, Stein- und Gold-Buddhas, die sich auf der ganzen Plattform befinden, würde ich auf 2500 bis 3000 schätzen.

Während ich mit Anschauen all der Herrlichkeiten beschäftigt war, ereignete sich der folgende seltsame Vorgang. Ein dunkler, dürftig bekleideter Inder glaubte seinem Gebet mehr Nachdruck zu verleihen, wenn er das halsbrecherische Wagestück unternahm, die halbe Pagode hinanzuklettern. So stand der schwarze Mann da, mit einem scharlachroten Kopftuch und gleichfarbigem Sarong, sich malerisch gegen die goldene Pagode und den tiefblauen Himmel abhebend.

Auf den Bäumen, die in unmittelbarer Nähe der Pagode wachsen, hüpften zahllose kleine unschöne, graue Eichhörnchen auf und nieder. — Das Opfer der brennenden Lichter unterscheidet sich von dem Weihen der Kerzen in unseren katholischen Ländern nicht. Beim Reisdarbringen streut der Betreffende die mitgebrachten Körner auf den Boden eines Tempels oder auf die Plattform einer Pagode. Sobald der Spendende fort ist, fegt der Bonze

---

*) Der Turm der Catharinenkirche in Hamburg hat eine Höhe von 122 m.

diesen Reis zusammen und schüttet ihn zu dem früher gesammelten Vorrat. Die Mehrzahl der Beter verrichtet ihre Andacht auf der mit reinlichen, geschnittenen Steinen belegten Plattform. Auch hier fehlt es, ebenso wie unter den früher erwähnten 12 Tempeln, nicht an Bettlern mit ekelerregenden Krankheiten, an Hühnern, Hunden, Raben und prächtigen, grossen Bäumen. Zu den drolligsten Steinfiguren gehören ohne Zweifel 2 betende Elefanten.

Nächst dem japanischen scheint mir das birmanische Mädchen das hübscheste im östlichen Asien zu sein. Ausser durch Betelkauen wird es jedoch entstellt durch die Gewohnheit in beide Ohrläppchen Löcher von 2 cm Durchmesser zu bohren, damit ein bunter Gablonzer Glaspfropfen in ihnen Platz finden kann. Den Sarong tragen die Birmaninnen an der linken Seite offen, und beide Enden werden nur wenige Centimeter übereinander gelegt. Dadurch sind beim Gehen der Frauen und Mädchen die äussere Fläche des linken, sowie die innere des rechten nicht weiter bekleideten Beines, sichtbar. —

Rangun. Töchter vornehmer Birmanen.

Die Bazars in Rangun umfassen erstaunlich grosse Vorräte; ich glaube kaum, früher schon ebenso ausgedehnte, für den Kleinverkauf bestimmte Warenlager gesehen zu haben. Eine Halle enthält ausschliesslich Bananen, eine zweite Bananenblätter, je eine andere Glas, Kleiderstoffe, Früchte, Kokosnüsse, Datteln, Metall-, Thon-, Papier-, Schmuck-, Farbwaren, Drogen, Gewürze, Saaten, Fett, Reis, Muscheln, Kartoffeln, Zwiebeln, Hühner, Fleisch, frische oder getrocknete Fische und neben ihnen gedörrte, essbare Schlangen. Ueberhaupt alles Mögliche hat seine Abteilung für sich und liegt bei den betreffenden Händlern in ganz ungeheuren Mengen dem Käufer zur Auswahl vor. Das Hin- und Herlaufen, das Rufen in diesen Kaufhallen ist förmlich sinnverwirrend. Gelbe, schwarze, braune und weisse Menschen zwanzig verschiedener Völkerrassen, mit ebensovielen Sprachen und grundverschiedenen Gewohnheiten sind dort zu finden. Man sieht die britische Lady neben der halbnackten schwarzen Frau von der Coromandelküste, die drei Ringe in den Nasenflügeln trägt.

Im Bazar gesellte sich ein, dem Anscheine nach ganz anstelliger, indischer Knabe zu Erskine und mir, der sich uns als Leiter in der Stadt anbot, und den wir in Dienst nahmen. Er führte uns zunächst in eine Sägemühle, in der die Hauptarbeit von Elefanten verrichtet wurde. Auf

Buddhistisches Kloster mit reichem Holzschnitzwerk bei Rangun.

einem Platze neben den Dampfsägen liegt ein ansehnlicher Vorrat von Baumstämmen, dessen einzelne Stücke durch Menschenkraft nur mit Mühe an die Säge geschleppt werden könnten. Zwei Elefanten dagegen, freilich gewaltiger, als ich sie in Europa sah, besorgen diese Arbeit mit bemerkenswerter Leichtigkeit. Mit Hilfe eines der Vorderfüsse und des Rüssels sah ich sie schwere Stämme auf die langen Zähne laden, während der Rüssel allein verhindern musste, dass der betreffende Stamm wieder zur Erde fallen konnte; so beladen schleppten sie ihre Last zur Säge, um sie dort niederzulegen. Durch schiebende und drehende Bewegung, wieder mit dem Rüssel, verstanden sie den Baum in die richtige Lage gegen die Säge zu

Rangun. Arbeitende Elefanten.

bringen. »Very good elephants, they can do all kind of work!« erklärte der hindostanische Werkführer. Der Abrichter des Elefanten sitzt auf dessen Nacken und leitet das Tier durch Hin- und Herkratzen mit seinen unbekleideten Hacken hinter den Ohren seines Zöglings, zu Zeiten auch mit dem kräftigen Hieb eines starken, eisernen Speers. Wie die Tiere mit ihrer Last über die anderen Stämme hinwegtreten, wie sie knieen, um das ins Auge gefasste Stück besser aufladen zu können, wie sie sich, wenn dieser Baum für den Rüssel unerreichbar ist, einer Eisenkette bedienen, um ihn zu ziehen, überhaupt wie sie sichtbar nachdenkend arbeiten, ist erstaunlich!

Rangun. Teil der Cantonment Gardens und die Grosse Pagode.

Im recht mittelmässigen zoologischen Garten fanden wir eine Sammlung seltener, mir ganz unbekannter, Affen. Ein halbes Dutzend Orang-Utans kletterten frei in den Bäumen umher. Ungleich gefälliger als der Tierpark waren schon die Cantonment Gardens. Eine ganz besonders schöne Anlage fand ich dagegen in der Umgebung der Royal Lakes, im Osten des Hügels, auf dem die Shwai-Dagon-Pagode steht. Ich entsinne mich nicht, jemals einen anmutigeren, hübscheren kleinen Landsee gesehen zu haben. Viele zierliche Buchten erstrecken sich verhältnismässig tief in das den See umgebende Land. Das ganze Wasser liegt in einem wundervoll gehaltenen, tropischen Park, der indessen kaum anders als durch einzelne Palmgruppen, Palmwäldchen und einige auserlesen schöne

Areka- und Edelpalmen an die Pflanzenwelt des Erdgürtels erinnert. Der sorgsam gepflegte Rasen, die festen, grandbedeckten Fusssteige, mit irdenen, reinlich gehaltenen Rinnsalen zu beiden Seiten, die nach Hunderten zählenden Ylang-Ylang-Bäume an den Ufern: das alles zusammengenommen macht im grossen Ganzen den Eindruck eines fürstlichen Parks an der Riviera. Kleine, schmucke Gehölze von buntblättrigen Crotonpflanzen, hier und dort aufgestellte grosse, chinesische Tiere aus Porzellan, die Pagode auf dem Hügel im Westen, das tiefe Grün des Sees vervollständigen das prächtige Bild. In einem nahe dem See gelegenen Lusthäuschen fanden Erskine und ich eine Liste von 16 Tänzen angeheftet, wahrscheinlich das letzte Ueberbleibsel einer gewesenen »party«. Ich bin ausser Stande, mir einen vollendeteren Platz zum Tanzen zu denken als dieses Lusthäuschen im Mondlicht. Eine breite saubere Treppe führt ans Wasser: an ihren beiden Seiten sind je 20 Luftorchideen aufgehängt. Der See als solcher ist der Wasserbehälter für die städtische Leitung, die sich in mustergültigem Zutande befinden soll.

Birma. Für eine Feier geschmückte Kinder vornehmer Eltern.

Am zweiten Nachmittage besuchten wir die Pferderennen. Trotzdem die Bahn nur klein ist, machte zum wenigsten das Leben und Treiben auf den Grand Stands einen viel vornehmeren Eindruck als bei uns. Niemand verlangte für die gedruckte Rennordnung Geld, und in einem hübschen Bambuszelt standen Gefrorenes, Thee, Kaffee und Cigarren zur freien Verfügung aller Besucher; nur für Biere und Weine musste gezahlt werden.

Die birmanischen Jockeys ritten mit unbekleideten Füssen und waren von viel zu langer Gestalt, um auf den kleinen Ponys auch nur annähernd so vorteilhaft auszusehen, wie unsere kleinen Reiter. auf den viel grösseren Pferden. Das Spielen am Totalisator nahm geradezu ungeheure Ausdehnung an. Während der 6 Rennen sollen fast 1 000 000 Rupis umgesetzt worden sein. Die Birmanen scheinen somit gleich leidenschaftliche Spieler zu sein, wie die Siamesen. —

Einige Stunden vor der Abreise erzählte mir Mr. Erskine, dass er bei einem Blumenhändler einen grossen Strauss bestellt habe, der Miss Balmain ganz unerwartet, kurz vor der Abfahrt, überreicht werden solle. Bald darauf schlenderte ich noch einmal zur Stadt und unterwegs kamen mir betreffs der Ueberraschung doch einige Bedenken. Ich bin geschworener Feind alles Geheimnisvollen, und somit ging ich unaufgefordert in den mir beschriebenen Laden und ersuchte den Blumenhändler, an den betreffenden Strauss ein Merkzeichen zu heften. In Ermangelung von Mr. Erskines Karte nahm ich die meine; dann kehrte ich an Bord zurück und vergass leider, dem Freunde von meiner Fürsorge Kenntnis zu geben. Die Folge war, dass, als die Blumen erschienen, und Miss Balmain mir dankte ehe ich es hindern konnte, Erskine mich in eine Ecke zog und mir sagte, ich sei der hinterlistigste und tückischste Freund, den er im Leben gehabt habe.

Parse aus Bombay.

Judas Ischarioth sei ein Gentleman im Vergleich mit mir, und wenn ich nicht zu Miss Balmain gehe und ihr den Sachverhalt klarlege, würde er mich vor der ganzen Gesellschaft blossstellen. Selbstverständlich erklärte ich im Beisein aller Mitreisenden meine zarte Rücksicht für die zu Ehrende und fügte zum Schluss der Auseinandersetzung ganz beiläufig hinzu, wenn einer der übrigen Herren Anlass nehmen sollte, wie Erskine vor einigen Tagen, meinen Whisky auszutrinken, ich nicht ermangeln würde, ebenfalls Gleiches mit ungefähr Gleichem zu vergelten. Allgemein gab man mir Recht und Erskine hatte für Spott nicht zu sorgen. Uebrigens war unsere Reisefreundschaft durch diesen Zwischenfall keineswegs erschüttert, nachdem noch einzelne überflüssige Aeusserungen, wie z. B. »You are the very last possibility in the way of an ass!« oder »You enabled me to make a goose of myself!« von Erskines Seite über mich ergangen waren.

Die Zahl der Fahrgäste hatte sich in Rangun um einen Parsen mit seiner Frau, Mr. und Mrs. Cowasjee, vergrössert. Parsen sind die Perser, die seit der Zerstörung des Reiches der Sassaniden durch die Araber Anhänger der Lehre des Zoroaster geblieben sind. Von den Mohammedanern mit islamitischer Glaubenswut verfolgt, vermochten sie sich in Persien nicht zu halten, und eine grössere Anzahl wanderte nach den Küstengegenden des nordwestlichen Indiens aus. Im britischen Ostindien leben gegenwärtig 800 000 Parsen; ihr Mittelpunkt ist Bombay. Sie beteiligen sich an allen Zweigen des Handels; sie sind Reeder und Eisenbahn-Unternehmer, vornehmlich aber Geld- und Wechselgeschäfte betreibende Kaufleute, Zwischenhändler und Makler. — Unsere beiden neuen Genossen schienen sehr unterrichtete und belesene Leute zu sein. Beide sprachen die englische sowie die französische Sprache fliessend, waren in ihren Lebensgewohnheiten aber dermassen verschieden von unserer übermütig lebensfrohen, teilweise zügellos ausgelassenen Gesellschaft, dass sie sich uns weder anschliessen mochten noch konnten. —

XVII. KAPITEL.

Kalkutta, Dardshiling. Indische Reiseeindrücke.

Am Donnerstag, den 2. Januar, landeten wir in Kalkutta. Ich war eben beschäftigt, mich schweren Herzens von allen liebenswürdigen Reisegefährtinnen und -gefährten zu verabschieden, als ein Vertreter der bekannten Reisevermittler Cook & Son neben mir stand und mir die Dienste der Gesellschaft während meines Aufenthalts in Indien anbot. Ich nahm sie an, weil man mich während der Fahrt belehrt hatte, dass man in Indien ohne Cook eigentlich kaum reisen könne. Vor der Hand trat der Vermittler mir seinen Diener ab, der mich vor Madras nicht wieder

Strandbild bei Kalkutta.

verlassen sollte. Ohne Aufwärter in Indien zu leben oder zu reisen ist unmöglich. Wer einige Bequemlichkeit beansprucht, hält ihrer zwei oder drei, indessen bin ich mit einem recht gut ausgekommen. Ich fuhr ins Great Eastern Hotel, das Zeugnis ablegt von dem oft zu sehr am Alten hängenden Sinne der Briten. Der Gasthof, eigentlich der einzige in Kalkutta, mag schon vor 15 Jahren für die Stadt wenig ruhmvoll gewesen sein; heute ist er eine Schmach. Das Leben in den engen Gängen war nichtsdestoweniger eigenartig. Da hockte oder lag auf kühlen Fliesen das Gesinde hinter den Thüren seines Herrn. Ich sah kaum einen Eingang, neben dem nicht zwei oder drei barfüssige, weissgekleidete »navites« mit

Kalkutta. Das Great Eastern Hotel in Old court-house street.

ihren bunten Gürteln und weissen oder farbigen Turbanen, einzelne auch mit dem indischen Dienerhut, kauerten. Alle, ohne Ausnahme, thaten nichts. Gefällt es dem betreffenden Herrn, innerhalb der Räume den Pankha ziehen zu lassen, so hat er dafür einen besonderen Kuli anzunehmen, und die übrige Dienerschaft sieht zu, wie dieser regelmässig die Schnur anzieht, die, durch ein kleines Loch ins Zimmer geführt, an dem Gestelle befestigt ist. — Meine wenigen Sachen wurden durch acht Kulis die beiden Treppen hinaufgeschleppt, und alle acht öffneten die Hand, um zusammen 4 Anas*) zu erhalten.

Unmittelbar nach meiner Ankunft im Gasthof bestellte ich einen Wagen und fuhr in die botanischen Gärten. Der ungefähr 7 km lange

----
*) 1 Rupi = 16 Anas = 1,25 M.

Weg führte mich zum Teil durch Kalkutta, bis ich über eine lange Brücke in die Vorstadt Haura*) gelangte. Die Hoogly**)-Bridge ist, gegenüber den schwer zu überwindenden Stromverhältnissen, ein Zeichen grosser Kunstfertigkeit. Manches in hohem Grade anziehende Bild indischen Lebens zeigte sich mir auf diesem Wege, und besonders erfreut war ich endlich — endlich unter den vielen Eingeborenen keine Chinesen mehr zu finden. Kalkutta bildet die Grenze, an der das gelbe Element aufhört sich anzusiedeln. Nur in einer Strasse, der Verlängerung des Tshauringi***) auf den ich später zurückkomme, sah ich einzelne chinesische Läden und Wohnungen.

Eine recht drollige Erscheinung bilden die Bullocks der Eingeborenen. Die kleinen, weissen, überaus zahlreich vertretenen, sehr nützlichen Ochsen sind nahezu alle bunt bemalt. So z. B. sieht man Tiere mit grün angestrichenen Hörnern, und über und über mit roten Ringen geziertem Fell.

Hindus und Mohammedaner leben in den einzelnen Strassen durcheinander. Die Ersteren sind in der Mehrzahl, aber beide haben die gleiche Gewohnheit halbnackt einherzugehen, indessen sind sowohl Männer als Frauen im grossen Ganzen doch ehrbarer und sittsamer gekleidet als Birmanen, Siamesen und Javanen. —

Die Anlagen der botanischen Gärten sind dem Park in Buitenzorg fast ebenbürtig an die Seite zu stellen. Sie sind so ausgedehnt, dass man stundenlang in ihnen spazieren fahren kann: zwischen Seen, an deren Ufern wundervolle Palmengruppen sich im Wasser spiegeln, zwischen herrlich gepflegten Rasen, auf denen, parkartig angelegt, alle die üppigen Riesenbäume des heissen Erdgürtels zu finden sind. Jedem einzelnen sieht man die besondere Pflege an, durch die er zur Vollkommenheit an Kraft und Schönheit gebracht worden ist. Der märchenhafte Anblick dieser nach vielen Hunderten, wenn nicht nach Tausenden zählenden Prachtbäume wird mir unvergesslich bleiben. Jeder unter ihnen steht genau da, wo er stehen muss, um seine eigene Herrlichkeit zu zeigen, und um zur Wirkung des Ganzen beizutragen. Der grösste Bananenbaum der Welt befindet sich in diesen Gärten; er hat mehr als 200 Stämme, der Umfang seines Mutterstammes beträgt 20 m. Auch eine Art Treibhäuser habe ich gesehen, wenn ich reizende, anmutig in Kreuzform gebaute, glaslose Lusthäuschen, deren Wände und Dach ausschliesslich aus Lianen an einem feinen, weitläufigen Fadennetz bestehen, so nennen darf. In diesen zarten, luftigen Zelten sah ich vornehmlich Orchideen und kleine, edle Farne.

Den überwältigendsten Eindruck machte auf mich der Baumgang von Edelpalmen. Ich habe ähnliche Reihen in Honolulu und später in Peradeniya

*) Engl. Howrah.
**) Deutsch: Hugli.
***) Engl. Chowringee.

bewundert, aber die im Kalkuttagarten übertreffen beide durch die Zahl der Bäume und das Alter der einzelnen Stämme. Der ganze Park mit seinen sauberen Fahr-, Reit- und Fusswegen ist in seiner Art vollendet. Ich hatte meinen Wagen im Garten verlassen und schloss mich der Gesellschaft fröhlicher Briten an, die den Geburtstag einer ihrer Damen in den Anlagen feierten und auf dem Wasserweg mit einer kleinen Dampfbarkasse gekommen waren. Der Garten liegt am Hugli unterhalb Kalkuttas. Wir bestiegen das Fahrzeug gegenüber einer anziehenden Gruppe von Gebäuden an der anderen Seite des Stromes. Hier wohnte bis zu seinem

Kalkutta. Ein Banianenbaum in den Botanischen Gärten.

vor wenigen Jahren erfolgten Tode der letzte König von Oudh, jener mächtige Indierfürst, der sich im Jahre 1857 an dem bekannten Aufstande beteiligte. Man nahm ihm damals seine Länder, und er lebte dann als Gefangener in Kalkutta mit einer Jahreseinnahme von ungefähr 3 000 000 M. mit einem Harem von 200 Frauen und mit einem Gefolge, das aus 300 ihm von den Briten zuerteilten Indern bestand. In der Zeit seines Glanzes verbrauchte er jährlich in seiner Hauptstadt Lakhnau*) 50 bis 60 Millionen M.; er soll sich damals gewundert haben, wenn ihm nicht an jedem Tage die Geburt eines Sohnes oder einer Tochter angezeigt wurde. —

*) Engl. Lucknow.

Mit dem kleinen Schraubendampfer fuhr ich also auf dem Hugli denselben Weg nach der Stadt, den ich am gleichen Tage auf der Rajpootana zurückgelegt hatte. In Kalkutta landeten wir an der Esplanade, den Edengardens gegenüber, sodass ich noch Zeit fand, diese vor Dunkelwerden aufzusuchen. — In herrlichen Anlagen ein kleiner See mit Inseln, auf denen reizende Palmgruppen geschmackvoll verteilt sind, am Ufer ein birmanischer Tempel, hübsche Spaziergänge durch tropisches Gebüsch, das Ganze aufs peinlichste gepflegt: das sind Edengardens. Unmittelbar vor ihnen liegt ein herrlicher, viereckiger, kurz geschorener und gewalzter Rasen. Allabendlich wird er durch 60 Bogenlampen erleuchtet, und in dem kleinen, in seiner Mitte stehenden Häuschen spielt eine Militär-Kapelle von 40 Musikern, während die ganze vornehme Welt der Stadt sich in ihren herrschaftlichen Kutschen um diesen Rasen versammelt, in ihnen die ausgezeichnete Musik anhört oder, auf dem Sammetrasen spaziert. Das Ganze macht einen überaus grossartigen, geradezu blendenden Eindruck, und nachdem der Wärmemesser seit Sonnenuntergang wesentlich gefallen war, konnte ich mit einem Anfluge von wahrer Begeisterung an diesen Freuden der Hauptstadt Indiens teilnehmen. Jeder nur einigermassen achtbare herrschaftliche Wagen in Kalkutta zeigt ausser dem Kutscher zwei weitere Bedienstete. Diese beiden Inder stehen hinten auf dem Gefährt; ihre Kleider und Turbane sind mehr oder minder kostbar.

Die Kutschen sind vollendet in Bau und Ausführung. Man würde ihre Insassen für Fürsten und Nabobs halten, wenn man nicht wüsste, dass ein Pferd nur 500 Rupis kostet und ein eingeborener Diener für den Tag ungefähr 60 Pfg. erhält.

Ich fuhr in einer bescheidenen Ghari nach dem Gasthof zurück und ging, nachdem ich mich umgezogen hatte, zum Hauptmahl. Der Esssaal bot mir einen neuen Anblick. Fünfzig Herren mochten an der Tafel Platz genommen haben, und jeder hatte einen oder zwei weiss gekleidete Aufwärter zu seiner Bedienung mitgebracht. In der Stadt ansässige Kaufleute halten für das Aufwarten bei Tische einen besonders geschulten Diener, den Khitmutghar. Ausser den erwähnten befanden sich noch fächelnde und Pankha ziehende Eingeborne, sowie Oberaufseher, Khansamabs, im Saal.

Als ich mich am Abend in mein Zimmer zurückzog, zeigte der Wärmemesser noch 20° R. Ich bestellte einen Kuli, der während der Nacht vom Flur aus den Pankha ziehen sollte, so dass ich einem wohlthuenden Schlummer entgegensehen konnte. Aber der Kuli schnarchte, sobald ich schlief. Aus meinem Wörterbuch hatte ich mir: »kincho!« »zieh!« gemerkt, das auch einige Male seine Wirkung nicht verfehlte. Viele Europäer sollen die Gewohnheit haben, für solche Fälle neben dem Bett des Abends das gesamte Schuhzeug aufzustellen und in der Nacht ein Stück nach dem andern davon an die Wand zu schleudern, gegen die der Pankhazieher ausserhalb des Zimmers lehnt, doch habe ich mich zu dieser Massregel nicht ohne weiteres entschliessen können. Endlich kam ich überhaupt nicht mehr zum Schlafen, in banger Ahnung, der Kuli könne ohne meine ab und an gebrüllten Ermahnungen: »Lamba hath karo!«*) wieder einschlafen.

Die folgenden Nächte verliefen vortrefflich ohne Pankha; in den Wintermonaten ist er an und für sich nicht erforderlich. —

Am nächsten Morgen fuhr ich gleich nach dem Bad in den zoologischen Garten. Der Weg führte mich an dem 2½ km langen, ziemlich

Kalkutta. Der Meidan von Süden nach Norden gesehen.

im Mittelpunkt der Stadt befindlichen, »Meidan« genannten, Platz vorüber. Er wird im Osten von der schönsten Häuserreihe Kalkuttas, der Tshauringi, begrenzt und enthält zwischen schattigen Baumgängen eine ganze Reihe von Standbildern; er ist sozusagen das Pantheon der Anglo-Inder. Man findet unter den Denkmälern die Nachbildungen aller jener grossen Männer, die dem ungeheuren Reiche zu seiner gegenwärtigen Blüte und Grösse verhalfen, in Stein oder Erz, zu Pferde, stehend oder sitzend. Im Norden vom Meidan liegen die teilweise im griechischen, teilweise im früh-englisch-gothischen Stil erbauten, palastähnlichen Regierungshäuser, die mit ihren Rundgängen und Säulenreihen einer europäischen Stadt gleichen.

*) Wörtl.: Mach die Hand lang.

Am Meidan sowie in den benachbarten Stadtteilen herrscht der lebhafteste Verkehr. Viele herrschaftliche Wagen, Mietsfuhrwerk aller Art, überfüllte Pferde- und elektrische Bahnen durcheilen die Strassen. Die Menge Europäer in tadellosen Gewändern kennzeichnen den vornehmen Grundzug der Stadt. Herren kleiden sich im Winter wie in London: Hoher Hut und schwarzer »cut away«. In den Sommermonaten soll dieser Anzug indessen begreiflicherweise nirgends gesehen werden. Mein Shola-Topi musste sich ziemlich vereinsamt fühlen.

Der zoologische Garten lohnt die Besichtigung hauptsächlich seiner prächtigen Anlagen halber, weniger wegen der nicht zahlreichen, wenngleich ausgesucht schönen und seltenen Tiere. In keinem anderen habe ich jedoch eine gleich grosse Menge von Schlangen gefunden; sie werden gewissermassen im Freien gehalten, das heisst, auf einem gemauerten Hügel, der von einem Graben und einem feinen Gitter eingeschlossen wird. Zu dem Sehenswerten zählte u. a. ein weisser Rabe, und ein ungeheurer bengalischer Königstiger, der mir die Schrecken gerechtfertigt erscheinen liess, die einzelne dieser Tiere über ganze Gegenden Indiens verbreiten. Auch diese Bestie war ein Menschenfresser, den man schliesslich in einer Fallgrube gefangen hatte. Es dürfte nicht allgemein bekannt sein, dass diese »man-eater« eine besondere Klasse unter den Tigern bilden. Ich habe schon wiederholt erwähnt, dass in 100 Fällen ein »Wildtöter« oder »Ochsenschlächter« einen Menschen, der ihm im Walde begegnet, nicht nur unbehelligt lassen wird, sondern vor ihm die Flucht ergreift.

Kalkutta. Feinwäscher.

Wird jedoch ein Tiger vom Heisshunger geplagt oder bei der Verteidigung im Verlaufe einer Jagd dazu getrieben einen Menschen zu töten, so merkt er, wie leicht ein solcher bewältigt werden kann und wie wohlschmeckend er ausserdem ist. Von diesem Zeitpunkt an giebt der Tiger seine bisherige Lebensweise auf und verlegt sich ausschliesslich auf die Menschenjagd, die er mit einer solchen Schlauheit betreibt, dass ab und zu ganze Dörfer veröden, bis es geschickten Jägern gelingt, die Bestie zu töten. Merkwürdigerweise verändert sich das Aussehen des Raubtiers, sobald es zum Menschenfresser geworden ist: es wird grösser und seine Haarfarbe wird heller. —

Auf dem Rückwege zur Stadt besichtigte ich die im Meidan am Hugli gelegene Festung Fort William mit ihren riesigen Kasernen, die 25 000 Menschen zu fassen vermögen. Später fuhr ich wieder nach Haura, um dort eine der grössten Jutespinnereien der Welt zu sehen. Auf dem Rückwege kam ich in die Schwarze Stadt, d. h. in den

Teil von Kalkutta, der von 700 000 Eingeborenen bewohnt ist. — Durch enge, schmutzige Strassen, und an niederen Häusern vorüber, die meistens nur ein Erdgeschoss enthalten, führte der Weg. Hier und da steht der Palast eines indischen Vornehmen, allein auch dieser ist halb verfallen. Alles ist belebt durch ein Gewühl von Menschen, deren lichtbraune Hautfarbe nur wenig von den einst weiss gewesenen Ueberwürfen absticht. In den engen Bazaren herrscht in und vor Tausenden lochartiger Läden ein Treiben, für das mir kein anderer Vergleich passend erscheint, als der schon oft gebrauchte vom Ameisenhaufen. Unablässig stürzten Händler auf meinen Wagen zu; sie hielten die verschiedensten Dinge in der Hand und priesen sie an, während ich bestrebt war, möglichst grossartig auszusehen und die angebotenen nützlichen und unnützen Dinge garnicht zu beachten. Als ich schliesslich in diesem Getriebe den Wagen verliess, hatte ich Mühe, mich vor den Inhabern der Läden und ihren Angestellten zu retten. Steht man im Begriff, eine der zerbrechlichen Buden zu betreten, wird man von rechts und links bestürmt, ja nicht in

Kalkutta. Metallwaarenhändler.

Kalkutta. Schmuckkästchenhändler.

diesem, sondern in jenem Laden zu kaufen. »Come into my shop!« »Not go in this shop, Sir!« »He big thief!« »He big liar!« »He d . . . fool!« rief man überall. — In den Teilen der Schwarzen Stadt, in denen das Getümmel nicht zu stark ist, kann man sich an eigenartigen Strassenbildern ergötzen: kleine Bengalen werden z. B. von den zärtlichen Eltern vom Kopf bis zur Zehe mit Kokosnussöl eingerieben und dann mit ihrem triefenden Ueberzuge zum Trocknen in die Sonne gesetzt. — Manches bildschöne Hindumädchen sah ich mit träumerischen Augen von ihrem Balkon lächelnd auf die Strasse hinunter blicken. —

Von den zahllosen öffentlichen Anstalten Kalkuttas ist das äusserst reichhaltige Museum hervorzuheben. In seinem völkerkundlichen und gewerblichen Teil lernt man erst so recht kennen, welche verschiedenartigen Völker, welche mannigfaltigen Gewerbszweige in dem indischen Riesenreiche zu finden sind! — Ein ganz oberflächliches Durcheilen der herrlichen Räume nahm nicht weniger als $3^{1}/_{2}$ Stunden in Anspruch. —

Am Nachmittag des 5. Januar reiste ich nach Dardshiling*) ab. Bis Sonnenuntergang führte die Bahn durch ein dicht bevölkertes, dem Anschein nach recht fruchtbares, durchaus tropisch angebautes Land. Unter anderem fielen mir ›tanks‹ auf, kleine und grössere, teils natürliche, teils gegrabene Teiche, neben denen die Inder ihre Wohnungen aufgeschlagen haben. In solchen Gruben sah ich die Leute baden, ihre Kleider und Geräte waschen und Trinkwasser schöpfen. Ueberall, wo sich ein Haus oder mehrere Wohnungen befinden, ist mit Sicherheit in unmittelbarer Nähe auf einen Tank zu schliessen. Die Regenzeit

Kalkutta. Reishändler.

hatte vor einem Monat ihr Ende erreicht; die Teiche waren daher noch gut gefüllt. An Kokos- und Mangowäldchen war kein Mangel. Da der Hindu bekanntlich kein Tier tötet, so fand ich während des ganzen Tages in unmittelbarer Nähe des Schienengeleises einen Ueberfluss von Vögeln aller Grössen und Farben. —

Bald nach Sonnenuntergang kamen wir am Ganges an. Ein grosses Fährboot brachte uns von Damukdea an die andere Seite des Stromes, nach Sara Ghat; auf Deck wurde uns ein recht gutes Mittagsmahl angeboten. Am Nordufer des Flusses bestieg man einen neuen Zug, und

---

*) Engl. Darjeeling.

Indien. Tank und Dorfleben in Bengalen.

Himalaya. Siliguri-Dardshiling. »The Teendaria Eights.

sehr bald schliefen ziemlich alle Fahrgäste auf den schmalen Lagerstätten der dürftigen, schlecht gebauten und stossenden Wagen der Northern-Bengal-State-Railway; sie ist die schlechtest gehaltene Bahn, die ich in Indien kennen gelernt habe. — Früh am nächsten Morgen zeigte die Landschaft ungefähr dasselbe Bild wie am Tage vorher. Um 8 Uhr vormittags langten wir in Siliguri, am Fuss der Berge an, und eine Stunde später fuhr ich auf der Dardshiling-Bahn; sie ist vielleicht die eigenartigste und eine der bemerkenswertesten der Welt.

Zu einer Höhe von 2400 m steigt sie auf, und dabei ist sie keine Zahnradbahn, sondern ein einfaches Geleise mit einer Spurweite von nur 60 cm. Der Zug besteht aus spielwarenähnlichen Wagen, die an den Seiten offen sind und je 8 Personen notdürftig Platz gewähren. Die Fahrgeschwindigkeit ist nur gering; um 50 km bis Dardshiling zurückzulegen, braucht der Zug sieben Stunden. — Die Bahn dreht und wendet sich in Biegungen, die alle Wegebaumeister in Erstaunen setzen, und mehrfach ringelt der

Himalaya. Siliguri-Dardshiling. Pflanzenwuchs bei 200 m Seehöhe.

Zug sich förmlich einen Berg hinauf, gleitet dann an schwindelnden Abgründen entlang, hin und wieder so nahe an deren Rand, dass der aus dem Wagen reichende Fuss des Reisenden über einer Tiefe von 1000 m schwebt. Eine der vorhandenen Krümmungen, die Teendaria-Acht, die einen thatsächlichen Kreis bildet, und eine Steigung von 1 : 32 zurücklegt, besitzt einen Halbmesser von nur 13 m. Zuweilen mündet die Bahn in eine Sackgasse, aus der die Lokomotive sie auf einen anderen Weg zurücktreibt, sodass stellenweise der Anstieg im Zickzack

Himalaya. Zick-Zack-Eisenbahn und Fahrstrasse bei Kurseong.

durch Ziehen und Schieben bewirkt wird. Die jeden Augenblick wechselnden Landschaftsbilder vereinigen in sich das Grossartige und Liebliche. Der Himalaya und die Alpen lassen sich nicht miteinander vergleichen. Seen, grüne Matten und Herden mit melodischem Geläut giebt es im Himalaya nicht, und die ungeheuren Theepflanzungen vermögen für die Alpenwiesen keinen Ersatz zu bieten, doch stehen die Schönheit der Linien und der Formenreichtum unseren Alpen nicht nach. —

Um 9 Uhr hatte der Zug die Endhaltestelle, also Siliguri, verlassen; Berge von mehr als 1000 m Seehöhe kommen dem Reisenden dort noch nicht zu Gesicht. Munter dampfte unser Puppenzug vorwärts, anfänglich auf ebener Bahn durch Theegärten, aber allmählig ging es bergan, und vom Fusse der Erhebungen ab zeigt sich ein unvergleichlich schöner Pflanzenwuchs im Urwalde, der mit wenig Unterbrechung bis Dardshiling anhält; er zählt zu den schönsten, die ich auf meinen Reisen kennen gelernt habe.

Wir stiegen zur Höhe von 700, 1000, 1300, 1600 m hinauf. Eine Ecke, eine Windung nach der anderen liess unser Zug hinter sich, und immer grossartiger, immer gewaltiger wurde der Anblick in die viele

Kilometer weiten Thäler. So wundervoll waren die Ausblicke nach beiden Seiten in die Tiefe, dass in mir alle Vorstellungen von einem möglichen Unfall schwanden. Ich vermochte nur zu staunen und mich, wie selten im Leben zuvor, an dieser majestätischen Natur zu erbauen. Bei 1700 m Seehöhe gelangte der Zug in das Gebiet der Wolken, und mit dem Schauen war es zu Ende. Umsomehr musste ich jetzt wieder an das Unheimliche der Fahrt, in den unausgesetzt rüttelnden und stossenden Wagen, denken. Die Abgründe hart neben der Bahn verloren sich in nebelhafter Unendlichkeit.

Gegen Mittag erreichten wir Kurseong, einen Flecken, an dem wir den 30 Minuten später von oben, also von Dardshiling, kommenden Zug zu erwarten hatten; die Zeit wurde beim Tiffin zugebracht — in einem aus Zink und Holz erbauten Schweizerhäuschen, wie man sie zu Tausenden in den Gewerbestädten Schlesiens sieht. Hier konnte ich zum erstenmal Leute der einzelnen Stämme des östlichen Himalaya beobachten. Da trafen sich Gurungs, Kitshahs, Nepalesen, Tibetaner, Limboos, Leptshas, Murmis, Bhutias, Sikkimesen und wie die Stämme alle heissen mögen. Sie sind ohne Ausnahme fesselnd in ihrer äusseren, zum Teil malerischen Erscheinung, wie in ihren Sitten, Gebräuchen und verschiedenen Mundarten. Fast alle lieben es, sich mit bunten Steinen, Perlen, goldenen und silbernen Schmuck-

Himalaya. Siliguri-Dardshiling. Pflanzenwuchs bei 800 m Seehöhe.

sachen im Uebermass zu beladen. Bei manchen Stämmen, z. B. bei den Bhutias, ist die Vielmännerei gäng und gäbe. Sie ziehen im Gebirge umher und sind der Ansicht, dass das Land nicht viele Leute ernähren könne, daher ertränken sie unter den zur Welt kommenden Mädchen 80 von 100, eine Sitte, die sie später zwingt, jede Frau fünf, auch sechs oder mehr Männer, vornehmlich Brüder, ehelichen zu lassen. Eifersucht und Streit sollen unter diesen Völkerschaften unbekannt sein. Alle gleichen mehr den Indianern in Nordamerika oder den Lappen im nördlichen Norwegen, als den Indern; ihre Gesichtszüge verraten jedoch eine entfernte Aehnlichkeit mit den Chinesen.

Der Zug von oben war inzwischen eingetroffen; beide Lokomotiven setzten sich gleichzeitig in entgegengesetzter Richtung aufs neue in Bewegung. Die Nebel hatten sich zerteilt. Die Landschaft wurde immer wilder und grossartiger; der Pflanzenwuchs der heissen Zone hörte mählich auf. Die Berge wurden kahl oder waren nur mit Bäumen, die denen im nördlichen Europa gleichen, bewachsen. Die Aussicht wurde mit jeder Viertelstunde staunenerregender, herrlicher! In Ghoom erreicht die Bahn ihren höchsten Punkt von ungefähr 2600 m Seehöhe. Bis Dardshiling führt sie von hier thalabwärts. Kurz vor Ankunft am Bestimmungsorte, bei Gelegenheit einer Biegung, sah ich die Kantshindshanga-Kette, deren höchste Spitze die Seehöhe von 8590 m behauptet; sie liegt ungefähr 125 km nordöstlich von Dardshiling, nichtsdestoweniger erschien es mir, als ob die Schneemassen kaum 20 km von uns entfernt sein könnten.

Um den Eindruck, den der Kantshindshanga auf mich während meines ganzen Aufenthalts in Dardshiling machte, zu beschreiben, fehlen mir die Worte. Sir Joseph Dalton Hooker, ein hervorragender Himalaya-Schriftsteller schildert seine Empfindungen wie folgt:

»Von Darjeeling hat man eine Aussicht, der nichts zur Seite gestellt werden kann, auf die unbestritten grossartigste bekannte Landschaft der Schneegebirge des Himalaya, folglich der ganzen Erde. Die beredtesten Beschreibungen, welche ich gelesen habe, waren nicht imstande, meinem geistigen Auge die Gestalten und Farben der Schneegebirge vorzustellen oder in mir Gefühle zu erwecken, die sich mit dem vergleichen lassen, was ich empfand, als ich diese erhabene Naturerscheinung in der Wirklichkeit vor mir sah. Es ist besonders die Genauigkeit und Schärfe der äusseren Umrisse des Gebirges, die dem Beschauer auffällt, noch mehr aber das wunderbare Farbenspiel an den schneebedeckten Flächen, das von dem glühendsten Orange, Gold und Rubinrot, welches die von der aufgehenden oder untergehenden Sonne erleuchteten Wolken auf die Berge werfen, bis zu der gespenstigen Blässe wechselt, die mit der Dämmerung folgt, wenn das Rot vor dem nun an seine Stelle tretenden Grau zurückweicht.«

In Dardshiling findet man alle Formen des unermesslich Schönen die den Schauenden demütigen und ihn empfinden lassen, dass er nicht viel mehr als ein Tropfen im Weltmeer sei. Hier steht man dem Erhabensten gegenüber, möchte es mit den Händen fassen, damit es nicht entweiche! Vor den unersättlichen Augen erhebt sich die grösste Berg-

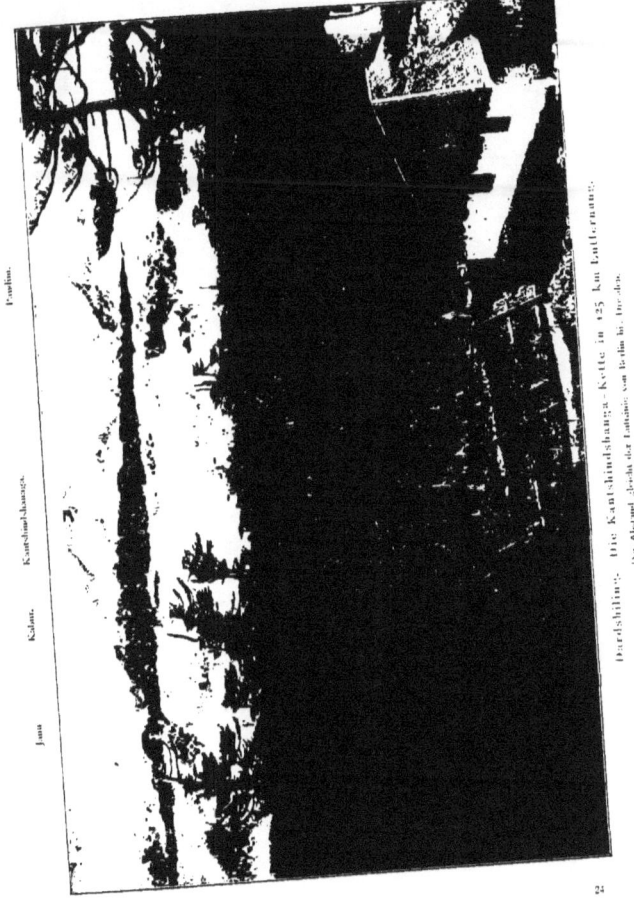

Dardshiling. Die Kautschindshanga-Kette in 125 km Entfernung.
(Die Abstand Dresden der Luftzlinie von Berlin bis Dresden.)

Kunhardt II.

kette unserer Erde! Zwischen dem Beschauer und dem Kantshindshanga dehnt sich ein Weltmeer von Thälern, Bergen, Hügeln und Anhöhen, von immer grünen Rhododendron- und Koniferen-Wäldern aus! Und in dem Grün verstreut liegen kleine Dörfer wie unentdeckte Vogelnester. —
Ich stieg unmittelbar neben dem Bahnhof in Woodlands Hotel ab und war nicht wenig überrascht, von Heinrich Held aus Hamburg, den ich zuletzt in Jokohama gesehen hatte, begrüsst zu werden. Leider war er endgültig entschlossen, schon am nächsten Tage nach Kalkutta zurückzureisen, während ich ungefähr noch eine Woche zu bleiben gedachte. Somit folgte dem fröhlichen Wiedersehen bald der Abschied; vor Agra sollten wir uns nicht mehr treffen. — In meinem Zimmer war geheizt; während ich vor wenigen Tagen in Kalkutta den Pankha in Bewegung setzen liess, packte ich in Dardshiling alles, was ich an Kleidern und Decken auftreiben konnte, trotz des warmen Ofens, auf die beiden weissen Wolldecken meines Bettes. Das Waschwasser erschien mir wie eben aufgethautes Eis. — Am nächsten Morgen um $6^{1}/_{2}$ Uhr klopfte mein Diener an die Thür, um mich zu wecken. Kannte mein Entzücken am Abend vorher schon keine Grenzen mehr, so war ich an jenem Morgen überwältigt! Die aufgehende Sonne warf ein so wunderbares rötliches Licht auf die weissen Schneemassen, dass ich sprachlos und wie berauscht vor diesem neuen Naturwunder stand!

Ungefähr 400 m höher als Dardshiling liegt der 8 km entfernte Tiger Hill; von ihm sieht man im Westen die Spitze des Gaurisanka. Sie ist 250 m höher als der Kantshindshanga, indessen macht der zuckerhutartige Gipfel des höchsten Berges der Erde von Tiger Hill gesehen so gut wie keinen Eindruck.

Nirgends habe ich so unruhige Wolken gesehen; sie schweben von einem Thal ins andere; sie lassen sich gewissermassen von unsichtbarer Hand in die Thalschluchten hineinziehen, und dann raubt plötzlich ein Windstoss ein Flöckchen, das nach Tibet und China davonfliegt! —

Vom Hügel aus gewahrt man in weiter Ferne in südlicher Richtung die Ebene von Bengalen. — Als ich zum ersten Mal hinaufritt, hatte ich zur Linken eine endlose Wolkenbank unter mir, während um mich und über mir die reinste, köstlichste Bergluft wehte. Es war ein merkwürdiger Anblick, diese dichten, schneeweissen Wasserdämpfe, wie sie sich hin und her schoben, wie sich langsam aus ihnen ein riesengrosser, prachtvoll geformter Dom bildete. Er wurde gewaltiger, strebte immer höher. Alle Wolken drängten ihm nach zum Himmel und urplötzlich sah ich in der Tiefe ein weites Thal mit all seinem Himalaya-Zauber liegen! Hundert Meter unter mir zogen zwei mächtige Adler langsam ihre Kreise. Ich hielt mein Pferd eine Weile in schweigendem Staunen an. — Vom Tiger Hill gesehen machte der Kantshindshanga an jenem Morgen einen förmlich unheimlichen Eindruck. Die Schneemassen schienen nicht mit der Erde in Verbindung zu stehen, sondern aus dem tiefblauen Himmel herauszuwachsen. Westlich liegt der Kabur, dann folgt der Janu; im Osten grenzt der Pandim an den Kantshindshanga. Keiner der drei Berge hat weniger als 7000 m Seehöhe. Diese Riesen mit einander bilden den Kern der Kette. —

Die Stadt Dardshiling mit ungefähr 8000 Einwohnern sieht nicht viel anders aus als jeder reiche und vornehme europäische Badeort im Gebirge. In den Wintermonaten kommen nur Reisende hinauf. Die »season« währt vom März bis Oktober; in diesen Sommermonaten soll das ganze Kalkutta und überhaupt Bengalen oben zu treffen sein. Aber nur in den Monaten Januar und Februar ist der Kantshindshanga während des grössten Teils des Tages sichtbar. Im März, November und Dezember kann man glücklich genug sein, unter den Morgenstunden auf Minuten einen Blick zu erhaschen. Vom April bis September ist der erhabene Gebirgsrücken dauernd durch Wolken verschleiert. —

Am Sonntag ist regelmässig der grosse Warenmarkt im niederen Stadtteile geöffnet, auf dem alle Erzeugnisse der Umgegend und mancherlei schlechte europäische Sachen zu haben sind. Hier werden Früchte, dort wird Oel verkauft, daneben liegen im Freien auf ebener Erde billige Regenschirme aus Manchester und deutsche Spielsachen. Auf einem grösseren Platze stehen neben Geflügel und Schafen auch Ziegen zum Verkauf: jene grossen Tiere des inneren Asiens mit ihren stark gewundenen Hörnern. — Nur wenige Händler verstehen ausser den Zahlen noch ein paar Worte Hindustani, aber man schien sich trotzdem leicht zu verständigen. Da jedes unwillkürliche oder beabsichtigte Missverständnis den Frohsinn der Verkäufer anzuregen schien, hatte das bunte Marktgewimmel einen viel freundlicheren Anstrich als unten in Bengalen. Ich brauchte nur einem Bhutia einen wohlgemeinten Schlag auf den Rücken zu geben oder mir einen wohlfeilen Scherz mit seinen ausgestellten Waren zu erlauben, so strahlten nicht nur die Schlitzaugen des hässlichen Menschen, sondern auch die ganze Umgebung brach in ein schallendes Gelächter aus. —

Himalaya.
Nepalesin.

In der offenen Vorhalle eines Tempels fand ich zehn Gebetstrommeln, die, wie alles im Heiligtume, recht unsauber gehalten waren. Diese Verehrungs-Mühlen, wie man sie gewöhnlich nennt, sind eine dem Norden eigene, dem südlichen Buddhisten unbekannte Einrichtung. Durch jede Umdrehung erwirbt der Gläubige dasselbe Verdienst, als wenn er die in der Trommel befindlichen Urkunden heruntergebetet hätte. Auf allen diesen Andachtswerkzeugen sind die prophetischen Worte eingegraben: »Hom mani padi hoong«, »Lob sei der Lotosblume.« Der gottgefällige Buddhist geht spazieren, reitet oder lungert umher, aber immer dreht er die Erbauungsmaschine und denkt dabei an ganz etwas anderes. Auf diese Weise erfüllt er eine religiöse Pflicht, und sein himmlischer Vater ist mit seinem gewohnheitsmässigen Gebet zufrieden.*)

Die Begriffe von Zierat sind bei den einzelnen Völkerschaften des östlichen Himalaya recht verschieden. Beispielsweise fand ich als Schmuckgegenstand den abgebrochenen Hals einer Sodawasserflasche auf Draht gezogen um das Fussgelenk einer jungen Frau gelegt; andere hatten sich Reiskörner in Sternform auf die Stirn geklebt, und manche Frauen und Mädchen trugen lange, silberne Schnüre um den Hals, an denen in Indien gangbare Münzen, eine neben der anderen, befestigt waren. Ich sah Frauen, die in dieser Weise bis fünfzig einzelne Rupien um den Hals gehängt trugen. Alle Männer ohne Ausnahme führen dagegen breite, eigenartige, wie Säbel geformte Messer im Gürtel. Die Gurung Mädchen wären hübsch zu nennen, wenn sie das Gesicht nicht mit einem braunen Firnis überzögen. Die Frauen aus Sikkim scheinen nicht in dem Masse für farbenreichen Putz eingenommen zu sein, wie die der übrigen Volksstämme des Himalaya. Sie legen kaum andere, als Schmucksachen von Gold und Silber an; sie lieben auch Türkise, Malachit und hauptsächlich den Bernstein. Einige dieser Gegenstände konnte ich erwerben, wahrscheinlich um einen zu hohen Preis. Viele dieser Frauen trugen in ihr Gewand eingenähte Talismane, die sie zu Ehren ihrer Vorfahren als heiliges Andenken schätzen.

Auf einem malerischen Wege, der sich am Abhang der Berge entlang schlängelt, bald steigt, bald fällt, bald über Brücken führt, unter denen schäumende Bäche rauschen, gelangt man an ein Bhutiadorf ohne Strassen, in dem nicht mehr als zwei oder drei Häuschen auf derselben Ebene stehen. Alle liegen zerstreut an Felsspalten in den kleinen Bergschluchten, und schlaftrunken

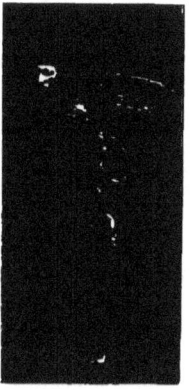

Himalaya. Bhutia.

aussehende Männer mit wirrem Haar gehen in ihnen aus und ein. Schöner als sie, sind die Bhutiamädchen mit ihren rosenroten Wangen, die sonderbar

---

*) Vergl. Kap. X: Der Buddhismus im Norden, Süden und Osten.

gegen die gelbe Hautfarbe abstechen, mit ihren kleinen schiefen Augen und ihren Eigensinn und Laune verratenden Näschen, die ihren Gesichtern ein Gepräge von anmutiger Ungezogenheit geben. Das tiefe Rot ihrer Wangen hielt ich ursprünglich für künstlich, weil jene Farbe bei den mongolischen Rassen sehr selten ist; indessen fand ich die Frauen und Mädchen später schon erröten, wenn man sie anblickte. Diese Scheu steht in merkwürdigem Widerspruch zu den freien Sitten ihres »polyandrischen« Lebens. Im Dorf boten sie mir ihre Schmuckgegenstände, ihre Armbänder an, fragten aber immer vorher im Familienkreise, wie sie mir die Haut am wenigsten fühlbar über die Ohren ziehen könnten. —

Viele hohe Bambusrohre im Dorf trugen grosse Streifen von Papier, auf denen tibetanische Gebete verzeichnet standen. —

Am 12. Januar war ich wieder in Kalkutta. Die Briefe aus Hamburg waren für mich vorteilhafter ausgefallen als ich angenommen hatte. Mein Vater gab halb und halb zu, dass er meine nicht von ihm geplanten Reisen billige, zumal die Kosten aus meinem Gewinnanteil an den von mir in Honduras eingeleiteten Geschäften bestritten wurden. Der »Alte Herr« empfahl mir aber, mein Möglichstes aufzubieten, um in Kalkutta endlich Stellung zu finden. Er schrieb, drastisch wie gewöhnlich u. a.:

»Ich habe nichts dagegen, wenn du Pferdebahnschaffner wirst. Selbst aus solchem Dienst heraus lässt sich im Auslande mitunter eine vorzügliche Anstellung finden.« Dagegen musste ich in meinem nächsten Briefe nach Hamburg berichten, dass ich, um Bahnschaffner in Indien zu werden, leider eine viel zu mangelhafte Erziehung genossen hätte. Ich verstand weder Hindustani, noch hatte ich im Uebrigen die für eine derartige Stellung notwendigen Eigenschaften. Ich glaube kaum, dass ich imstande gewesen sein würde, einen bezechten Irländer aus der Tram-Car zu werfen; wenigstens hatte ich es noch niemals versucht. Ich musste mich somit an den Geschäftsführer der uns befreundeten Hongkong und Shanghai Banking Corporation wenden, mir bei der Bewerbung um eine kaufmännische Stellung behilflich zu sein; Mr. C. S. Addios that sein Möglichstes. —

Drei Tage lief ich in der Stadt umher. —

Der Erfolg war und blieb der nämliche wie früher. Auch hier hätte ich recht vorteilhaft unterkommen können, wenn ich mich auf vier Jahre verpflichtet, wenn ich keine militärischen Obliegenheiten in der Heimat mehr gehabt hätte. — Und damit will ich alle deutschen Berufsgenossen vor der Annahme gewarnt haben, dass es vor Erledigung der Dienstzeit leicht sei, in Asien Anstellung zu finden. Ich drahtete schliesslich nach Hause, dass ich im März dort einträfe. — —

XVIII. KAPITEL.

Benares, Lakhnau.

Spät am 17. Januar reiste ich nach Benares ab. Den nächsten Morgen zeigte der Wärmemesser nur + 16° R. Während des ganzen 18. bot die Landschaft, unausgesetzt wechselnd, anregende Bilder. Alles Land war trotz der Dürre bebaut. Die Bevölkerung schien ausserordentlich dicht zu sein. Obstgärten, Tapioka-Anpflanzungen, Palmen, Bananen, Indigo- und Reisfelder waren belebt durch eine Unzahl prachtvoller Vögel. Von der z. Z. herrschenden Hungersnot war vom Zuge aus wenig zu bemerken. An den Haltestellen bot man die bekannten Schaustücke aus Benares von gelbem, goldähnlichem Metall sehr wohlfeil zum Kauf an. Im Laufe des Tages stieg das Quecksilber wieder auf + 22° R. —

Um 5 Uhr nachmittags kam ich in Benares, im Rom der Hindu, an. Die Brücke über den Ganges dürfte zu den hervorragendsten der Welt zählen.

Ich stieg im Hôtel de Paris ab, dem saubersten und kühlsten aller indischen Gasthöfe. Auf meinem Tische fand ich einen Thonkrug mit ganz kaltem Wasser, das noch den zarten Duft der feuchten Erde ausströmte, und in meinem Ankleidezimmer ein für indische Verhältnisse besonders reich ausgestattetes Bad, das mich vom Staube der Reise befreite und erfrischte.

In der Mehrzahl aller englischen Reisebücher las ich über Benares ungefähr das Folgende:

»Unsere Einbildungskraft stellt sich Benares als eine märchenhafte Wunderstadt dar. Man wünsche indessen nicht, die Wirklichkeit zu schauen, denn das Traumgebilde wird unzart zerrissen werden!«

Solche, kaum eines Globetrotters würdigen, abfälligen Urteile sind nicht richtig, am wenigsten für den Beobachter des Volkslebens, der das bunte Treiben des Morgenlandes dort reicher, echter und von europäischer Bildung weniger beeinflusst findet, als anderwärts. Ebensowenig wird sie der Erforscher des Altertums teilen, dem diese indischste aller indischen Städte Schätze darbietet, deren Nutzbarmachung die Arbeit von Menschengeschlechtern erfordern würde. Ich möchte behaupten, ein einziger Tag, den man in Benares zubringt, wiegt ein Jahr des alltäglichen Lebens in meiner Vaterstadt auf! Soviele Eindrücke, soviele Erinnerungen habe ich als unwissender Laie dort gesammelt, dass sie einen Vorrat für das ganze Leben bilden werden.

Benares ist eine Stadt, die schon vor 30 Jahrhunderten berühmt war, die schon die Bewunderung von ganz Asien erregte, als Rom kaum ent-

Benares. Ghats und die im Jahre 1697 erbaute Sternwarte Djai-Singh.

standen war, als Athen anfing, das Haupt zu erheben, als die Phöniker ihre ersten Siedlungen gründeten, als Babylon mit Ninive um die Weltherrschaft stritt!

Das der Stadt gegenüberliegende Land an der rechten Seite des 725 m breiten Ganges ist flach, mit gelbem Sand bedeckt. Das steil aufsteigende linke Ufer zeigt dagegen ein regelloses Durcheinander von Kuppeln, Zinnen, Treppen und Turmspitzen. Das ist die alte, heilige Stadt Benares, in der vor mehr als 2500 Jahren der Königsohn Siddhârta, aus dem Geschlecht der Sâkja, der Buddha, seine Lehre verkündete!

In malerischem Wechsel und dicht aneinander gedrängt erheben sich sehr einfache, vielfenstrige, verfallene Paläste, Gelehrten-Stiftungen, heilige Bäume, die grosse Aurangzeb-Moschee, Hunderte von Tempeln und kyklopische Mauerstücke. Diese am abschüssigen Ufer liegenden Teile der Stadt, werden hin und wieder durchbrochen von mächtigen, granitenen Riesentreppen, die sich in allen Richtungen kreuzen, um teils vom Strome aus in die erhöht gelegenen Tempel, teils in die Verkehrsstrassen der Stadt auszulaufen. Am Ufer ist kein Fleck, steht kein Haus, in dem sich nicht Wunder begeben hätten oder noch begeben! — An dieser Treppe ist ein grosses Bild des Bima angebracht, dort liegt der Brunnen der Gauri, durch den die Ruhr geheilt wird. Vor jenen Tempeln

Benares. Ghats und die im Jahre 1691 auf einem zerstörten Vishnu-Tempel erbaute Aurangzeb-Moschee.

werden Fächer von Pfauenfedern feilgeboten, die böse Geister vertreiben, und unfern von ihnen erhebt sich ein Götzenbild mit silbernem Antlitz, das die Macht besitzt, die Blattern zu verscheuchen. Die Zahl der Hindu-Tempel in der ganzen Stadt beläuft sich auf etwa 1500. Manche dieser Heiligtümer erinnern in ihrer Form an kleine griechische Tempelhallen, in deren reizendem Innenraum — das Steinbild einer anbetenden Kuh steht. Häufig finden sich auch die echtindischen Spitzkuppelaufsätze, die, eine über der anderen erhöht, bisweilen übersäet sind mit roh gemeisselten Göttergestalten.

Zwischen all diesen absonderlichen, stufenförmig über einander geordneten Steingebilden steigen an den hohen Treppen während der Tagesstunden braune Inder auf und nieder. Die Aermeren sind nur mit einem Lendentuche bedeckt, während die Besitzenden in bunte, zuweilen prachtvoll mit Seide und Gold gestickte Gewänder gehüllt sind. Frauen tragen um ihren Leib ein farbiges, weiches Tuch, den Sari, den sie mit indischer Anmut um ihren, oft entzückend schönen, geschmeidigen Körper zu schlingen wissen.

Zwischen den Gläubigen gewahrt man überall schwarze und silbergraue Kühe, die, scheinbar im Bewusstsein ihrer Heiligkeit, auf den Plätzen, in den Strassen, auf den Treppen und in den Tempeln umherstehen, und niemals dem Menschen ausweichen. Diese Tiere, die kein Europäer oder Mohammedaner berühren darf, sind den Göttern geweiht. Die meisten haben keine bestimmte Lagerstätte, aber jedermann füttert sie mit Blumen und bekränzt sie. Ich sah sie striegeln und waschen, und alles, was von den Kühen kommt, ist ohne Ausnahme heilig.

Tausende von blauen Tauben und ebenso viele langschwänzige, smaragdgrüne Papageien umschwärmen alle Tempeltürme, Häuser, Firste und Nischen, und hoch in der Luft kreisen Geier und Falken. —

Benares gilt als die heiligste unter den heiligen Städten Indiens, und so pilgern denn alljährlich Millionen von Gläubigen dorthin, um die Vergebung ihrer Sünden zu erlangen. Zwei, drei, sechs Monate wandern sie, um den Ganga*) und Benares zu erreichen. Solche Pilger pflegen wochenlang an den Ufern des Stromes zu beten. Da sitzen sie mit untergeschlagenen Beinen auf Stegen, die in den Fluss hineingebaut sind. Sie wenden das Gesicht der Sonne zu, finster und geistesabwesend den Namen Çivas murmelnd, indem sie zwischen den Fingern die Perlen eines Rosenkranzes drehen. Ihr Geist scheint dem irdischen Dasein entrückt und ganz von einem Glaubenswahne erfüllt zu sein. Andere Pilger mit wirrem Haar stehen lange Zeit unbeweglich da und halten Strohhalme in der offenen Hand; der Gesichtsausdruck dieser Verzückten erscheint um so unheimlicher, als sie die Stirne, die Schultern und die Brust mit roten, gelben und weissen Streifen oder runden Flecken bemalt haben. — —

Mein erster Morgen in Benares gehörte den badenden Hindus. Vor Tagesanbruch fuhr ich vom Gasthofe eine gute halbe Stunde bis zur trümmerhaften Sternwarte Djai-Singh am Flusse, wo mein Führer eine Barke mietete, auf der wir mählich an den beschriebenen Ghats**) stromabwärts entlangstreiften. Ich nahm vielleicht das eigenartigste Bild in mir auf, welches das Morgenland bieten kann. 50000—60000 Hindu-Männer und -Frauen, die letzteren in weisse, gelbe, rote und grüne Tücher gekleidet, standen im Strome. Hier verharrt ein Betender, mit breitem, weissem Strich auf der Stirn, bis

---

*) Der Ganges heisst im Sanskrit Ganga; diese Bezeichnung ist in Indien die gebräuchliche.

**) Treppen.

an den Hüften im Wasser, mit andächtig ausgestreckten Händen, den Blick auf die Sonne gerichtet. Dort erweist einer dem Ganga seine Verehrung, indem er einzelne Blumen oder auch einen ganzen Kranz spendet; daneben wäscht eine Mutter ihrem Kinde das schwarze Haar, und vor ihr streut ein mit aufrichtiger Inbrunst Betender einzelne Getreidekörner in den Fluss. Rührend war es, eine steinalte Frau zu beobachten, die mühsam ihr Strassengewand mit dem saftgrünen Badetuche vertauschte und wankenden Schrittes behutsam in die Fluten hinabstieg, um ihre Sünden im barmherzigen Strome abzuspülen. Aber der Morgenwind, der ihre weissen Haare

Benares. Das Manikarnika-Ghat.

zauste, ist im Januar frisch und das Wasser fühlt sich kalt an. Sichtlich zusammenschaudernd, stieg sie langsam in den Fluss und übergoss mit zitternden Händen ihr greises Haupt und ihre vertrockneten Brüste, unausgesetzt einen frommen Spruch zwischen den Lippen lallend. — Dann sah ich wieder junge Frauen untertauchen, die trotz des heiligen Orts einen regen Gedankenaustausch nicht unterdrücken konnten. Durchgehends herrscht indessen der grösste Anstand. Die weissen Gewänder der Männer und die bunten Tücher der Frauen, sowie zahlreiche, in der Sonne blitzende Metallvasen, die Lotaschalen, welche zum Uebergiessen des Wassers gebraucht werden, verleihen dem an und für sich lebhaften Bilde viel Farbenreiz. — Am Dasamedh-Ghat über den Badenden sieht man die

Brahminen unter grossen Sonnenschirmen heilige Bücher lesen und Farbstoffe zum Malen der Pilger- und Kastenzeichen verkaufen.

Von Ferne schon kündigt sich in diesem Treiben das Munikurnika-Ghat durch seine Rauchsäulen an. Ein alter Mann auf einer Plattform hütet hier ein stets zu erhaltendes Feuer, das zum Anzünden der Scheiterhaufen dient, auf denen die Leichen verbrannt werden. Obwohl an jener Stätte Tausende, und darunter viele Angehörige wohlhabender Leute, verkohlen, ist der Platz in keiner Weise seiner Bestimmung entsprechend hergerichtet; nur durch eine dichte Schicht von Asche und umherschnuppernde Hunde wird er gekennzeichnet. Ich sah drei oder vier Scheiterhaufen in unmittelbarer Nähe des Ganges, und zwei Bahren standen wartend neben den brennenden Leichen. Der Totenmann fluchte über zu knapp bemessene Gebühren, mit den Söhnen eines tags vorher Verbrannten. Er zählt zu den Niedrigsten der untersten Kaste; jeder meidet seine Nähe, und eine zufällige Berührung seiner Person würde für das furchtbarste Unglück gelten. Dennoch ist er einer der wohlhabendsten Leute in Benares.

Neben jenem Platze sieht man die Gedenksteine der Witwen, an denen seiner Zeit das »Sahamaran«*) vollzogen wurde; es sind dies die Gedächtnistafeln der Frauen, die den Verbrennungstod auf der zu Asche gewordenen Leiche ihres Mannes suchten.

Auf den Ghats begegnet man hin und wieder zum Gerippe abgemagerten Fakiren mit stierem Blick. Manche sah ich halb eingegraben in elenden Erdlöchern hocken und Gebete murmeln. Ihre eingefallenen Wangen bekundeten, dass sie, ihrem Gelöbnis treu, mehrere Tage sich jeder Nahrung enthalten hatten. Andere wanden sich unter den Schmerzen einer Anstoss gebenden Verstümmelung, die sie sich selbst beigebracht hatten. Ich sah einen Fakir, der ganz nackt einherging und in den Händen einen Schädel trug; aus ihm, sagte er, trinke er mit derselben Gleichgültigkeit Milch, Wasser oder Branntwein. Solche Leute beteuern, dass ihnen alles auf der Welt unterschiedlos sei, und mit der nämlichen Gemütsruhe empfangen sie Schläge oder Segenssprüche.

Für sehr verdienstvoll rechnet man unter diesen Eiferern das Spazierengehen mit trockenen Erbsen in den Schuhen. Zwei oder drei der Verblendeten sah ich, deren Sandalen an die Füsse genagelt waren. —

Drei Morgen hinter einander bin ich am Stadtufer des Ganges entlang gefahren, um die Glaubensübungen der Brahma-, Vischnu- und Çiva-Anbeter zu beobachten, und täglich wuchs meine Teilnahme. Welch eine geistige Macht besitzt der Hinduismus, nachdem er sich aus der Vielgötterei in diesen Fetischdienst verwandelt hat!

Nirgend mehr als in Benares lernt man begreifen, aus welchen Gründen Mohammed streng jedes Sinnbild in den Gotteshäusern verbot.

*) Wörtlich: Mitgehen.

Er erkannte, welche Gefahren von dieser Seite der Lehre von einem allmächtigen Gotte, bei den mit glühender Einbildungskraft ausgestatteten Asiaten, drohten. Andererseits lässt sich hier die Spaltung zwischen den Mohammedanern und Hindus in Indien leicht erklären. Die Ersteren hassen und verachten die Brahmaverehrer als Götzendiener, und der mächtige Einfluss der Religion hat eine grosse Verschiedenheit in der Gemütsart der Anhänger jeder der beiden Glaubensrichtungen hervorgerufen. Der

Benares. Tempel der Brahmagläubigen.

Islam verleiht seinen Bekennern durchgehends eine männliche, energische, jedoch unduldsame Eigenart. Die Bildergläubigen dagegen gleichen im allgemeinen ihren Tempeln. Durch zu starkes Betonen der Bruchteile geht die Einheit verloren; sie sind schmiegsam und unselbständig. Daher hat eine Minderheit von Mohammedanern durch Jahrhunderte fast das ganze Indien beherrscht, obwohl es unter den ihnen dreifach an Zahl überlegenen Hindus nicht an unternehmenden Männern gefehlt hat. —

Am ersten Tage brachte der Führer mich nach der Flussfahrt durch einige schmutzige Strassen, die so schmal sind, dass kaum zwei Kühe einander ausweichen können, an einen Andachtsort, dessen Spitztürme, wie die Pagode in Rangun, in reinem Golde glänzen. Dieser goldene Tempel, der Bisheshvar, bildet den Mittelpunkt der Pilgerbewegung. Wer immer nach Benares kommt, eilt vor allem, diese geweihte Stätte zu besuchen. Als mein Führer mich auf ihre Einzelheiten aufmerksam machte, drängten von allen Seiten abgehärmte Pilger und Fakire heran. Diese waren nur mit einem Halsband bekleidet und hatten den Körper mit Asche eingerieben; sie murmelten Gebete und schleppten Gefässe mit Gangeswasser, sowie Blumenkränze herbei. — Weiter führte unser Weg an einem Götzenhause vorüber, aus dessen Eingangspforte zwei Kühe ihre unschönen Köpfe heraussteckten. Vergebens trachteten wir einzutreten, und erst nachdem wir einem Priester eine Rupie angeboten hatten, wurde uns gestattet, bis zur Schwelle einer schmalen Seitenpforte vorzugehen, an der uns übler Geruch empfing: In einem wahrhaft reizenden Säulenhofe trieben sich ungefähr 20 Kühe umher, während Priester und Gläubige andächtig durch den heiligen Dünger wateten, der den marmornen Boden bedeckte.

Im Affentempel, welcher der Durga, der indischen Rache- und Vernichtungsgöttin, geweiht ist, ging es verhältnismässig ruhig her. Ungefähr achtzig Affen umringten uns und erwarteten Näschereien, wie solche von einem berechnenden Brahminen am Tempelthore feil gehalten werden. Noch vor wenigen Jahren befanden sich hier viele Hunderte dieser Tiere, doch da sie die Umgebung durch ihre Raubzüge unsicher machten, liess die britische Regierung die Mehrzahl über den Ganges, in ein für diesen Zweck gebautes Affenhaus, bringen. —

Der Hauptteil der Stadt besteht aus einem sinnverwirrenden Irrgarten ganz enger, teilweise kaum drei Schritte breiter Gassen, in denen der Europäer sich ohne Führer auch nach jahrelangem Aufenthalt schwer zurechtfinden kann. Selbst in Kanton oder Amoy habe ich so enge Strassen kaum gesehen. Die Häuser entbehren jeglichen Schmuckes, doch sind sie aus Stein gebaut und mehrere Stockwerke hoch. Die Enge lässt sie noch höher erscheinen als sie in der That sind. Das Erdgeschoss ist zum grössten Teil nach der Strasse offen. In ihm liegen die Läden und Werkstätten, in denen man an Erzeugnissen entstehen und fertig aufgespeichert sieht, was Benares bieten kann. Kostbare Seidenstoffe, Goldbrokate und Schaustücke liegen neben den einfachsten hölzernen Kinderspielzeugen. Alles versetzt hier den Schauenden um Jahrtausende zurück. In Benares hat der Lauf der Zeiten, ausser der Sprache, sicherlich wenig verändert. Wie diese Stadt der Gegenwart hatte ich mir das Babylon und Ninive der Vergangenheit gedacht. —

Ich habe bei Gelegenheit der Leichenverbrennung am Munikurnika-Ghat das Sahamaran erwähnt und möchte auf das Leben der Hindu-Witwen zurückkommen, wie es sich gestaltet hat, seitdem der hochherzige

Lord William Bentinck, im Jahre 1830 Vicekönig von Indien, die althergebrachte Witwenverbrennung endgültig unterdrückt hat. Nur in entlegenen Gegenden des grossen Landes mag diese Sitte hie und da ein Opfer fordern, aber im ganzen Indien ist auch heute noch das Leben einer Hindu-Witwe ein bis zu ihrem Tode währender Jammer. In der nachstehenden Darstellung dieser trostlosen Zustände gebe ich die Ausführungen eines Vorkämpfers für die Abschaffung der Kinderehen wieder, eines Gegners des Verbotes der Wiederverheiratung der Witwen. Mr. R. Ragoonath Row äussert sich in einer Aufforderung an die Regierung, dieses grösste aller indischen Uebel mit der Wurzel auszurotten, wie folgt:

»Setzen wir den durchaus nicht ungewöhnlichen Fall, dass ein dreijähriges Mädchen das Unglück hat, zur Witwe zu werden. Das Kind weiss nichts davon, dass es einmal verheiratet war und jetzt eine Witwe ist. Es mischt sich unter die andern Kinder und eilt, wenn ein Festzug durch die Strassen zieht, mit den Gespielen, ihn zu sehen; aber es wird mit Gewalt zurückgehalten oder zurückgestossen, denn der Anblick eines verwitweten Kindes ist von böser Vorbedeutung. Schreit das unglückliche Mädchen darüber, so bekommt es Schläge mit der Begründung: »Anstatt Deine Schande in einem Winkel des Hauses zu verbergen, kommst Du und stiftest Unheil durch Deinen Anblick.« Die Arme begreift von dem allem kein Wort, ebensowenig kann sie verstehen, warum ihr jetzt das Haupthaar abgeschoren und die Witwentracht angelegt wird, warum sie nicht so wie die andern Kinder gekleidet, geschmückt und gebadet wird, warum sie nur einmal des Tages essen darf, warum ihr alle wohlschmeckenden Speisen und Näschereien vorenthalten werden, warum sie alle vierzehn Tage einmal, ja öfter zweiundsiebzig Stunden lang, fasten muss, kurz, aus welchen Gründen sie ein Leben unverschuldeten Elends zu führen hat. Sie fragt vergeblich, weshalb ihr das alles geschieht. In der ersten Zeit wird sie durch diese oder jene Geschichte beruhigt; wenn sie aber elf Jahre alt geworden ist, erfährt sie die Wahrheit: »Dass sie in einem früheren Dasein ein böses Weib gewesen sei, welches anderer Leute Eheglück gestört und, dass sie jene früheren Sünden in diesem Leben mit ihrer Witwenschaft zu büssen habe«. Die Unglückliche hört diese Erklärung mit banger Sorge, ohne jedoch ihre Lage schon ganz zu begreifen. Denn das Schlimmste steht ihr noch bevor, wenn zwei weitere Jahre vergangen sind und sie sich der heissen Gefühle ihrer südlichen, leidenschaftlichen Natur bewusst wird. Und nur zu bald entdeckt sie, dass nur ein Weg offen bleibt, um das Glück des Lebens zu geniessen, das nach Recht und Sitte allen ihren gleichaltrigen Gefährten zuteil wird — der Weg des Lasters. Zahllose Witwen betreten ihn, von Verzweiflung getrieben, und haben dann die Folgen zu tragen, welche in Indien, wenn möglich, noch entsetzlicher sind, als unter den gleichen Verhältnissen in Europa.« —

Die Kastengesetze gebieten allen Ständen des Volks, die Mädchen im unreifen Alter zu verheiraten, um dem Aufkeimen einer, die starren priesterlichen Satzungen durchkreuzenden, Liebesneigung vorzubeugen.

Die fortschrittlichen Hindu-Gesellschaften sollen sich mit allen Kräften bemühen, die Wiederverheiratung der Witwen zu begünstigen und die Vorurteile, die ihr entgegen stehen, zu bekämpfen. Es soll auch einige Priester geben, die behaupten, in dem Gesetz Manus pitas[*]) nichts finden zu können, das die Wiederverheiratung einer Witwe zurückweise.

---

[*]) Vater Manu — der Verfasser des Gesetzbuches Manavadharmacastra.

In den Zeitungen las ich folgende Begebenheit:

Eine sehr schöne, wohlerzogene junge Frau in Dshabalpur, wurde kürzlich mit achtzehn Jahren Witwe. Sie war trostlos über den Tod ihres Gatten und nahm Opium, um ihrem Leben ein Ende zu machen. Auf ihrem Bette fand man einige von ihr in den letzten Augenblicken ihres Lebens beschriebenen Blätter:

»Was für ein Vorteil liegt für mich im Leben? Ich will mich nicht schlecht betragen, indem ich mich wieder verheirate. Warum soll ich dann aber leben? Die Sitte der Inder, sich so jung zu verheiraten, ist entsetzlich. Ich habe Gift genommen, weil mein Herz keine Ruhe findet. Es giebt nichts Unglücklicheres als eine Hindu-Frau. Als ich vierzehn Jahre alt war, hat man mich verheiratet, und jetzt mit achtzehn Jahren bin ich Witwe. Ich sehe keine Notwendigkeit, einen solchen Schmerz zu ertragen. Warum hat mich Gott zum Weibe erschaffen? Soll ich mich in das grosse Unglück, das mich getroffen, stillschweigend ergeben?«

Benares. Radshe Shawri.

Am letzten Tage meines Aufenthalts in Benares schlug mein Führer mir vor, die Bekanntschaft einer indischen Tänzerin, hindustanisch: »Natsh«, zu machen. Während der Bedienstete fortgeschickt wurde, um die zum Tanz erforderlichen Musiker zusammenzuholen, war ich schweigsamer Zeuge, wie das Mädchen sich für die Feier kleidete. Grosse Mengen stark riechender Oele wurden in das lange schwarze Haar gerieben und ein kleiner goldner Knopf durch den Nasenflügel gezogen. Das äussere Ohr und die Ohrläppchen wurden besonders stark behängt, Hände, Arme und Füsse mit schwerem Silberschmuck geziert; das Fernere entzog sich meinen Blicken. Nach einer halben Stunde erschien die Tänzerin, eine dreizehnjährige Frau, Radshe Shawri, in vielen ausserordentlich reichen, mehr oder weniger von Gold durchwirkten, indischen Gewändern, die eines über das andere gezogen waren, und ich musste gestehen, dass dies halbe Kind, das ich zuerst kaum hübsch gefunden hatte, nunmehr entzückend aussah. Tanz und Gesang nahmen ihren Anfang. Der Gatte, ein garstiger Kerl von ungefähr 45 Jahren, leitete die Musik, einen unschönen Lärm; dieser wurde durch eine kleine Pfeife, eine Trommel — die man von beiden Seiten rührte — eine Art Dudelsack mit zwei Röhren und durch drei Männer, die auf eiserne Becken schlugen, hervorgerufen. Radshe Shawri bewegte, wenig anmutig, nur die Hände und Füsse, während mir ihr Gesang natürlich unverständlich blieb. Später überreichte der Gatte mir das sauber gedruckte Lied in hindustanischer und englischer Sprache. Der Text lautete in der Uebersetzung:

»Wann, o mein Geliebter, wirst Du wiederkehren? Du Wonne meines Herzens und Schatz meiner Seele! Oh! wann wirst Du erscheinen, um Deine Shawri glücklich zu machen?

Vergebens erwarte ich Deine Rückkehr, Du kommst nicht zu Deiner Liebe, meine Lider sind müde; ich kann nicht länger Deinen Schritten lauschen. Das Lager meines Geliebten ist mit Ranken von Mogree bedeckt und von einem Gewölbe von Jasmin überschattet. Ich habe es mit dem süssen Karah-Pulver bestreut und mit Rosenwasser begossen. Ich habe es mit dem Oel von Lahore duftend gemacht und mit Blumen von Hiana gefärbt. Eile Dich, o mein Geliebter, zu Deiner Sklavin zu kommen, erfreue ihr Herz mit Deiner Gegenwart!«

Je länger ich die kleine Radshe indessen betrachtete, umso liebreizender fand ich sie. Schliesslich liess ich ihr sagen, sie sei das schönste Mädchen, das ich in ganz Indien gesehen habe. »Salam!«*)

Hindu-Frauen aus Benares.

entgegnete sie und legte die Hand an die Stirn; dann bewunderte ich die mit Gold- und Silberfäden durchwirkten und mit Edelsteinen reich besetzten Kleider und erfreute mich an den berauschenden, wundervollen Wohlgerüchen, welche die ganze nächste Umgebung Radshes erfüllten und in denen Sandel- und Rosenöl vorherrschend zu sein schienen. Ich verliess die recht dürftig und im ganzen unsauber aussehende Wohnung, nachdem mein Führer mich hoch und heilig versichert hatte, der Vater dieser Frau, die erst in einigen Monaten in das Haus ihres Gatten übersiedeln solle, sei von hoher Kaste und, nach Hindubegriffen, sehr reich. —

---

*) Der übliche Gruss. Wörtlich: Friede.

Aus einem Bericht im »Madras Athenaeum« vom Dezember 1896 möchte ich über die Hindufrau an dieser Stelle das Folgende einschalten:

»Diejenigen, welche so glücklich waren, indische Frauen kennen gelernt zu haben, werden zugeben, dass sie in vielen Dingen bewundernswürdig sind. Sie sind gefühlvoll, zärtlich und schön; sie haben eine leichte, anmutige Art zu gehen. Die runden, weichen Bewegungen ihres Körpers haben etwas Dichterisches; ihre Sprache ist sanft und einschmeichelnd. Ihre Treue gegenüber dem Gatten ist sprichwörtlich. Die schwarzen Augen können schmachtende Blicke spenden und glühende Feuerstrahlen lodern lassen. Indische Frauen besitzen eine hingebende Liebe für ihre Kinder und haben oft rührende Beweise davon gegeben.

Wenn wir Fremden sie nicht schätzen, so hat dies seinen Grund darin, dass wir sie nicht zur Genüge kennen. Ihr morgenländisches Benehmen ist ebenso natürlich, reizend und angenehm, wie das der Europäerinnen. Möchten wir vielleicht, dass sie die Gewohnheiten der nordeuropäischen Länder nachahmten? Möchten wir wünschen, dass sie ihr anmutiges Gewand, die romantische Neigung ihres Geistes aufgeben, und dass sie ihre Geburt, ihr Vaterland vergässen? — —

Den Rest des Tages verbrachte ich im europäischen Teil der Stadt. Unter Mangobäumen und Guajavasträuchern liefen Hunderte von Perlhühnern umher, und eigenartige, zweirädrige Wagen begegneten mir auf Schritt und Tritt.

Im Hôtel de Paris sollte ich noch Gelegenheit finden, ein überraschendes Taschenspielerkunststück von einem wandernden Gaukler ausgeführt zu sehen. Der Mann behauptete, aus einer beliebigen Stelle des Erdbodens Schlangen ziehen zu können. Er stand im Garten, vor der offenen Halle des Gasthofes, mehrere Schritte von seinen Körben entfernt und war nur mit dem üblichen Schurz aus grauem Zeuge bekleidet, den er an beiden Seiten öffnete. »Ao ao samplog!«*) rief er, dann griff er hastig mit der rechten Hand nach dem Erdboden, so dass ein wenig Staub aufwirbelte — und dicht vor meinen Füssen wand sich eine dicke Schlange von 1—1½ m Länge. Der Führer und mein Diener standen neben mir und sahen mit offenem Munde zu.

»Where the d.... did he get that snake?« fragte ich beide.

»Zemin se, gharib-pawar! From the earth, oh protector of the poor!«

8 Uhr 15 abends traf ich am Bahnhof ein, um die Reise nach Lakhnau**) fortzusetzen. An der Haltestelle teilte mein Führer mir mit, Radshe Shawri sei am Bahnhof und wünsche mich zu sprechen. Sie sass in einem wahrhaft fürstlichen europäischen Wagen. Meine Polyhymnia war ganz anders als am Morgen, aber noch wesentlich reicher, wie eine junge Königin, in Gold und Seide, in knapp anliegende, sie reizend kleidende Gewänder gehüllt. Ungefähr 12 Männer, Verwandte und Diener zu Fuss, geleiteten sie; zwischen ihr und mir entspann sich durch die Vermittlung meines Führers folgende Unterhaltung:

*) Kommt heran, ihr Schlangenleute!
**) Engl.: Lucknow.

»Ich bin bereit, Du weisser Sohn der Sonne, mit Dir nach Wilayet*) zu gehen, wenn Du mich heiraten willst.«

»Du schönes Mädchen Indiens, Du Blume unter den Blumen, ich würde hoch erfreut sein und im Staube vor Dir knieen, wenn Du mich beglücken wolltest — aber ich bin verheiratet«.

»Saib, Du bist reich genug, in unser Land zu reisen, also auch reich genug, zwei Frauen zu ernähren.«

Dann erkundigte ich mich, was ihr Gatte zu diesem ihren Entschluss gesagt hätte. Sie schien äusserst erstaunt über die, nach Hindubegriffen vielleicht dumme Frage und meinte — entgegen meinen Vorstellungen, die ich bisher von der indischen Ehe gehabt hatte — dass den Gemahl ihr Entschluss garnichts angehe, da ihr Vater eingewilligt habe. Ich stellte ihr vor, es sei bei mir zu Hause, in Grossbritannien, sehr kalt, es gäbe nur Eis, im Sommer wie im Winter, aber schlagfertig entgegnete sie: »Wenn Du in unser warmes Land zu mir kommen kannst, so kann ich auch zu Dir nach England kommen.« Endlich beruhigte ich sie damit, dass ich ihr ein hübsches Geschenk aus Bombay in Aussicht stellte und ihr versprach, im nächsten Jahre wiederzukehren, um sie abzuholen; Ich nahte mich ihrem Wagen, ergriff die kleine Hand des im Lichte der Sterne wahrhaft schönen Kindes und versuchte, meine Lippen an die ihren zu bringen. Aber mit einem Schauder des Entsetzens wandte sie sich ab. Ich zweifle keinen Augenblick, dass sie mich geheiratet haben würde, aber ebenso gewiss bin ich, dass sie sich nie im Leben entschlossen hätte, mit mir, der ich ihrer Kaste nicht angehörte, gemeinsam zu essen, oder dass sie mir jemals einen Kuss gestattet haben würde. Das Festhalten an ihren gesetzlichen Gebräuchen ist bei den Hindus derartig zur zweiten Natur geworden, dass wir kaum imstande sind, uns einen Begriff von diesem Hang am Hergebrachten zu machen.

Der Zug war längst vorgefahren; Shawri stieg aus ihrer prächtigen Kutsche und geleitete mich an die Wagenabteilung. Dann gab sie mir eine kleine Kugel von Watte die mit den Wohlgerüchen, die mir am Morgen besonders gefallen hatten, getränkt war; sie sagte mir, dieser Duft sei unvergänglich und solle mich jederzeit an sie erinnern. Ohne Widerstreben liess sie mich ihre beiden Kinderhände küssen. »Khooda hafiz! Bhooligo mut!«**) sagte sie. »Salam!« rief ich zurück und fort ging es nach Lakhnau. Der Auftritt hatte mich masslos erregt.

»Well! I live 30 years in this country«, sagte ein den Eisenbahnwagen mit mir teilender Brite, »but I never saw anything like this. What on earth is it all for?«

---
*) Europa.
**) Mögen die Götter Dich schützen! Vergiss mich nicht!

Jetzt erst erinnerte ich mich, dass durch die Begleitung der 12 Männer, durch Radshes aussergewöhnliche Kleidung, der Auftritt von Anfang bis zu Ende Aufsehen erregt haben musste. Ich erzählte dem freundlichen älteren Herrn das ganze Erlebnis, aber wieder und wieder behauptete er kopfschüttelnd, nie Aehnliches erlebt oder gehört zu haben.

Im stillen vergegenwärtigte ich mir die Freude, die meine Eltern ohne Zweifel gehabt haben würden, wenn ich ihnen bei meiner Rückkehr strahlenden Blickes das Malaienmädchen aus Buitenzorg, welches keinen

Hindutempel bei Benares.

Betel kaute, und die 13jährige Hindufrau aus Benares, die sich nicht küssen liess, als Schwiegertöchter vorgestellt hätte.

Mein neuer Reisegefährte war Goldwarenhändler in Kalkutta und schien besonderen Anteil an der indischen Währungsfrage zu nehmen. So meinte er, dass das Einstellen der Prägung langsam ein Abnehmen des umlaufenden baren Geldes in Indien bewirken würde, dass der indische Geldverkehr in eine ungesunde Absonderung von andern Ländern gebracht sei, ungefähr wie der Zettelumlauf eines Papierwährungslandes, weil die indische Währung zu der keines anderen Landes und zum Werte keines Edelmetalles eine natürliche, lebendige Wechselbeziehung habe. Somit könne weder ein Geldmangel leicht durch Zufuhr, noch ein Ueberfluss durch Abfuhr beseitigt werden. Endlich leide die Bevölkerung bei

Strassenleben im alten Teile von Lakhnau.

Teil des Kaisar-Bagh in Lakhnau.

dem gegenwärtigen Notstande doppelt, weil die Verwertung silberner Kostbarkeiten, die sonst ihr Notpfennig waren, erschwert sei.

Recht anregend wusste Mr. Jarvis auch von den Frauenverbrennungen zu erzählen. Er hatte Ende der 60er Jahre eine solche an den Südabhängen des Himalaya, in Nijampal, gesehen und schilderte den Vorgang ungefähr wie folgt:

»Die junge Frau schritt von ihrem Vater geführt auf das Schafott, das mit Tüchern behängt war, sodass man vom eigentlichen Brennstoff nichts sehen konnte. Sie legte sich neben die Leiche ihres Mannes. Mit zwei langen Bambusstäben wurde sie von vier Brahmanen über dem Leibe und am Halse niedergedrückt, so dass an ein Entweichen nicht zu denken war. Als die Flammen sie erreichten, hörte man sie zweimal aufschreien, und dann muss der Tod sehr bald eingetreten sein, wahrscheinlich indessen mehr durch das Zwangsmittel, bezw. Erdrosseln mit den Stangen, als durch die Flammen.« —

Nachts $4^1/_2$ Uhr kamen wir in Lakhnau an. Ich nahm im Hôtel Royal Wohnung, und am nächsten Morgen gings an ein Besichtigen der berühmten Stadt, die einst der Sitz des mächtigen, früher erwähnten Königs von Oudh gewesen ist.

Grosse, hohe Häuser, mit gelbem oder weissem glänzenden Stuck reihen sich zu beiden Seiten einer breiten Strasse aneinander. Zahlreiche Moscheen und Minarets von gekünstelter Schraubenform erheben sich zwischen völlig europäisch aussehenden Gebäuden. Die Zahl der Kuppeln mit vergoldeten Spitzen und der weissen, durchbrochenen Einfassung an den Mauern hoher Paläste nahm zu, je weiter ich in das Innere der Stadt gelangte; ihre Bauart ist prächtig und sauber, aber nichts weniger als geschmackvoll zu nennen.

Moslems hockten, in Musselingewänder gekleidet, mit dem rosenroten Turban, reihenweise in würdevoller Ruhe auf den breiten Marmorgeländern. Der hohe Kopfschmuck zeichnete sie als Mohammedaner vor den Hindus aus; ich habe selten bei diesen so schöne Damascener-Dolche mit dicken Elfenbeingriffen und Goldtroddeln im Gürtel gesehen, wie mir solche hier bei den Bekennern des Islams auffielen.

Obgleich Lakhnau nur wenige Stunden Eisenbahnfahrt von Benares entfernt liegt, fand ich dort nur ganz vereinzelt jene hübschen, grünen Papageien, die in der Gangastadt überall umherflogen; dagegen hausten in allen Bäumen kleine, dreistreifige Eichhörnchen, die ich noch nicht bemerkt hatte. In den Strassen begegnete ich lasttragenden Kamelen, hin und wieder auch einem beladenen Elefanten; Kuhdünger, mit Lehm vermischt, diente, wie im alten Egypten, als Brennstoff. — Kinder und Erwachsene belustigten sich damit, Drachen steigen zu lassen.

Ich trat in ein Schulzimmer und auf dem Tische sah ich: »Bett's Educational Maps; Europe«. An der Wandtafel der ersten Klasse stand mit lateinischen Buchstaben der Bibelspruch geschrieben:

»Enter not into the path of the wicked and go not in the way of evil men.«

Das Thor-Rumi Desum in Lakhnau.

Teil des Imambarah mit der Moschee in Lakhnau.

Die Strassen waren teilweise rein gehalten. Die alten und neuen Paläste zeigten eine Verschwendung, eine Prunkliebe, wie man sie in 1001 Nacht beschrieben findet. In manchen bemerkte ich einen ungeheuren Aufwand an europäischen Kronleuchtern mit vielem Kristallbehang.

Der Kaisar-Bagh*) liefert in seiner seltsam wunderlichen Bauart den Beweis, dass ungezählte Millionen und gute Absichten nicht genügen, um Schönes zu schaffen; er war die eigentliche Behausung des ehemaligen Königs: eine Stadt von Palästen.

Von dieser leitete mein Führer mich nach der »residence«, dem alten Wohnsitz der britischen Geschäftsträger am Hofe von Lakhnau, in den sich die Europäer und die Soldaten der dortigen Besatzung bei dem Aufstande i. J. 1857 flüchteten. Ueberall liest man traurige Erinnerungen an die unheilvolle Zeit, wie z. B. »Here Sir H. Lawrence died 4. July 1857«. — »In Memory of the Major General Sir Henry Lawrence«. Ein besseres Denkmal aber, als man dem Andenken des tapferen Mannes errichten konnte, der monatelang mit 2000 Menschen, mit Gefährten, Frauen und Kindern, einem ganzen Volke von 50000 bewaffneten Männern Widerstand leistete, ist die Residence selbst: Durchlöcherte, zerstörte, durchschossene, zerbröckelte Mauern, Spuren von Schwert und Feuer überall.

Weiter ging der Weg nach der Stadtveste »Mutshi Bhowan«, in die man durch das fein gearbeitete Thor »Rumi Desum« eintritt. Im Innern steht man vor dem erstaunlichsten Bau Lakhnaus, dem grossen Imambarah, der zu Ende des 18. Jahrhunderts von einem der Nabobs errichtet wurde; das Armament-Room, wie es heute heisst, weil es in eine Niederlage für Kanonen verwandelt worden ist, mag ungefähr 60 m lang, 16 m hoch und 17 m breit sein. Die zum Imambarah gehörende Moschee ist eine der grössten und zugleich eine der würdevollsten, die ich in Indien gesehen habe. Sie ist herrlich in ihrer Einfachheit: Gold und Silber sind nicht in dem Masse an ihr verschwendet, wie bei anderen Bauwerken in Lakhnau.

Mit Erstaunen und Bewunderung bemerkte ich in der Stadt die Menge von Goldschmiedläden, in denen prachtvolle, sehr kostbare Arbeiten zum Verkauf ausgelegt waren. Das, was mir aber missfiel, war ein gänzlich ungeordnetes Museum mit ein- und ausfliegenden Sperlingen.

Recht beachtenswert fand ich dagegen einen weiten Platz mit 100 Elefanten, die dem Bruder des ehemaligen Aufrührer-Königs gehören. Die Tiere stehen im Freien, eines weit vom andern entfernt, ohne Schutz gegen Wind und Wetter, jedes indessen auf einer sauber gemauerten Unterlage. Eines der Tiere wurde auf mein Gesuch ohne weiteres für mich und meinen Führer gesattelt; wir legten einen Teil

---

*) Wörtlich: Kaiser-Garten.

der Reise durch die Stadt auf diesem Dickhäuter zurück. Elefanten von der Grösse, wie ich sie in Indien gesehen, scheinen doch in europäischen Tiergärten selten zu sein, wenigstens habe ich bei uns niemals gleich gewaltige Riesen gesehen wie sie dort allgemein sind.

Zu Mittag speiste ich im Hôtel Royal, vor dem sich ein leidlich geschickter Künstler zeigte. Unter anderem liess er zwei mitgebrachte Kobras durch einen Mongoz*) regelrecht erwürgen. —

Am nächsten Morgen traf ich in Agra ein.

---

*) Maki oder Fuchsaffe.

XIX. KAPITEL.

Agra und der Tadsh. Fatipur Sikri.

Unweit des Bahnhofs von Agra liegt die Dshami Masdshid, eine Moschee aus rotem Sandstein, die sich durch drei grosse Kuppeln von eigentümlicher Form, in welche Streifen aus weissem Marmor im Zickzackmuster eingelegt sind, nicht gerade vorteilhaft auszeichnet. Die Erbauerin ist die edle Dshahanara, welche die Kosten von fünf Lak*) ohne jede Beihilfe ihrer männlichen Verwandten trug. Ich komme später auf diese Tochter des Kaisers Dshehan zurück.

Zunächst mögen hier einige geschichtliche Anmerkungen zur Veranschaulichung des Folgenden eingefügt sein.

Der Grossmogul Akbar, Sohn des Kaisers Humadshun, leitete seine Abstammung von Dshingis-Chan und Timur-Leng ab. Er wurde 1542 in Amarkot, unweit Kabul, unter wenig günstigen Umständen geboren; sein Vater befand sich gerade auf der Flucht. Als er 20 Jahre zählte, war er Gebieter eines Reiches von 160 000 000 Einwohnern. Niemals hat es einen mächtigeren Gebieter gegeben, als den von Vorurteilen freien Akbar den Grossen. Mit bewundernswertem, vielleicht nie erreichtem Talent wusste er sein unermessliches Land segensreich zu regieren. Weder früher noch später, ist Indien in dem Masse geeint, reich und glücklich gewesen, wie unter der Regierung dieses Kaisers. — An seinen Hof kam ein Europäer, der sich dem Gewaltigen als Abenteurer vorstellte und ihm seine Dienste anbot. Im Gefolge dieses Mannes befand sich dessen hervorragend schöne Tochter, welche dem Dshehangir, dem Sohn von Akbar und einer radshputanischen Prinzessin, dermassen gefiel, dass er sie von seinem Vater zum Weibe begehrte. Dem grossen Kaiser sagte diese Heirat indessen nicht zu. Er vermählte das schöne Mädchen mit

---

*) 1 Lak = 100 000 Rupien.

einem seiner Lehnsleute und sandte diesen nach Bengalen; aber durch die Entfernung wurde Dshehangirs Neigung nicht geschwächt. Als Akbar starb, liess er den Gatten der weissen Frau ermorden und heiratete den Gegenstand seiner Leidenschaft. Unter dem Namen »Nur Dshehan« beeinflusste die neue Kaiserin die Regierung des Grossmoguls. Sie setzte es durch, dass ihr abenteuerlicher Vater, unter dem Namen und Titel »Nawab Itimad-uddowlah«, zum ersten Berater Dshehangirs gemacht wurde, und als er starb, ging die bedeutungsvolle Würde, die er im Reiche bekleidet hatte, auf Asaf Khan, den Bruder der Herrscherin, über. Dieser Bruder hatte wiederum eine schöne Tochter, deren indischer Mädchenname »Ardshumand Banu Begum« lautete.

Dshehangir starb an den Nachwirkungen des übermässigen Genusses geistiger Getränke. Nach ihm führte sein, ihm von einer Radshputanischen Prinzessin geborener Sohn, Prinz Khurram, das Zepter, der unter dem Titel »Grossmogul Shah Dshehan« bis 1650 regierte. Dieser Fürst hatte nie mehr als eine Frau, die bereits erwähnte Ardshumand Banu Begum, die Tochter des Bruders der Kaiserin-Witwe Nur Dshehan. Es ist dies erwähnenswert, weil die Zahl der Frauen früherer und späterer Grossmogule unbegrenzt war. Auch nach dem Tode der Ardshumand hat Shah Dshehan sich nicht wieder vermählt. Ihm folgte durch Gewalt der Waffen im Jahre 1650 sein dritter Sohn Aurungzeb, der Erbauer der grossen Moschee in Benares; er starb 1707. Von 1650 bis 1657 hielt er seinen Vater Shah Dshehan in dessen Palast in Agra gefangen. Aurungzebs Schwester war die schon erwähnte Prinzessin Dshahanara. — —

Unmittelbar nach dem Frühstück sollte die erste Fahrt durch die wunderbare Stadt beginnen. Meine Bedienung während des Ausflugs bestand, der Landessitte entsprechend, aus vier Leuten; den Reisediener hatte ich, wie gewöhnlich, im Gasthof gelassen. Neben mir sass der Führer, und während der Kutscher seine Pferde leitete, standen zwei Moslems hinten auf dem Wagen, ohne anderen Zweck als unausgesetzt Menschen und Tiere, die unserm Gefährt im Wege waren, durch lautes Zurufen zum Ausweichen zu veranlassen. In scharfem Trabe ging es eine prächtige, tadellos gewalzte Landstrasse entlang, die zu beiden Seiten mit schattenspendenden Sesambäumen bepflanzt war. Hinter diesen lagen dürre Felder, die mit mir unbekannten Getreidearten bebaut zu sein schienen. Papageien flogen kreischend neben meinem Gespanne her, während der Weg durch Fuhrwerke aller Art belebt war. Bunt bemalte Ochsen zogen Karren und Wagen. Lasten tragende und ziehende Kamele, hin und wieder auch ein beladener Elefant, viele grosse und kleine Eselherden, deren einzelne Tiere schwergefüllte Säcke trugen, begegneten mir.

Nicht selten sah ich Hindu-Pilger, die vom heiligen Flusse zurückkehrten. Sie sind zu erkennen an einem ihnen in Benares auf die Stirn gemalten Zeichen, und behutsam tragen sie in kleinen Messingkrügen Gangawasser nach Hause. Zum grossen Teil wanderten die Leute zu Fuss; nur vereinzelt sah ich sie mit den Ihrigen auf Ochsenkarren.

Ich mochte 9 km zurückgelegt haben, als wir in Sikundra am Grabdenkmal des grossen Kaisers Akbar ankamen. In vier Stockwerken von Säulengängen aus rotem Sandstein steigt der mächtige Bau mit pyramidenförmiger Verjüngung empor. Von jedem Geschoss führt eine Treppe auf das nächste, und auf der Spitze des oberen steht, an Stelle der gebräuchlichen Kuppel — ein leerer Ehrensarg. Die ganze Plattform

Agra. Das Grabdenkmal Akbars bei Sikundra.

wird umschlossen von einer Wand aus 2 m hohem Marmorfiligran in den reichsten, verschiedensten Mustern. Jede Seite besteht aus acht oder zehn Teilungen, die einzeln wieder in zwölf Felder zerlegt sind; das blendende Weiss des Marmors mag indessen vielleicht zu sehr von der Farbe des übrigen Gebäudes abstechen. Hin und wieder ist in den Schirmen[*], die diese Wand bilden, ein Feld freigelassen, und durch die Oeffnung bietet sich ein Bild der fernen Landschaft, das einem kostbar umrahmten Gemälde gleicht. Zahlreiche erkerartige Vorbauten, die nach vorn offen und an

[*] Die in Indien gebräuchliche Benennung »screens« für solche wundervoll mit dem Meissel bearbeitete, bei manchen der Bauten bis 4 m langen, 3 m hohen, bis 40 cm starken Marmorblöcke, weiss ich nicht besser als mit dem Worte »Schirm« wiederzugeben.

den Seiten durch Gitterwerk verschlossen sind, zieren die einzelnen Stockwerke. Das eigentliche Grab befindet sich im Erdgeschoss; den ganz einfachen Sarg bedeckt ein aus Gold gewirktes Bahrtuch.

Der Gedanke, den Steinsarg oben aufzustellen, ihn ganz abzuschliessen und nur gegen den Himmel offen zu lassen, mag dichterisch empfunden sein. Der ganze Aufbau indessen macht nicht den Eindruck eines Grabmals, sondern den eines zu heiterem Lebensgenuss einladenden, überaus grossartigen Lusthauses. Das Gebäude ist umgeben von herrlichen Tamarindenbäumen in wundervollen Gartenanlagen, die 1 km im Geviert

Agra. Das obere Stockwerk vom Grabmal Akbars.

messen mögen. Diese Anlagen sind wieder durch eine Mauer begrenzt; in der Mitte jeder der vier Seiten dieses Bollwerks befindet sich ein Thor, das für sich betrachtet schon bewundernswert ist. — Im Steinsarg Akbars ist seiner Zeit der Kohinur gefunden worden.

Um einen Begriff davon zu geben, welche Kosten dieser Bau verursacht haben mag, sei erwähnt, dass man ungefähr 3 m des Rundganges im unteren Stockwerk in seinen ursprünglichen Farben wieder hergestellt hat, als der Prinz von Wales im Jahre 1879 eine Reise durch Indien machte. Die Kosten dieser Erneuerung beliefen sich auf 8000 Rupien, nach damaligem Wert auf 13 000 Mark, und mit solcher Malerei waren nach Fertigstellung des Wunderbaues in den vier Stockwerken zum wenigsten 3000 m geschmückt. Man schätzt die Kosten der ganzen Geräumigkeit auf 25 Millionen Mark. —

In die Stadt zurückgekehrt, besuchte ich zunächst den Baumwollbazar, dann eine grosse Moschee und fuhr über eine Schiffbrücke ans andere Ufer der Dshumna, um mich bei einem zweiten Grabmal, das die Kaiserin Nur Dshehan ihrem Vater errichtete, dem Genusse indischer Pracht hinzugeben.

Es ist dies das reizende Kawadshaghias, das — von der Regierung erst kürzlich wieder hergestellte — entzückendste Schmuckkästchen, das sich denken lässt. In seltsamem Stil erbaut, ist es doch, der Ausführung der Einzelheiten nach, ein wahres Kleinod. Unglaubliche Kunst ist auf eingelegte, sowie durchbrochene Marmorarbeit verwendet. Der herrliche, sich in die Gliederung des Ganzen einfügende Schmuck ist aufs zierlichste ausgeführt, und durch den rosigen Schein, den das Licht beim Durchdringen der, Spitzenschleiern gleichenden, Marmorschirme annimmt, entsteht im Innern der Halle eine zauberische Beleuchtung. Auch dieses Grabmal liegt in einem, wenn auch nur kleinen, doch besonders hübsch angelegten und gepflegten Garten. —

Agra. Baumwollhändler.

Ehe ich in die Stadt zurückfuhr, sollte ich mich noch berauschen an den Wunderwerken, welche die drei Kaiser Akbar, Dshehan und Aurungzeb in der Stadtfeste Akbars errichteten. Im Innern der Burg oder des Forts, wie der gegenwärtige amtliche Name lautet, drängen und schieben sich Prachtbauten förmlich über einander, wie sie nicht zum zweitenmale zu finden sind.

Das Fort, ebenfalls aus rotem Sandstein erbaut, ist mit seinen Gräben, Befestigungen, 24 m hohen, gekerbten Mauern und Thoren das Bild einer sarazenischen Burg aus dem Mittelalter. Der kaiserliche Palast besteht, wie alle ähnlichen mohammedanischen Bauten in Indien, aus dem Haremsgebäude, den Gemächern des Grossmogul mit der kleinen Empfangs-

Agra. Das Kawadshaglas. Das Grabmal Nawab Itimad-uddowlahs.

halle, dem grossen Thronratssaal mit dem Krongemach, den Bädern und der Hausmoschee. In Agra liegen alle diese Baulichkeiten auf der, längs der Dshumna befindlichen, kühlsten Seite des Forts. Das wieder aus rotem Sandstein errichtete Haremsgebäude lässt, obwohl halb verfallen, noch die frühere Pracht erraten; man staunt über die reiche Erfindungskraft des Baumeisters. Nirgends wiederholt sich eine Einzelheit in der Art des Schmucks, und jeder Raum zeigt ein besonders geformtes Gewölbe.

Mit meisterhaft ersonnenem Aufwand fand ich die Bäder eingerichtet. Die Wände des Gewölbes sind durch kostbares Rankenwerk aus Stein geschmückt; der Hintergrund der so entstandenen unzähligen Nischen ist von je einem gewölbten Spiegel gebildet, in welchen die badenden Frauen sich tausendfach bewundern konnten. Um schönere Lichtwirkungen zu erzielen, ist der Zulauf des Wassers derart eingerichtet, dass dies, über künstliche Klippen fliessend, breite Fälle bildet, hinter denen viele Tausende kleiner Lämpchen von buntem Glas zur Beleuchtung des Raumes aufgestellt waren. Die Wirkung muss feenhaft gewesen sein! Auch der vor den Geheimgemächern befindliche Hof, dessen Boden aus einem Schachbrett von schwarzem und weissem Marmor besteht, bezeugt, dass hier ein wahrhaft unerhörter Aufwand geherrscht hat: Schöne Sklavinnen, in Gewändern, so prunkreich wie sie die Einbildungskraft nur ersinnen kann, haben vor 300 Jahren die Rolle der zum Spiel erforderlichen Gestalten übernommen.

Staunend, nahezu verwirrt wanderte ich im Palaste der Grossmogule umher. Das war das wirkliche Morgenland, wie ich es mir von früher Kindheit an vorgestellt hatte! Das war Reichtum, wie man ihn in Europa nicht ahnt und nie gekannt hat! Vier Gewaltherrscher hatten nacheinander das Vermögen von 160 000 000 Einwohnern des reichsten, grössten Landes der Erde als das ihrige betrachtet: niemand hatte gewagt, sich ihren Ansprüchen entgegenzustellen.

Hier sah ich, tief in Marmor eingelassen, reiche Wannen, die ursprünglich mit massivem Silber ausgelegt, den Frauen des Harems gedient haben; dort Mosaiken aus Gold und Edelsteinen. Man zeigte unter der Erde Irrgänge. Ich stand auf dem Altan, von dem allgewaltige Herrscher den Kämpfen von Tigern mit Elefanten, Löwen mit Flusspferden, Bären mit Büffeln, Eseln mit Hyänen zugesehen haben. Eine $1^3/_4$ m tiefe Rinne war mit wunderbarem Rankenwerk in buntem Marmor ausgelegt. Man erklärte mir, dass die Grossmogule durch diese Rinne in die Bäder Ströme von Rosenwasser fliessen liessen und dass unter der so geschaffenen, plätschernden, duftenden Quelle die Verzierungen schwimmenden

Agra. Oberer Teil des Kawadshagias.
Alle Verzierungen, welche die Filigranschirme umgeben, sind eingelegte Marmorarbeit

Agra. Eingang zum Fort.

Agra. Marmor-Altan im Palast der Grossmogule.
Die Marmorschirme sind mustergiltige Arbeit.

Fischen glichen. Auch die Kerker zeigte man, in welche die Kaiser ihre Gemahlinnen, die ihnen nicht gefällig waren, einsperrten, ebenso den Brunnen, in den man sie versenkte, wenn sie sich nicht bessern wollten.

In eines seiner Gemächer hat Shah Dshehan stolz-bescheiden in persischen Zeichen schreiben lassen: »Ich wusste keinen schöneren Palast zu bauen als diesen!« Die letzten sechs Jahre seines Lebens sollte der, edle Pracht und wahre Kunst liebende, Kaiser, wie ich früher bemerkte, in diesem Palaste als Gefangener seines Sohnes Aurungzeb leben.

Agra. Teil des Innern der Perlmoschee.

Eine edle Zierde des Forts ist die Moti Masdshid, die Perlmoschee. Sie ist ein wundervolles Prachtwerk, in reinem arabischen Stil, grossartiger als die oft gerühmten Denkmäler maurischer Kunst in Spanien. Das Verbot des Koran, menschliche und tierische Gestalten nachzubilden, hat dem Baustil beschränkte Formen vorgeschrieben und dadurch die Linien und Blumenverzierungen zur höchsten Vollendung gebracht. Dies zeigt vielleicht kein Gebäude mehr als die Perlmoschee in Agra. In der Mitte des Hofes steht ein prachtvolles Wasserbecken, in dem die religiösen Waschungen vorgenommen wurden. Drei Seiten des mit geschnittenen Steinen gepflasterten Hofes sind umgeben von herrlichen Säulenreihen,

Agra. Eingangsthor zum Tadsh.

und den Eingängen gegenüber liegt die Haupthalle mit drei grossen, nach oben zugespitzten Kuppeln; auf den Seitenhallen reihen sich ihnen zierliche Wölbungen in ähnlicher Form an. Sie alle heben sich wirkungsvoll vom tiefblauen Himmel ab. Die Säulengänge mit ihren sarazenischen Bogen wirken nur durch das unvergleichliche Ebenmass der Anlage und durch die Reinheit des Baustoffes. Jeder Zierat ist vermieden. —

Mein Führer schlug mir vor, vom Fort nach dem Tadsh*) zu fahren. Das bisher Wahrgenommene hatte mich indessen in dem Masse ergriffen und meine Aufnahmefähigkeit soweit abgenutzt, dass ich mir das Herrlichste von ganz Indien für den folgenden Tag vorbehielt.

Am nächsten Morgen 7 Uhr stand der Wagen bereit, und ich fuhr vor die Stadt, um das erhabenste Werk zu sehen, das Menschenhände je geschaffen haben. Der Tadsh war mir durch Bilder und Beschreibungen so bekannt, meine Erwartungen waren durch diese derart hoch gespannt, dass ich hin und wieder fürchtete, ich könne schliesslich enttäuscht werden.

Ich ging die Stufen zur Eintrittshalle hinan; sie allein schon ist ein grossartiges Baudenkmal aus rotem Sandstein, der durch die Feinheit seines Korns dem Marmor gleicht. Der Bogen ist weit und zu beiden Seiten scheinen Karawanserais, die sich zur Rechten und Linken hinziehen,

---

*) Tadsh: wörtl. Krone. Tadsh Mahal: Kronpalast, d. i. schönster Palast.

dem aus fernen Landen herbeigeeilten Pilger, der den Tadsh bewundern will, Gastfreundschaft zu bieten. Auf der Wölbung des Bogens breitet sich ein weisses Netzwerk aus, das einem Seidengewebe gleicht.

Als ich oben angekommen war, schimmerte am Ende eines Baumganges von Cypressen der Tadsh in seiner makellos blendenden Schönheit. Nur einen Augenblick, vielleicht den vierten Teil einer Sekunde, dachte ich: »Ich habe ihn mir grösser vorgestellt!« Dann unterschied ich, dass die Ameisen gleichenden Gestalten zu seinen Füssen Menschen seien, und der Anblick war so überwältigend, dass mir Thränen in die Augen traten.

Als Laie in der Kunst will ich mich nicht vermessen, allein eine Beschreibung des Tadsh Mahal zu entwerfen. Ich glaube, mehr als sechs Schilderungen von berühmten Männern gelesen zu haben. Diejenige, die meinen eigenen Eindrücken am meisten entspricht, ist die des Comte de Gabriac. Ich lasse sie im Wortlaut folgen; durch eine Uebersetzung würde sie verlieren.

Je n'hésite pas à le dire. Saint-Pierre de Rome ferait l'effet d'une lourde caserne à côté de ce chef-d'oeuvre de l'art indo-musulman.

Certes, nous nous attendions à voir un édifice magnifique, car on ne cessait de nous en parler depuis plusieurs mois, mais ce que l'on nous avait dit, était encore au dessous de la vérité. Tout ce que l'imagination d'un poète aurait pu concevoir était surpassé.

Agra. Der Tadsh.

Ce n'est plus l'oeuvre d'un homme, c'est l'oeuvre d'un dieu! Après avoir traversé une gigantesque porte ogivale, on entre dans un parc rempli de fleurs, où l'air est alourdi par le parfum des roses.

Au milieu des allées, se trouvent des canaux ornés d'une série de jets d'eau, et sur les bords s'élèvent de sombres tuyas, espèces de sapins dont le feuillage est presque noir et très-touffu. C'est au travers de ce cadre que se dresse le Taj Mahal.

L'impression que l'on éprouve, en le voyant pour la première fois, est tellement vive, que l'on ne peut s'empêcher de fondre en larmes. La plupart des auteurs qui traitent de l'Inde ne craignent pas de l'avouer.

Le Taj est un tombeau construit au 17e siècle par l'empereur mogol Schah Jahan, en l'honneur d'une sultane favorite: la Arjumand Banou Begum. Ce prince allait la perdre. Fou de douleur, il lui demanda ce qu'il pouvait faire pour elle:

«Je veux pour tombeau, répondit-elle, le plus beau monument de l'univers.«

Il le lui promit et tint parole.

Le Taj est entièrement construit en marbre de Jeypour, et sa blancheur est telle qu'il paraît transparent. Il se compose d'un dôme immense, circonscrit par quatre dômes moins élevés et flanqué d'un pareil nombre de minarets, placés aux angles d'une terrasse carrée. Sa forme octogonale est parfaitement symétrique, et chacune des grandes façades renferme une vaste porte cintrée. Chaque porte est encadrée par des incrustations de pierres noires, reproduisant des versets du Coran, et chaque fronton orné de rinceaux de feuillages et de sculptures ravissantes.

A l'intérieur se trouve le sarcophage de la sultane et de Schah Jahan. Ceux-ci, et tous les murs environnants sont couverts de mosaïques d'une exquise élégance, figurant des fleurs entrelacées, et mille arabesques en lapis lazulis, agathe, cornaline, jaspe, porphyre et autres pierres précieuses.

La balustrade qui entoure les deux tombeaux est en marbre cristallin taillé à jour et travaillé comme du point d'Alençon. C'est une merveille d'art.

On prétend que cet édifice a coûté cent millions de roupies, malgré le bon marché de la main-d'oeuvre et les nombreux cadeaux qui affluèrent de tous côtés, chaque radja tenant à honneur d'offrir au grand mogol les plus belles pierres précieuses.

Mais que Schah-Jahan a bien réussi!

Quelle magnificence! Quelle richesse dans les détails! Quelle simplicité dans l'ensemble!

Une des causes matérielles de l'effet saisissant que produit ce monument, est l'harmonie qui préside au développement de toutes ses lignes.

Que l'on réunisse par la pensée les points qui semblent les plus étrangers les uns aux autres, on obtiendra toujours une courbe, non-seulement gracieuse, mais parfaitement géométrique: ici un cercle, là une ellipse, une parabole ou une hyperbole.

A quelque distance que l'on se place de lui, ce monument paraît également parfait. On le regarde . . . , on le regarde encore, et l'on ne peut s'en détacher. Vous êtes attiré, fasciné, et comme enlevé au-dessus des choses de la terre. C'est un rêve éthéré. C'est la pensée d'un pur esprit. On a envie de se mettre à genoux, et de l'adorer.

Mais je renonce à décrire cette merveille orientale. Des poètes ou des musiciens pourraient seuls en donner l'idée, en cherchant à faire naître des sentiments semblables à ceux qu'elle inspire.

Assurément on ne peut comparer la musique à l'architecture, mais le beau dans tous les arts, ne fait-il pas tressaillir les mêmes parties de notre être? et ne peut-on comparer entre elles les impressions qu'il produit? Pour moi, en voyant le Taj, j'ai ressenti les mêmes jouissances qu'en entendant une belle symphonie de Beethoven; l'un et l'autre sont des images de l'infini.

C'est une chose vraiment étrange de constater la foule de pensées, diverses et presque opposées, produites par la vue de ce chef-d'oeuvre. C'est un miroir de tristesse et de désespoir. et pourtant lorsqu'on le voit entouré de fleurs, profiler ses lignes blanches et gracieuses sur le ciel bleu de l'Inde, il semble ne respirer que la poésie et l'amour.

Aussi ne saurais-je exprimer ce que l'on éprouve en le regardant seul, longtemps, longtemps!! . . .

Le soir, à la tombée de la nuit, nous étions encore à la même place, admirant toujours. aspirant voluptueusement les effluves qui nous envelloppaient et ne pouvant nous rassaser.

Wer in das Innere des Tempels eingetreten ist, vergisst zu sprechen. Das Schweigen an jenem Orte, vor dem Grabe Shah Dshehans und der Mumtaz-i-Mahal*) wird unbewusst zur Pflicht.

Ein gedämpftes Licht fällt durch die feinen Oeffnungen des durchbrochenen Marmors; es ist schwer zu entscheiden, was höhere Bewunderung verdient: das Ebenmass der Verhältnisse des Gewölbes, die Verzierungen der Wände aus Halbedelsteinen oder das kunstvolle Marmor-Filigrangitter, welches die beiden, ebenfalls mit Juwelen reich verzierten, Steinsärge umgiebt. Während ich in stummem Entzücken versunken dastand, rief hinter mir der Hüter dieser geweihten Stätte in einem herrlichen, langgedehnten Zusammenklang in Moll: »La iláha illa 'lláha!«**) derart, dass auf den Grundton und jeden der Obertöne je zwei Silben fielen. Und als der Hüter schwieg, schwebte die ganze herrliche Verbindung der Töne wie von Himmelsmächten getragen über den Särgen der Liebenden. Zuerst verhallten nacheinander die beiden auf den Grundton gesungenen Silben, dann folgten die der kleinen Terz, darauf die der Quinte, so dass beide Silben der Oktave allein zurückblieben. Und als auch das 'llá entschwunden war, hörte man ganz klar das »ha« langsam ersterben. Nahezu Gleiches ist auf der Welt nur noch zweimal zu hören, einmal im Baptisterium zu Florenz, und dann vernahm ich es ähnlich am Tage zuvor im unterirdischen Grabgewölbe des grossen Akbar, hier aber nicht in derselben Vollendung wie im Tadsh. –

Noch nie hat einer unter den Glücklichen, die durch den entzückenden Thorbau in den einem Eden gleichenden Cypressenhain eintraten, einen Einwand über das vor ihm sich erhebende schneeweisse Zauberbild laut werden lassen. Die weit verbreiteten Abbildungen gewähren kaum mehr als eine Ahnung von der unaussprechlichen Schönheit, dem erhabenen Liebreiz des Tadsh. Er scheint von Titanen entworfen und von kunstfertigen Zwergen ausgeführt zu sein. Die kostbare Ausschmückung des Gebäudes durch Rankenwerk und Mosaik aus Halbedelsteinen tritt vor der Grossartigkeit des Ganzen in den Hintergrund. Und welch ein Rahmen um-

---

*) Die Auserkorene des Palastes.
**) Es giebt keinen anderen Gott als Allah!

schliesst dieses Bild! In dem wundervollen Garten bauen kleine Papageien ihre Nester, und vertrauensvoll hüpfen Eichhörnchen vor den Füssen der Vorübergehenden. Wie malerisch nehmen sich die Muselmänner mit ihren vielfarbigen Turbanen, ihren gelben, blauen, roten Gewändern in den entzückenden Anlagen aus!

Wahrhaftig, der Tadsh ist die höchste, die vollkommenste Schöpfung von Menschenhand! Der Tadsh steht höher, als z. B. der Kölner Dom, der Dogenpalast, oder die Santa Maria del Fiore, die man alle nur nach bestimmten Regeln der Baukunst beurteilt. Gleich wahrhaft schöner Musik, gleich tief gefühlten Versen ist der Tadsh Mahal der Ausdruck eines dichterischen Gedankens, der zu jedermanns Gemüt spricht, auch wenn der Schauende nichts von den Gesetzen der Kunst versteht.

Dreimal fuhr ich hinaus, am Morgen, in der grellen Mittagssonne und am Abend. Der Anblick beim Lichte des noch fast vollen Mondes schien mir der dankbarste. Die Umrisse verschwimmen, die Nischen und Thore werden dunkler, der ganze Wunderbau zarter. Im bleichen Lichte erscheint er so recht wie ein Traumbild; dazu die Ruhe der Nacht, nur vom Murmeln der Springbrunnen unterbrochen, die dunklen Schatten der mächtigen Bäume und der Wohlgeruch der Blumen; Alles vereint sich zu einem Eindrucke von unsagbarem Reiz!

Fragt man nach dem Namen des Mannes, in dessen Geiste diese Symphonie aus Marmor Form und Gestalt gewonnen, so schweigt die Kunde jener Zeit, doch kann man mit einiger Wahrscheinlichkeit annehmen, dass ein Franzose, Austin de Bordeaux, der in hohen Ehren am Hofe Shah Dshehans gelebt und zu mehreren seiner Prachtwerke die Pläne entworfen haben soll, als der eigentliche Schöpfer des Tadsh zu betrachten ist. Keinesfalls ist er bei der Erbauung unbeteiligt gewesen. Austin hatte in früherer Zeit durch geschickte Fälschungen wertvoller Edelsteine verschiedene Fürsten Europas betrogen und nach der Entdeckung, im fernen Osten bei dem kunst- und prachtliebenden Grossmogul Zuflucht gesucht. —

Zur Erleichterung des Verständnisses von der Grösse und den Herstellungskosten der Begräbnisstätte sei noch Folgendes bemerkt. Die Plattform, auf der der Bau ruht, hat 97 m im Geviert, der Flächenraum des Hauptgebäudes nimmt 56 m in gleichem Masse ein, und die Höhe der Kuppel beträgt 92 m über der Erde.[*]) Die Kuppel selbst hat 15,2 m im Durchmesser und ist 24,5 m hoch. — 20 000 Menschen haben 20 Jahre lang am Bau des Tadsh gearbeitet. Die Baustoffe lieferten Ceylon und alle Länder Indiens. Obgleich ein grosser Teil der Arbeit, als Frohndienst, niemals bezahlt worden sein soll, werden die Kosten doch auf wenigstens 32 000 000 und höchstens 100 000 000 Rupien angegeben. Um

---

[*] Petrikirche in Berlin 96 m. Invaliden-Dom in Paris 105 m. St. Pauls in London 111 m.

von der Kostbarkeit des Rankenwerkes und der Blumen im Innern eine Vorstellung zu geben, sei erwähnt, dass ich selbst in einer Nelke 34 verschiedene Abstufungen vom Rot des Karneols gefunden habe. Zur Herstellung der nach Tausenden zählenden Blumen sind fast alle Edelsteine und alle Halbedelsteine verwendet worden. — —

Agra mag heute 170 000 Einwohner zählen; es bedeutet als Handelsplatz wenig. Als es indessen die Hauptstadt des indischen Kaiserreichs war, muss dort ein überschwenglicher Reichtum geherrscht haben. Es ist erwiesen, dass die Vornehmen der ganzen Ortschaft am Ende des 16. Jahrhunderts einen nahezu unglaublichen Aufwand mit Dienerschaft und Pferden getrieben haben. Moslems und Hindus, die unter vielen anderen 1000 Fackelträger hielten, zählten nicht zu den Seltenheiten. Dass die heutige Lebensweise in Agra und in anderen indischen Städten übrigens keine Entbehrungen auferlegt, geht daraus hervor, dass manche Junggesellen und Witwer unter den Offizieren und Beamten, statt das Ruhegehalt in England zu verzehren, es vorziehen, ihre Tage hier zu beschliessen. Es dürfte für diese Neigung der Umstand mit bestimmend sein, dass die Betreffenden gewohnt sind, eine gewisse Rolle zu spielen, einen umfangreichen Haushalt zu führen, herrschaftliche Wagen und Pferde zu halten und dem Jagdsport obzuliegen. Dies alles würde dem »Old Indian« in Bayswater, Paddington oder Richmond nicht wohl möglich sein. Daneben ist er in den Klubs von London eine häufige und daher wenig beachtete Erscheinung. —

Unter der handeltreibenden Bevölkerung von Agra ist die Kenntnis der englischen Sprache ziemlich verbreitet. Englische Firmenschilder, und unter ihnen manche nicht ohne unfreiwilligen Humor, sind nichts Aussergewöhnliches. So z. B. las ich D D B X M K R, und überlasse es dem Scharfsinn des der englischen Sprache mächtigen Lesers, auszufinden, wie der Muselmann sich aus diesen sieben Buchstaben einen Sargverfertiger veranschaulichte. Ein Bäcker empfahl sich als »English loafer«, womit er hoffentlich »loaf-maker« meinte, und ein Schneider hatte an seinem Fenster die erstaunliche Inschrift befestigt: »Ladies and Gentlemen made to order«. —

Zweiunddreissig Kilometer südwestlich von Agra liegt Fatipur Sikri; der Weg nach dieser Trümmerstadt befindet sich in tadellosem Zustande. Fatipur Sikri war während des Zeitraumes von 15 Jahren, von 1571 bis 1586 unter Akbar die Reichshauptstadt des Grossmoguls. Als das Fort in Agra fertig wurde, siedelte der Herrscher dorthin über und Fatipur Sikri wurde für die neue Hauptstadt das, was Potsdam für Berlin, Versailles für Paris und Windsor für London ist.

Fatipur Sikri wurde seiner Zeit ganz aus rotem Sandstein erbaut, ohne Holz, ohne Eisen; jeder Stuhl, jeder Tisch scheint aus demselben

Teil des heutigen Fatipur Sikri.

Fatipur Sikri. Teil der Moschee und Grabmal des Christus.
v. g. Die Filigran-Marmorschirme.

Stoff gemeisselt gewesen zu sein. Nur wenige Dörfler wohnen jetzt noch dort. Es stimmt wehmütig, die riesigen Haufen Schutt, Geröll, Steine und zerbröckelndes Gemäuer zu sehen, die manche Geviertkilometer Landes bedecken. Hier und dort ragt ein kühner Thorbogen aus dem Trümmermeer der versteinerten Stadt hervor, oder ein massiv gebautes Haus steht noch fast erhalten in trübseliger Einsamkeit da. Ich mochte eine halbe Stunde durch solche Ueberreste gefahren sein, als ich den Palast Akbars erreichte. Der noch ganz stattliche und wohlerhaltene Bau ist aus geschnittenen Steinen in hindustanischem Stile errichtet, ein Zeichen der grossherzigen Denkweise Akbars, der Moslems und Hindus gleichstellte — ein Zeichen seiner Gottlosigkeit, wie die sich zum Islam bekennenden Zeitgenossen den Bau nannten. Eines der Zimmer ist ein wahres Kleinod durch die verschwenderische Pracht und Schönheit seiner Verzierungen. Die Marmortäfelungen rings an den Wänden zeigen erhaben gearbeitete Darstellungen von Jagd- und Waldbildern. Papageien und Fasanen wiegen sich in den Zweigen und Tiger durchstreifen den Dshangal.

Leider hat der Religionseifer Aurungzebs in der Erfüllung des Gebotes, keine Bildnisse zu machen, sich dahin verirrt, allen diesen Gestalten im Palast die Köpfe abzuschlagen. Ich durchwanderte einen Hof nach dem anderen, durchschritt weite Zimmerfluchten und fand überall die gleiche massive Pracht, das gleiche Schweigen der Verlassenheit. Die Empfangshalle wird getragen durch zahllose Säulen, die alle eine von der anderen verschieden sind und deren Gesamtheit durchaus übereinstimmend wirkt. Niemand versteht es, wie die Morgenländer, den Gedanken der Einheit in der Mannigfaltigkeit, dies grosse Gesetz der Natur, zur Geltung zu bringen!

Die Moschee mit ihren Wandelgängen und hundert kleinen Kuppeln, die an den Palast grenzt, bedeckt eine ungeheure Fläche. Auf einer Seite des weitläufigen Hofes sieht man das Grabmal eines berühmten mohammedanischen Heiligen[*], das der Kaiser ihm, den er hoch verehrte, errichten liess. Die Schirme dieses Schmuckkästchens aus Dshaipur Marmor gleichen Spitzengeweben und mögen, im einzelnen, selbst schöner sein als die Umgebung der beiden Särge im Innern des Tadsh.

[*] Ich habe diesen Weisen, der 1584 gestorben sein soll, in allen zuverlässigen Schriften übereinstimmend als »Christus« bezeichnet gefunden.

XX. KAPITEL.

Dehli. Dshaipur.

Die siebenstündige Fahrt von Agra nach Dehli bot nichts Bemerkenswertes. Der Zug zählte 16 Wagen, und jeden von ihnen fand ich mit Fahrgästen überfüllt. Der Lärm, den die Eingeborenen auf allen Haltestellen verursachten, das Hin- und Herlaufen, das Suchen nach der richtigen Abteilung, die unfreiwillige Trennung von Zusammengehörigen, die verschiedenen Sprachen, das alles war anziehend, hin und wieder voller Reiz. Obgleich die Bedienung der Züge von Kalkutta-Bombay-Madras vornehmlich durch Inder versehen wird, geht alles nach Wunsch. Nirgends habe ich eine Verspätung erlebt, und an keinem der Bahnhöfe an welchen ich aussteigen oder den Zug wechseln musste, fehlte mir das Gepäck; die Wagen sind mit gefärbten Fensterscheiben zweckentsprechend eingerichtet. Während der ganzen Reise von Kalkutta bis Bombay zeigte der Wärmemesser bei Sonnenaufgang kaum mehr als $+15^0$ R. In bunte Decken gehüllt sassen in den frühen Tagesstunden die Eingeborenen, augenscheinlich bitterlich frierend, an den Halteorten. — —

Auf den ersten Blick zeigt sich, dass Dehli nach seiner Bauart und durch seine Bewohner, mehr als Agra, ein mittelasiatisches Gepräge hat.

Das Fort, das im Stile jenem von Agra gleicht, enthält den berühmten Palast der Grossmogule, von dem die Engländer indessen einen beträchtlichen Teil zu Niederlagen und militärischen Vorratshäusern verwenden. Nur die Empfangshalle, der Thronsaal, das Bad und die Palastmoschee erfreuen sich, nach einer sorgfältigen Ausbesserung, ungefähr des Zustandes, in dem sie sich befunden haben mögen, als Shah Dshehan und Aurungzeb Indien von Dehli aus beherrschten. Die mächtigen, wenn auch vielleicht etwas gedrückten Säulenreihen in der Empfangshalle übertreffen noch jene Agras an Pracht, obwohl sie im grossen und ganzen von diesen wenig verschieden sind. Zu den schönen, durch Bildhauerkunst geschaffenen, Verzierungen der einzelnen eckigen Pfeiler, welche die fein geschweiften maurischen Bogen tragen, sowie zu dem eingelegten Geschmeide der Pfeiler und Wände gesellt sich noch überaus reich und geschmackvoll gemalter Schmuck an der Decke. Dieser war ursprünglich aus massiven Edelmetallen hergestellt; die Briten entfernten die wertvollen Stoffe und schufen dagegen die reich gemalte Decke. Der Flur ist aus kostbaren Steinen zusammengesetzt.

In diesen Räumen stand seiner Zeit der berühmte Pfauenthron, der einen Wert von 7 000 000 Pfund Sterling gehabt haben soll. Nadir Shah

Dehli. Die Empfangshalle im Palast der Grossmogule.
Alle Verzierungen sind in Marmor eingelegte Halbedelsteine.

schleppte ihn mit anderen Kostbarkeiten im vorigen Jahrhundert nach Persien; man schätzt die damalige Beute an Kunstwerken aus Dehli auf ungefähr fünfzehnhundert Millionen Mark. Ein prachtvoll durchbrochener Marmorschirm hinter dem Thron sondert einen Teil der Halle ab; hinter diesem Schirm konnte die jeweilige Kaiserin ungesehen den Versammlungen der Grossen des Reiches beiwohnen.

Die Palastmoschee nennt man, wie in Agra, Perlmoschee; sie ist ebenfalls aus dem reinsten weissen Marmor hergestellt. Ihre Thore aus getriebenem Metall sind Kunstwerke.

Macht man sich ein Bild, wie diese Gebäude in der Zeit ihres Glanzes ausgesehen haben mögen, und vergegenwärtigt man sich, dass bei der Einrichtung des Palastes die kostbarsten und schönsten indischen Stoffe Verwendung fanden, hält man sich ferner den Reichtum und die Farbenpracht in der Kleidung der Palastbewohner, ihren Schmuck von Edelsteinen und Perlen vor Augen, so wird man begreifen, wie die wenigen Reisenden, denen es vergönnt war, an den Hof der Grossmogule zu kommen, förmlich geblendet wurden und seinem Gepränge zu einem sprichwörtlichen Ruf verhalfen.

Dehli. Teil des Thronsaales im Palast der Grossmogule.
Unter der Wage stand der Pfauenthron

Betrachtet man aber die Bestimmung der einzelnen Bauten in Dehli und Agra näher, so sieht man nicht ohne Erstaunen, dass die eigentlichen Wohnräume der Beherrscher so vieler Millionen Seelen sich nur auf wenige kleine Gemächer und Erker beschränkten. — Das Glück dieser Machthaber, unter denen sich anfänglich ohne Zweifel hoch begabte Männer befunden haben, war nur ein äusserliches, häufig gestörtes. Die Worte, die Shah Dshehan in der Empfangshalle im Palast von Dehli anbringen liess: »Wenn es auf Erden giebt ein Paradies, so ist es dies, so ist es dies, so ist es dies!« klingen wie eine Herausforderung an das Schicksal, wenn man in Erwägung zieht, welche Vorgänge des Entsetzens sich im Laufe der letzten Jahrhunderte im Fort von Dehli zugetragen haben.

Abgesehen davon, dass infolge von Palastaufständen die wenigsten Moguls eines natürlichen Todes starben, plünderten auch der Reihe nach Nadir Shah, die Afghanen und die Marathen unter haarsträubenden Greuelthaten den Palast. Im Jahre 1857 wurde hier eine grosse Anzahl englischer Frauen und Kinder, unter Zustimmung des letzten Schattenkaisers, Bahadur Shah, hingeschlachtet. Als Entgelt dafür musste dieser die Leichen seiner beiden, von den Briten erschossenen, Söhne in den Strassen ausgestellt sehen.

Die Umgebung von Dehli ist eigentlich ein grosses Schlachtfeld. Die gegenwärtige Stadt soll, von der ersten arischen Niederlassung an gerechnet, die neunte auf dieser Stelle sein. Jeder Eroberer zerstörte die vorgefundene Ortschaft und baute eine neue in deren Nähe; noch jetzt sieht man die mächtigen Ueberreste der früheren Dehlis an der Dshumna.

Acht Kilometer vom Adshmere-Thor entfernt liegt das Bemerkenswerteste von Alt-Dehli, der Kutub Minar. Es ist dies ein mächtiger, schlanker

Alt-Dehli. Der Kutub Minar.

Turmbau aus rotem Sandstein, dessen einzelne Teile in wunderbarem Verhältnis zu seinem Ganzen stehen; er verewigt den Namen seines Erbauers, Kutubu d dien, den Namen des ersten mohammedanischen Kaisers, der im Anfange des 13. Jahrhunderts seinen Wohnsitz in Dehli aufgeschlagen haben soll. Mitten in der weiten Ebene erhebt sich der Minar 80 m hoch und gewährt von seiner Spitze eine Rundschau über die Trümmerhaufen acht zerstörter und verlassener grosser Städte.

Der erste Eindruck, den der Minar auf mich machte, litt unter einer gewissen Enttäuschung. Ich wusste, dass sieben Jahrhunderte seit seiner

Erbauung vergangen sind und erwartete daher, die Würde des Alters in ihm ausgeprägt zu sehen, umsomehr, als in Indien die Mehrzahl aller Gebäude im Vergleich zur Zahl ihrer Jahre recht abgenützt erscheint. Ich gewahrte indessen einen Turm, der dem Aussehen nach im vorigen Jahre entstanden sein konnte, so glatt, sauber und unversehrt sah das ganze Meissel- und Mauerwerk aus.

Das Gefühl der trügerischen Erwartung war indessen schnell vorüber, und der Blick, der sich mir darbot, als ich zum erstenmal etwa zwanzig Schritte von der Grundfläche entfernt zur Spitze hinaufsah, wird in meinem

Alt-Dehli. Oestliche Säulenreihe am Fusse des Kutub Minar.

Gedächtnis unauslöschlich sein. Dem Emporschauenden scheint es, als rage die Säule in die Wolken. Während nahezu eines Jahrtausends, bis zur Vollendung des Eiffelturms, gab es keinen höheren, alleinstehenden Turm, als den Kutub Minar. —

Uebrigens versichern die Hindu, dass das Baudenkmal mehrere Jahrhunderte, bevor die Moslems Gelegenheit hatten, es zu entweihen, von einem Radshputanischen Fürsten errichtet worden sei; in der That weist der eigenartige Baustil des Denkmals mehr auf Hindus als auf Mohammedaner hin. Jedenfalls möchte ich beiden geschichtlichen Behauptungen den Vorzug geben vor einer Volksüberlieferung, nach der die Tochter eines Hindu-Sultans von ihrem Vater einen Turm begehrt haben soll, von dessen

Spitze sie die Sonne früher aufgehen sehen könne als einer der Unterthanen ihres Vaters.

Ungefähr 10 km im Geviert sind mit den Ueberresten der alten Dehlis bedeckt. Seeri, Ferozabadh und Toghlackabadh können durch ihre Befestigungen noch gut unterschieden werden. Manche Grabdenkmäler sind ausgezeichnet erhalten. Ganz reizende Bildhauerarbeiten, zum grossen Teil wieder in fein durchbrochenem Marmor, zieren viele der Gräber.

Alt-Dehli. Teil der Reste der Moschee Alau d dien.

Unter diesen verdient jenes der Dshehana, der Tochter Shah Dshehans und der oft genannten Banu Begum besondere Erwähnung. Gleich ihrer Mutter eine viel umworbene Schönheit, entsagte sie, als ihr Vater durch seinen grausamen Sohn Aurungzeb des Thrones beraubt wurde, freiwillig der Welt, um sich ausschliesslich der Pflege Shah Dshehans widmen zu können. Auf ihrem Grabmal, dem die Deckplatte fehlt und das mit Rasen bewachsen ist, verkündet eine Aufschrift ihren Wunsch, dass nur grünes Gras die Stätte schmücken solle, wo ihre Ueberreste ruhen, sowie, dass Allah ihren Vater wohlgefällig aufnehmen möge; diesen allein erkenne sie als ihren weltlichen Herrn, und Christus, den Propheten Mohammeds, als ihren Heiligen an.

Die Reste der nahe gelegenen grossen Moschee, die von Alau·d dien im Jahre 1300 errichtet wurde, sind ein bezeichnendes Beispiel für die Unduldsamkeit, mit der die mohammedanischen Herrscher die Religion der unterworfenen Hindu missachtet haben. Laut einer arabischen Inschrift in den Resten der Moschee, sind 27 indische Tempel zerstört und zwölfhundert Säulen aus ihnen zum Bau des Gotteshauses der Moslems verwendet.

Innerhalb der Moschee befindet sich das älteste Denkmal, das aus den Zeiten der Hindu-Könige in der Gegend erhalten ist: eine massive, mit einer Sanskrit-Inschrift versehene, gegossene eiserne Säule, deren Errichtung von den Altertumsforschern in das vierte Jahrhundert v. Chr. verlegt wird, also in eine Zeit, in der unsern Vorfahren der Gebrauch des Eisens noch fremd war. Sie erhebt sich 12 m über die Erde und soll 15 m darin vergraben sein. —

Nur eine einzige Stadt der Welt kann Dehli-Agra-Benares den Vorrang in Bezug auf ihre Reichtümer, ihre Pracht und ihren Ruhm streitig

Dehli. Die Dshama Masdshid.

machen, und das ist das alte Rom. Die Geschichte von Dehli-Benares ist die Indiens, und heute ist ihr Gebiet mit seinen grossen Erinnerungen vielleicht die reichste Schatzkammer der Altertumskunde auf der Erde.

Die in der Nähe des Forts befindliche Dshama Masdshid wird allgemein als das schönste Bauwerk dieser Art in Indien bezeichnet; die grösste aller Moscheen ist sie unbestritten. Der Eindruck, den das Gebäude macht, ist gewaltig, doch trotz des Ebenmasses und der Regelmässigkeit seiner Formen liess es mich kalt. Bei dieser Moschee erkennt man, welchen Einfluss die Rohstoffe und deren Farben auf die Wirkung eines Bauwerkes auszuüben vermögen. Wäre die Dshama Masdshid durchgehends aus derselben Steingattung, z. B. allein aus weissem Marmor errichtet, so würde sie, gleich der Perlmoschee, hinreissen. Die Zusammenstellung von rotem und weissem Gestein ist aber, soweit ich zu urteilen vermag, für den Gesamteindruck ungünstig.

Einen prachtvollen Rundblick genoss ich von der Spitze eines der Minarets, doch begegnet das Auge allerorten Anzeichen von Kampf und Streit, sowie Spuren von Willkür und Gewaltherrschaft.

Im Osten liegt das Fort mit seinen Zinnen und Erkern und dem mächtigen Lahorethor, das die Briten 1857 viele Menschenleben kostete. Längs der Dshumna gewahrt man das Trümmerfeld früherer Niederlassungen; hier soll besonders Tamerlan gewütet haben, und im Südwesten steht der Kutub Minar. Im Westen blitzen die flachen Dächer der Stadt im Sonnenglanze, und gegen Norden, hinter den Ueberbleibseln des Zeughauses, liegen Bungalows mit hübschen Gärten. Mit der »armory« sprengten sich bei dem grossen Aufstande heldenmütige Briten in die Luft, damit diese Feste nicht in Feindeshand gerate. — Bei Dehli ist die Geschichte der unzähligen Fehden des herrlichen Indien förmlich verkörpert. »Qui terre a, guerre a« — und so mussten es eben die schönsten und fruchtbarsten Länder der Erde sein, die am meisten die Schrecken des Krieges erfahren haben. —

Der Ruhm, den die Engländer sich als Soldaten und mit der Anleitung zur Bildung des ganzen indischen Volkes erworben haben, zeigt sich vielleicht nirgends deutlicher als in Dehli. Nach den trostlosen Zuständen der früheren Jahrhunderte haben sie dem Lande Frieden und Wohlfahrt gesichert, und wenn dennoch der Aufstand von 1857 möglich gewesen ist, lässt dieser sich nur erklären durch den menschlichen Hang, nach welchem »on préfère souvent être battu par son mari, que défendu par son voisin!« Wenn man einen kleinen Teil des Riesenreiches auch nur im Fluge bereist, so kann man doch ungefähr ermessen, welche ausserordentlichen Schwierigkeiten bei dessen Einfügung in die Siedelungen der Briten zu überwinden waren. Man weiss nicht, was man mehr bewundern soll, die wenigen Soldaten, die 270 Millionen Eingeborene unterwerfen konnten, oder die Verwaltung, die aus dem durch beständige Feindseligkeiten verwüsteten, fast verarmten Lande, einen, den Verhältnissen entsprechend, blühenden Staat der Neuzeit gebildet hat. Es ist selbstverständlich nicht zu bestreiten, dass Gewinnsucht die Engländer und Schotten in erster Linie bei der Erwerbung Indiens leitete, wie dies für jeden Staat der Hauptbeweggrund bei Ansiedlungsbestrebungen sein muss; doch in der Art wie England Indien regiert, zeigt sich, dass die Briten neben ihrem Vorteil auch menschenfreundliche Gesichtspunkte nicht ausser Acht lassen. —

Das gegenwärtige Dehli zeichnet sich durch breite, lange und gerade Strassen aus. Ganz besonders gewährt die Tshandni Tshauk einen unterhaltenden Anblick; in ihr befinden sich die meisten Kaufläden, ein Baumgang von Banianen steht in der Mitte, und auf den Seitenwegen herrscht reges Treiben. Hier sieht man wieder die Vielfarbigkeit und die Abweichungen in den Trachten und Gesichtszügen, die ich in Kalkutta, in Erinnerung an Singapur, vermisste. — Selbstbewusst reitet auf einem arabischen Pferde ein Afghane in schwarzem, gesticktem Oberrock und Pumphosen; die hohen, kriegerischen Gestalten der Sikhs, ihre langen Haare unter einem riesenhaften, weissen Turban verbergend, grüssen jeden Europäer ehrfurchtsvoll. Dazu gesellen sich Wagen aller Art, zweirädrige, indische, mit Zebus bespannte Zeltwagen, in denen die Insassen Steigbügel benützen müssen, und grosse, von Kamelen gezogene Karren sowie herrschaftliche Kutschen der europäischen Geschäftsleute; auch Elefanten fehlen nicht. Und welcher Lärm, welches Geschrei! In den verschiedensten Sprachen preisen die unter kleinen Zelten sitzenden Verkäufer ihre Ware an. Hier zeigen sich in der Mitte der Strasse mehr ungezwungene als schöne Tänzerinnen zu den Klängen der früher beschriebenen indischen Kapelle. Dort feilschen zwei Hindu unter Zeterschreien und Geberden, die schliessen lassen, dass sie sich jeden Augenblick in die Haare fahren wollen. Neben meinem Wagen liefen die Vertreter der grossen und kleinen Händler her, um mir fast mit Gewalt ihre Karten aufzudrängen. Uebrigens findet man in Dehli wirklich sehr schöne indische Erzeugnisse, besonders Goldstickereien, Stoffe aus Kashmir, Schmuck und Elfenbeinmalereien. Die Kunst der Herstellung dieser hat sich von der Mogulenzeit her vom Vater auf den Sohn vererbt, und wahre Meisterstücke sind um einen verhältnismässig billigen Preis zu erstehen. Nach den Bildnissen, die sich alle gleichen, muss Begum Banu, die im Tadsh beigesetzte Gemahlin Shah Dshehans, wirklich bezaubernd schön gewesen sein, doch machte mich die auffallend rosige Hautfarbe der Halbblut-Fürstin einigermassen stutzig; es hat den Anschein, als ob die Künstler den Geschmack der europäischen Käufer berücksichtigen. Ausgeschlossen ist indessen nicht, dass im Morgenlande die lichte Farbe als Zeichen der Vornehmheit, als Beweis der hochgeschätzten, reinen arischen väterlichen Abstammung der Mumtaz-i-Mahal gilt.

Dem Rate meines Reisegefährten von Benares nach Lakhnau folgend, suchte ich einige unscheinbare, mir von ihm besonders empfohlene Läden mit Edelsteinen und Schmuck auf. Mr. Jarvis mochte Recht gehabt haben, als er behauptete, dass gleich reiche Vorräte sich in den grösseren europäischen Städten, London ausgenommen, kaum finden lassen.

Im Mittelpunkt der Stadt ist eine kleine goldene Moschee geschichtlich von Bedeutung. An den Bäumen vor ihr übte der Henker an jenen Meuterern, die sich 1857 an der Niedermetzelung der englischen Frauen und Kinder beteiligt hatten, wochenlang, Tag für Tag, sein Handwerk.

Bei den Chemists and Druggists S. Noor Ellahee & Co., Geschäftsfreunden der Handlung meines Vaters in Hamburg, fand ich freundliche Aufnahme, und einen grossen Teil meiner Aufzeichnungen über Dehli und Agra verdanke ich diesen liebenswürdigen, hochgebildeten Moslems, deren Kenntnisse in der Chemie mich geradezu in Erstaunen setzten. —

Recht abgespannt von dem vielen Sehen und dem unausgesetzten Achtgeben, entschloss ich mich am letzten Tage, auf Anraten meines Führers, ein

Dehli. Das heutige Delhi Gate.

türkisches Bad zu nehmen. Zwei Männer kneteten mich mit ihren Händen, Knieen und Füssen in wahrhaft wohlthuender Art. Mitten in der Arbeit verabschiedeten sie sich mit einem ehrerbietigen: »Salam!« Zu meinem Befremden liess man mich unbekleidet und hilflos in einem ziemlich grossen, ganz aus Stein errichteten, kuppelartig gewölbten Raum allein. Nach Verlauf von zwei Minuten erschien jedoch ein ungefähr achtzehn Jahre zählendes Hindu-Mädchen, das nur in einen feinen, durchsichtigen, vielleicht 3 m langen Schleier gehüllt war. Sie trug in der Hand ein grosses Becken aus gelbem Metall und begann ohne weiteres, meinen Körper regel- und kunstgerecht abzuseifen. Ich glaube nicht fehlgegangen zu sein, wenn ich annahm, bei dieser Wäsche eine jener Hindu-Witwen neben mir zu haben, von denen ich unter »Benares« berichtet habe.

Indessen war die junge Frau nicht schön genug, um meine europäische Tugend auf eine harte oder verdienstvolle Probe zu stellen.

»Als ich das Bad gestärkt und erfrischt verlassen wollte, legte mir der Besitzer ein Heft vor, mit dem Ersuchen, mein Urteil über seine Anstalt einzutragen. Selbstverständlich blätterte ich in dem Gedenkbuche und fand zu meinem Erstaunen wenige Ansichten über das Bad, viele über das Mädchen mit der Seifenschale; darunter auch vereinzelte in deutscher Sprache und Schrift.

Selten dürfte eine solche Sammlung witziger und launiger Einfälle vorgekommen sein, wie sie in diesem Bande zu finden ist; kein Reisender sollte Dehli verlassen, ohne das Buch gesehen zu haben. Vor mir hatte ein Herr aus Toulon die Stätte besucht und seinen Namen mit folgender Bemerkung eingetragen:

Il y a fagots et fagots,
J'appelle un chat un chat
Et j'appelle la fille Hindou une polissonne!

Darunter schrieb ich — nach mühevollem Nachdenken bei einer Schale Kaffee:

Ther' is the humour of it:
She came in such a questionable shape
That something must be rotten in the Turkish Bath.
The better part of valour is precaution!

Und mein Nachfolger wird wahrscheinlich, mit Bezug auf meine etwas durcheinander geschaufelten aber verbesserten Shakespeare-Anführungen, geschrieben haben:

»Oh! what a noble mind is here o'erthrown!« —

Im Grand Hôtel stellte sich mir einer der kleinen Edelsteinhändler der Stadt vor, und als ich ihm auf seine Anfrage sagte, dass ich Deutscher sei, zeigte er mir ein Schreiben, das er vor einigen Wochen aus Bayern erhalten hatte. Der Brief trug die Unterschrift eines unter heimatlichen Biertrinkern recht bekannten Namens. Der Inhalt, den der Händler, welcher schwerlich unsere Sprache erlernt hatte, mir als Empfehlung zeigte, war ungefähr der folgende:

»Sir, Sie sind ja ein wahrer Schweinhund! Der goldene Ring mit weissem Saphir, den Sie mir für 6 £ 10 sh. verkauft haben, ist ja von vergoldetem Silber, und der weisse Saphir ein ganz gemeiner Bergkristall, den ich hier für 50 Pf. kaufen kann.« — — — —

Wenn ich überhaupt die Absicht gehabt hätte, Schmuck und Edelsteine zu kaufen, würde ich mich nach dieser Empfehlung schwerlich an diesen redlichen Moslem, der nach seiner Karte den bezeichnenden Namen »Tshund« führte, gewandt haben.

Palast eines Radshas zwischen Dehli und Dshaipur.

Dshaipur. Der Palast des Maharadshas.

Von Dehli reiste ich ohne Zwischenaufenthalt nach Dshaipur*). Die Stadt ist eine durchaus indische und doch ist sie wieder ganz verschieden von allen anderen. Sie ist regelmässig gebaut; die schnurgeraden Strassen durchschneiden einander in rechten Winkeln. Die vornehmste und längste ist 36 m, die nächsten sind 18 und die folgenden 9 m breit. Eine hohe, rote Steinmauer umschliesst die ganze Stadt und sieht mit ihren scharfkantigen Zinnen von Ferne wie ein hünenhafter, roter Zaun aus. Die sauber gefegten Strassen werden durch Gasglühlicht erhellt, und eine vortreffliche Wasserleitung benutzt man, um sie staubfrei zu halten. Die öffentlichen Gärten würden Berlin zur Ehre gereichen. Dshaipur gleicht teilweise Hannover, Frankfurt oder Kassel, mit einer Bevölkerung, einem Strassenleben, wie ich es nur in Benares gesehen hatte.

Dshaipur.
Das Bedrucken von Stoffen in der Hochschule.

Ich ging in eine vom Maharadsha unterhaltene Hochschule, die den Zweck hat, einheimische Kunst zu fördern. In den Werkstätten sah ich die Arbeiter verschiedener Kunstbetriebe als: Stickerei, Steinschneiderei, Granatenschleiferei und Messing-Stecharbeit in Thätigkeit. Das alles zu betrachten, war gewiss belehrend, doch glaube ich, dass diese ganze Anlage eher dazu beiträgt, indische Kunst zu verderben und zu verfälschen als zu heben. Anstatt dass man die Entwicklung indischer Muster und Farbenzusammenstellungen begünstigt, wird vielfach versucht, europäische Vorbilder einzuführen.

Jeypore. H. R. H. The Maharaja.

*) Engl.: Jeypore.

Zu den Erzeugnissen, welche Dshaipur vornehmlich hervorbringt, zählen indische Waffen aller Art. Im Gasthof, auf den Strassen, in jedem Laden werden dem Reisenden Säbel, Dolche, eigenartige Lanzen und eingelegte Schilde angeboten.

Der Palast ist ein förmlicher Burgflecken für sich; ausser seiner Grösse ist mir indessen kaum etwas Eigenartiges und Bemerkenswertes an ihm aufgefallen. Sehenswürdig sind die Marställe des Maharadsha, in denen einige hundert edle, zum Teil wunderbar schöne Pferde, und ungefähr 60 Elefanten gehalten werden. Vier prachtvolle, langhaarige Bernhardiner lagen in den Gartenanlagen an der Kette; um jeden waren zwei Hindus mit Fächeln und dem Verscheuchen der Fliegen beschäftigt.

Dshaipur. Teil der Palastgärten.

Die ganze Stadt ist gleichmässig erdbeerfarben angestrichen. Wohl das eigenartigste Gebäude in Dshaipur ist der Hawa-Mahal, der Windpalast, der seine luftige, mit Erkertürmchen überladene Stirnseite der Strasse zukehrt, die zu dem Wege nach Ambir führt.

Selten versäumt ein Besucher von Dshaipur einen Ausflug nach dieser alten Trümmerstadt, die ohne jede Schwierigkeit zu erreichen ist, da der Maharadsha jedem Europäer, der ein schriftliches Gesuch einreicht, einen Elefanten aus seinem Marstalle zur Verfügung stellt. Im Kaisari-Hind-Hôtel liegen zu diesem Zweck gedruckte Bogen zum Ausfüllen und Unterschreiben bereit. Man erhält auf seine Meldung keine Antwort, findet aber zur festgesetzten Stunde den Elefanten am Thore der Stadt.

Das drei jungen Nordamerikanern und mir gemeinsam zur Verfügung gestellte grosse Tier trug den gewöhnlichen Sattel, der auf zwei Sitzbrettern, an den beiden Seiten des Rückens, vier Personen Platz gewährt. In bester Stimmung ritten die andern Herrn und ich das herrliche Thal nach Ambir hinauf.

Reich behangene Pferde der arabischen Rasse, ein mit zwei Kamelen bespannter europäischer, herrschaftlicher Wagen und der Staats-Elefant des Maharadsha, begegneten uns. Wir sahen, wie Tauben zu Tausenden

Dshaipur. Teil der Strasse nach Ambir.

an der Landstrasse gefüttert wurden; auch prachtvolle Vögel zeigten sich am Wege. Die Häuser vor der Stadt waren sauber angestrichen, und als Verzierung trugen sie rohgemalte Bilder, die z. B. kämpfende Elefanten, einen Eisenbahnzug, Kamele, Pferde und Esel darstellten. Zur Linken zog sich eine malerische Bergreihe hin, auf deren Gipfeln Befestigungen, Schlösser und Burgen errichtet waren. Meterhohe Kaktushecken trennten die sandig aussehenden Felder. Lange Reihen bepackter Kamele, vierspännige Wagen des Maharadsha, kleine Esel, grosse Rinder, Frauen, die Lasten auf dem Kopfe trugen, konnten wir vom Rücken unseres hohen Reittieres aus beobachten.

Unter den zartbelaubten Leguminosen spielten Affen und gestreifte Eichhörnchen; viele wilde Pfauen schritten zur Seite der Strasse in den Feldern würdevoll einher. Unser Elefant hatte indessen die Gewohnheit, vor jedem ihm begegnenden Kamel zu scheuen und da ich an der linken Seite Platz gefunden hatte, aber gerade auf dieser nicht selten Abgründe von 50 m bis 100 m neben dem Wege lagen, zappelten meine Beine ab und an über solchen Tiefen, wenn der Elefant einem Kamel so weit wie möglich auszuweichen suchte.

Ambir.

Im Thale unterhalb Ambirs befindet sich ein grosser, künstlicher Teich mit schmutzigem, grünlichem Wasser, an dessen Ufern Hindus 10 oder 15 grosse Kaimane ohne alle Scheu fütterten.

Auf dem Rücken und am Abhange eines Berges am Ende des Thales liegen die Trümmer von Ambir, wieder ein Bild verfallener Grösse. Inmitten der Reste erhebt sich der Sommerpalast des Maharadsha; jeden Morgen wird dort im Tempel der Rachegöttin Durga eine schwarze Ziege geschlachtet. Im Palast ist in den einzelnen Gemächern die wahre Pracht von Agra und Dehli mit dem Pinsel ziemlich dürftig nachgeahmt.

Um auf dem Ritt nach Hause nicht zum andernmal der Misslichkeit ausgesetzt zu sein, hin und wieder zwischen Himmel, Elefant und Erde zu schweben, wählte ich diesmal den Sitz auf der rechten Seite des Dickhäuters.

Dshaipur. Die Hauptstrasse an einem Festtage.

Leider ohne Erfolg; ich hatte nicht berechnet, dass wir in entgegengesetzter Richtung als auf dem Hinwege reiten mussten. Dagegen brachte ich die schmerzliche Ueberzeugung mit in den Gasthof, dass, um mein Nachdenken in dieser bedauerlichen Weise einzuschläfern, eine Reise um die Erde kaum erforderlich gewesen sein würde. Ein Ausflug nach dem 34 km von Hamburg entfernten Buxtehude würde vermutlich dasselbe Ergebnis aufgewiesen haben. —

In Dshaipur bemerkte ich zum erstenmal eine Zeiteinteilung, die mir ausserordentlich zweckmässig erschien. Der Tag hat nicht zweimal 12, sondern einmal 24 Stunden, ohne dass das Zifferblatt der Uhren anders aussieht als bei uns; man sagt um 1 Uhr Nachmittags nach unserer Rechnung, die Uhr sei 13, und so fort. Ich habe mich niemals auf den Fahrplan-Tafeln der Eisenbahnen besser zurecht finden können als in Dshaipur. Es ist mir leichter geworden, zu wissen, um was es sich handelt, wenn der Abgang eines Zuges zu 22 Uhr 27 Minuten angesetzt ist, als wenn ich erst darüber nachdenken soll, was fette und was magere Ziffern bedeuten.

Alltägliches Strassenleben in Dshaipur.

XXI. KAPITEL.

Bombay. Mâdras. Ceylon.

Am 2. Februar, »18 Uhr 40 Minuten«, reiste ich nach Bombay ab. Als ich am folgenden Morgen zum Fenster hinaussah, erblickte ich eine trostlose Oede. Niedrige Sandhügel, die gegen Mittag indessen zu 500 bis 600 m hohen Bergen anwuchsen, zogen sich an beiden Seiten des Gleises hin; hin und wieder sah ich in Rudel vereinte Axishirsche. — Später durchfuhren wir fruchtbares Land. Hübsche, bunte, grosse und kleine Reiher, Pfauen und Lachtauben belebten die Landschaft. In meiner Wagenabteilung fand ich als Mitreisende gut gelaunte Offiziere, die unter den Witterungsverhältnissen am Ganges derartig gelitten hatten, dass ein Urlaub nach »Old England« erforderlich geworden war. Der englische Offizier in Indien macht, gleich dem Beamten, den angenehmsten Eindruck. Ich fand ihn überall liebenswürdig und zuvorkommend und jederzeit bereit, den Fremden zu belehren. Es scheint mir, als ob er mit der Thatkraft des Soldaten die Gewandtheit eines Staatsbeamten verbindet.

Einer der Herren im Wagen erzählte, welche Mühe es ihm vor Jahren gemacht habe, die Bevölkerung seines Bezirkes in Bengalen zu zählen. Bei seiner Ankunft in den Ortschaften seien alle Einwohner in die undurchdringlichen Wälder geflohen. Endlich habe er folgendes Mittel zur Erreichung seiner Zwecke angewandt. Er liess einen der Männer greifen und sagte ihm:

»Hat euch, als die letzte Hungersnot hier herrschte, die Königin Reis geschickt?«

»Ja, Sahib.«

»Nun seht, nächstens wird wieder eine Hungersnot kommen, und deshalb will die Königin genau wissen, für wieviele Leute sie Reis zu schicken hat; wenn ihr jetzt so dumm seid, und euch nicht zählen lasst, werdet ihr alle verhungern müssen.«

Darauf sei umgehend der ganze Stamm aus den Wäldern gekommen und man habe sich förmlich dazu gedrängt, alle Fragen zu beantworten.

Am 4. Februar traf ich ein in der Stadt, wo Abendland und Morgenland sich treffen; Bombay mag als einer der schönsten und anregendsten Orte Indiens von dem gepriesen werden, der, aus Europa kommend, im Osten landet.

Das sogenannte Fort zeichnet sich durch grosse, kostbare, schwerfällige Bauten neueren Stils aus, die durchgehends hohe, im heissen Klima ungewohnt erscheinende, Ziegel- und Schieferdächer haben. Breite Strassen,

Bombay. Teil der Esplanade Road.

ausgedehnte Plätze mit Standbildern und Parkanlagen verleihen diesem Teile der Stadt, in dem die Behörden, die öffentlichen Aemter und die grösseren Handelshäuser ihren Sitz haben, ein europäisch grossstädtisches Gepräge; eine vorwiegend recht gut gekleidete Menge, zahlreiche herrschaftliche Wagen und Pferdebahnen vervollständigen diesen Eindruck.

Während eines Aufenthalts von zwei Tagen habe ich von der Seuche nichts bemerkt. Ich sah zwar einen Leichenzug; ob der Betreffende indessen an der Pest verblichen war, kümmerte mich nicht. Die Stadt zählte damals ungefähr 500000 Einwohner. Ob sie viel anders erscheint mit ihrer ganzen Bevölkerung von 800000 Seelen, bin ich nicht imstande zu beurteilen.

Durch reizende Haine von Kokospalmen gelangt man zum luftigen, weit ausgedehnten Viertel der Bungalows auf Malabar Hill, das im Westen vom offenen Meer begrenzt wird. Die Bungalows bieten unter einem oft unansehnlichen Aeusseren, das unter Palmen, Tamarindenbäumen und Bananenstauden fast verschwindet, ausnahmslos jene wahre Bequemlichkeit und den Aufwand, den die Briten sich in allen ihren Behausungen zu schaffen wissen. »Comfort« ist in Indien überhaupt eine notwendige Vorbedingung für europäische Leistungsfähigkeit, aber nirgends mag er bis zu einer solchen Vollendung entwickelt sein, wie in der Mehrzahl der Haushaltungen in Bombay.

Bombay. Das Posthaus.

Kein Besucher der Stadt wird es versäumen, die Türme des Schweigens, die letzte Ruhestätte der Parsen, aufzusuchen.

Eine schön gehaltene Strasse führt zu einem ausgedehnten Garten mit duftenden Blumen, an dessen Eingang ein schmuckloses Bethaus und die Wohnungen der Wärter liegen. Nichts verrät die ernste Bestimmung des Ortes, wenn man den ersten Teil des herrlichen Parkes durchschreitet. Bald erregte indessen das Krächzen grosser Vögel meine Aufmerksamkeit. Vor mir lag ein ungefähr 45 m im Umfang messender, 10 m hoher, weisser Turm; auf seinem Rand, sowie auf den nahe gelegenen Palmyra-Palmen hatten sich 15 oder 20 Aasgeier niedergelassen. Ich fragte den Hüter, ob ich in den Bau eintreten dürfe, doch er entgegnete mir auf das Bestimmteste, dass ich mich dem Turme nur bis auf 30 Schritte nähern könne; er zeigte mir an einer getreuen Nachbildung, die ungefähr einen halben Meter im Durchmesser haben mochte, die Einrichtung des Beisetzungsortes. Im Innern befindet sich eine trichterartige Plattform, welche in der Mitte in einen Schacht übergeht. Sie ist in drei Abteilungen zerlegt, die durch Scheidewände in zahlreiche Kammern geteilt werden, und zu denen eine in der Aussenwand des Turmes befindliche Eisenthür den Zugang gewährt. In der äussersten Abteilung werden die Körper der Männer, in der mittleren jene der Frauen, in der, die dem Schacht am nächsten liegt, Kinderleichen, mit den Füssen in der Richtung nach der Mitte, von allem entblösst, hingelegt.

»Nackt gelangt der Mensch in die irdische Welt, nackt soll er sie verlassen, denn im Tode sind Alle gleich,« heisst es im Gesetzbuche

Bombay. Ein Turm des Schweigens auf Malabar Hill.

Zoroasters. Sofort, nachdem ein Leichnam auf die Plattform in die Kammer gelegt ist, und die Hüter sich zurückgezogen haben, stürzen von allen Seiten die Aasgeier herbei, und nach drei oder vier Stunden ist nichts mehr als ein blosses Gerippe vorhanden. Die Sonne der heissen Zone trocknet die Gebeine bald derart aus, dass sie beim Abräumen und Ueberführen in den Schacht meistens in Stücke zerfallen. Damit jedoch beim Regen nicht etwa Leichenbestandteile durch die Feuchtigkeit in die geheiligte Erde gelangen, münden von der Vertiefung Kanäle mit Filtern in den Boden.

Das, was uns Europäern von jeher als tiefste Schmach gegolten: nach dem Tode den Geiern zum Frasse vorgeworfen zu werden, wird von den klugen und hochgebildeten Parsen mit ängstlicher Liebe und Anhänglichkeit angestrebt. Die Frage, ob man den Leichnam eines nahen Verwandten oder Freundes lieber langsam in der Erde durch Würmer oder an der Luft in wenigen Stunden durch Vögel verzehrt haben will, scheint immerhin erwägenswert.

Der Hüter sagte mir, der Hauptglaubenssatz der Parsen sei: »Gute Werke, gute Worte, gute Gedanken!« Dabei vergass er, dass er gerade beschäftigt war, gegen seinen Gehilfen gottlos zu fluchen, als ich durch den Garten auf den Turm zuschritt.

In auffallendem Widerspruch zu der Bedeutung dieses Totenhauses steht die prachtvolle Aussicht, welche man daneben geniesst. Zur Rechten hatte ich das endlose, blaue Weltmeer mit einer Menge weisser Segel, links

Bombay. Teil der Felsentempel auf Elephanta.

das weit ausgedehnte Bombay und seine lärmende Geschäftigkeit, während vor mir die hübschen Bungalows und üppigen Gärten von Malabar Hill lagen: Ein lachendes, trotz der Pest, Lebenslust verratendes Bild, wie ich es in gleicher Anmut selten gesehen habe. —

Bewundernswert ist die Markthalle Bombays. Wenige Städte Deutschlands, vielleicht keine, können sich einer Verkaufshalle rühmen, die an Grossartigkeit »Crawford Market« gleichkommt. —

Recht eigenartig sollen in Bombay manche grösseren Festlichkeiten verlaufen. Bei den Tischreden klingen in solchen Fällen Becher mit einem Getränk aus dem Safte des Granatapfels, Pokale mit Sodawasser und

Gläser mit Schaumwein aneinander. Während Hindus sich hauptsächlich an Gefrorenem laben, die Mohammedaner und Juden sorgsam dem Schinken in Burgunder ausweichen, lassen die Briten sich diese Speise recht gut schmecken, und wenn viele Gäste später ihre Cigarren und Cigaretten mit Wohlbehagen rauchen, enthalten die Parsen sich dieser Entweihung des geheiligten Feuers. —

Einen Ausflug nach der 10 km östlich vom Hafen liegenden Insel Elephanta, auf welcher sich die bekannten Felsentempel befinden, wollte ich selbstverständlich nicht versäumen. Auf der Insel haust, neben dem

Madras. Bungalow im europäischen Viertel.

Webervogel, in dichtem Gebüsch die Cobra. Im vorigen Jahre hat man dort mehr als 200 dieser gefährlichen Giftschlangen erlegt. Die in einen Porphyr-Berg eingehauenen Tempel mögen bei einer Höhe von 5 m zusammen 150 m im Geviert messen. Zum Teil sehr gut erhaltene, 2700 Jahre alte Bildhauerarbeiten dürften zu den hervorragendsten Altertümern Indiens zählen. —

Die Fahrt von Bombay nach Madras bot wenig Bemerkenswertes; an den Haltestellen zeigten sich indessen die dürren Gestalten der hungerleidenden Hindus in viel grösserer Zahl, als in den nördlicheren Landschaften. — Am Bahnhofe in Madras erlebte ich einen ähnlichen Auftritt, wie bei meiner Landung in Shanghai, einen Kampf von 30—40 Kulis, die sich um das Recht schlugen, die Koffer der Ankommenden zu tragen. Ich kam aus dem wenig erfreulichen Durcheinander erst zur Ruhe, als ich in das schützende Thor des an der Esplanade gelegenen Hôtel de l'Europe eintrat.

Durch ihre Lage allen Stürmen und Meeresfluten ausgesetzt, ist Madras nicht die Folge eines Fehlgriffs der Menschen, sondern die Schuld der Natur, die von Ceylon bis zum Hugli den Kaufleuten, die mit der Ostküste Indiens Handel treiben wollen, keinen geschützteren, sicherern Hafen bietet. Dass die Notwendigkeit, einen solchen zu besitzen, vorhanden war, beweist

Madras. Bhendy Bazar in der Schwarzen Stadt.

die Bevölkerung von Madras, die zur Zeit ungefähr 460 000 Seelen betragen mag. Unter ihnen befinden sich nicht mehr als ungefähr 2400 Weisse. Trotzdem hat der europäische Teil eine gewaltige Ausdehnung. Man darf sich darunter nicht eine Stadt mit Häuserreihen denken, sondern eine sich weit erstreckende Parklandschaft, in der zerstreut die mit allen Bequemlichkeiten eingerichteten, europäischen Bungalows stehen, jede in einem besonderen, umzäunten Garten; nur die Mount Road entspricht einigermassen unserer Vorstellung von einer städtischen Strasse. Die in früheren Jahren berüchtigten, schwierigen Landungsverhältnisse sind durch zwei sehr kostspielige Molen gehoben.

Nahe der Stadt, in Gundy, besitzt der Statthalter ein herrliches Landhaus mit einem prächtigen Park, in dem mehr als hundert Hirsche friedlich weiden. Auch der zum Palast gehörende Garten ist des Hauptes der Statthalterschaft von Madras würdig: er ist reich an seltenen und sehr schönen Bäumen. Unter diesen ist besonders bemerkenswert der indische Korkbaum, der im Januar und Februar die Luft mit dem Wohlgeruch seiner weissen Blüten erfüllt. Den Baum des Reisenden, eine Art Fächerpalme, die angezapft frisches Wasser spendet, hatte ich freilich schon in Java, auf Malakka und in Kalkutta gesehen; auch neuseeländische Farne waren in diesem herrlichen Garten vorhanden.

Der Baum des Reisenden.

Es ist erstaunlich, welch schöne Männer in der ungesunden Luft von Madras aufwachsen. Scheinbar ohne zu ermüden, tragen die fast nackten und wie Ebenholz schwarzen, kräftigen Leute ungeheure Lasten auf dem Rücken. Die Frauen dagegen sind hässlich aber kräftig; sie haben malaienähnliche Gesichtszüge. —

Ein Spaziergang durch die teilweise engen Strassen der Schwarzen Stadt, zumal am Abend, wenn die Bazars, Tempel und Tempel-Tanzplätze erleuchtet sind, wenn die religiösen Aufzüge beginnen, die Vorleser und Bänkelsänger sich vernehmen lassen, wenn alles auf den Beinen ist und bunt durcheinander wogt, bietet dem Fremden das Sehenswerte von Madras. —

Bei einer Wanderung kam ich am grössten Hindutempel der Stadt, an der Parthasari da Pagode, vorüber. Ein Elefant, der zum Dienst der Götter bestimmt war und, wie mein Führer mir sagte, Vishnu jeden Morgen das Wasser bringt, trug auf seiner Stirn das riesige Farbenzeichen einer Glaubensgesellschaft. An der Strasse hatte man zu einem Feste, das eben gefeiert wurde, einen Tanzplatz für die Tempelmädchen errichtet, und dieser war auf folgende, seltsame Weise ausgeschmückt: Im Hintergrunde befand sich eine Art Altar, der reich mit Gold-Flitterwerk, geschliffenem und gefärbtem Glas behängt und mit allerlei abenteuerlichen Göttergestalten besetzt war. Links vom Eingang stand die Bildsäule der

Hindu-Frau aus Madras.

medicäischen Venus, rechts die Himmlische Weisheit nach Thorwaldsen; auf kleinen Tischchen sah man Schmetterlinge, Insekten und Muscheln in zierlichen Glaskästchen. An den Bretterwänden, zur Seite des Antonius von Padua, hingen die sinneerregenden Bilder morgenländischer Tänzerinnen. Ich schritt, ohne weiter zu fragen, rasch dem offenen Tempel zu, als plötzlich unter dem Thore ein Mann erschien, ein Tuch vorhielt und mir freundlich, aber entschieden in geläufigem Englisch den Eintritt verwehrte. Die Schnur über der linken Schulter kennzeichnete ihn als Brahmanen. Auf seine Weigerung, mich in das Heiligtum treten zu lassen, sagte ich ihm: »Auch ich bin ein Brahmane; ich werde mein Gesicht braun malen, die Schnur umlegen, das Haar scheren lassen und weisse Gewänder tragen. So komme ich wieder und ihr werdet mich hineinlassen.« Der Brahmane deutete auf den Tempel-Elefanten und entgegnete stolz: »So wenig man aus einem Pferde einen Elefanten machen kann, so wenig kann ein Europäer ein Brahmane werden: the Bramin is born.«

Also in den Tempel zu gelangen, war unmöglich, und so wollte ich wenigstens Einiges über die Zeit seines Baues erfahren und fragte, ob man wisse, wann diese Pagode errichtet sei, und ob so grossartige Werke auch jetzt noch erschaffen werden könnten. Verwundert schaute der Priester mich an und sagte: »Das ist nicht von Menschenhand gebaut, es ist von Gott erzeugt. Ein grosser Berg stand früher hier auf dieser Stelle. Die Erde öffnete sich, der Berg versank, und die Pagode erhob sich aus der Tiefe. Das geschah aber lange vor Christi Geburt«. Ich war von dieser Antwort nicht weniger überrascht, als der Brahmane von meiner Frage. Hindu war ich nicht, um glauben zu müssen was der Priester mir gesagt hatte, und so meinte ich: »I do not believe it!«

Madras. Hinduwagen.

»Wenn Du meinen Worten glaubst, so glaube ich auch Deinen, wenn nicht, so habe ich auch auf Deine Worte nicht mehr zu hören. So ist es Brauch in der Welt.« Das war eine Abfertigung — und der Geschlagene war ich. — Wie nichtssagend muss die nackte Sittlichkeitslehre mancher Buddhisten jedem Strenggläubigen gegen diese Festigkeit in Glaubenssätzen erscheinen! In Bangkok öffneten die gelb gekleideten, glatt geschorenen, Betel kauenden Priester gegen eine kleine Gabe in die Opferschale mit Freundlichkeit jede geweihte Stätte. Von den Brahmanen Tempeln wird aber der Europäer als Ungläubiger überall mit Entschiedenheit zurückgewiesen.

Der grossen Zahl von Kirchen entsprechend, leben in Madras viele christliche Hindu, deren unglaubliche Unwissenheit und geringer sittlicher Halt mich überzeugten, dass bei ihrer Bekehrung nur der Wunsch, Rindfleisch zu essen sowie hin und wieder kleine Geschenke von den Missionaren zu erhalten, massgebend war. —

Am Montag den 9. Februar schiffte ich mich an Bord der »Baroda« nach Colombo ein und nahm damit Abschied von Indien.

Man darf dieses Wunderland eigentlich nur geographisch als einen festen Begriff behandeln. Im übrigen ist es eine Welt für sich, in der alle Einzelheiten nur ganz äusserlich verbunden neben einander bestehen; zu diesen Eigenarten zählen die verschiedensten einheimischen Völkerschaften — die weder durch Abstammung, noch durch Sitte in Beziehungen zu einander stehen — die ungleichsten Sprachen, die abweichendsten Witterungsverhältnisse, der mannigfachste Pflanzenwuchs u. s. f. Man mag unter Berücksichtigung aller dieser Thatsachen weit eher Europa als Indien für ein geschlossenes Ganzes nehmen.

Ich reiste von Kalkutta bis Madras unter den günstigsten Bedingungen, in der schönsten Zeit des Jahres, mit dem »neuen Auge«, das noch alle die wundersamen Eindrücke in frischer Unmittelbarkeit erfasst. Indessen sei noch einmal darauf hingewiesen, dass der Blick des Europäers sich überraschend schnell derartig abstumpft, dass er achtlos über nahezu alles das hinwegsieht, von dem er sich in den ersten Monaten kaum losreissen konnte. Recht häufig hörte ich zwischen Shanghai und Kairo das Bedauern darüber aussprechen, dass man nicht diese erste, unwiederbringlich verlorene Zeit der regsamen Beobachtungsfähigkeit zum Festhalten der äusseren Eindrücke benützt habe. Und gerade auf solche Aeusserungen hin bin ich bemüht gewesen, jede frische Empfindung und Wahrnehmung sofort zu Papier zu bringen: zur oberflächlichen Ausarbeitung auf dem nächsten Dampfer, zum Verbessern und Feilen in der Heimat. —

Im Indischen Ozean zeigt nachts der gestirnte Himmel eine in Deutschland ungeahnte Schönheit. Er überrascht weniger durch die neuen Sternbilder, als durch die ungewohnte Ausdehnung der damit bedeckten Fläche. Im mittleren Europa sieht man Sterne selten tiefer als 8—10 Grade über dem Gesichtskreis. Hier reichen sie bis an den Rand des Meeres nieder. —

Am Mittwoch, den 11. Februar, stieg ich in Colombo ans Land.

Schon während der Fahrt am südlichen Teil der Westküste Ceylons waren mir die sonderbaren Ausleger-Kanoes der Singhalesen aufgefallen. Sie sind 7—8 m lang und so schmal, dass man darin kaum beide Füsse neben einander stellen kann. Bezeichnend sind die beiden Ausleger, die gleichlaufenden Aeste oder Bambusstäbe, die von einer Seite des Fahrzeuges rechtwinkelig abstehen und an ihren Aussenenden durch einen stärkeren, mit dem Boot in gleicher Richtung laufenden Baum verbunden sind. Dieser ist ungefähr 3 m lang und schwimmt flach auf dem Wasserspiegel, verhindert somit das Umschlagen des hohen Kanoes und giebt ihm dadurch einen gewissen Grad von Sicherheit und — Schwerfälligkeit. Die Schiffer trugen statt jeglicher Kleidung einen einfachen Schurz, der einer schmalen Schwimmhose glich.

Wir waren kaum zu Anker gegangen, als unsere Baroda von Singhalesen erklettert wurde, die sich als Wäscher anboten oder Früchte und kleine Handarbeiten zum Verkauf brachten. Sie trugen das lange schwarze Haar, wie alle Singhalesen, sorgfältig geordnet und gewöhnlich in einen starken Knoten aufgewickelt, der durch einen breiten Schildpattkamm am Hinterkopf befestigt wurde. Die Männer erhalten durch diese Tracht ein frauenhaftes Aussehen, um so mehr als ihr Körperbau zierlich ist. Hände und Füsse sind klein und die Gesichtszüge verraten wenig Entschlossenheit.

Selten, nicht einmal in Madras, habe ich so hässliche Frauen neben im ganzen doch hübschen Männergestalten gesehen, wie auf Ceylon; ich wünsche zur Ehre der Singhalesen, jener Schriftsteller hätte Recht, der behauptet, schöne Weiber und hässliche Männer seien das Zeichen eines entarteten Volkes, das Gegenteil aber bezeichne eine Völkerschaft, der noch eine grosse, thatenreiche Zukunft bevorstehe; indessen ist für die Erfüllung meines Wunsches kaum Aussicht vorhanden.

Unter singhalesischer Herrschaft war aus einem der fruchtbarsten Länder der Erde eine Wildnis geworden. Wenige Jahrzehnte sind verflossen, seit das Sumpffieber europäische Truppen im Krieg gegen die Könige von Kandy in Mengen tötete — und heute sendet man erholungsbedürftige Soldaten nach Ceylon; Fieber und Eingeborene sind überwunden; die Insel ist zu einem irdischen Paradiese geworden. Wenn das Land heute eine Perle unter den britischen Besitzungen ist, so haben die Singhalesen ihre gegenwärtige Wohlfahrt ausschliesslich dem englischen Geschick im Siedelungswesen zu verdanken. —

Von der Stadt Colombo selbst ist wenig zu sagen. Das hübsch ausgestattete Museum ist zwar nicht umfangreich, aber doch sehenswert. Die Häuser sind vortrefflich für den freien Luftzug eingerichtet. Der unausgesetzt hin- und herschwingende Pankha fehlt in keinem Zimmer. --

In der vornehmsten Landschaft von Ceylon liegt auf einer Seehöhe von 500 m die Hauptstadt der Insel, das berühmte Kandy und nur wenige

Singhalesisches Dorf.

Kilometer davon entfernt der kleine Ort Peradeniya. In dessen Nähe wurde vor 80 Jahren von der englischen Regierung ein botanischer Garten angelegt, und wenn Ceylon für jeden Pflanzenkundigen eine Quelle grosser Genüsse ist, so muss Peradeniya ihm als ein wahrhaftes Eden erscheinen.

Am 12. Februar fuhr ich morgens 7 Uhr mit der Bahn von Colombo ab und war um $11^{1}/_{2}$ Uhr in Kandy. Während der ersten beiden Stunden führt das Geleise durch Flachland. Reizende Kokoswälder, breite künstliche Wasserstrassen und Teiche, Talipotpalmen mit ihren 7 bis 8 m langen, 5 bis 6 m breiten Blattflächen, saftig grüne Reisfelder, vereinzelt gefällige Landhäuser und mehr malerische, als reinliche, zwischen Bananenstauden versteckte Hütten der Eingeborenen sind bezeichnend für diesen Teil der Insel. Vor den Pflug gespannte Elefanten sah ich hier zum erstenmal. Später rückt die Bahn mählich näher an das Gebirge heran und bei Ambegussa beginnt sie zu steigen. Die einstündige Fahrt zwischen dieser Haltestelle und Kaduganawa gehört in landschaftlicher Beziehung zu den schönsten, die ich gesehen habe. Die Bahn windet sich, wie zwischen Siliguri und Dardshiling, in vielen Krümmungen an den steilen Felsgehängen einer mächtigen Thalmulde aufwärts.

Die Tallpotpalme im Singhalesischen Urwald.

Anfänglich wird der Blick durch den mannigfaltigen Wechsel des nahen Vordergrundes gefesselt. Lianen in den zierlichsten Formen umschlingen die Wipfel der Bäume, die aus der üppigen Masse dichten Urwaldes hervorragen. Reizende kleine Wasserfälle stürzen von den Höhen herab, und in der Nähe des Schienenweges ist oft die wohlgepflegte, obgleich selten benutzte Landstrasse sichtbar.

Weiter bergaufwärts schweift der Blick bald über den weiten grünen Thalkessel, der zur Rechten unterhalb der Bahn sich immer grossartiger zeigt, bald zu den hohen blauen Bergketten, die sich jenseits wie eine Mauer starr erheben. Obwohl die Gestalten der Hochlandberge im ganzen einförmig und wenig malerisch sind, machen sich doch einzelne hervorragende Höhen besonders bemerkbar.

Eine der überraschendsten Erscheinungen ist der Sensation-Rock. Hier läuft die Bahn unter hängenden Felsen unmittelbar am Rande eines Abgrundes hin; man blickt senkrecht 400 m in die grüne Tiefe hinab. Brausende Wasserfälle, die bei der Auffahrt links von der hohen Felswand herabschäumen, gehen unter Brücken des Bahnkörpers hindurch und lösen sich zur Rechten in nebelhafte Staubbäche auf, während sie in die Untiefe hinabstürzen. Die sich in ihnen brechenden Sonnenstrahlen rufen herrlich schimmernde Irisbogen hervor.

In Kandy besuchte ich die grossen Tempel, die von der Strasse aus einer bescheidenen Festung gleichen. Am Eingang sassen buddhistische Priester, vor denen recht viele stark duftende Opferblumen und Stücke von brennendem Räucherholz ausgebreitet waren. In einem sechseckigen

Kandy. Aeusseres und Umgebung der Grossen Tempel.

Türmchen befindet sich eine Büchersammlung, in der besonders sauber ausgeführte Olas*) gezeigt werden. Das Innere des geräumigen Hofes birgt das Allerheiligste, in dem der angebliche Zahn Buddhas verwahrt wird. — Recht hübsch ist der See von Kandy mit dem ihn rings umgebenden üppigen Pflanzenwuchs und einer mit zartbefiedertem Bambus bedeckten Insel.

Den Weg nach Peradeniya legte ich im Wagen zurück. Zur Begrüssung des Ankömmlings steht am Thore ein förmlicher Strauss von

---

*) Bücher aus Palmblättern.

Palmen, in dem, neben allen einheimischen, auch eine Anzahl ausländischer Vertreter dieser edlen Tropenbäume vereinigt sind. Im Garten fielen mir besonders prachtvolle alte Gummibäume auf. Es sind dies dieselben Bodenerzeugnisse, deren eingedickter Milchsaft den Kautschuk liefert, und von denen man in der Heimat häufig junge Pflanzen in geheizten Zimmern sieht, damit man sich an dem üppigen Saftgrün des lederartigen Blattes erfreue. Während bei uns solche Schösslinge, wenn ihre magern Stämme die Zimmer-

Kandy. Innerer Tempel mit Buddhas Zahn.

decke erreichen, bereits bewundert werden, entwickelt sich hier dieselbe Pflanze zu einem Baumriesen, dessen Krone 70 m im Geviert beschattet, aus dessen feinen Luftwurzeln sich mit der Zeit gewaltige Nebenstämme bilden.

Das entzückend belegene Haus des Vorstehers dieses Gartens ist ein niedriges, einstöckiges, von einem luftigen Rundgang umgebenes Gebäude, Säulen und Dach waren mit einer Fülle der schönsten, grossblumigen Luftorchideen behängt; zahlreiche bunte Schmetterlinge, Käfer und Eidechsen belebten das reizende Bild.

Unter den Wunderdingen des Pflanzenwuchses in Peradeniya möchte ich den berühmten Riesenbambus besonders hervorheben. An dem Ufer

Ceylon. Der See von Kandy.

Peradeniya. Wurzeln, Stamm und Nebenstämme eines Gummibaumes.

eines kleinen Flusses erblickt man ungeheure, lichtgrüne Büsche, die ihr majestätisches Haupt 30 m hoch über das Wasser und über den benachbarten Weg neigen. Nähert man sich, so gewahrt man, dass jede dieser Gruppen aus 70 bis 100 schlanken Stämmen von $1/2$ bis 1 m Dicke besteht — und diese Riesenbäume sind nichts anderes als Gräser. —

Nach Colombo zurückgekehrt, suchte ich die Cinnamon Gardens auf. Eine britische Gesellschaft beschäftigt dort ungefähr 1200 Arbeiter beiderlei Geschlechts. Der Vorsteher zeigte mir die ganze Zubereitung des Zimmts. Die jährigen Schüsse werden, wenn sie daumenstark sind, nach der Blütezeit im Mai abgeschnitten, und die Blätter abgeputzt. Der Arbeiter sitzt bei dieser Beschäftigung an der Erde, schneidet mit einem langen, krummen Messer der Länge nach eine Kerbe und löst sehr geschickt mit der Spitze des Werkzeuges die ganze Rinde vom Holze ab. Anfänglich ist sie weiss, wird aber schnell gelb und braun; sobald dieser Zustand

Peradeniya. Riesenbambus.
Zu Füssen der Pflanze steht ein Singhalese

eingetreten ist, wird mit Vorsicht die graue Oberhaut und die grüne Bastschicht heruntergeschabt, die Rinde rollt sich zusammen, und der Zimmt ist fertig. Die frische Rinde brennt auf der Zunge; angenehm schmecken dagegen die Blattstiele, während die Blätter dem Gaumen nur fade erscheinen. — —

Am 14. Februar ging ich auf dem Genueser Dampfer »Raffaelo Rubattino« über Aden nach Sues[*]) in See.

[*] Franz. Suez.

Der Anblick von Aden ist überaus malerisch, namentlich eine halbe Stunde vor Sonnenuntergang, oder wenn der Mond über den steilen, zerklüfteten Felsmassen aufgeht. Mehr als 500 m hoch erhebt sich aus dem Meere das Gebirge kahl und wunderlich in grauer Färbung, und ihm zu Füssen sind einzelne weisse Häuser, sowie die Feste Aden erbaut. Kein Baum, kein Strauch wächst an diesen regenarmen Gestaden. 3 km von der, hinter den Erhebungen liegenden Stadt, sind riesige Wasserbehälter in die Felsen gehauen und ausgemauert, um den Regen aufzufangen, der in jedem zweiten Jahre während acht oder zehn Tagen niederfällt.

Aden. Die Wasserbehälter unweit der Stadt.

Das Innere des Orts ist langweilig. Die grösste Aufmerksamkeit der Reisenden nehmen die Somali-Jungen in Anspruch, die auf ausgehöhlten Baumstämmen das Schiff umringen. Kaum naht ein Dampfer, so kommen schon die Naturböte herangeeilt. In jedem sitzt ein Negerknabe und handhabt das roh geschnitzte, kurze Ruder bald nach links, bald nach rechts mit grosser Gewandtheit. Diese Burschen scheinen fast ebenso im Wasser, wie auf dem Lande zu Hause zu sein; ihre Schwimmkünste sind förmlich beängstigend. Unausgesetzt schreit die ganze kleine Gesellschaft, teils im Boot, teils im Wasser: »O hó, have a dive, have a dive, o hó, o ho, o hó, o ho. Yes Sir, yes Sir, six pence, shilling Sir! o hó! o hó!«

Singhalese. Vornehme Singhalesin.

Aden.

In der Nacht vom 20. auf den 21. fuhren wir durch die Strasse von Bab el-Mandeb; vier Tage später stieg ich in Suës ans Land. Die Reede ist mit den Hafenbauten durch einen gewaltigen, 3 km ins Meer hineinreichenden Eisenbahndamm verbunden. Der Verkehr zwischen Stadt und Hafen wird durch kleine schwarze und graue Esel hergestellt. Da ich mein Gepäck auf ihnen nicht fortschaffen konnte, war ich gezwungen, ein von zwei Arabern geführtes Segelboot zu mieten, um nach der Stadt zu gelangen. Diese macht den Eindruck, als ob sie zur Zeit des Ramses aufgebaut und seitdem sich selbst überlassen sei. Die Mehrzahl der

Raffaelo Rubattino.

Suës. Weiterfahrt der Raffaelo Rubattino durch den Kanal.

Häuser gleicht fast einem Trümmerhaufen. Vier Wände — 2 m hoch, 3 m im Geviert — aus Lehm und Feldsteinen, ein viereckig hineingeschnittenes Loch, die Ueberdachung von getrockneten Palmblättern, und die menschliche Wohnung ist fertig. Die Hütten der Koreaner fand ich nicht dürftiger, als die der Egypter. Die Strassen sind unbelebt, unrein und in denkbar schlechtestem Zustande; nur die, in denen man handelt, werden von Eingeborenen, Arabern, Nubiern und Indern durchzogen. Die Kleidung aller dieser Leute ist malerisch bunt, aber unschön. In den Bazars werden Fleisch, Apfelsinen, Aepfel, Bohnen, Kastanien, Zwiebeln, Gurken, Kartoffeln ausgeboten. Alle diese Esswaren sind von Millionen von Fliegen bedeckt. —

29*

Am folgenden Morgen 8 Uhr 45 reiste ich auf der Bahn nach Kairo ab. Auffallend ist in Egypten die Zahl der Augenkranken. Gesunde Augen hat niemand, und die Menge der Halb- und Ganzblinden, die auf den Bahnhöfen betteln, ist erschreckend. Unweit der Haltestelle Tel el-Kebir liegen die Gräber gefallener englischer und egyptischer Soldaten aus der Schlacht vom 13. September 1882. Hinter Tel el-Kebir verwandelte sich die durch einzelne Oasen unterbrochene Wüste in das Land, in dem Milch und Honig fliesst. Zum erstenmal sah ich fruchttragende Dattelpalmen in vielen Grössen, einzeln und in Gruppen. —

Kairo. Eingang zur Citadelle.

Karawanen mit Kamelen bis zu ungefähr 100 Tieren, Eselreiter, Ochsen die eine Mühle treiben, Kamel und Ochse zusammen an den urwüchsigen Pflug gespannt, regen unausgesetzt die Aufmerksamkeit des Reisenden an. Frauen und Männer sind gekleidet wie vor 4000 Jahren. Ackergerät, Krüge, alles scheint im grossen Ganzen seit Moses Zeiten unverändert geblieben zu sein.

Meine alten Bekannten aus Luzon, Java und Ceylon, die Kerabaus, sahen in Egypten recht verkommen aus.

Nachmittags 2 Uhr erreichten wir die Haltestelle Zagazig mit einem Bahnhofsgebäude in grossartigem Stil. — —

Mykerinos. Chefren. Cheops.

Dunkelrot ging über den Minarets Kairos die Sonne unter. Am Ende des Gesichtskreises sah ich die Pyramiden.

In Shephards' Hotel fand ich vorzügliche Unterkunft.

Ueber die grosse Brücke, unter der der Nil seinen Mündungsarmen entgegenrinnt, fuhr ich in die sogenannte Neue Allee, die von dichtbelaubten Nil-Akazien eingefasst ist; in den weiten Gräben zu beiden Seiten wogt hohes, lichtgrünes Schilfgras. Die Pyramiden standen vor mir. Aus diesen Steinmassen spricht die Stimme einer anderen Welt, einer Geschichte, die viele Jahrtausende hinter uns liegt; so stehen sie bis auf

Kairo. Strassenleben im afrikanischen Stadtteile.

den heutigen Tag und werden Jahrtausende weiter stehen, denn die Pyramiden fürchten, nach einem arabischen Spruch, die Zeit nicht, aber die Zeit fürchtet die Pyramiden. —

Die Kalifen-Gräber liegen vor dem Siegesthore. Sie bilden im Osten der Stadt, am Saume der Wüste, einen gesonderten Ort, eine Totenstadt von vielleicht sechzig prachtvollen, verfallenen Grabmoscheen. Wer diese Bauwerke, deren erstes im neunten Jahrhundert errichtet sein mag, von aussen und innen gesehen hat, dem ist klar geworden, welchen Quellen manche Einzelheiten des gotischen Baustils entsprungen sind. —

Die Citadelle ist ein in der ganzen Welt nicht zum zweiten Male anzutreffendes Wirrsal von fabelhaften Höfen und verschlungenen Mauer-

Alexandria. Die Pompejus-Säule.

Kairo. Grabmoschee aus der Totenstadt der Kalifen.

gängen, von Kasernen und Palästen, von abstürzenden Felsmauern und Winkeln, in denen manche Mamelukken-Häuptlinge erdrosselt, viele Schönheiten des Harems heimlich umgebracht sein mögen. Trümmerhaufen und Neubauten, Schutt und Prachtgebäude in Alabaster, Felsenbrunnen, die bis zum Nilspiegel hinabreichen und Minarets, die wie ungeheure Wachskerzen um das Heiligtum der Kuppeln aufgesteckt sind, können selbst auf ein verwöhntes Auge ergreifend wirken. —

Die Insel Roda, die ungefähr 2 km südlich von Kairo schmal und langgestreckt mitten im Nil liegt, gehört unstreitig zu den schönsten Punkten in der Umgebung der alten Kalifenstadt. An der südlichen Spitze der Insel liegt der Nilmesser. In einem ungefähr 40 Fuss tiefen Schachte, an dessen Wänden die Masse nach Metern eingegraben sind, steht eine steinerne Säule. In unmittelbarer Nähe wohnt der Aufseher, der Monadi, der das Steigen und Fallen des Flusses beobachtet und täglich Ausrufer in die Stadt schickt, damit sie durch die Strassen ziehen und unter Gebet und Gesang den jeweiligen Wasserstand verkünden. —

Am 1. März war ich in Alexandria. Die Pompejus-Säule, die, wie eine griechische Inschrift am Fussgestell sagt, unter dem Kaiser Diokletian vom Statthalter Publius wieder aufgerichtet worden ist, verjüngt sich dem Auge wundervoll und ist überhaupt ein Meisterstück des Ebenmasses. Aus diesem Grunde geht es dem Beschauer mit der schönsten Säule der Welt wie mit den Pyramiden, deren Riesengestalt ebenfalls vom Auge unterschätzt zu werden pflegt. —

Von Alexandria schiffte ich mich nach London ein. Ich hatte den etwas weitläufigen Weg nach der Heimat wählen müssen, um allen Schwierigkeiten, die meiner Ankunft in Deutschland nach kurzem Aufenthalt in Bombay erwachsen konnten, zu begegnen. — Auf dieser Reise hatte ich das Glück, Miss Clara Sutro, die Tochter des durch seine grossherzige Wohlthätigkeit weltbekannten Mr. Adolph Sutro in San Francisco, kennen zu lernen. Das hochgebildete junge Mädchen war in alleiniger Gesellschaft einer Kammerfrau seit einem Jahr auf Reisen. Ihrer Güte verdanke ich es, in manchen jener anregenden nordamerikanischen Familien in London und Paris Zutritt gefunden zu haben. —

Am 30. März traf ich aus der Seinestadt, nach einer Abwesenheit von 777 Tagen, in Hamburg ein.

Während der beiden Monate, die meiner Rückkehr in die Heimat folgten, war ich beschäftigt, gemeinsam mit dem Verfasser der »Reise in 1000 Tagen«, den Inhalt meiner unterwegs niedergeschriebenen Aufzeichnungen durchzusehen und für den Druck fertigzustellen.

Da ich um die Mitte dieses Monats aufs neue abzureisen gedenke, habe ich meinem Bruder die erforderliche Leitung der Drucklegung meines Buches übergeben. Voraussichtlich werde ich Jahre in Mittelamerika bleiben, vorläufig in abhängiger Stellung bei den Herren Furrer, Hastedt & Co. in Guatemala, jedoch in der Hoffnung, mit der Zeit selbständig thätig zu werden.

Wenn meine Arbeit derselben Nachsicht und dem gleichen Wohlwollen begegnen sollte wie die Wanderjahre meines Bruders sie erfahren haben, möchte ich meine anspruchslose schriftstellerische Thätigkeit mit dem ersten Versuch nicht abgeschlossen haben. Es wird mir eine willkommene Pflicht sein, den jungen Berufsgefährten in Deutschland hin und wieder in heimatlichen Zeitschriften Mitteilungen über die Aussichten für kaufmännische Thätigkeit in Guatemala und den benachbarten Freistaaten zugehen zu lassen, oder, in Gemeinschaft mit meinem Bruder, einen dritten Band unserer Wanderjahre heraus zu geben.

Hamburg, Anfang Juni 1897.

E. K.

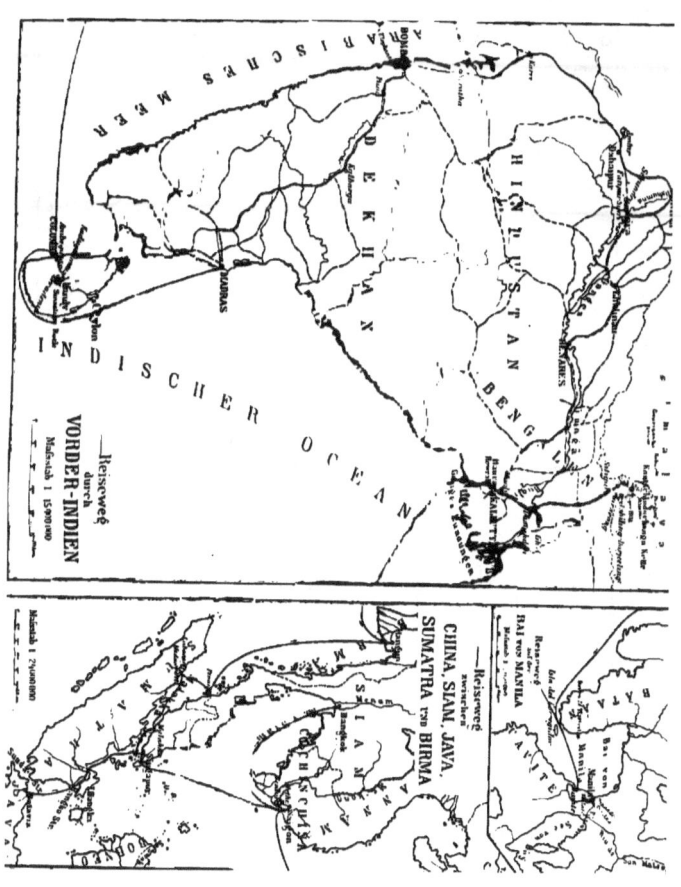

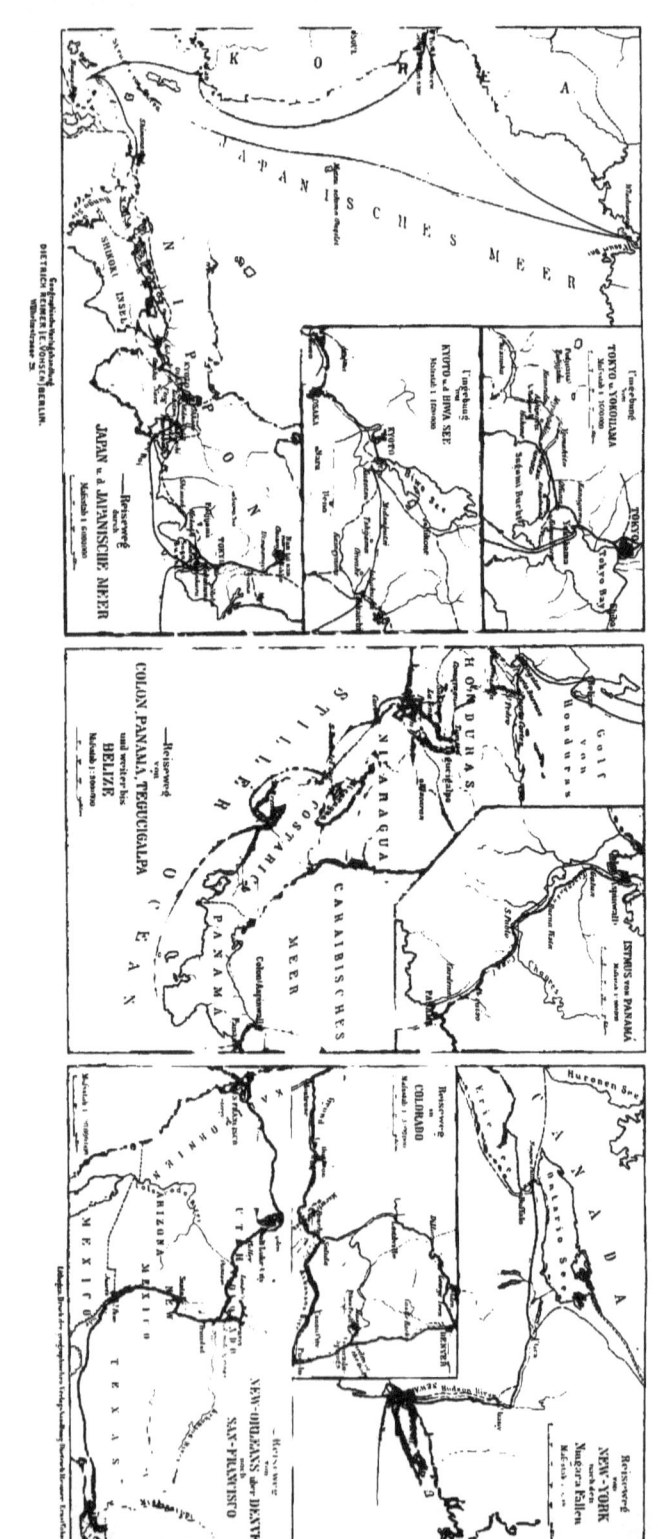

www.ingramcontent.com/pod-product-compliance
Lightning Source LLC
Chambersburg PA
CBHW051856300426
44117CB00006B/421